JOACHIM SUERBAUM

Die Kompetenzverteilung beim Verwaltungsvollzug des Europäischen Gemeinschaftsrechts in Deutschland

Schriften zum Europäischen Recht

Herausgegeben von

Siegfried Magiera und Detlef Merten

Band 50

Die Kompetenzverteilung beim Verwaltungsvollzug des Europäischen Gemeinschaftsrechts in Deutschland

Von

Joachim Suerbaum

Duncker & Humblot · Berlin

Die Deutsche Bibliothek – CIP-Einheitsaufnahme

Suerbaum, Joachim:
Die Kompetenzverteilung beim Verwaltungsvollzug des Europäischen Gemeinschaftsrechts in Deutschland / von Joachim Suerbaum. – Berlin : Duncker und Humblot, 1998
(Schriften zum europäischen Recht ; Bd. 50)
Zugl.: Bochum, Univ., Diss., 1996/97
ISBN 3-428-09157-4

Fremddatenübernahme: Klaus-Dieter Voigt, Berlin
Druck: Berliner Buchdruckerei Union GmbH, Berlin
Printed in Germany

ISSN 0937-6305
ISBN 3-428-09157-4

Gedruckt auf alterungsbeständigem (säurefreiem) Papier
entsprechend ISO 9706 ♾

Meinen Eltern

Vorwort

Die vorliegende Untersuchung wurde im Wintersemester 1996/97 von der Juristischen Fakultät der Ruhr-Universität Bochum als Dissertation angenommen. Sie wurde inhaltlich im November 1996 abgeschlossen. Für die Drucklegung sind Rechtsprechung und Literatur, soweit möglich, bis Ende Mai 1997 berücksichtigt worden.

Ich danke ganz herzlich meinem verehrten Lehrer, Herrn Prof. Dr. Dr. h.c. Rolf Grawert. Herr Prof. Grawert hat nicht nur meine Dissertation betreut, sondern meinen Weg seit dem Studium stetig und behutsam gefördert.

Herrn Prof. Dr. Dr. h.c. mult. Knut Ipsen danke ich für die Erstattung des Zweitgutachtens und für seinen Rat. Den Herren Professoren Dr. Dr. Detlef Merten, Dr. Siegfried Magiera und Dr. h.c. Norbert Simon gilt mein Dank für die Aufnahme der Arbeit in die „Schriften zum Europäischen Recht".

Für Zuspruch und tatkräftige Unterstützung danke ich Karsta Weinbach.

Bochum, im Januar 1998 *Joachim Suerbaum*

Inhaltsverzeichnis

Abkürzungsverzeichnis

a. A.	anderer Ansicht, Auffassung
ABl., C	Amtsblatt der Europäischen Gemeinschaften, Reihe „Communicationes“
ABl., L	Amtsblatt der Europäischen Gemeinschaften, Reihe „Leges“
Abs.	Absatz
a. E.	am Ende
a. F.	alte(r) Fassung; alte Folge
AfP	Zeitschrift für Medien- und Kommunikationsrecht
AgrarR	Agrarrecht
Alt.	Alternative
Anm.	Anmerkung
AöR	Archiv des öffentlichen Rechts
ArchVR	Archiv des Völkerrechts
Art.	Artikel
AWD	Außenwirtschaftsdienst des Betriebs-Beraters
BAnz.	Bundesanzeiger
BayVBl.	Bayerische Verwaltungsblätter
BB	Betriebs-Berater
Bd.	Band
BFH	Bundesfinanzhof
BFHE	Sammlung der Entscheidungen des Bundesfinanzhofes
BGBl.	Bundesgesetzblatt
BGH	Bundesgerichtshof
BGHZ	Entscheidungen des Bundesgerichtshofes in Zivilsachen
BR-Drucks.	Bundesrat-Drucksache
BT-Drucks.	Bundestag-Drucksache
BVerfG	Bundesverfassungsgericht
BVerfGE	Entscheidungen des Bundesverfassungsgerichts
BVerwG	Bundesverwaltungsgericht
BVerwGE	Entscheidungen des Bundesverwaltungsgerichts
CahDrEuR	Cahiers de Droit Européen
CMLRev	Common Market Law Review
DB	Der Betrieb
dens.	denselben
ders.	derselbe

dies.	dieselbe, dieselben
DGVZ	Deutsche Gerichtsvollzieher-Zeitung
DÖV	Die Öffentliche Verwaltung
DRiZ	Deutsche Richterzeitung
DtZ	Deutsch-Deutsche Rechts-Zeitschrift
DVBl.	Deutsches Verwaltungsblatt
DVP	Deutsche Verwaltungspraxis
EA	Europa-Archiv
EAG	Europäische Atomgemeinschaft
EAGFL	Europäischer Ausrichtungs- und Garantiefonds für die Landwirtschaft
EAGV	Vertrag zur Gründung der Europäischen Atomgemeinschaft (EURATOM) vom 25.3.1957, BGBl. II S. 1014, i.d.F. des EUV vom 7.2.1992, BGBl. 1993 II S. 1253, 1286
EEA	Einheitliche Europäische Akte vom 28.2.1986, BGBl. II S. 1102, i.d.F. des EUV vom 7.2.1992, BGBl. 1993 II S. 1253, 1295
EFTA	European Free Trade Association
EGKS	Europäische Gemeinschaft für Kohle und Stahl
EGKSV	Vertrag über die Gründung der Europäischen Gemeinschaft für Kohle und Stahl vom 18.4.1951, BGBl. 1952 II S. 447, i.d.F. des EUV vom 7.2.1992, BGBl. 1993 II S. 1253, 1282
EGV	Vertrag zur Gründung der Europäischen Gemeinschaft vom 25.3.1957, BGBl. II S. 766 (Vertrag zur Gründung der Europäischen Wirtschaftsgemeinschaft), i.d.F. des EUV vom 7.2.1992, BGBl. II S. 1253
EKC	Europäische Charta der Kommunalen Selbstverwaltung
ELRev	European Law Review
EPIL	Encyclopedia of Public International Law
ESZB	Europäisches System der Zentralbanken
EU	Europäische Union
EuGH	Gerichtshof der Europäischen Gemeinschaften
EuGH, Slg.	Sammlung der Rechtsprechung des Gerichtshofes der Europäischen Gemeinschaften (ab 1990: und des Gerichts erster Instanz)
EuGRZ	Europäische Grundrechte-Zeitschrift
EuR	Europarecht
Euratom	Europäische Atomgemeinschaft
EUV	Vertrag über die Europäische Union vom 7.2.1992, BGBl. II S. 1253
EuZW	Europäische Zeitschrift für Wirtschaftsrecht
EV	Vertrag zwischen der Bundesrepublik Deutschland und der Deutschen Demokratischen Republik über die Herstellung der Einheit Deutschlands – Einigungsvertrag – vom 31.8.1990, BGBl. II S. 889
EWG	Europäische Wirtschaftsgemeinschaft

EWGV	Vertrag zur Gründung einer Europäischen Wirtschaftsgemeinschaft vom 25.3.1957, BGBl. II S. 766
EWS	Europäisches Wirtschafts- und Steuerrecht
FG	Festgabe
FN	Fußnote
FS	Festschrift
FusionsV	Vertrag zur Einsetzung eines gemeinsamen Rates und einer gemeinsamen Kommission der Europäischen Gemeinschaften vom 8.4.1965, BGBl. II S. 1453, i.d.F. der Bekanntmachung vom 15.1.1986, BGBl. II S. 422
GASP	Gemeinsame Außen- und Sicherheitspolitik (siehe Art. J EUV)
gem.	gemäß
GG	Grundgesetz für die Bundesrepublik Deutschland vom 23.5.1949, BGBl. S. 1, zuletzt geändert durch Gesetz vom 3.11.1995, BGBl. I S. 1492
GS	Gedächtnisschrift; Gedenkschrift
GYIL	German Yearbook of International Law
Hrsg.	Herausgeber
HS	Halbsatz
HZA	Hauptzollamt
JA	Juristische Arbeitsblätter
JöR	Jahrbuch des öffentlichen Rechts der Gegenwart
Jura	Juristische Ausbildung
JurJb	Juristen-Jahrbuch
JuS	Juristische Schulung
JZ	Juristenzeitung
KritJ	Kritische Justiz
KritV	Kritische Vierteljahresschrift für Gesetzgebung und Rechtswissenschaft
KSZE	Konferenz für Sicherheit und Zusammenarbeit in Europa
LS	Leitsatz
MDR	Monatsschrift für Deutsches Recht
NATO	North Atlantic Treaty Organization
n.F.	neue(r) Fassung; neue Folge
NJ	Neue Justiz
NJW	Neue Juristische Wochenschrift
NVwZ	Neue Zeitschrift für Verwaltungsrecht
NVwZ-RR	Neue Zeitschrift für Verwaltungsrecht Rechtsprechungs-Report Verwaltungsrecht
NW	Nordrhein-Westfalen, nordrhein-westfälisch
NWVBl.	Nordrhein-Westfälische Verwaltungsblätter
OECD	Organization für Economic Cooperation and Development

OSZE	Organisation für Sicherheit und Zusammenarbeit in Europa
OVG	Oberverwaltungsgericht
Rdnr.	Randnummer, Randnummern
RevMC	Revue du Marché Commun
RiA	Recht im Amt
RIW	Recht der Internationalen Wirtschaft
RIW/AWD	Recht der Internationalen Wirtschaft Außenwirtschaftsdienst des Betriebs-Beraters (seit 1982 RIW)
Rs.	Rechtssache, Rechtssachen
Spstr.	Spiegelstrich
StuGR	Städte- und Gemeinderat
Tz.	Teilziffer, Textziffer
UAbs.	Unterabsatz
VBlBW	Verwaltungsblätter für Baden-Württemberg
verb. Rs.	verbundene Rechtssachen
VerwArch	Verwaltungsarchiv
VG	Verwaltungsgericht
VR	Verwaltungsrundschau
VVDStRL	Veröffentlichungen der Vereinigung der Deutschen Staatsrechtslehrer
VwGO	Verwaltungsgerichtsordnung
VwVfG	Verwaltungsverfahrensgesetz
WEU	Westeuropäische Union
ZaöRV	Zeitschrift für ausländisches öffentliches Recht und Völkerrecht
ZBJI	Zusammenarbeit in den Bereichen Justiz und Inneres (siehe Art. K EUV)
ZEUBBG	Gesetz über die Zusammenarbeit von Bundesregierung und Deutschem Bundestag in Angelegenheiten der Europäischen Union vom 12.3.1993, BGBl. I S. 311
ZEUBLG	Gesetz über die Zusammenarbeit von Bund und Ländern in Angelegenheiten der Europäischen Union vom 12.3.1993, BGBl. I S. 313, 1780
ZfRV	Zeitschrift für Rechtsvergleichung, Internationales Privatrecht und Europarecht
ZfZ	Zeitschrift für Zölle und Verbrauchsteuern
ZG	Zeitschrift für Gesetzgebung
ZHR	Zeitschrift für das gesamte Handelsrecht und Gesellschaftsrecht
zit.	zitiert
ZParl	Zeitschrift für Parlamentsfragen
ZRP	Zeitschrift für Rechtspolitik

Hinweise auf abgekürzt zitierte Schrifttumsnachweise sind dem Literaturverzeichnis zu entnehmen.

§ 1 Einführung

Im Zentrum der verfassungsrechtlichen Diskussion um das Europäische Gemeinschaftsrecht standen zunächst Fragen des Geltungsanspruchs des Gemeinschaftsrechts. Zu klären war vor allem dessen Verhältnis zum nationalen (Verfassungs-)Recht. Diese Diskussion wurde vornehmlich im Bereich der Grundrechte geführt, wo es einen dem nationalen im wesentlichen vergleichbaren Grundrechtsschutz trotz des grundsätzlichen Vorrangs des Gemeinschaftsrechts sicherzustellen galt. Als Eckpunkte seien hier nur die Solange I- und Solange II-Entscheidung des BVerfG genannt[1]. Diese Rechtsprechung hat in dem mit der Ratifizierung des Maastrichter Vertrages neu geschaffenen Art. 23 Abs. 1 S. 1 GG[2] eine Reverenz erfahren, indem die Gewährleistung eines „diesem Grundgesetz im wesentlichen vergleichbaren Grundrechtsschutz(es)" als Strukturanforderung der Europäischen Union normiert wird.

Mit der zunehmenden Integration der Mitgliedstaaten sind die Auswirkungen dieses Prozesses auf die Staatsstrukturmerkmale der Bundesrepublik und daraus möglicherweise resultierende verfassungsrechtliche Grenzen der Vergemeinschaftung in den Blick gerückt. Neben dem Beklagen eines Demokratiedefizits der Europäischen Gemeinschaften[3], dem auch im Hinblick auf die Europäische Union nicht vollständig die Berechtigung genommen worden ist[4], hat sich die Frage nach den Grenzen der europäischen

---

[1] BVerfGE 37, 271 (Solange I); 73, 339 (Solange II); dazwischen ferner BVerfGE 52, 187 (Mittlerweile- oder Vielleicht-Beschluß); zur Diskussion um die Erforderlichkeit einer Solange III-Entscheidung *Everling,* EuR 1990, S. 196ff.; *Scholz,* NJW 1990, S. 941ff.; *Tomuschat,* EuR 1990, S. 340ff.; vgl. auch bereits *Hilf,* EuGRZ 1987, S. 1ff.

[2] 38. Gesetz zur Änderung des Grundgesetzes vom 21.12.1992, BGBl. I S. 2086.

[3] Vgl. zu der Diskussion um das Demokratiedefizit vor Abschluß des EUV *Bleckmann,* JZ 1990, S. 301ff.; *ders.,* ZRP 1990, S. 265ff.; *v. Brünneck,* EuR 1989, S. 249 (258, 261); *Läufer,* EA 1988, S. 679 (682ff.); *Pagenkopf,* NVwZ 1993, S. 216 (218); *Ress,* GS Geck, S. 625 (bes. 668ff.).

[4] Vgl. *Ress,* JuS 1992, S. 985 (988ff.). Diese Wertung liegt auch der Argumentation des BVerfG im Maastricht-Urteil zugrunde, nach der die EU als „Staatenverbund" auf die Legitimation über die Mitgliedstaaten nicht nur ergänzend angewiesen ist; vielmehr seien „es zuvörderst die Staatsvölker der Mitgliedstaaten, die dies über die nationalen Parlamente demokratisch zu legitimieren haben", BVerfGE 89, 155 (184). Siehe zu den Auswirkungen unten im Text § 3 I. 2. b) dd) (1) (c) und (2). Nach *Henrichs,* DÖV 1994, S. 368 (375), hat sich das Demokratiedefizit „eher noch verstärkt". Zum Demokratiedefizit der EU ferner *Hrbek,* GS Grabitz, S. 171ff.;

Integration in Deutschland vornehmlich am Merkmal des Föderalismus entzündet[5]. Dort wiederum ist das Spannungsverhältnis zwischen europäischer Integration und Bundesstaatlichkeit zunächst im Bereich der Gesetzgebungszuständigkeiten aufgezeigt worden[6], wie der Streit um die EG-Rundfunkrichtlinie[7] exemplarisch belegt[8]. Die Sensibilität gegenüber dem Problem drohender Kompetenzverluste im Bereich der Legislative ist nachvollziehbar. Bereits im rein nationalen Rahmen ist die Möglichkeit von Zuständigkeitsverlagerungen zu Lasten der Länder durch die Kompetenz-

---

H. H. Klein, FS Remmers, S. 195ff.; weitere Nachw. bei *Classen,* AöR 119 (1994), S. 238 (238 FN 1); gegen die Feststellbarkeit eines normativ erheblichen Demokratiedefizits der EU *Kluth,* Demokratische Legitimation, S. 96, 110.

5 Aus der fast unübersehbaren Fülle des Schrifttums siehe vor allem: *Baumhof,* Bundesländer im europ. Einigungsprozeß; *Birke,* Bundesländer in den EG; *E. Blanke,* Bundesländer; *H.-J. Blanke,* Föderalismus und Integrationsgewalt; *ders.,* in: Heckmann/Meßerschmidt, Gegenwartsfragen des Öff. Rechts, S. 53ff.; *ders.,* in: Siedentopf, Europäische Integration, S. 65ff.; *Bleckmann,* RIW/AWD 1978, S. 144ff.; *Blumenwitz,* GS Sasse I, S. 215ff.; *Bohr/Albert,* ZRP 1993, S. 61ff.; *Borchmann,* AöR 112 (1987), S. 586ff.; *ders.,* VR 1986, S. 254ff.; *ders.,* VR 1989, S. 124f.; *ders.,* DÖV 1988, S. 623ff.; *ders.,* VR 1990, S. 261ff.; *ders.,* EA 1991, S. 340ff.; *D. Dörr,* NWVBl. 1988, S. 289ff.; *Eiselstein,* NVwZ 1989, S. 323ff.; *Epiney,* EuR 1994, S. 301ff.; *Erbguth,* FS Heymanns, S. 549ff.; *Grabitz,* EuR 1987, S. 310ff.; *ders., in:* Hrbek/Thaysen, Die Deutschen Länder und die EG, S. 169ff.; *Hrbek,* ebd., S. 17ff.; *Haas,* DÖV 1988, S. 613ff.; *Hailbronner,* JZ 1990, S. 149ff.; *Hellwig,* EA 1987, S. 297ff.; *Hölzer,* Staat und Recht 39 (1990), S. 963ff.; *K. Ipsen,* DGVZ 1991, S. 148 (151f.); *Joos/Scheurle,* EuR 1989, S. 226ff.; *Kewenig,* JZ 1990, S. 458ff.; *Kirchner/Haas,* JZ 1993, S. 760 (768ff.); *Kössinger,* Durchführung des Gemeinschaftsrechts; *Magiera/Merten,* Bundesländer und EG; *Merten,* Föderalismus und EG; *Oschatz/Risse,* DÖV 1989, S. 509ff.; *Rudolf,* FS Schlochauer, S. 117ff.; *ders.,* FS Partsch, S. 357ff.; *ders.,* FS Dürig, S. 145ff.; *ders.,* Stichwort „Federal States", in: EPIL 10, S. 165ff.; *Schütz,* BayVBl. 1990, S. 481 ff., 518ff.; *Stoiber,* EA 1987, S. 543ff.; *Streinz,* in: Heckmann/Meßerschmidt, Gegenwartsfragen des Öff. Rechts, S. 15ff.; *Vitzthum,* AöR 115 (1990), S. 281ff.; *Vogel/Oettinger,* Föderalismus; speziell zur Errichtung der Länderbüros in Brüssel, von *Rupp,* ZRP 1990, S. 1 (3), plastisch als „Frühwarnsysteme" bezeichnet, siehe *Fechtner,* VR 1992, S. 157ff.; *Strohmeier,* DÖV 1988, S. 633ff.; zu den Länderbüros siehe nunmehr auch § 8 ZEUBLG.

6 Bereits 1951 wies der nordrhein-westfälische Ministerpräsident *Arnold* auf die Gefahr hin, daß die Bundesländer durch die Integration im Montanbereich von der Gesetzgebung ausgeschlossen und insoweit zu reinen Verwaltungseinheiten herabgestuft würden, siehe Bundesrat, 61. Sitzung vom 27.6.1951, S. 445 D.

7 Richtlinie des Rates zur Koordinierung bestimmter Rechts- und Verwaltungsvorschriften der Mitgliedstaaten über die Ausübung der Fernsehtätigkeit v. 3.10.1989, ABl. 1989 Nr. L 298, S. 23.

8 BVerfGE 80, 74ff. (einstw. Anordnung); BVerfGE 92, 203ff. (Hauptsacheverfahren); zu der Hauptsacheentscheidung *Bethge,* FS Friauf, S. 55ff.; *Lerche,* AfP 1995, S. 632ff.; *Pechstein,* Jura 1995, S. 581ff.; *Winkelmann,* DÖV 1996, S. 1ff.; *Zuleeg,* JZ 1995, S. 673ff.; zuvor *E. Klein/Beckmann,* DÖV 1990, S. 179 (187); *Memminger,* DÖV 1989, S. 846ff.

Kompetenz des Bundes von Verfassungs wegen bis hin zur Grenze des Art. 79 Abs. 3 GG angelegt. Durch die Schaffung neuer Kompetenztitel des Bundes, die extensive Auslegung bestehender Zuweisungen und die bekannte Zurückhaltung des BVerfG[9] bei der Überprüfung beschränkender Normen wie Art. 72 Abs. 2 GG a. F. sind den Ländern vorbehaltlich der supranationalen Einwirkungen nur wenige substantielle Regelungsmaterien verblieben. Um so bedrohlicher mußte es für die Bundesländer erscheinen, wenn auch die europäische Integration den Verlust von Gesetzgebungskompetenzen nach sich zog[10].

Die Gründung der Europäischen Union läßt hinsichtlich der aufgrund der europäischen Integration verschärft problematischen Stellung der Länder eine differenzierte Betrachtung zu, wie bereits das Thema der Staatsrechtslehrertagung im Oktober 1993 „Die Europäische Union – Gefahr oder Chance für den Föderalismus in Deutschland, Österreich und der Schweiz“[11] nahelegt. Einerseits werden durch die mit dem Unionsvertrag bewirkten Änderungen sowohl neue Zuständigkeiten begründet als auch bereits seitens der EWG auf mitunter zweifelhafter[12] Kompetenzgrundlage

---

[9] Bedürfnisprüfung sei „eine Frage pflichtgemäßen Ermessens des Bundesgesetzgebers, die ihrer Natur nach nicht justitiabel und daher der Nachprüfung durch das Bundesverfassungsgericht grundsätzlich entzogen“ sei, BVerfGE 2, 213 (224); ferner BVerfGE 10, 234 (245); 33, 224 (229); 34, 9 (39): Prüfung lediglich daraufhin, ob Gesetzgeber „eindeutig und evident“ das ihm in Art. 72 Abs. 2 GG verliehene Ermessen überschritten habe; 39, 96 (115); 65, 1 (63); 78, 249 (270); BVerfG, NJW 1988, S. 2529 (2530); *v. Münch,* in: v. Münch, GG, 2. Aufl., Art. 72 Rdnr. 17.

[10] Im Bereich der Legislative scheint zumindest der Trend zu einem ungehinderten Zuständigkeitsverlust der Länder gebrochen. So ist auf nationaler Ebene der Kompetenzkatalog des Art. 74 GG zugunsten der Länder reduziert bzw. modifiziert, allerdings auch um die Nummern 25 und 26 ergänzt worden. Vor allem aber steht im Bereich der konkurrierenden Gesetzgebung nach Art. 72 Abs. 2 GG n. F. (dazu *Rohn/Sannwald,* ZRP 1994, S. 65 ff.; *Sannwald,* NJW 1994, S. 3313 ff.; *ders.,* DÖV 1994, S. 629 [632 ff.]; *Rybak/Hofmann,* NVwZ 1995, S. 230 ff.; *Schmehl,* DÖV 1996, S. 724 ff.) das Gesetzgebungsrecht dem Bund nur noch zu, wenn und soweit die Herstellung gleichwertiger Lebensverhältnisse im Bundesgebiet oder die Wahrung der Rechts- oder Wirtschaftseinheit im gesamtstaatlichen Interesse eine bundesgesetzliche Regelung erforderlich macht. Diese Regelung ist an die Stelle der Bedürfnisprüfung nach Art. 72 GG a. F. getreten, nach Einschätzung der Begründung zum Regierungsentwurf „eines der Haupteinfallstore für die Auszehrung der Länderkompetenzen“ (BT-Drucks. 12/6000, S. 33).

[11] Siehe dazu die Gutachten von *Hilf, Stein, Schweitzer* und *Schindler,* VVDStRL 53 (1994), S. 7 ff., 26 ff., 48 ff. bzw. 70 ff.; siehe auch die Begleitaufsätze von *J. Böhm,* BayVBl. 1993, S. 545 ff., und *Pernice,* DVBl. 1993, S. 909 ff.

[12] Insoweit wird darauf hingewiesen, daß viele der durch den EUV eingeführten Einzelermächtigungen Kompetenzen betreffen, welche die Gemeinschaft bereits über Art. 235 EWGV an sich gezogen hatte – vgl. *Oppermann/Classen,* NJW 1993, S. 5 (9, 11); *Classen,* ZRP 1993, S. 57 (58); *Lambers,* EuR 1993, S. 229 (231); *Pernice,* Die Verwaltung 26 (1993), S. 449 (459 ff.). Dagegen wendet *Beyer,* Der

reklamierte Zuständigkeiten durch ausdrückliche Regelungen verfestigt[13]. Dieser aufgaben- und befugniserweiternde Aspekt des Unionsvertrages wird nicht zuletzt durch die Umbenennung der Europäischen Wirtschaftsgemeinschaft in Europäische Gemeinschaft[14] deutlich[15].

Andererseits sind erstens die Mitwirkungsbefugnisse der Länder in Angelegenheiten der Europäischen Union erheblich gestärkt worden. Zweitens werden durch den Unionsvertrag Regelungen eingeführt, die auf eine Begrenzung der Kompetenzausübung hinweisen und damit auch den Ländern zugute kommen könnten. Namentlich wird auf das Gebot der Achtung der nationalen Identität gem. Art. F Abs. 1 EUV und das Subsidiaritätsprinzip gem. Art. 3b Abs. 2 EGV einzugehen sein. Vorbehaltlich der noch zu erörternden Reichweite und Wirkungsweise der Vorschriften wird hingegen bereits auf den ersten Blick deutlich, daß eine Rückübertragung gemeinschaftsrechtlicher Ermächtigungen, die zu Lasten der (Rechsetzungs-)Kompetenzen der Länder verlorengegangen sind, nicht stattgefunden hat und angesichts des in Art. B Abs. 1 Spstr. 5 EUV der Union eingestifteten Ziels, die volle Wahrung des gemeinschaftlichen Besitzstands und seine Weiterentwicklung sicherzustellen, auch zukünftig nicht zu erwarten ist.

Je weniger Gesetzgebungszuständigkeiten den Bundesländern aufgrund der angedeuteten Entwicklungen verblieben sind, desto dringlicher stellt sich die Frage, wie es um ihre Verwaltungskompetenzen bestellt ist, die für die Staatlichkeit der Länder substantiell sind[16]. Einerseits könnte die beschriebene Tendenz der Kompetenzabwanderung auf Kosten der Länder

---

Staat 35 (1996), S. 189 (201), allgemein ein: „Die Notwendigkeit der ausdrücklichen Zuweisung einer Aufgabe erweist die vordem bestehende Lücke." Dies ist hingegen ein Zirkelschluß, weil die *Notwendigkeit* der Zuweisung gerade im Streit steht. Den Einzelermächtigungen kann vielmehr konstitutive oder deklaratorische Bedeutung zukommen, je nach dem ob man zuvor das Vorliegen einer ausreichenden Ermächtigung aus der Generalklausel des Art. 235 EWGV bejaht.

[13] Die Bewertung reicht von der Annahme einer bloßen Abrundung vorhandener Zuständigkeiten über einen Qualitätssprung bis hin zu einer Bezeichnung als „Revolution" (vgl. *Häberle,* EuGRZ 1992, S. 429 [431]). Im Sinne einer Abrundung: *Oppermann/Classen,* NJW 1993, S. 5 (12); *Stauffenberg/Langenfeld,* ZRP 1992, S. 252 (253); *Schwarze,* JZ 1993, S. 585 (586, 587f.); *Seidel,* EuR 1992, S. 125 (132). Einen „prinzipiellen Qualitätssprung" nimmt an *Scholz,* NJW 1992, S. 2593 (2594); *ders.,* NJW 1993, S. 1690 (1691); ähnlich *Breuer,* NVwZ 1994, S. 417 (419f.); *König,* ZaöRV 54 (1994), S. 17 (32f.); *Ossenbühl,* DVBl. 1993, S. 629 (629f.); *Rupp,* ZRP 1993, S. 211 (212f.); *Tomuschat,* EuGRZ 1993, S. 489 (492f.); vgl. auch *Doehring,* ZRP 1993, S. 98 (102): quantitativer und qualitativer Kompetenzzuwachs der EWG.

[14] Art. G A. EUV.

[15] Ebenso *Beyer,* Der Staat 35 (1996), S. 189 (197f.).

[16] *Isensee,* in: Isensee/Kirchhof, HdbStR IV, § 98 Rdnr. 203: „Die Substanz ihrer Staatlichkeit liegt weniger in der Selbstbestimmung über die Staatsaufgaben als

durch den Verlust von Verwaltungszuständigkeiten noch verstärkt werden. Andererseits besteht zumindest die theoretische Möglichkeit, daß die Übertragung von Hoheitsrechten des Bundes und der Länder auf dem Gebiet der Rechtsetzung zu einer Stärkung der Länder führt, wenn etwa Ingerenzmöglichkeiten des Bundes entfallen sollten.

Die Auswirkungen des Gemeinschaftsrechts auf die Kompetenzverteilung im Bereich der Verwaltung sind bislang nur in erheblich geringerem Umfang untersucht worden als auf dem Gebiet der Legislative. Dabei zeigt bereits ein erster Blick auf die Art. 83ff., 30 GG, daß sich das Grundgesetz jedenfalls einer ausdrücklichen Sonderregelung für die Verteilung der Verwaltungskompetenzen beim Vollzug supranationaler Regelungen im allgemeinen und des Gemeinschaftsrechts im besonderen enthält. Auch in umfangreicheren Kommentierungen der Kompetenzvorschriften wird die Frage der Vollziehung von Gemeinschaftsrecht häufig nur knapp behandelt. So wird der Leser meist mit dem Hinweis auf die unmittelbare oder analoge Anwendbarkeit der Art. 83ff. GG, zum Teil auch nur auf Art. 83 GG analog[17] entlassen. Auch wenn man dieser These im Ansatz folgt, bleiben viele Detailfragen offen. Sind die Kompetenzvorschriften zu lesen, indem jeweils das Wort „Bundesgesetze" durch „Gemeinschaftsrecht"/„Unionsrecht" ersetzt wird? Oder ist darauf abzustellen, wer innerstaatlich für den Erlaß der zu vollziehenden Rechtsnorm zuständig gewesen wäre? Angesichts der verschiedenen Deutungsmöglichkeiten nimmt es nicht wunder, daß auch die Bewertung der Kompetenzverteilung hinsichtlich des europäischen Rechts divergiert. So erörtert z.B. *Peter Lerche,* ob „angesichts der stattlichen Vollzugsaufgaben der Länder der Bund mit zunehmender Verdichtung des Gemeinschaftsrechts in die Gefahr gerate, ‚von der nationalen Steuerung des supranationalen Normengefüges ausgesperrt zu werden'"[18]. Für *Hermann-Josef Blanke*[19] ist diese Fragestellung „abwegig".

Die aufgeworfene Problematik ist zugleich ein Beispiel für die zunehmende Verflechtung von nationalem und europäischem Recht. Diese Verzahnung der beiden Rechtskreise ist zunächst im Verwaltungsverfahrensrecht aktuell geworden[20]. Sie hat in jüngster Zeit den vorläufigen Rechtsschutz[21] und das Staatshaftungsrecht[22] ergriffen. Auch im Hinblick auf die

---

in der Selbstbestimmung über das Vollzugsinstrumentarium." Ähnlich *Pernice,* DVBl. 1993, S. 909 (911).

[17] *Dittmann,* in: Sachs, GG, Art. 83 Rdnr. 20.

[18] *Lerche,* in: Maunz/Dürig, GG, Art. 83 Rdnr. 51, in Anknüpfung an das Zitat von *Loeser,* Mischverwaltung, S. 259.

[19] *H.-J. Blanke,* Föderalismus und Integrationsgewalt, S. 298 FN 35.

[20] Grundlegend EuGH, Urt. v. 21.9.1983, Verb. Rs. 205 - 215/82 (Deutsche Milchkontor/Deutschland), Slg. 1983, S. 2633ff.; Schrifttumsnachweise in § 2 FN 51, 52.

nationale Kompetenzverteilung wird zum Teil eine Überlagerung der grundgesetzlichen Vorschriften angenommen[23]. Es gilt demnach auch zu klären, inwieweit das Gemeinschaftsrecht Vorgaben enthält, welche die Anwendung und Auslegung der grundgesetzlichen Kompetenzvorschriften zu beeinflussen geeignet sind. Um zu einer befriedigenden Lösung der Kompetenzverteilungsfrage zu gelangen, ist daher den Grundlagen dieser Verzahnung von europäischem und nationalem Recht nachzugehen.

---

[21] EuGH, Urt. v. 19.6.1990, Rs. C-213/89 (The Queen/Secretary of State for Transport, ex parte: Factortame Ltd. u.a.), Slg. 1990-I, S. 2433 (2474 Tz. 21): „Die volle Wirksamkeit des Gemeinschaftsrechts würde auch dann abgeschwächt, wenn ein mit einem nach Gemeinschaftsrecht zu beurteilenden Rechtsstreit befaßtes Gericht durch eine Vorschrift des nationalen Rechts daran gehindert werden könnte, einstweilige Anordnungen zu erlassen, um die volle Wirksamkeit der späteren Gerichtsentscheidung über das Bestehen der aus dem Gemeinschaftsrecht hergeleiteten Rechte sicherzustellen. Ein Gericht, das unter diesen Umständen einstweilige Anordnungen erlassen würde, wenn dem nicht eine Vorschrift des nationalen Rechts entgegenstünde, darf diese Vorschrift somit nicht anwenden." Ferner EuGH, Urt. v. 10.7.1990, Rs. C-217/88 (Kommission/Deutschland) – Tafelwein –, Slg. 1990-I, S. 2879ff.; EuGH, Urt. v. 21.2.1991, Verb. Rs. C-143/88 u. 92/89 (Zuckerfabrik Süderdithmarschen u.a. / HZA Itzehoe, Slg. 1991-I, S. 415ff. Zur Europäisierung des vorläufigen Rechtsschutzes siehe *Classen,* Europäisierung der Verwaltungsgerichtsbarkeit; *Haibach,* DÖV 1996, S. 60ff.; *Schoch,* DVBl. 1997, S. 289ff.; *Triantafyllou,* NVwZ 1992, S. 129ff.; *Vedder,* EWS 1991, S. 10ff.

[22] EuGH, Urt. v. 19.11.1991, Verb. Rs. C-6/90 und 9/90 (Francovich u.a. / Italien), Slg. 1991-I, S. 5357 (5416 Tz. 33ff.); bestätigt durch EuGH, Urt. v. 16.12.1993, Rs. C-334/92 (Teodoro Wagner Miret/Fondo de Garantía Salarial), EuZW 1994, S. 182f.; EuGH, Urt. v. 5.3.1996, Verb. Rs. C-46/93 u. 48/93 (Brasserie du pêcheur/Deutschland u.a.), Slg. 1996-I, S. 1029ff. Nach der letztgenannten Entscheidung besteht ein originärer gemeinschaftsrechtlicher Staatshaftungsanspruch, sofern die verletzte Rechtsnorm subjektiv-rechtlichen Charakter hat, der Verstoß hinreichend qualifiziert ist und zwischen dem Verstoß gegen das Gemeinschaftsrecht und dem Schaden ein unmittelbarer Kausalzusammenhang besteht (ebd., S. 1149ff. Tz. 51ff.); ebenso EuGH, Urt. v. 26.3.1996, Rs. C-392/93 (The Queen/H. M. Treasury, ex parte: British Telecommunications), Slg. 1996-I, S. 1631 (1668 Tz. 39f.); EuGH, Urt. v. 23.5.1996, Rs. C-5/94 (The Queen/Ministry of Agriculture, Fisheries and Food, ex parte: Hedley Lomas), Slg. 1996-I, S. 2553 (2613 Tz. 25f.); EuGH, Urt. v. 8.10.1996, Verb. Rs. C-178, 179 u. 188 - 190/94 (Dillenkofer u.a./Deutschland), NJW 1996, S. 3141 (3142 Tz. 21, 29); siehe ferner im Text bei § 5 FN 59 und die Schrifttumsnachweise ebd.

[23] Vgl. *Bleckmann,* EuropaR, Rdnr. 892f. (jetzt unverändert in der 6. Aufl. 1997, Rdnr. 1240): „Für die Frage, ob der Bund oder die Länder das Gemeinschaftsrecht zu vollziehen haben, ist grundsätzlich auf die Kompetenzverteilung durch das Grundgesetz zurückzugreifen. Ganz wesentlich betroffen werden die Länder durch das Gemeinschaftsrecht in den Bereichen des Verwaltungsvollzuges gem. Art. 83 GG, wonach die Länder die Bundesgesetze als eigene Angelegenheiten ausführen. Die entsprechenden Prinzipien werden aber durch das Gemeinschaftsrecht überlagert."

§ 2 Untersuchungsgegenstand

Die vorliegende Untersuchung ist der Kompetenzverteilung beim Verwaltungsvollzug des Europäischen Gemeinschaftsrechts in Deutschland gewidmet. Da die Nomenklatur an den Schnittstellen von europäischem und nationalem Recht mitunter stark divergiert, erfolgt zunächst eine kurze Erläuterung der bei der Themenstellung zugrunde gelegten Begriffe (I.). Dies soll nicht nur einem einheitlichen und nachvollziehbaren Sprachgebrauch dienen, sondern zugleich eine hinreichend präzise Begrenzung des Gegenstandes der Untersuchung ermöglichen (II.), deren Gang abschließend kurz dargelegt wird (III.).

I. Begriffsbestimmungen

1. Europäisches Gemeinschaftsrecht und Recht der Europäischen Union

Gegenstand der Untersuchung ist die Verteilung der nationalen Kompetenzen, soweit es das Europäische Gemeinschaftsrecht zu vollziehen gilt. Als Normgeber sind damit die Europäischen Gemeinschaften in Bezug genommen, die Grundlage der durch den Maastrichter „Vertrag über die Europäische Union“[1] vom 7.2.1992 gegründeten Europäischen Union sind (Art. A Abs. 3 S. 1 EUV). Der Vertrag ist in der Bundesrepublik auf der Grundlage des neu geschaffenen Art. 23 GG und weiterer Verfassungsrechtsänderungen[2] ratifiziert worden und gem. Art. R Abs. 2 EUV am 1.11.1993[3] in Kraft getreten.

Das Recht der Europäischen Union und ihrer Gemeinschaften ist nur ein Teilbereich des Europarechts im weiteren Sinne. Letzteres umfaßt das

---

[1] Vertrag über die Europäische Union vom 7.2.1992 (BGBl. II S. 1253, geändert durch Beitrittsvertrag vom 24.6.1994, BGBl. II S. 2022 i.d.F. des Beschlusses vom 1.1.1995, ABl. Nr. L 1, S. 1).

[2] 38. Gesetz zur Änderung des Grundgesetzes vom 21.12.1992, BGBl. I S. 2086.

[3] Der Vertrag ist gem. Art. R Abs. 2 EUV a.E. am ersten Tag des auf die Hinterlegung der letzten Ratifikationsurkunde folgenden Monats in Kraft getreten; zu den Schwierigkeiten hinsichtlich der Ratifizierung sei insbesondere auf die erforderlichen Volksabstimmungen in Frankreich, Irland und Dänemark, wo eine Mehrheit erst im zweiten Referendum dem EUV zustimmte, sowie auf die in Deutschland gegen das Zustimmungsgesetz zum EUV erhobenen Verfassungsbeschwerden, die das BVerfG mit Urteil vom 12.10.1993 (BVerfGE 89, 155) zurückgewiesen hat, hingewiesen.

Recht aller europäischen internationalen Organisationen[4], also z.B. auch das Recht des Europarates, der EFTA, der OECD, der WEU[5] und der KSZE/OSZE[6]. Innerhalb des Europarechts im weiteren Sinne kommt dem Recht der Europäischen Gemeinschaften bzw. der Europäischen Union wegen seiner besonderen Rechtswirkungen eine eigenständige Qualität zu, der das Grundgesetz nunmehr durch die spezielle verfassungsrechtliche Ermächtigung des Art. 23 GG n.F. Rechnung trägt.

Die Europäische Union folgt dem sog. „Drei-Säulen-Modell"[7]. Gem. Art. A Abs. 3 S. 1 EUV sind Grundlage der Union die Europäischen Gemeinschaften, ergänzt durch die mit dem Vertrag eingeführten Politiken und Formen der Zusammenarbeit. Erste Säule der Europäischen Union sind damit die fortbestehenden[8] Rechtsgemeinschaften Europäische Wirtschaftsgemeinschaft, die aufgrund ihrer Aufgaben- und Befugniserweiterung in Europäische Gemeinschaft umbenannt wird[9], die Europäische Gemeinschaft für Kohle und Stahl sowie die Europäische Atomgemeinschaft. Die drei Gründungsverträge der Gemeinschaften gelten gem. Art. M EUV fort, soweit sie nicht nach Maßgabe der Art. G, H bzw. I EUV bzw. der Schlußbestimmungen des Unionsvertrages geändert worden sind. Als zweite und dritte Säule der Union treten gem. Art. A Abs. 3 S. 1 EUV die mit dem Maastrichter Vertrag eingeführten Politiken und Formen der Zusammenarbeit, also die gemeinsame Außen- und Sicherheitspolitik (GASP) gem. Art. J ff. EUV und die Zusammenarbeit in den Bereichen Justiz und Inneres (ZBJI) gem. Art. K ff. EUV.

In welchem Verhältnis das Europäische Gemeinschaftsrecht zum Recht der Europäischen Union steht, hängt davon ab, wie weit letzteres begrifflich gefaßt wird. Versteht man das Recht der Europäischen Union in Anknüpfung an Art. A Abs. 3 S. 1 EUV als Oberbegriff[10], dann umfaßt es

---

[4] *Schweitzer/Hummer,* EuropaR, Rdnr. 7.

[5] Zur Rolle der Westeuropäischen Union (WEU) im Rahmen der EU siehe Art. J.4 Abs. 2 EUV.

[6] Die Konferenz für Sicherheit und Zusammenarbeit in Europa (KSZE) hat sich zum 1.1.1995 in Organisation für Sicherheit und Zusammenarbeit in Europa (OSZE) umbenannt.

[7] Dazu *Schweitzer,* StaatsR III, Rdnr. 16a ff.

[8] Dies folgt nicht nur aus Art. A Abs. 3 S. 1, sondern auch aus Art. M EUV, dem gemäß EGV, EAGV und EGKSV vorbehaltlich der im EUV [Art. G, H, I] getroffenen Änderungen der Verträge unberührt bleiben. Ebenso *Pechstein,* EuR 1996, S. 137 (140); *O. Dörr,* EuR 1995, S. 334 (344 ff.); *ders.,* NJW 1995, S. 3162 (3162 f.).

[9] Art. G A. EUV.

[10] Ein weiter Begriff des EU-Rechts im Sinne einer Sammelbezeichnung wird unabhängig von der Frage verwendet, ob die umstrittene Rechtspersönlichkeit der EU (siehe dazu die Nachw. in § 3 FN 19) bejaht oder sogar eine Verschmelzung

zunächst als Teilmenge das Gemeinschaftsrecht, also die Summe der Normen, die in den drei Gründungsverträgen E(W)GV, EAGV und EGKSV enthalten oder auf deren Grundlage wirksam durch Gemeinschaftsorgane gesetzt worden sind. Ferner wären außer den im Unionsvertrag enthaltenen Regelungen dem Unionsrecht nach dem Drei-Säulen-Modell nach Art. A Abs. 3 S. 1 EUV ggf. auch Rechtsakte im Rahmen der GASP und der ZBJI zuzurechnen. Auch diese könnten daher im Falle ihrer Vollzugsbedürftigkeit in die Betrachtung der nationalen Kompetenzverteilung einzubeziehen sein.

Nach dem derzeitigen Entwicklungsstand der Europäischen Union beschränkt sich jedoch nach ganz überwiegender Ansicht sowohl die GASP[11] als auch die ZBJI[12] ganz oder zumindest im wesentlichen auf eine intergouvernementale Zusammenarbeit der Mitgliedstaaten. Soweit hinge-

---

der EG, EAG und EGKS mit der EU angenommen wird (so *v. Bogdandy/Nettesheim,* NJW 1995, S. 2324ff.; *dies.,* EuR 1996, S. 3ff.), siehe z.B. den Titel des Beitrags von *Jarass,* NJW 1994, S. 881ff. („Die Haftung für die Verletzung von EU-Recht durch nationale Organe und Amtsträger"). Vgl. auch die Begriffsbestimmung bei *Schweitzer,* StaatsR III, Rdnr. 17b, der unter der Bezeichnung „Recht der Europäischen Union" das Recht aller drei Säulen der EU i.S.v. Art. A Abs. 3 S. 1 EUV erfaßt. Zusätzlich führt er definitorisch den Begriff des „Unionsrechts" ein, der das Recht der „2. und 3. Säule" bezeichnen soll.

[11] Für eine ausschließlich intergouvernementale Zusammenarbeit im Bereich der GASP BVerfGE 89, 155 (175ff., 190); *Baetge,* BayVBl. 1992, S. 711 (715); *Breuer,* NVwZ 1994, S. 417 (420); *Burghardt/Tebbe,* EuR 1995, S. 1 (6, 16); *Emmert,* EuropaR, § 4 Rdnr. 38; *H. G. Fischer,* EuropaR, S. 33; *Immenga,* JA 1993, S. 257 (258); *König/Pechstein,* EU, S. 3f., 83; *Lange,* JZ 1996, S. 442 (444f.); *Lenz,* NJW 1993, S. 1962 (1963); *Oppermann/Classen,* NJW 1993, S. 5 (10); *Pechstein,* EuR 1996, S. 137 (140); *Schweitzer,* StaatsR III, Rdnr. 17a: „nicht supranational organisiert", sondern „klassische Kooperation"; *Schweitzer/Hummer,* EuropaR, Rdnr. 949; *Suski,* Europäisches Parlament, S. 24, 175; *Tomuschat,* EuGRZ 1993, S. 489 (493); ablehnend *Beyer,* Der Staat 35 (1996), S. 189 (202ff., 205), der auf die Bedeutung des Art. L EUV jedoch nicht zutreffend eingeht.

[12] Zum intergouvernementalen Charakter der Zusammenarbeit in den Bereichen Justiz und Inneres BVerfGE 89, 155 (175ff., 190); *Akmann,* JA 1994, S. 49 (53); *Baetge,* BayVBl. 1992, S. 711 (715f.); *Breuer,* NVwZ 1994, S. 417 (420); *Emmert,* EuropaR, § 4 Rdnr. 38; *H. G. Fischer,* EuropaR, S. 33; *Immenga,* JA 1993, S. 257 (258); *König/Pechstein,* EU, S. 3f., 83; *Lenz,* NJW 1993, S. 1962 (1963); *Müller-Graff,* FS Everling II, S. 925 (929, 931ff.); *Oppermann/Classen,* NJW 1993, S. 5 (10); *Pechstein,* EuR 1996, S. 137 (140); *Schweitzer,* StaatsR III, Rdnr. 17a: „nicht supranational organisiert", sondern „klassische Kooperation"; *Schweitzer/Hummer,* EuropaR, Rdnr. 949; *Suski,* Europäisches Parlament, S. 24, 176; *Tomuschat,* EuGRZ 1993, S. 489 (493); dagegen *Beyer,* Der Staat 35 (1996), S. 189 (205ff.); zurückhaltender *H.-J. Blanke,* DÖV 1993, S. 412 (416f.), der zu Art. K.3 Abs. 2 lit. b EUV ausführt, der Rat könne „auch mit unmittelbarer Wirkung Maßnahmen verabschieden. Maßnahmen können wohl auch Rechtsakte sein, die sich ohne Zwischenschaltung einer nationalen Instanz im unmittelbaren Durchgriffseffekt an den Gemeinschaftsbürger richten".

gen durch den Maastrichter Vertrag die Möglichkeit eröffnet werden sollte, Rechtsakte i. S. d. Art. 189 EGV zu erlassen, sind die Regelungen in die Gründungsverträge der Gemeinschaften integriert worden. Insoweit ist vornehmlich auf die Regelungen über die Verwirklichung einer Wirtschafts- und Währungsunion hinzuweisen, die in den EG-Vertrag eingefügt worden sind (Art. 102a ff. EGV). Diese Differenzierung zwischen den traditionellen Rechtsgemeinschaften und den Formen der Zusammenarbeit im Rahmen der GASP und der ZBJI wird auch in den Bereichen bestätigt, die auf eine Fortentwicklung der intergouvernementalen Zusammenarbeit gerichtet sind. Gem. Art. K. 9 S. 1 EUV kann der Rat auf Initiative der Kommission oder eines Mitgliedstaats einstimmig beschließen, daß Art. 100c EGV[13] auf Maßnahmen in den in Art. K. 1 Nr. 1 - 6 genannten Bereichen[14] anwendbar ist, und das entsprechende Abstimmungsverfahren festlegen. Art. K. 9 S. 2 EUV belegt jedoch, daß es sich um einen Sonderfall der Vertragsänderung handelt[15], da er auf die Erforderlichkeit der „Annahme" des Ratsbeschlusses durch die Mitgliedstaaten gemäß ihren verfassungsrechtlichen Vorschriften verweist.

Die Zusammenarbeit in den Bereichen GASP und ZBJI ist damit derzeit intergouvernemental konzipiert. Aus verfassungsrechtlichen Gründen, auf die noch im einzelnen einzugehen ist[16], muß sie dies auch bleiben, solange die beiden Bereiche von der Überprüfung durch den EuGH gem. Art. L EUV ausgeschlossen sind. Maßnahmen mit Durchgriffswirkung gegenüber dem Bürger scheiden aus diesem Grunde einstweilen aus.

Solange und soweit sich die Tätigkeit der Europäischen Union in den Bereichen GASP und ZBJI auf intergouvernementale Formen der Zusammenarbeit beschränkt, fehlt es außerhalb der drei Rechtsgemeinschaften an unmittelbar vollzugsfähigem Unionsrecht, das Gegenstand des nationalen Verwaltungsvollzugs sein könnte. Ob dies so bleiben wird, hängt maßgeblich davon ab, welchen Weg die Union insbesondere hinsichtlich ihrer zweiten und dritten Säule einschlägt. Die Regelungstechnik der Fortentwicklungsklauseln und die Integration der Vorschriften zur Verwirklichung

---

[13] Eingefügt durch Art. G Nr. 23 EUV.

[14] Asylpolitik (Nr. 1); Überschreiten der Außengrenzen der Mitgliedstaaten durch Personen und Ausübung entsprechender Kontrollen (Nr. 2); Einwanderungspolitik und Politik gegenüber den Staatsangehörigen dritter Länder (Nr. 3); Bekämpfung der Drogenabhängigkeit (Nr. 4) und von Betrügereien im internationalen Maßstab (Nr. 5), soweit es sich nicht um justitielle Zusammenarbeit in Strafsachen, Zusammenarbeit im Zollwesen oder die polizeiliche Zusammenarbeit zur Bekämpfung internationaler Schwerkriminalität handelt (siehe Nr. 7, 8, 9); justitielle Zusammenarbeit in Zivilsachen (Nr. 6).

[15] *Geiger,* EGV, Art. 100c Rdnr. 10; *Röttinger,* in: Lenz, EGV, Art. 100c Rdnr. 12; *H. G. Fischer,* EuZW 1994, S. 747 (749).

[16] Siehe unten § 3 I. 2. b) dd) (1).

einer Wirtschafts- und Währungsunion deuten für die nähere Zukunft darauf hin, daß die am stärksten vergemeinschafteten Materien weiterhin den drei Rechtsgemeinschaften vorbehalten bleiben werden[17].

Die Problematik der nationalen Kompetenzverteilung beim Verwaltungsvollzug europäischen Rechts stellt sich daher vorläufig nur im Hinblick auf das Gemeinschaftsrecht. Im Hinblick auf den derzeitigen Entwicklungsstand der Union außerhalb der traditionellen Rechtsgemeinschaften EG, EGKS und EAG ist daher im folgenden ebenso wie im Titel der Untersuchung vom Verwaltungsvollzug des Europäischen Gemeinschaftsrechts die Rede. Dies trägt zugleich dem Umstand Rechnung, daß der Begriff des Unionsrechts wegen der dargelegten unterschiedlichen Rechtsqualität von Handlungen inner- und außerhalb der klassischen Rechtsgemeinschaften zum Teil auf die intergouvernementalen Säulen der Union beschränkt wird[18], während die Rechtsakte im Rahmen der drei Gemeinschaften präziserweise als EG-Richtlinie, EG-Verordnung etc. bezeichnet werden[19].

Die nachfolgenden Überlegungen hinsichtlich der Kompetenzverteilung beim Vollzug des Gemeinschaftsrechts gelten jedoch der Sache nach auch allgemein für den Vollzug von Unionsrecht, sofern sich dieses auch außerhalb der drei Gemeinschaften in einer Weise fortentwickelt, die zur Anerkennung vollzugsfähiger und -bedürftiger Rechtsakte nach dem Leitbild des Art. 189 EGV führt. Sollte dies der Fall sein, kann der in den Ausführungen verwandte Begriff des Gemeinschaftsrechts daher mutatis mutandis durch den des Unionsrechts ersetzt werden.

Soweit auf Vorschriften des Gemeinschaftsrechts einzugehen ist, wird die Rechtslage am Beispiel der EG dargestellt. Dies entspricht erstens der überragenden Bedeutung der EG im Rahmen der Union. Zweitens stellt sich die Problematik der mitgliedstaatlichen Verteilung der Verwaltungskompetenzen vornehmlich beim Vollzug des EG-Rechts, weil die anderen Gemeinschaften, besonders die EGKS, in stärkerem Maße als Verwaltungsgemein-

---

17 Ähnlich die Bewertung von *Streinz,* ZfRV 1995, S. 1 (4).

18 Vgl. insbes. *Hölscheidt/Baldus,* DVBl. 1996, S. 1409 (1412): „Von ‚EU-Organen' oder ‚EU-Recht' usw. sollte korrekterweise nur gesprochen werden, wenn es um die intergouvernementale Zusammenarbeit zwischen den Mitgliedstaaten und die Mitwirkung der Organe hieran nach dem Maastrichter Unions-Vertrag geht."

19 *Hölscheidt/Baldus,* DVBl. 1996, S. 1409 (1411 f.); dagegen treten *v. Bogdandy/Nettesheim,* NJW 1995, S. 2324 (2327), aufgrund ihrer These von einer Verschmelzung der Europäischen Gemeinschaften mit der EU dafür ein, zukünftig einheitlich von „Unionsrecht" zu sprechen; siehe aber auch ebd. FN 44, wonach es angesichts der unterschiedlichen Rechtsqualität nicht ausgeschlossen sei, weiterhin im Hinblick auf das nach dem EGV, EAV und EGKSV entstandene Recht den Begriff des Gemeinschaftsrechts zu verwenden; ebenso *dies.,* EuR 1996, S. 3 (20 mit FN 97).

schaften konzipiert sind und daher überwiegend von den Gemeinschaften selbst durch die Kommission vollzogen werden[20].

2. Verwaltungsvollzug

Steht mit dem Recht der Europäischen Gemeinschaften der Gegenstand der Vollziehung fest, bedarf der Klärung, wie der Begriff des Verwaltungsvollzugs abzugrenzen ist.

a) Terminologie

Eine einheitliche Terminologie hat sich bislang noch nicht herausgebildet. *Zuleeg*[21] unterscheidet die „Anwendung" als den Verwaltungsvollzug von Gemeinschaftsrecht und dessen „Ausführung" durch gesetzgeberische Tätigkeit[22]. Beides faßt er unter dem Begriff der „Durchführung" zusammen. *Bünten*[23] unterscheidet administrative und normative Ausführung. *Streinz*[24] bezeichnet administrative Maßnahmen als Vollzugsakte, gesetzgeberische als Akte der Ausführungsgesetzgebung. Statt des sonst üblichen Oberbegriffs der „Durchführung" verwendet *Streinz* den Terminus „Vollzug".

Von Vollzug ist im rein nationalen Kontext üblicherweise im exekutiven Bereich die Rede[25]. Zur Bezeichnung administrativer und normativer Akte wird daher im folgenden der Oberbegriff der „Durchführung" verwandt. Im übrigen ist eine Nomenklatur vorzugswürdig, die dem verfassungsrechtlichen und einfachgesetzlichen Sprachgebrauch entspricht, sofern dieser nicht gänzlich uneinheitlich oder mißlungen ist. Legislative Tätigkeit zur Durchführung von Gemeinschaftsrecht unter der Bezeichnung „Ausführung" zu behandeln, steht im Widerspruch zum grundgesetzlichen Sprachgebrauch. Das Grundgesetz überschreibt seinen Achten Abschnitt mit „Die Ausführung der Bundesgesetze und die Bundesverwaltung". Die damit eingeführte Terminologie wird in den Art. 83ff. GG konsequent durchgehalten, da in

---

20 Vgl. *Becker,* JöR n. F. 39 (1990), S. 67 (87); *Schwarze,* Europ. VerwR, S. 30f.

21 *Zuleeg,* KSE 9, S. 47f.

22 Ebenso *Barnstedt,* in: Heckmann/Meßerschmidt, Gegenwartsfragen des Öff. Rechts, S. 83 (83); *Rengeling,* Rechtsgrundsätze, S. 9. Dem grundsätzlich folgend auch *Kössinger,* Durchführung des Gemeinschaftsrechts, S. 20ff., der unter dem Oberbegriff der „Durchführung" „Ausführungsgesetzgebung" und „Verwaltungsvollzug" behandelt.

23 *Bünten,* Staatsgewalt und Gemeinschaftshoheit, S. 20ff., 29ff.

24 *Streinz,* in: Isensee/Kirchhof, HdbStR VII, § 182 Rdnr. 2.

25 Vgl. etwa die Kommentierungen zu den Art. 83ff. GG, z.B. *Dittmann,* in: Sachs, GG, Art. 83 Rdnr. 1ff.; *Lerche,* in: Maunz/Dürig, GG, Art. 83 Rdnr. 57.

bezug auf die gesetzesakzessorische Verwaltung stets die Worte „ausführen“ oder „Ausführung“ verwandt werden[26]. Diesen Sprachgebrauch hat zuletzt der Einigungsvertrag[27] bestätigt, der in Art. 10 Abs. 3[28] legislative Durchführung als „Umsetzung“, administrative Durchführung als „Ausführung“ bezeichnet.

Der Begriff der „Ausführung“ sollte demnach bei einer Untersuchung der mitgliedstaatlichen Kompetenzverteilung nicht von dem durch das nationale Verfassungsrecht vorgegebenen abweichen und daher der verwaltungsmäßigen Durchführung vorbehalten bleiben[29]. Soweit möglich, wird nachfolgend der eindeutige Begriff des Verwaltungsvollzugs verwandt. Davon zu unterscheiden ist die legislative Durchführung von Gemeinschaftsrecht, die wie in Art. 10 Abs. 3 EV jedenfalls für ihren Hauptanwendungsbereich (Umsetzung von Richtlinien gem. Art. 189 Abs. 3 EGV) als Umsetzung[30] bezeichnet werden kann. Auch Verordnungen bedürfen entgegen dem vertraglichen Leitbild mitunter der Ergänzung durch Legislativakte der Mitgliedstaaten, bevor sie vollzugstauglich sind (sog. „hinkende Verordnungen“[31]). Sofern man den Begriff der Umsetzung wegen der unmittelbaren Geltung der Verordnung gem. Art. 189 Abs. 2 EGV vermeiden will, kann insoweit der Begriff der „legislativen Ergänzung“[32] oder des „Durchführungsgesetzes“ verwandt werden.

---

[26] Art. 83; 84 Abs. 1, Abs. 3 S. 1, Abs. 4 S. 1, Abs. 5 S. 1; Art. 85 Abs. 1, Abs. 4 S. 1; Art. 86 S. 1, Art. 87b Abs. 2 S. 1, 2; Art. 87c; der durch das 21. Gesetz zur Änderung des Grundgesetzes (Finanzreformgesetz) vom 12.5.1969 (BGBl. I S. 359) eingefügte Art. 104a GG enthält in Abs. 3 S. 2 eine Variation, indem er die Formulierung „werden ... durchgeführt“ verwendet. Daß es sich insoweit nur um eine Inkonsequenz handelt, belegt der vorausgehende Abs. 3 S. 1.

[27] Vertrag zwischen der Bundesrepublik Deutschland und der Deutschen Demokratischen Republik über die Herstellung der Einheit Deutschlands – Einigungsvertrag – vom 31.8.1990 (BGBl. II S. 889).

[28] Zur – lediglich deklaratorischen und auf die neuen Bundesländer beschränkten – Bedeutung der Vorschrift ausführlich unten, § 6 II. 3. a) cc) (2) (e) (bb).

[29] Dies zugrunde legend *Oppermann,* EuropaR, Rdnr. 542ff., der den Verwaltungsvollzug unter der Überschrift „Ausführung des Gemeinschaftsrechts (insbesondere durch die Mitgliedstaaten)“ behandelt.

[30] Der von *Becker,* JöR n. F. 39 (1990), S. 67 (92, 96), und *Ehlers,* in: Erichsen, Allg. VerwR, § 3 Rdnr. 36, verwandte Begriff der „Transformation“ ist völkerrechtlich belegt – siehe zur Transformationslehre nur *Gloria,* in: K. Ipsen, VölkerR, § 73 Rdnr. 4ff. – und sollte daher vermieden werden, siehe *Rengeling,* DVBl. 1995, S. 945 (948 FN 35).

[31] *Oppermann,* EuropaR, Rdnr. 553.

[32] *Streinz,* in: Isensee/Kirchhof, HdbStR VII, § 182 Rdnr. 2.

b) Begriffsinhalt

Anders als hinsichtlich der Terminologie bestehen über den Inhalt dessen, was unter Verwaltungsvollzug von Gemeinschaftsrecht zu verstehen ist, wenig Differenzen.

Nach *Forsthoffs*[33] bekanntem Ausspruch „liegt es in der Eigenart der Verwaltung begründet, daß sie sich zwar beschreiben, aber nicht definieren läßt". Hinsichtlich des Vollzugs von Gemeinschaftsrecht wird auf die zusätzliche Schwierigkeit hingewiesen, daß in den Mitgliedstaaten mitunter divergierende Funktionsvorstellungen und Begrifflichkeiten im Bereich der horizontalen Gewaltenteilung vorherrschen[34]. Letztere Komplikation betrifft allerdings nicht den für die mitgliedstaatliche Kompetenzverteilung maßgeblichen Begriff, da diese, wie noch im einzelnen darzulegen sein wird, im Grundsatz nach mitgliedstaatlichem Recht erfolgt und daher an nationale Begriffsvorstellungen anknüpfen kann.

Im Anschluß an *Zuleeg* wird der Vollzug von Gemeinschaftsrecht häufig definiert als „Aktualisierung einer Gemeinschaftsbestimmung für den Einzelfall"[35], den er als Anwendung der normativen Durchführung (bei *Zuleeg*: „Ausführung"[36]) gegenüberstellt. Diese Umschreibung erscheint ergänzungsbedürftig, da sich als Anwendung auch die bloße Beachtung von Gemeinschaftsrecht erfassen läßt[37]. Ebenso wie das BVerfG[38] für den rein nationalen Anwendungsbereich der Art. 83ff. GG festgestellt hat, ist die Ausführung oder Aktualisierung von der bloßen Beachtung von Gemeinschaftsrecht abzugrenzen, die nach allgemeiner Ansicht dem Gemeinschaftsrechtsvollzug nicht unterfallen soll[39]. Vollzug setzt einen vollzugsbedürftigen Rechtssatz voraus; zwingende Voraussetzung der Vollzugsbedürftigkeit ist wiederum die Vollzugsfähigkeit. Eine Norm des Gemeinschaftsrechts ist vollzugsfähig und vollzugsbedürftig, wenn sie für ihre Verwirklichung auf ein exekutives Tätigwerden angewiesen ist und

---

[33] *Forsthoff,* Allg. VerwR, S. 1.

[34] Vgl. *Everling,* DVBl. 1983, S. 649 (649).

[35] *Zuleeg,* KSE 9, S. 47; daran anknüpfend *Rengeling,* Rechtsgrundsätze, S. 8f.; *ders.,* EuR 1974, S. 216 (217); *Schweitzer,* Die Verwaltung 17 (1984), S. 137 (138); ähnlich *Everling,* DVBl. 1983, S. 649 (649), der die Umschreibung „Vollzug der Vorschriften des Gemeinschaftsrechts in konkreten Situationen" verwendet; ebenso *v. Borries,* FS Everling I, S. 127 (128).

[36] *Zuleeg,* KSE 9, S. 47.

[37] So für die Ausführung von Bundesgesetzen gem. Art. 83ff. GG auch *Lerche,* in: Maunz/Dürig, GG, Art. 83 Rdnr. 57.

[38] BVerfGE 6, 309 (329); 8, 122 (131); 12, 205 (221); 21, 312 (327); zustimmend *Lerche,* in: Maunz/Dürig, GG, Art. 83 Rdnr. 57; *Pieroth,* in: Jarass/Pieroth, GG, Art. 83 Rdnr. 3.

[39] *Kössinger,* Durchführung des Gemeinschaftsrechts, S. 23.

damit eine Aufgabe[40] begründet wird. Dagegen heißt Beachtung des Gemeinschaftsrechts die Erfüllung der Befolgungspflicht des Gemeinschaftsrechts, die im Falle der unmittelbaren Wirksamkeit des Gemeinschaftsrechts alle Behörden eines Mitgliedstaates[41] unabhängig von der Verteilung der Verwaltungsvollzugskompetenzen trifft, sofern sie einen Sachverhalt verwirklicht, der von dem Anwendungsbereich der Gemeinschaftsrechtsnorm erfaßt wird.

Verwaltungsvollzug umfaßt dabei jede Ausführung in verwaltungsmäßiger Form[42]. Als Handlungsformen kommen dabei im Bereich mitgliedstaatlicher Vollziehung in Betracht[43] Verwaltungsakte, öffentlich-rechtliche Verträge, Realakte, privatrechtliche Verträge und Organisationsakte. Im Bereich der Ausführung von Bundesgesetzen gem. Art. 83ff. GG ist ferner anerkannt, daß auch der Erlaß von Verwaltungsvorschriften als Form des Verwaltungsvollzugs anzusehen ist[44]. Dagegen wird nach der wohl überwiegenden Auffassung[45] hinsichtlich des Gemeinschaftsrechts der Erlaß von Verwaltungsvorschriften nicht dem Verwaltungsvollzug, sondern der normativen Durchführung zugerechnet.

Für den zu behandelnden Kontext ist indessen eine differenzierende Betrachtung geboten. Die Einordnung als normative Rechtsetzung ist nachvollziehbar, wenn aus der Sicht des Gemeinschaftsrechts die Verwaltungsvorschrift als Instrument erörtert wird, das an die Stelle einer Umsetzung von Richtlinien durch Gesetzgebungsakte treten soll. Der Möglichkeit, statt eines Umsetzungsgesetzes eine normative Durchführung mittels Verwaltungsvorschrift zu wählen[46], hat der EuGH allerdings durch seine Entschei-

---

[40] Vgl. die von *Lerche,* in: Maunz/Dürig, GG, Art. 83 Rdnr. 57, für die Ausführung von Bundesgesetzen verwandte Abgrenzungsformel.

[41] Siehe ausführlich unten § 6 II. 3. a) cc) (1) (a) und insbesondere EuGH, Urt. v. 22.6.1989, Rs. 103/88 (Costanzo/Stadt Mailand), Slg. 1989, S. 1839 (1871 Tz. 31).

[42] Vgl. in bezug auf die Ausführung von Bundesgesetzen *Lerche,* in: Maunz/Dürig, GG, Art. 83 Rdnr. 64ff.; *Pieroth,* in: Jarass/Pieroth, GG, Art. 83 Rdnr. 4.

[43] Für eine Beschränkung auf Verwaltungsakte offenbar *Kössinger,* Durchführung des Gemeinschaftsrechts, S. 22.

[44] *Lerche,* in: Maunz/Dürig, GG, Art. 83 Rdnr. 66 FN 242; *Pieroth,* in: Jarass/Pieroth, GG, Art. 83 Rdnr. 4.

[45] Nach *Zuleeg,* KSE 9, S. 226, und *Rengeling,* Rechtsgrundsätze, S. 9 FN 8, soll es sich bei dem Erlaß von Verwaltungsvorschriften nicht um einen Fall des Verwaltungsvollzugs des Gemeinschaftsrechts, sondern einen Fall der normativen Durchführung (dort als „Ausführung" bezeichnet) handeln; siehe ferner *v. Borries,* FS Everling I, S. 127 (128f.). Auch *Kössinger,* Durchführung des Gemeinschaftsrechts, S. 22, behandelt den Erlaß von Verwaltungsvorschriften unter der Überschrift „Ausführungsgesetzgebung".

[46] Zur Zulässigkeit der Umsetzung von Richtlinien durch Verwaltungsvorschriften *Beyerlin,* EuR 1987, S. 126ff.; *v. Danwitz,* VerwArch. 84 (1993), S. 73ff.; *Lan-*

dungen vom 30.5.1991 zur TA Luft zumindest Grenzen gesetzt[47]. Dort hat der EuGH eine Vertragsverletzung durch die Bundesrepublik angenommen, weil die betreffenden Richtlinien wegen der – aus Sicht des EuGH[48] – unklaren Frage der Außenwirkung von Verwaltungsvorschriften einer Umsetzung durch einen Außenrechtssatz bedurft hätten.

Davon zu unterscheiden ist hingegen die Frage, wie eine mitgliedstaatliche Handlung zur Durchführung des Gemeinschaftsrechts im Hinblick auf die horizontale Gewaltenteilung des jeweiligen Mitgliedstaats einzuordnen ist. Es wird noch zu untersuchen sein, ob und ggf. in welchem Umfang das Gemeinschaftsrecht Vorgaben für die Kompetenzverteilung enthält[49]. Soweit das Gemeinschaftsrecht den Mitgliedstaaten im Bereich ihrer Zuständigkeit aber eine Wahlfreiheit hinsichtlich des Mittels einräumt, ist die Zuordnung des gewählten Mittels zu den jeweiligen Staatsfunktionen eine Frage nationalen Rechts. Die Analyse des Gemeinschaftsrechts mag daher ergeben, daß eine Durchführung durch den Erlaß von Verwaltungsvorschriften nicht ausreichend ist. Wenn Verwaltungsvorschriften aber im Einzelfall als ein zulässiges Instrument der Durchführung des Gemeinschaftsrechts anzusehen sind, handelt es sich in kompetentieller Hinsicht um ein verwaltungsförmliches Handeln. Da aber gerade die Frage der Verteilung der Verwaltungskompetenzen – möglichst umfassend – zu klären ist, ist der Erlaß von Verwaltungsvorschriften mit in den Untersuchungsbereich einzubeziehen[50].

II. Themenbegrenzung

Gegenstand der Untersuchung ist allein die Kompetenzverteilung beim Verwaltungsvollzug des Europäischen Gemeinschaftsrechts in Deutschland.

---

genfeld/Schlemmer-Schulte, EuZW 1991, S. 622ff.; *Steiling,* NVwZ 1992, S. 134ff.; *Vedder,* EWS 1991, S. 293ff.

47 EuGH, Urt. v. 30.5.1991, Rs. C-361/88 (Kommission/Deutschland), Slg. 1991-I, S. 2567 (2599ff. Tz. 10ff.); EuGH, Urt. v. 30.5.1991, Rs. C-59/89 (Kommission/Deutschland), Slg. 1991-I, S. 2607 (2629ff. Tz. 9ff.)

48 Der EuGH (FN 47), Slg. 1991-I, S. 2567 (2602 Tz. 20), war der Auffassung, „daß die Bundesrepublik Deutschland im konkreten Fall der TA Luft keine nationale Gerichtsentscheidung angeführt hat, mit der dieser Verwaltungsvorschrift über ihre Verbindlichkeit für die Verwaltung hinaus unmittelbare Wirkung gegenüber Dritten zuerkannt würde". Die Bundesrepublik hatte sich indessen ausdrücklich auf die Entscheidungen des OVG NW, DVBl. 1988, S. 152ff., und OVG Rh.-Pf., NVwZ-RR 1989, S. 399f. berufen, die ebenso wie das OVG Lüneburg, OVGE 38, 407 (409f.) rechtskräftig die Verbindlichkeit der TA Luft angenommen haben. Kritisch daher bereits in methodischer Hinsicht zu den Entscheidungen des EuGH *v. Danwitz,* VerwArch. 84 (1993), S. 73 (85).

49 Siehe unten § 6.

50 Siehe unten § 7 V.

Auf Fragen des Organisationsrechts wird daher nur eingegangen, soweit dies für die Kompetenzverteilung als Vorfrage von Belang ist oder sich als eine Rechtsfolge der jeweiligen Kompetenzregelung darstellt, deren Anwendbarkeit es zu klären gilt. Außerhalb der Themenstellung liegen auch inhaltliche Fragen des Verwaltungsverfahrensrechts. Die zahlreichen Beiträge zur Europäisierung des Verwaltungs- und insbesondere Verwaltungsverfahrensrechts[51] können jedoch insoweit fruchtbar gemacht werden, als sie Gesichtspunkte behandeln, wie etwa die gemeinschaftsrechtlichen Anforderungen an und Einwirkungen auf nationale Regelungen, die sich auf die Frage der Kompetenzverteilung übertragen lassen.

III. Gang der Untersuchung

Bei der Untersuchung der Kompetenzverteilung hinsichtlich des Verwaltungsvollzugs von Gemeinschaftsrecht würde es sich vorrangig um ein Problem der Subsumtion unter das einschlägige nationale Verfassungsrecht handeln, wenn dieses vom Gemeinschaftsrecht und dessen Entstehungsgrundlagen unbeeinflußt bliebe.

Tatsächlich aber wirkt das Gemeinschaftsrecht in mehrfacher Hinsicht auf die ursprünglich nationale Vollzugszuständigkeit ein. Soweit zulässigerweise Verwaltungszuständigkeiten auf die Gemeinschaften übertragen worden sind (siehe unten § 4), reduziert sich der Bereich mitgliedstaatlicher Zuständigkeit; nur im übrigen gilt es, die verbliebenen Zuständigkeiten mitgliedstaatsintern weiter zu verteilen. Damit stellt sich auch die Systematik des Verwaltungsvollzugs des Gemeinschaftsrechts als eine Konsequenz der gemeinschaftsrechtlichen Kompetenzzuweisungsregelungen dar, die auf der

[51] Aus dem umfangreichen Schrifttum siehe vor allem *Bleckmann,* DÖV 1993, S. 837ff.; *Ehlers,* DVBl. 1991, S. 605ff.; *Engel,* Die Verwaltung 25 (1992), S. 437ff.; *Everling,* DVBl. 1983, S. 649ff.; *ders.,* NVwZ 1987, S. 1ff.; *Grabitz,* NJW 1989, S. 1776ff.; *Gornig/Trüe,* JZ 1993, S. 884ff.; *Kadelbach,* in: v. Danwitz, Europ. Staatlichkeit, S. 131ff.; *Kasten,* DÖV 1985, S. 570ff.; *E. Klein,* Der Staat 33 (1994), S. 39ff.; *ders.,* in: Starck, Rechtsvereinheitlichung, S. 117ff.; *Ladeur,* EuR 1995, S. 227ff.; *Pernice,* NVwZ 1989, S. 332ff.; *Papier,* in: Kloepfer/Merten/Papier/Skouris, Bettermann-Seminar, S. 51ff.; *Rengeling,* VVDStRL 53 (1994), S. 202ff.; *ders.,* FS Scupin, S. 475ff.; *ders.,* DÖV 1981, S. 366ff.; *ders.,* EuR 1984, S. 331ff.; *ders.,* DVBl. 1986, S. 306ff.; *Scheuing,* in: Hoffmann-Riem/Schmidt-Aßmann, Innovation, S. 289ff.; *Schmidt-Aßmann,* DVBl. 1993, S. 924ff.; *ders.,* FS Lerche, S. 513ff.; *ders.,* EuR 1996, S. 270ff.; *Schoch,* JZ 1995, S. 109ff.; *ders.,* in: ders., VerwR als Element, S. 13ff.; *M. Schröder,* Die Verwaltung 23 (1990), S. 247ff.; *Schwarze,* Europ. VerwR im Werden; *ders.,* NJW 1986, S. 1067ff.; *ders.,* Europ. VerwR; *ders.,* ELRev 1991, S. 3ff.; *ders.,* VerwaltungsR unter europ. Einfluß; *Sommermann,* DVBl. 1996, S. 889ff.; *Streinz,* Die Verwaltung 23 (1990), S. 153ff.; *Tetzel,* RIW 1982, S. 336; *A. Weber,* EuR 1986, S. 1ff.; *Zuleeg,* VVDStRL 53 (1994), S. 154ff.

Grundlage der verfassungsrechtlichen Ermächtigungen geschaffen worden sind (siehe unten § 5).

Aber auch vor Bereichen, in denen die Mitgliedstaaten kompetent geblieben sind und grundsätzlich nationales Recht zur Anwendung kommt, macht das Gemeinschaftsrecht nicht notwendig halt. Die durch diese Verzahnung von nationalem und Gemeinschaftsrecht aufgeworfenen Fragestellungen sind vor allem im Hinblick auf das Verwaltungsverfahrensrecht, insbesondere im Zusammenhang mit der Rückforderung gemeinschaftsrechtswidrig gewährter Beihilfen[52], bekannt geworden. Es wird daher zu untersuchen sein, ob das Gemeinschaftsrecht Vorgaben enthält (siehe unten § 6), welche die Auslegung und Anwendung der grundgesetzlichen Kompetenzverteilungsregelungen zu beeinflussen geeignet sind.

Kompetenzübertragungen auf die Gemeinschaften und Einwirkungen des Gemeinschaftsrechts sind jedoch nicht unbeschränkt möglich. Die Beantwortung der angesprochenen gemeinschaftsrechtlichen „Vorfragen" der nationalen Kompetenzverteilung beim Verwaltungsvollzug des Gemeinschaftsrechts muß sich daher ihrerseits an jenen Schranken messen lassen, die sich aus dem nationalen Verfassungsrecht ergeben[53]. Damit ist der Weg zurück zu den Grundlagen der Übertragung der Hoheitsrechte gewiesen (siehe unten § 3).

---

52 Zu Gemeinschaftsbeihilfen siehe EuGH, Urt. v. 21.9.1983, Verb. Rs. 205-215/82 (Deutsche Milchkontor/Deutschland), Slg. 1983, S. 2633ff.; BVerwG, NVwZ 1987, S. 44; BVerwG, NVwZ 1988, S. 349; zu Beihilfen aus nationalen Mitteln vgl. EuGH, Urt. v. 24.2.1987, Rs. 310/85 (Deufil/Kommission), Slg. 1987, S. 901ff.; EuGH, Urt. v. 20.9.1990, Rs. C-5/89 (Kommission/Deutschland), Slg. 1990-I, S. 3437 (3456f.); EuGH, Urt. v. 2.2.1989, Rs. 94/87 (Kommission/Deutschland), Slg. 1989-I, S. 175ff.; BVerwGE 92, 81ff.; zur Rückforderung gemeinschaftsrechtswidriger Beihilfen siehe *Ehlers,* in: Erichsen, Allg. VerwR, § 3 Rdnr. 53; *Erichsen,* in: ders., Allg. VerwR, § 17 Rdnr. 8a; *Heiermann,* EWS 1994, S. 145ff.; *Kokott,* DVBl. 1993, S. 1235ff.; *Pache,* NVwZ 1994, S. 318ff.; *Streinz,* Der Einfluß des Europäischen Verwaltungsrechts, in: Schweitzer, Europ. VerwR, S. 241 (262); *ders.,* EuropaR, Rdnr. 481ff.; *Triantafyllou,* NVwZ 1992, S. 436ff.; *A. Weber,* Das Verwaltungsverfahren, in: Schweitzer, Europ. VerwR, S. 55 (70ff.); *ders.,* BayVBl. 1984, S. 321ff.; *Winkler,* DVBl. 1979, S. 263ff.

53 Vgl. im Hinblick auf den „effet utile"-Gedanken, auf den sich gemeinschaftsrechtliche Einwirkungen in diesen Bereichen maßgeblich stützen (siehe dazu unten im Text, § 6), BVerfGE 89, 155 (210): Angesichts der dynamischen Vertragsauslegung bisher, u.a. aufgrund einer „Vertragsauslegung im Sinne einer größtmöglichen Ausschöpfung der Gemeinschaftsbefugnisse (‚effet utile')", sei „in Zukunft bei der Auslegung von Befugnisnormen durch Einrichtungen und Organe der Gemeinschaften zu beachten", „daß der Unions-Vertrag grundsätzlich zwischen der Wahrnehmung einer begrenzt eingeräumten Hoheitsbefugnis und der Vertragsänderung unterscheidet, seine Auslegung deshalb in ihrem Ergebnis nicht einer Vertragserweiterung gleichkommen darf; eine solche Auslegung von Befugnisnormen würde für Deutschland keine Bindungswirkung entfalten."

Die Feststellung der grundgesetzlichen Zulässigkeit der Übertragung von Hoheitsrechten, insbesondere im Bereich der Exekutive, einschließlich ihrer Grenzen steht daher am Anfang einer Untersuchung, die jene Verzahnung auf dem Gebiet des Verwaltungsvollzugs zu erfassen sucht.

Auf dieser Grundlage ist das Verhältnis der Europäischen Union und ihrer Gemeinschaften zu den Mitgliedstaaten in den Blick zu nehmen. Die verfassungsrechtliche Ermächtigung zu Hoheitsrechtsübertragungen und das Maß ihrer Ausschöpfung entscheiden nicht nur quantitativ über den Anteil der Residualkompetenzen Deutschlands als Mitgliedstaat, die es im Bundesstaat weiter zu verteilen gilt. Zugleich bestimmen die verfassungsrechtlichen Grundlagen in Verbindung mit den dadurch ermöglichten vertraglichen Ermächtigungen, welche Stellung den Mitgliedstaaten beim Vollzug des Gemeinschaftsrechts zufällt. Die daraus resultierende Systematik des Verwaltungsvollzugs von Gemeinschaftsrecht gibt den nationalen Kompetenzverteilungsregelungen verschiedene Vollzugsformen vor, die sie kompetentiell zu lösen haben.

Damit gelangt die Vollzugsproblematik in den mitgliedstaatsinternen Bereich. Um eine gemeinschaftsrechtsverträgliche Lösung der Kompetenzverteilung sicherzustellen, gilt es zu klären, welche Vorgaben das Gemeinschaftsrecht enthält und ob diesen im Hinblick auf die bundesstaatliche Verfaßtheit Deutschlands unabhängig von der grundgesetzlichen Verteilung der Verwaltungskompetenzen genügt ist. Auf der Grundlage des gefundenen Ergebnisses ist zu untersuchen, wie die Verwaltungskompetenzen bei sachgerechter Auslegung der grundgesetzlichen Vorschriften hinsichtlich der unterschiedlichen Vollzugsformen von Gemeinschaftsrecht verteilt sind.

§ 3 Grundlagen der Übertragung von Hoheitsrechten auf die EG und ihre potentiellen Folgen für die grundgesetzliche Verteilung der Verwaltungszuständigkeiten

I. Grundlagen der Übertragung von Hoheitsrechten auf die EG

1. Überblick über die Übertragungsermächtigungen und ihre Entstehung

Bis zum Abschluß des Maastrichter Vertrages erfolgte die Beteiligung der Bundesrepublik an der europäischen Integration auf der Grundlage des Art. 24 Abs. 1 GG. Dementsprechend wurden die wesentlichen Integrationsschritte, die Gründung der Europäischen Gemeinschaft für Kohle und Stahl, der Europäischen Wirtschaftsgemeinschaft und der Europäischen Atomgemeinschaft, der Abschluß des Fusionsvertrages und der Einheitlichen Europäischen Akte, nach Maßgabe des Art. 24 Abs. 1 GG vollzogen.

Mit Abschluß des Maastrichter Vertrages war zweifelhaft geworden, ob die karge[1] und in ihrer Auslegung gegenüber den ursprünglichen Vorstellungen des Verfassunggebers bereits erheblich im Sinne einer Integrationsfreundlichkeit ausgedehnte Vorschrift noch eine ausreichende Grundlage für die Schaffung der Europäischen Union als einer „neuen Stufe"[2] der Integration darstellen konnte[3]. Zum Teil hielt man Art. 24 Abs. 1 GG noch für hinreichend[4], zum Teil sah man den Rahmen der zwischenstaatlichen Einrichtung als überschritten an[5].

---

[1] Vgl. *Jarass,* in: Jarass/Pieroth, GG, Art. 23 Rdnr. 1: „Diese magerere Regelung konnte für die Schaffung der Europäischen Union nicht mehr genügen,...".

[2] Vgl. den ersten Erwägungsgrund der Präambel des EUV: „ENTSCHLOSSEN, den mit der Gründung der Europäischen Gemeinschaften eingeleiteten Prozeß der europäischen Integration auf eine neue Stufe zu heben." Ähnlich Art. A Abs. 2 EUV. Einen „Qualitätssprung" aufgrund des EUV nehmen an: *Scholz,* NJW 1992, S. 2593 (2594); *ders,* NJW 1993, S. 1690 (1691); *ders.,* in: Maunz/Dürig, GG, Art. 23 Rdnr. 9, 26; zustimmend *Ossenbühl,* DVBl. 1993, S. 629 (629); *Henrichs,* DÖV 1994, S. 368 (369).

[3] Vgl. auch bereits vor Abschluß des Maastrichter Vertrages den Hinweis *Steindorffs,* AöR 116 (1991), S. 460 (466), Art. 24 Abs. 1 GG könne sich als „zu schmalbrüstig" erweisen.

[4] So *Bieber,* Sachverständigenanhörung, S. 2: EU funktional als zwischenstaatliche Einrichtung i.S.d. Art. 24 Abs. 1 GG zu erfassen; siehe auch ebd., S. 4: Verän-

Durch die vor der Ratifikation des Unionsvertrages verabschiedeten Grundgesetzänderungen und insbesondere die Einfügung des neuen Art. 23 GG sollten Gründung und Tätigkeit der Europäischen Union auf ein sicheres verfassungsrechtliches Fundament gestellt werden. Folgt man dem BVerfG[6], ist dies grundsätzlich gelungen, und das – allerdings entsprechend ausgelegte – Zustimmungsgesetz hält der Überprüfung anhand des Art. 23 GG n.F. stand. In welchem Umfang Art. 23 GG die Verfassungslage verändert hat (und damit seine Einfügung für die Ratifizierung des Unionsvertrages bereits zwingend erforderlich war), hängt maßgeblich von der Auslegung des Art. 24 Abs. 1 GG und seiner Schranken ab.

Seit dem Inkrafttreten des Art. 23 GG verdrängt dieser in seinem Anwendungsbereich Art. 24 Abs. 1 GG. Hinsichtlich der Übertragung von

derungen aufgrund der EU bewirkten „keinen neuartigen Sprung, mit dem der Rahmen von Art. 24 I verlassen würde"; *Lerche,* Sachverständigenanhörung, S. 1: „Diesem sehr weiten Begriffsverständnis [sc. der zwischenstaatlichen Einrichtung] läßt sich die ‚Europäische Union' in der vorliegenden Gestalt wohl noch einfügen." *Randelzhofer,* Sachverständigenanhörung, Allg. Stellungnahme, S. 1, sieht die EU noch als zwischenstaatliche Einrichtung i.S.d. Art. 24 Abs. 1 GG an, der aber wegen der Einführung des Kommunalwahlrechts für EG-Ausländer und der Einführung des ESZB als (alleinige) Basis nicht ausreiche. Für Zwischenstaatlichkeit und Ausreichen des Art. 24 Abs. 1 GG (vorbehaltlich sonstiger Verfassungsänderungen) auch nach den Änderungen aufgrund des EUV: *Classen,* ZRP 1993, S. 57 (57); *Everling,* DVBl. 1993, S. 936 (943); *Magiera,* Jura 1994, S. 1 (7); *Oppermann/Classen,* NJW 1993, S. 5 (11); *v. Simson/Schwarze,* in: Benda/Maihofer/Vogel, HdbVerfR, § 4 Rdnr. 131; dies zugrunde legend auch *dies.,* Europäische Integration und GG, S. 58; *Schwarze,* JZ 1993, S. 585 (587).

5 Art. 24 Abs. 1 GG nicht ausreichend, da die EU keine zwischenstaatliche Einrichtung i.S.d. Norm mehr darstelle: *Ossenbühl,* DVBl. 1993, S. 629 (630); *Philipp,* ZRP 1992, S. 433ff.; *Ress,* JuS 1992, S. 985 (991); *Scholz,* NJW 1993, S. 1690 (1691); *ders.,* NVwZ 1993, S. 817 (819); *ders.,* NJW 1992, S. 2593 (2594ff.); vgl. auch *dens.,* FS Lerche, S. 65 (76): EU „zumindest in ihrer Endphase" keine zwischenstaatliche Einrichtung, sondern „Gebilde eigenstaatlicher Art"; ähnlich *ders.,* in: Maunz/Dürig, GG, Art. 23 Rdnr. 3; wenn auch vorsichtig ebenso *Jarass,* in: Jarass/Pieroth, GG, Art. 23 Rdnr. 1: EU „dürfte" keine bloße zwischenstaatliche Einrichtung mehr sein. Dies soll auch die vorherrschende Auffassung in der Gemeinsamen Verfassungskommission gewesen sein, vgl. die Nachw. bei *Randelzhofer,* in: Maunz/Dürig, GG, Art. 24 I Rdnr. 200 mit FN 642.

6 BVerfGE 89, 155. Dazu speziell neben dem allgemein im folgenden zu Art. 23 GG zitierten Schrifttum *Bleckmann/Pieper,* RIW 1993, S. 969ff.; *Everling,* Integration 1994, S. 165ff.; *Fromont,* JZ 1995, S. 800ff.; *Frowein,* ZaöRV 54 (1994), S. 1ff.; *Götz,* JZ 1993, S. 1081ff.; *H. P. Ipsen,* EuR 1994, S. 1ff.; *B. Kahl,* Der Staat 33 (1994), S. 241ff.; *Kirchhof,* in: Hommelhoff/Kirchhof, Staatenverbund, S. 11ff.; *König,* ZaöRV 54 (1994), S. 17ff.; *Kokott,* AöR 119 (1994), S. 207ff.; *Lenz,* NJW 1993, S. 3038ff.; *Lerche,* FS Heymanns, S. 409ff.; *MacCormick,* JZ 1995, S. 797ff.; *Meesen,* NJW 1994, S. 549ff.; *M. Schröder,* DVBl. 1994, S. 316ff.; *Schwarze,* NJ 1994, S. 1ff.; *Steinberger,* in: Hommelhoff/Kirchhof, Staatenverbund, S. 25ff.; *A. Weber,* JZ 1994, S. 53ff.; *Winkelmann,* Maastricht-Urteil; *Wittkowski,* BayVBl. 1994, S. 359ff.

Hoheitsrechten zur Verwirklichung der Europäischen Union geht die lex specialis des Art. 23 Abs. 1 S. 2 GG der allgemeinen Regelung in Art. 24 Abs. 1 GG[7] (wie auch Art. 32 GG[8]) vor. Art. 23 Abs. 1 GG wird seinerseits durch die Sonderregelung des Art. 88 S. 2 GG zwar nicht ausgeschlossen, aber ergänzt bzw. modifiziert, soweit im Rahmen der Europäischen Union die Übertragung der Aufgaben und Befugnisse der Bundesbank auf die Europäische Zentralbank in Frage steht.

2. Art. 23 GG n.F.

a) Normsystematik des Art. 23 GG

Absatz 1 der Vorschrift regelt die Übertragung von Hoheitsrechten im Rahmen der Europäischen Union. Die eigentliche Übertragungsermächtigung befindet sich in Art. 23 Abs. 1 S. 2 GG. Der vorangestellte S. 1, häufig als Struktur-[9] oder Struktursicherungsklausel[10] bezeichnet, enthält nicht nur eine Staatszielbestimmung[11] sowie einen Verfassungsauftrag[12], an

---

[7] *Jarass,* in: Jarass/Pieroth, GG, Art. 23 Rdnr. 2 und Art. 24 Rdnr. 2; *Rojahn,* in: v. Münch/Kunig, GG, Art. 23 Rdnr. 3; *Scholz,* in: Maunz/Dürig, GG, Art. 23 Rdnr. 3, 47; *Streinz,* in: Sachs, GG, Art. 23 Rdnr. 9; *ders.,* EuZW 1994, S. 329 (330); *Arndt,* EuropaR, S. 56; *Badura,* FS Redeker, S. 111 (125 FN 37); *H.-J. Blanke,* DVBl. 1993, S. 819 (819); *Uhlenküken,* NWVBl. 1995, S. 421 (421 f.); *Winkelmann,* DVBl. 1993, S. 1128 (1130f.).

[8] *Rojahn,* in: v. Münch/Kunig, GG, Art. 23 Rdnr. 3; *Streinz,* in: Sachs, GG, Art. 23 Rdnr. 9; *Stern,* FS Heymanns, S. 251 (267); *Winkelmann,* DVBl. 1993, S. 1128 (1133f.); ebenso und zur Reichweite dieser Spezialität *Scholz,* in: Maunz/Dürig, GG, Art. 23 Rdnr. 142.

[9] *Rojahn,* in: v. Münch/Kunig, GG, Art. 23 Rdnr. 17; *Streinz,* in: Sachs, GG, Art. 23 Rdnr. 15; *Wilhelm,* BayVBl. 1992, S. 705 (706).

[10] *Scholz,* in: Maunz/Dürig, GG, Art. 23 Rdnr. 5; *ders.,* NVwZ 1993, S. 817 (820); *Badura,* FS Redeker, S. 111 (124); *ders.,* StaatsR, D Rdnr. 144; *Enders,* FS Böckenförde, S. 29 (37); *W. Fischer,* ZParl 1993, S. 32 (37f.); *Henrichs,* DÖV 1994, S. 368 (373); *Hilf,* in: Hommelhoff/Kirchhof, Staatenverbund, S. 75 (81); *Hofmann/Meyer-Teschendorf,* ZG 1997, S. 81 (81); *Lerche,* FS Schambeck, S. 753 (754); *Magiera,* Jura 1994, S. 1 (8); *Mandelartz,* FS Böckenförde, S. 163 (164); *Maurer,* Allg. VerwR, § 2 Rdnr. 27; *Oschatz/Risse,* DÖV 1995, S. 437 (437).

[11] *Jarass,* in: Jarass/Pieroth, GG, Art. 23 Rdnr. 3; *Streinz,* in: Sachs, GG, Art. 23 Rdnr. 10; *Enders,* FS Böckenförde, S. 29 (37); *W. Fischer,* ZParl 1993, S. 32 (37); *Lerche,* FS Schambeck, S. 753 (754); *Magiera,* Jura 1994, S. 1 (8); *Mandelartz,* FS Böckenförde, S. 163 (164); *Scholz,* NVwZ 1993, S. 817 (820); *Sommermann,* DÖV 1994, S. 596ff.; *Wilhelm,* BayVBl. 1992, S. 705 (706); *J. Böhm,* BayVBl. 1993, S. 545 (551): „staatszielähnliche Vorgaben"; vgl. auch Amtl. Begründung, BR-Drs. 501/92, S. 4 (11).

[12] *Rojahn,* in: v. Münch/Kunig, GG, Art. 23 Rdnr. 78; *Streinz,* in: Sachs, GG, Art. 23 Rdnr. 10; *Jarass,* in: Jarass/Pieroth, GG, Art. 23 Rdnr. 3; *Badura,* StaatsR, D Rdnr. 144; *Schmalenbach,* Europaartikel, S. 203.

der Realisierung eines vereinten Europas im Rahmen der Europäischen Union mitzuwirken, sondern normiert zugleich die strukturellen Anforderungen an diese Union. Im Wege der Bezugnahme werden diese in S. 2 inkorporiert und bilden damit materielle Voraussetzungen des Übertragungstatbestandes[13].

Die Strukturklausel garantiert damit bereits teilweise die Einhaltung der Schranken einer Hoheitsrechtsübertragung im Rahmen der EU, für die Art. 23 Abs. 1 S. 3 GG grundsätzlich auf Art. 79 Abs. 3 GG verweist.

Betrifft Art. 23 Abs. 1 GG also die Kompetenz*ausstattung* der EU und der unter ihrem Dach[14] firmierenden Gemeinschaften, regeln Abs. 2 - 6 die Frage, wie sich die Kompetenz*ausübung* zu vollziehen hat, soweit die dem Grundgesetz unterworfenen nationalen Organe hieran mitwirken. Als Grundsatznorm sieht Abs. 2 S. 1 die Mitwirkung des Bundestages und der Länder durch den Bundesrat in Angelegenheiten der EU vor; Abs. 2 S. 2 statuiert die dazu erforderlichen Informationsrechte gegenüber der Bundesregierung. Abs. 3 regelt im einzelnen die Beteiligung des Bundestages[15], Abs. 4 - 6 die des Bundesrates. Die Mitwirkung von Bundestag und Bundesrat konkretisieren die auf der Grundlage der Ermächtigungen nach Abs. 3 S. 3[16] und Abs. 7[17] ergangenen Ausführungsgesetze.

Für die Verteilung der mitgliedstaatlichen Verwaltungskompetenzen sind vorrangig die Möglichkeit der Übertragung von Hoheitsrechten und ihre Grenzen und damit Art. 23 Abs. 1 GG von Bedeutung. Der Übertragungstatbestand in Abs. 1 bleibt von den nachfolgenden Absätzen aber nicht unbeeinflußt, weil sie erstens für die Auslegung des Abs. 1, etwa hinsichtlich der Übertragbarkeit von Länderhoheitsrechten[18], heranzuziehen sind. Zweitens sind die Regelungen in Abs. 2, 3 - 6 bei der Bestimmung der Grenzen der Übertragung von Hoheitsrechten zu berücksichtigen, weil die dort vorgesehenen Mitwirkungsbefugnisse des Bundesrates einen Ausgleich

---

13 Vgl. *Streinz,* in: Sachs, GG, Art. 23 Rdnr. 68.

14 Mit dem Bild des Daches soll die Frage der Rechtspersonenhaftigkeit der EU nicht entschieden sein. Den Begriff verwenden z.B. die folgenden Autoren, die die Rechtsfähigkeit der Union teils bejahen, teils verneinen: *Ehlers,* in: Erichsen, Allg. VerwR, § 3 Rdnr. 2; *Huber,* Europ. Integration, § 2 Rdnr. 32; *Magiera,* Jura 1994, S. 1 (6); *Ress,* JuS 1992, S. 985 (986); *Winter,* DÖV 1993, S. 173 (177); *Wolf,* JZ 1993, S. 594 (595).

15 Dazu *Kabel,* GS Grabitz, S. 241 ff.; *Lang,* Mitwirkungsrechte des BR und des BT, S. 272ff.

16 Gesetz über die Zusammenarbeit von Bundesregierung und Deutschem Bundestag in Angelegenheiten der Europäischen Union – ZEUBBG – vom 12.3.1993, BGBl. I S. 311.

17 Gesetz über die Zusammenarbeit von Bund und Ländern in Angelegenheiten der Europäischen Union – ZEUBLG – vom 12.3.1993, BGBl. I S. 313.

18 Siehe unter § 3 I. 2. b) bb) (1).

für den Verlust von Länderhoheitsrechten schaffen oder jenen zumindest abmildern könnten.

b) Übertragungstatbestand des Art. 23 Abs. 1 S. 2 GG

Gem. Art. 23 Abs. 1 S. 2 GG kann der Bund „hierzu", d.h. im Rahmen des Verfassungsauftrags des Satzes 1 zur Verwirklichung der Europäischen Union, durch Gesetz mit Zustimmung des Bundesrates Hoheitsrechte übertragen.

aa) Übertragungsadressat

In Abweichung von Art. 24 Abs. 1 GG benennt die Übertragungsermächtigung des Art. 23 Abs. 1 S. 2 GG nicht ausdrücklich mögliche Adressaten der Hoheitsrechtsübertragung. Durch die Inbezugnahme („hierzu") des Satzes 1 wird klargestellt, daß nur Hoheitsrechtsübertragungen in Zusammenhang mit der Europäischen Union von der Ermächtigung gedeckt sind. Für Art. 23 Abs. 1 S. 2 GG ist danach ohne Belang, ob Adressat der Übertragung die Europäische Union selbst oder eine zu ihren Grundlagen zu zählende Gemeinschaft ist (vgl. Art. A Abs. 3 S. 1 EUV). Gedeckt von der Ermächtigung des Art. 23 Abs. 1 GG wären daher auch Hoheitsrechtsübertragungen im Rahmen der Europäischen Union, die außerhalb der drei Gründungsgemeinschaften EGKS, EAG und EWG/EG erfolgen. Allerdings ist Art. 23 GG auch unter Berücksichtigung der genetischen Auslegung nicht zu entnehmen, ob im Zuge der neuen Formen der Zusammenarbeit – GASP und ZBJI – nach dem Maastrichter Vertrag bereits Hoheitsrechtsübertragungen erfolgt sind oder ob insoweit ausschließlich intergouvernementale Strukturen vorherrschen. Ebensowenig ist Art. 23 GG bereits eine eindeutige Antwort auf die umstrittene Frage nach der Rechtspersönlichkeit der Europäischen Union zu entnehmen[19].

---

[19] Dagegen BVerfGE 89, 155 (195): „der EU-Vertrag [sc. läßt] an keiner Stelle den übereinstimmenden Willen der Vertragsparteien erkennbar werden..., mit der Union ein selbständiges Rechtssubjekt zu gründen, das Träger eigener Kompetenzen sein soll"; ebenso *Baetge,* BayVBl. 1992, S. 711 (711); *Beutler,* in: BBPS, EU, 2.7, S. 74; *Curtin,* CMLRev 30 (1993), S. 17ff.; *Doehring,* FS Everling I, S. 263 (263); *Emmert,* EuropaR, § 4 Rdnr. 38; *Everling,* DVBl. 1993, S. 936 (941); *ders.,* Integration 1994, S. 165 (166): „Kooperationsverband der Mitgliedstaaten"; *Herdegen,* EuropaR, Rdnr. 82f.; *Hilf,* in: Hommelhoff/Kirchhof, Staatenverbund, S. 75 (75); *Huber,* Europ. Integration, § 2 Rdnr. 32, § 5 Rdnr. 6; *ders.,* FS Heymanns, S. 349 (358); *H. P. Ipsen,* EuR 1994, S. 1 (7); *Lecheler,* FS Heymanns, S. 383 (393); *Oppermann,* in: Hommelhoff/Kirchhof, Staatenverbund, S. 87 (90); *Schmidhuber,* GS Grabitz, S. 661 (667); *Scholz,* NVwZ 1993, S. 817 (818); *Schweitzer/Hummer,* EuropaR, Rdnr. 950; *Seidel,* EuR 1992, S. 125 (125f.); *v. Simson/Schwarze,* Europäische Integration und GG, S. 43; *Stauffenberg/Langenfeld,* ZRP 1992, S. 252

Anders als nach Art. 24 Abs. 1 GG als bisheriger Grundlage der europäischen Integration ist für Art. 23 Abs. 1 GG schließlich unerheblich, ob der Ermächtigte nach Art und Umfang der Hoheitsrechtsübertragungen noch als zwischenstaatliche Einrichtung angesehen werden kann[20].

bb) Begriff und Rechtsfolgen der Übertragung von Hoheitsrechten

Art. 23 Abs. 1 GG sieht die Übertragung von Hoheitsrechten vor und entlehnt damit die beiden zentralen Begriffe aus Art. 24 Abs. 1 GG.

(1) Hoheitsrechte

Unter Hoheitsrechten i. S. v. Art. 23 Abs. 1 GG ist die Ausübung öffentlicher Gewalt im innerstaatlichen Bereich zu verstehen, die vorbehaltlich einer Übertragung kraft der staatlichen Souveränität ausschließlich nationalen Stellen vorbehalten ist.

Der Begriff der Hoheitsrechte wird in Art. 23 GG gegenständlich nicht beschränkt, so daß als Hoheitsrechtsausübung und damit tauglicher Gegenstand einer Übertragung der gesamte Bereich öffentlicher Gewalt in Betracht kommt[21]. Er umfaßt alle Staatsfunktionen, also Hoheitsrechte auf dem Gebiet der Legislative, der Judikative[22] sowie dem für die vorliegende Untersuchung vorrangig bedeutsamen Gebiet der Exekutive. Für die Ver-

---

(254); *Streinz,* ZfRV 1995, S. 1 (4f.); *Huber,* Maastricht – ein Staatsstreich, S. 45, bezeichnet die EU als „Mantelbegriff". Die Rechtspersonenhaftigkeit der EU bejahend *Beyer,* Staat 35 (1996), S. 189 (194); *Blackmann,* NVwZ 1993, S. 824 (824); vgl. aber auch *dens.,* DVBl. 1992, S. 335 (335): keine Völkerrechtssubjektivität der Union; *E. Klein/Haratsch,* DÖV 1993, S. 785 (787f.); *Magiera,* Jura 1994, S. 1 (6): „zumindest ansatzweise eine eigene (Völker-)Rechtspersönlichkeit"; *Ress,* JuS 1992, S. 985 (986); *Rupp,* NJW 1993, S. 38 (40); vgl. *dens.,* EuR Beiheft 2/1995, S. 27ff.; die Anerkennung der Rechtsfähigkeit fordernd auch *v. Bogdandy/Nettesheim,* NJW 1995, S. 2324 (2327f.), und *dies.,* EuR 1996, S. 2 (23ff.), die von der Verschmelzung von E(W)G, EGKS und EAG mit der EU ausgehen; vgl. ferner *Wolf,* JZ 1993, S. 594 (595f.): „selbständige Handlungseinheit"; zurückhaltend auch: *Ehlers,* in: Erichsen, Allg. VerwR, § 3 Rdnr. 4: „Eine (allerdings sehr beschränkte) eigene Rechtspersönlichkeit dürfte auch der Europäischen Union zukommen, ...".

20 BT-Drs. 12/3338, S. 6; *Jarass,* in: Jarass/Pieroth, GG, Art. 23 Rdnr. 6.

21 *Jarass,* in: Jarass/Pieroth, GG, Art. 23 Rdnr. 4; *Randelzhofer,* in: Maunz/Dürig, GG, Art. 24 I Rdnr. 33; *Scholz,* ebd., Art. 23 Rdnr. 49; *Rojahn,* in: v. Münch/Kunig, GG, Art. 23 Rdnr. 42 i.V.m. Art 24 Rdnr. 19; *Streinz,* in: Sachs, GG, Art. 23 Rdnr. 53.

22 Einschließlich der Kompetenz zur Rechtsfortbildung (soweit eine solche vertraglich ausdrücklich vorgesehen oder bei sachgerechter Auslegung anzunehmen ist) – so bzgl. Art. 24 Abs. 1 GG BVerfGE 75, 223 (242); zustimmend *Jarass,* in: Jarass/Pieroth, GG, Art. 23 Rdnr. 4; *Streinz,* in: Sachs, GG, Art. 23 Rdnr. 53.

waltung bestätigt dies nunmehr Art. 88 S. 2 GG, der in seiner im Zuge der Ratifizierung des Maastrichter Vertrages gewonnenen neuen Fassung eine spezielle modifizierende Sonderregelung für die Bundesbank und damit einen Teilbereich der Exekutive enthält[23].

Soweit Verwaltungsbefugnisse übertragen werden sollen, können sowohl Hoheitsrechte auf dem Bereich der Eingriffs- als auch der Leistungsverwaltung übertragen werden[24].

Art. 23 Abs. 1 S. 2 GG ermöglicht auch die Übertragung von Hoheitsrechten, die innerstaatlich in den (ausschließlichen) Zuständigkeitsbereich der Länder fallen[25]. Diese im Rahmen des Art. 24 Abs. 1 GG umstrittene Frage beantwortet die Neuregelung in den Absätzen 4 - 6 nunmehr eindeutig[26], da diese hinsichtlich des Grades der Beteiligung des Bundesrates an die innerstaatliche Zuständigkeitsverteilung anknüpfen. Wenn insbesondere Abs. 5 S. 2 das Gebot maßgeblicher Berücksichtigung der Auffassung des Bundesrates von der schwerpunktmäßigen Betroffenheit von Gesetzgebungsbefugnissen der Länder, Abs. 6 die Möglichkeit der Übertragung von Rechten der Bundesrepublik vom Bund auf einen vom Bundesrat benannten Vertreter der Länder von der schwerpunktmäßigen Betroffenheit ausschließlicher Gesetzgebungsbefugnisse der Länder abhängig macht, setzt dies zwangsläufig die Übertragbarkeit von Länderhoheitsrechten voraus.

(2) Übertragung

Obwohl der Begriff der Übertragung bereits in den Stellungnahmen zu Art. 24 Abs. 1 GG als mißverständlich angesehen worden war[27], hat Art. 23 Abs. 1 S. 2 GG n.F. diesen übernommen. Dies erweckt keine Bedenken, weil über den Bedeutungsgehalt des Begriffs mittlerweile weitgehend Einigkeit herrscht.

---

[23] Siehe dazu unten § 3 I. 4.

[24] *Randelzhofer,* in: Maunz/Dürig, GG, Art. 24 I Rdnr. 33; *Rauser,* Übertragung von Hoheitsrechten, S. 80; *Rojahn,* in: v. Münch/Kunig, GG, Art. 23 Rdnr. 42 i.V.m. Art 24 Rdnr. 19.

[25] *Jarass,* in: Jarass/Pieroth, GG, Art. 23 Rdnr. 4; *Rojahn,* in: v. Münch/Kunig, GG, Art. 23 Rdnr. 42; *Scholz,* in: Maunz/Dürig, GG, Art. 23 Rdnr. 48; *Streinz,* in: Sachs, GG, Art. 23 Rdnr. 55; *Uhlenküken,* NWVBl. 1995, S. 421 (421).

[26] Entgegen *Uhlenküken,* NWVBl. 1995, S. 421 (421), folgt dies allerdings nicht bereits „unmittelbar aus der starken Einbindung der Bundesländer und des Bundesrates gem. den Absätzen 4 bis 6“, weil es insbesondere einen Verfassungsgrundsatz, daß der Bundesrat nicht in Angelegenheiten mitwirken darf, in denen den Ländern (innerstaatlich) keinerlei Befugnisse zustehen, nicht gibt. Im übrigen sieht das durch Art. 23 n.F. eingeführte neue Bundesratsverfahren eine Zustimmungsbedürftigkeit auch dort vor, wo ausschließliche Kompetenzen des Bundes betroffen sind.

[27] *Randelzhofer,* in: Maunz/Dürig, GG, Art. 24 I Rdnr. 1; *Streinz,* in: Sachs, GG, Art. 24 Rdnr. 18 und Art. 23 Rdnr. 52.

Der Begriff der „Übertragung" darf nach der bekannten Formulierung des BVerfG „nicht wörtlich genommen werden"[28]. Er ist zunächst nicht im Sinne einer dinglich wirkenden Entäußerung der Hoheitsrechte zugunsten des Übertragungsempfängers zu verstehen[29].

Das Wesen der Übertragung von Hoheitsrechten liegt entsprechend der plastischen Umschreibung des BVerfG[30] vielmehr in einer Öffnung der nationalen Rechtsordnung[31], die dem Übertragungsadressaten die Setzung binnenstaatlich verbindlicher Regelungen oder Maßnahmen gestattet. Soweit ein staatlicher Ausschließlichkeitsanspruch der deutschen öffentlichen Gewalt nicht bereits von vornherein verneint wird, bedeutet die Übertragung von Hoheitsrechten also, diesen partiell zurückzunehmen. Da die Rechtswirkungen des Übertragungsgesetzes über die eines allgemeinen Vertragsgesetzes nach Art. 59 Abs. 2 S. 1 GG hinausgehen müssen, ist für eine Hoheitsrechtsübertragung nicht ausreichend, daß nur traditionell völkerrechtliche Befugnisse eingeräumt werden, die allein die Begründung von Verpflichtungen des Staates ermöglichen, die aber die innerstaatlichen Rechtssubjekte und Rechtsanwendungsorgane nicht unmittelbar als Adressaten ansprechen[32].

Für das Vorliegen einer Übertragung von Hoheitsrechten ist daher maßgeblich, daß dem Adressaten die Möglichkeit des unmittelbaren Durchgriffs auf die nationale Rechtsordnung ermöglicht wird[33].

Durch den Durchgriffseffekt unterscheidet sich die Hoheitsrechtsübertragung von traditionellen völkerrechtlichen Verpflichtungen, die lediglich die Staaten als Völkerrechtssubjekte berechtigen bzw. verpflichten. Innerstaatliche Verbindlichkeit erlangen jene erst durch gesetzliche Transformation.

---

[28] BVerfGE 37, 271 (279).

[29] Vgl. *Randelzhofer,* in: Maunz/Dürig, GG, Art. 24 I Rdnr. 55; *Tomuschat,* in: BK, GG, Art. 24 Rdnr. 15 mit Nachw. zur älteren Gegenäußerungen; *Zuleeg,* in: AK-GG, Art. 24 Abs. 1 Rdnr. 25; *E. Klein,* VVDStRL 50 (1990), S. 56 (63); *Magiera,* Jura 1994, S. 1 (2).

[30] BVerfGE 73, 339 (374): „Art. 24 Abs. 1 GG ermöglicht es, die Rechtsordnung der Bundesrepublik Deutschland derart zu öffnen, daß der ausschließliche Herrschaftsanspruch der Bundesrepublik Deutschland für ihren Hoheitsbereich zurückgenommen und der unmittelbaren Geltung und Anwendbarkeit eines Rechts aus anderer Quelle innerhalb dieses Hoheitsbereiches Raum gelassen wird." Ähnlich bereits BVerfGE 37, 271 (280); 58, 1 (28); 59, 63 (90).

[31] Vgl. *Tomuschat,* in: BK, GG, Art. 24 Rdnr. 16: „Öffnung des internen Kompetenzbereichs"; *Randelzhofer,* in: Maunz/Dürig, GG, Art. 24 I Rdnr. 57ff.: „Öffnung des innerstaatlichen Kompetenzbereichs"; *H.-J. Blanke,* Föderalismus und Integrationsgewalt, S. 294; *Magiera,* Jura 1994, S. 1 (2f.).

[32] *Randelzhofer,* in: Maunz/Dürig, GG, Art. 24 I Rdnr. 30; *Rojahn,* in: v. Münch/Kunig, GG, Art. 24 Rdnr. 20.

[33] *Tomuschat,* in: BK, GG, Art. 24 Rdnr. 8; *Zuleeg,* in: AK-GG, Art. 24 Abs. 1 Rdnr. 16; *H. P. Ipsen,* EG-Recht, § 1 Rdnr. 6, § 2 Rdnr. 52.

Dagegen ermöglicht Art. 23 GG den Durchgriff ohne weitere nationale Zwischenakte. Dies wird möglich, weil Art. 23 GG wie bereits Art. 24 GG mit der Ermächtigung zur Übertragung von Hoheitsrechten zugleich die allgemeine Grundlage des innerstaatlichen Rechtsanwendungsbefehls[34] bildet, der die Befolgung der Ausübung wirksam übertragener Hoheitsrechte durch den Übertragungsempfänger anordnet. Der konkrete Rechtsanwendungsbefehl wird indessen noch nicht durch Art. 23 GG selbst, sondern durch das jeweilige auf der Grundlage der Ermächtigung des Art. 23 Abs. 1 S. 2 GG erlassene Zustimmungsgesetz erteilt[35].

Recht der Europäischen Union bzw. ihrer Gemeinschaften kann somit auf der Grundlage des Art. 23 GG unmittelbar und ohne Transformation Geltung erlangen. Da es weder nationales noch Völkerrecht ist, wird aufgrund der Übertragung von Hoheitsrechten eine zweite Rechtsordnung geschaffen, die nach der Umschreibung des BVerfG eigenständig ist[36], aber nicht unverbunden neben der nationalen Rechtsordnung steht[37]. Im Hinblick auf die potentielle Durchgriffswirkung ohne Transformation einerseits, die fehlende Zugehörigkeit zum nationalen Recht andererseits kann das Gemeinschaftsrecht als autonom bezeichnet werden[38]. Es ist jedoch nicht im eigentlichen Sinne originär[39]. Der Europäischen Union ebenso wie zwischenstaatlichen Einrichtungen im allgemeinen stehen Aufgaben und Befugnisse nur zu, soweit ihnen diese wirksam auf der Grundlage der verfassungsrechtlichen Ermächtigungen der Art. 23 bzw. 24 GG übertragen worden sind.

Trotz einer evtl. Durchgriffswirkung des Gemeinschaftsrechts verdankt es seine Geltung einem völkerrechtlichen Vertrag in Verbindung mit der verfassungsrechtlichen Ermächtigungsnorm zur Übertragung von Hoheitsrechten und ist demnach nicht im engeren Sinne originär. Von dieser Entstehungsgrundlage verselbständigen könnte sich das Gemeinschaftsrecht daher

---

[34] *Rojahn,* in: v. Münch/Kunig, GG, Art. 23 Rdnr. 28.

[35] BVerfGE 73, 339 (375), noch zu dem insoweit inhaltsgleichen Art. 24 Abs. 1 GG.

[36] BVerfGE 37, 271 (277).

[37] Vgl. BVerfGE 73, 339 (368): die beiden Rechtsebenen seien „in vielfältiger Weise aufeinander bezogen, miteinander verschränkt und wechselseitigen Einwirkungen geöffnet".

[38] Vgl. die Feststellung in BVerfGE 37, 271 (277 f.), „daß das Gemeinschaftsrecht weder Bestandteil der nationalen Rechtsordnung noch Völkerrecht ist, sondern eine eigenständige Rechtsordnung bildet, die aus einer autonomen Rechtsquelle fließt".

[39] Vgl. *Zuleeg,* in: AK-GG, Art. 24 Abs. 1 Rdnr. 21, der zur Deutung der Übertragung von Hoheitsrechten ausführt: „Freilich begegnet auch der originäre Erwerb Bedenken, verdankt die zwischenstaatliche Einrichtung doch ihre Rechtsmacht den Mitgliedstaaten."

allenfalls, wenn eine Kompetenz-Kompetenz der Europäischen Union bzw. ihrer Gemeinschaften von Rechts wegen anzuerkennen wäre oder die Praxis wegen mangelnder Kontrolle von Kompetenzusurpationen darauf de facto[40] hinausliefe.

Ob die Möglichkeit des Durchgriffs eröffnet werden soll, ist durch Auslegung der vertraglichen Grundlage und des Zustimmungsgesetzes zu ermitteln. Insoweit wird maßgeblich auf den zugrunde liegenden Vertrag abzustellen sein, weil entsprechende Befugnisse jedenfalls in aller Regel einheitlich im binnenstaatlichen Bereich der Beteiligten vorgesehen werden[41]. Der EG-Vertrag etwa bringt den Durchgriff für die Verordnung sprachlich deutlich zum Ausdruck, wenn er in Art. 189 Abs. 2 bestimmt, daß diese unmittelbar in jedem Mitgliedstaat gilt[42].

cc) Formelle Übertragungsvoraussetzungen

Nach Art. 23 Abs. 1 S. 2 GG kann der Bund – vorbehaltlich Satz 3 – Hoheitsrechte durch einfaches, aber zustimmungsbedürftiges Gesetz übertragen. Wie bereits Art. 24 Abs. 1 GG regelt Art. 23 GG damit nur den zweiten Teil des zweiaktigen Verfahrens[43], in dem Hoheitrechtsübertragungen vonstatten gehen. Vorauszugehen hat dem Übertragungsgesetz der Abschluß eines völkerrechtlichen Vertrages[44], in dem die Beteiligten, also

---

[40] *Di Fabio,* Der Staat 32 (1993), S. 191 (197), konstatiert eine faktische Kompetenz-Kompetenz, „seitdem die Rechtsprechung des EuGH nicht mehr durch Gerichte der Mitgliedstaaten eingeschränkt wird“. Vgl. dagegen den mahnenden Hinweis des BVerfG im Maastricht-Urteil, BVerfGE 89, 155 (210): „..., so wird in Zukunft bei der Auslegung von Befugnisnormen durch Einrichtungen und Organe der Gemeinschaften zu beachten sein, daß der Unions-Vertrag grundsätzlich zwischen der Wahrnehmung einer begrenzt eingeräumten Hoheitsbefugnis und der Vertragsänderung unterscheidet, seine Auslegung deshalb in ihrem Ergebnis nicht einer Vertragserweiterung gleichkommen darf; eine solche Auslegung von Befugnisnormen würde für Deutschland keine Bindungswirkung entfalten.“ Kritisch zu dieser Aufforderung des BVerfG *Fromont,* JZ 1995, S. 800 (802). Die vom BVerfG angenommene fehlende Bindungswirkung kompetenzwidrigen Sekundärrechts steht in diametralem Gegensatz zu der Rechtsprechung des EuGH, der nationalen Stellen eine Prüfungs- und Verwerfungsbefugnis sekundären Gemeinschaftsrechts auch bei evidenter Primärrechtswidrigkeit versagt, siehe dazu unten § 6 II. 3. a) cc) (3) (d).

[41] Vgl. auch *Rojahn,* in: v. Münch/Kunig, GG, Art. 23 Rdnr. 25.

[42] *Rojahn,* in: v. Münch/Kunig, GG, Art. 23 Rdnr. 25; *Streinz,* in: Sachs, GG, Art. 23 Rdnr. 54.

[43] Dazu bzgl. Art. 24 Abs. 1 GG *Tomuschat,* in: BK, GG, Art. 24 Rdnr. 26; *Rojahn,* in: v. Münch/Kunig, GG, Art. 24 Rdnr. 26.

[44] Unzutreffend daher die Beschreibung der Doppelfunktion des Übertragungsgesetzes durch *A. Weber,* Durchführung des Gemeinschaftsrechts, S. 5f.: „Es besteht mittlerweile weitgehende Übereinstimmung, daß das Übertragungsgesetz nach Art. 24 Abs. 1 GG eine Doppelfunktion innehat und sowohl eine Übertragung von

im Rahmen des Art. 23 GG die Mitgliedstaaten der Europäischen Union, entsprechende Aufgaben und Befugnisse vorsehen.

Das im zweiten Schritt gem. Art. 23 Abs. 1 S. 2 GG erforderliche Übertragungsgesetz ergeht außerhalb des Anwendungsbereichs des folgenden Satzes 3 als einfaches Gesetz des Bundes, das der Zustimmung des Bundesrates bedarf. Bereits Satz 2 enthält daher eine formelle Erschwerung der europäischen Integration gegenüber der Vorgängerregelung in Art. 24 Abs. 1 GG, weil er umfassend ein Zustimmungserfordernis des Bundesrates begründet, das auch im ausschließlichen Kompetenzbereich des Bundes gilt[45] und insoweit über frühere Reformüberlegungen deutlich hinausgreift[46].

Für den scheinbaren verfassungsrechtlichen Normalfall der Übertragung durch einfaches, zustimmungsbedürftiges Bundesgesetz nach Art. 23 Abs. 1 S. 2 GG bleibt wegen des folgenden Satz 3 kaum ein – nach teilweise vertretener Ansicht überhaupt kein[47] – Anwendungsbereich. Nach Art. 23

Hoheitsrechten auf eine zwischenstaatliche Einrichtung wie auch einen völkerrechtlichen Vertrag nach Art. 59 Abs. 2 GG darstellt." Das Übertragungsgesetz stellt keinen völkerrechtlichen Vertrag dar, sondern setzt den vorhergehenden Abschluß eines solchen voraus – siehe *Rojahn,* in: v. Münch/Kunig, GG, Art. 24 Rdnr. 24f.; *Tomuschat,* in: BK, GG, Art. 24 Rdnr. 26; *Zuleeg,* in: AK-GG, Art. 24 Rdnr. 19. Die Doppelfunktion des Übertragungsgesetzes besteht vielmehr darin, daß es auch als Vertragsgesetz i.S.v. Art. 59 Abs. 2 S. 1 GG fungiert – vgl. dazu *Rojahn,* in: v. Münch/Kunig, Art. 24 Rdnr. 32; *Tomuschat,* in: BK, GG, Art. 24 Rdnr. 28; vgl. auch *Zuleeg,* in: AK-GG, Art. 24 Rdnr. 19, der sogar drei Funktionen differenziert.

[45] *Jarass,* in: Jarass/Pieroth, GG, Art. 23 Rdnr. 7; *Rojahn,* in: v. Münch/Kunig, GG, Art. 23 Rdnr. 43; *Streinz,* in: Sachs, GG, Art. 23 Rdnr. 63; *Scholz,* in: Maunz/Dürig, GG, Art. 23 Rdnr. 6, 46; *ders.,* NVwZ 1993, S. 817 (821); *Dästner,* NWVBl. 1994, S. 1 (1).

[46] Bereits die Enquete-Kommission Verfassungsreform hatte eine Zustimmungsbedürftigkeit durch den Bundesrat vorgeschlagen, diese jedoch auf die Übertragung von Länderhoheitsrechten beschränken wollen, siehe den Schlußbericht vom 2.12.1976, BT-Drucks. 7/5924, S. 229, abgedruckt auch in: Presse- und Informationszentrum des Deutschen Bundestages (Hrsg.), Zur Sache 3/76: Beratungen und Empfehlungen zur Verfassungsreform, S. 40: „Die dem Bund durch Artikel 24 Abs. 1 GG eingeräumte Befugnis, durch einfaches Gesetz Hoheitsrechte auf zwischenstaatliche Einrichtungen zu übertragen, soll nach den Empfehlungen der Kommission dann der Zustimmung des Bundesrates unterliegen, wenn es sich um Hoheitsrechte der Länder handelt. Hierfür schlägt die Kommission folgenden Wortlaut vor: ‚Der Bund kann durch Gesetz Hoheitsrechte auf zwischenstaatliche Einrichtungen übertragen, solche der Länder jedoch nur durch Gesetz mit Zustimmung des Bundesrates'." Siehe zu den Reformüberlegungen vor Abschluß des Maastrichter Vertrages auch *Schneider,* NJW 1991, S. 2448 (2454).

[47] Vgl. *Wilhelm,* BayVBl. 1992, S. 705 (707); *Oschatz/Risse,* DÖV 1995, S. 437 (440); im Ergebnis ebenso *Kunig,* FS Heymanns, S. 591 (597): „Danach dürfte das Bemühen um die Gleichstellung von förmlichen und materiellen Änderungen der Integrationsverfassung, wie es in Satz 3 seinen Ausdruck findet, darüber hinwegse-

Abs. 1 S. 3 GG gilt Art. 79 Abs. 2, 3 GG „für die Begründung der Europäischen Union sowie für Änderungen ihrer vertraglichen Grundlagen und vergleichbare Regelungen, durch die dieses Grundgesetz seinem Inhalt nach geändert oder ergänzt wird oder solche Änderungen oder Ergänzungen ermöglicht werden“. In formeller Hinsicht wird damit das Erfordernis einer Zweidrittelmehrheit in Bundestag und Bundesrat errichtet, während Art. 79 Abs. 1 GG unanwendbar bleibt[48].

Für den im Rahmen dieser Untersuchung vorrangigen Bereich der Hoheitsrechtsübertragungen ist Art. 23 Abs. 1 S. 2, 3 GG folgender Regelungsgehalt zu entnehmen: Soweit neue Hoheitsrechte übertragen werden sollen, bisherige wirksam eingeräumte vertragliche Ermächtigungen also nicht ausreichen, bedarf das Übertragungsgesetz stets einer Zweidrittelmehrheit in Bundestag und Bundesrat. Eine Differenzierung zwischen „Hoheitsrechtsübertragungen bzw. Rechtsakten mit der materiellen Qualität von Verfassungsänderungen und solchen ohne derartige Qualität“[49] ist nicht nur mangels hinreichender Bestimmtheit[50], sondern aus grundsätzlichen Erwägungen abzulehnen. (Neue) Hoheitsrechtsübertragungen, die es auf dem verfassungsrechtlich vorgesehenen Wege zu legitimieren gilt, haben ausnahmslos verfassungsändernden Charakter, weil sie durch die Zurücknahme der zunächst unbeschränkten nationalen öffentlichen Gewalt das grundgesetzliche Kompetenzgefüge verändern[51].

Der Sonderausschuß „Europäische Union“ des Deutschen Bundestages hat hingegen für Art. 23 Abs. 1 S. 2 gegenüber S. 3 folgenden Anwendungsbereich gesehen: „Art. 23 I 2 GG erlaubt Hoheitrechtsübertragungen bis zu der Grenze, wo aus verfassungsrechtlichen Gründen ein neuer Vertrag oder eine Änderung der vertraglichen Grundlagen nötig wäre“[52].

Auch dieser Ansatz bringt nur vordergründig eine Klärung des Verhältnisses von Art. 23 Abs. 1 S. 2 zu Abs. 1 S. 3 GG. Wenn es neuer Hoheits-

---

hen lassen, daß hierdurch Satz 2 obsolet wird, schonender formuliert: daß sich erst aus Satz 3 erschließen läßt, was Satz 2 mit ‚Zustimmung des Bundesrates‘ meint, nämlich die Zustimmung mit Zweidrittelmehrheit.“

48 *Jarass,* in: Jarass/Pieroth, GG, Art. 23 Rdnr. 7; *Randelzhofer,* in: Maunz/Dürig, GG, Art. 24 I Rdnr. 203; *Scholz,* ebd., Art. 23 Rdnr. 80; *Lerche,* FS Schambeck, S. 753 (758).

49 *Scholz,* NVwZ 1993, S. 817 (821); *ders.,* in: Maunz/Dürig, GG, Art. 23 Rdnr. 83.

50 *Streinz,* in: Sachs, GG, Art. 23 Rdnr. 66; vgl. dazu auch die Hinweise auf die Entstehungsgeschichte bei *W. Fischer,* ZParl 1993, S. 32 (40).

51 Ebenso *Randelzhofer,* in: Maunz/Dürig, GG, Art. 24 I Rdnr. 203; *Rojahn,* in: v. Münch/Kunig, GG, Art. 23 Rdnr. 49; *Streinz,* in: Sachs, GG, Art. 23 Rdnr. 66; *W. Fischer,* ZParl 1993, S. 32 (40); *Oschatz/Risse,* DÖV 1995, S. 437 (439).

52 Sonderausschuß „Europäische Union (Vertrag von Maastricht)“ des Deutschen Bundestages, BT-Drucks. 12/3896, B I 2a.

rechtsübertragungen aufgrund vertraglicher Zuständigkeitserweiterungen oder -änderungen bedarf, ist die Anwendung des Art. 23 Abs. 1 S. 3 GG selbstverständlich. Wenn aber „ein neuer Vertrag oder eine Änderung der vertraglichen Grundlagen" nicht nötig ist, weil das von einem wirksamen Zustimmungsgesetz gedeckte bisherige Vertragsrecht nach Maßgabe des Grundsatzes der begrenzten Ermächtigung[53] bereits eine ausreichende Grundlage enthält, können die EU und ihre Gemeinschaften gemäß der ihnen verliehenen Rechtsmacht handeln, ohne daß ein – erneutes – Tätigwerden der Mitgliedstaaten, im Falle der Bundesrepublik durch Erlaß eines Übertragungsgesetzes, erforderlich ist[54]. Für einen Anwendungsbereich des Art. 23 Abs. 1 S. 2 GG hinsichtlich Hoheitsrechtsübertragungen diesseits des Art. 23 Abs. 1 S. 3 GG ist daher kein Raum.

Jedenfalls für den vorliegend maßgeblichen Bereich der Hoheitsrechtsübertragungen läßt sich ein Anwendungsbereich des Art. 23 Abs. 1 S. 2 GG außerhalb des Satzes 3 auch nicht über die sog. Evolutivklauseln begründen[55], auf den die Variante der vergleichbaren Regelungen in Art. 23 Abs. 1 S. 3 GG abzielen soll[56]. Diese Evolutivklauseln sehen eine Fortentwicklung der Integration vor, ohne daß es eines förmlichen Vertragsänderungsverfahrens gem. Art. N EUV bedarf. Zu einer Übertragung von Hoheitsrechten kann es vornehmlich durch die Ausübung der Evolutivbestimmung des Art. K.9 EUV kommen. Gem. Art. K.9 S. 1 EUV kann der Rat auf Initiative der Kommission oder eines Mitgliedstaats einstimmig beschließen, daß die in Art. K.1 Nr. 1 - 6 enumerierten Bereiche vergemeinschaftet werden, indem sie dem Verfahren nach Art. 100c EGV unterstellt werden. Sähe man die Zustimmung zur Ausschöpfung dieser Evolutivbestimmung bereits als durch das Gesetz zum Maastrichter Unionsvertrag erteilt an, wäre für die Anwendung von Art. 23 Abs. 1 GG kein Raum mehr, weil die Union ohne weitere Mitwirkungsakte der Mitgliedstaaten die genannten Bereiche dem Verfahren nach Art. 100c EGV unterwerfen könnte.

Dies ist indessen nicht der Fall. Aus den dargelegten Gründen ist die Union in den in Art. K.1 Nr. 1 - 6 genannten Bereichen einstweilen auf

---

[53] Siehe unten, § 4 I. 1.

[54] Ein Anwendungsfall für ein nicht der qualifizierten Mehrheit nach Art. 23 Abs. 1 S. 3 GG unterliegendes Gesetz liegt daher auch nicht bei den von *Scholz,* in: Maunz/Dürig, GG, Art. 23 Rdnr. 84, angeführten „Hoheitsrechtsübertragungen, zu denen bereits das geltende Vertragsrecht ermächtigt". – Enthält das Gemeinschaftsrecht bereits eine ausreichende vertragliche Ermächtigung, bedarf es keiner erneuten Hoheitsrechtsübertragung, s. o. im Text.

[55] Vgl. *Kunig,* FS Heymanns, S. 591 (596); wie hier auch *Oschatz/Risse,* DÖV 1995, S. 437 (440): Aktualisierung der Evolutivklauseln, die materielle GG-Änderung beinhaltet, insbesondere Hoheitsrechtsübertragung, bedarf Zweidrittelmehrheit.

[56] Vgl. *Magiera,* Jura 1994, S. 1 (9).

Formen der intergouvernementalen Zusammenarbeit beschränkt. Wenn die Materien gem. der Evolutivbestimmung des Art. K.9 EUV vergemeinschaftet werden, handelt es sich also um eine neue Hoheitsrechtsübertragung[57]. Dies bestätigt der Wortlaut des Art. K.9 S. 2 EUV, nach dem der Rat den Mitgliedstaaten lediglich „empfiehlt", den – nach S. 1 nur einstimmig möglichen – Beschluß gem. ihren verfassungsrechtlichen Vorschriften anzunehmen. Einer verfassungsrechtlichen „Annahme" durch die Mitgliedstaaten bedürfte es jedoch nicht, wenn die Fortentwicklungsklausel des Art. K.9 EUV bereits eine Ermächtigung der Union enthielte, durch bloßes Tätigwerden ihrer Organe eine Vergemeinschaftung der genannten Materien herbeizuführen. Wenn also von Art. K.9 EUV Gebrauch gemacht wird und damit neue Hoheitsrechte übertragen werden, erfolgt die „Annahme" im Sinne von Art. K.9 S. 2 EUV in Deutschland nach Maßgabe des Art. 23 Abs. 1 S. 3 GG.

dd) Materielle Übertragungsvoraussetzungen

Die materiellen Vorgaben für die Hoheitsrechtsübertragung werden erstens bestimmt durch die Strukturanforderungen an die EU gem. Art. 23 Abs. 1 S. 1 GG, deren Einhaltung durch die Inbezugnahme in Art. 23 Abs. 1 S. 2 GG („dazu") zu einer Zulässigkeitsvoraussetzung der Übertragung wird. Zweitens stellt Art. 23 Abs. 1 S. 3 GG ausdrücklich klar, daß die Möglichkeit von Hoheitsrechtsübertragungen durch die Schranken des Art. 79 Abs. 3 GG begrenzt ist.

(1) Strukturanforderungen gem. Art. 23 Abs. 1 S. 1 GG

Nach Art. 23 Abs. 1 S. 1 GG muß die EU demokratischen, rechtsstaatlichen, sozialen und föderativen Grundsätzen und dem Grundsatz der Subsidiarität verpflichtet sein sowie einen dem Grundgesetz im wesentlichen vergleichbaren Grundrechtsschutz gewährleisten.

[57] Entsprechend liegt eine Hoheitsrechtsübertragung vor, wenn außerhalb der Evolutivbestimmungen Verfahren der intergouvernementalen Zusammenarbeit durch die Ermächtigung zu Rechtsakten i.S.v. Art. 189 EGV vergemeinschaftet werden. Da neue Hoheitsrechtsübertragungen materiell verfassungsändernden Charakter besitzen, bedürfen sie nach dem zuvor im Text Ausgeführten den qualifizierten Mehrheiten gem. Art. 23 Abs. 1 S. 3 GG. Vgl. dagegen *Scholz,* in: Maunz/Dürig, GG, Art. 23 Rdnr. 84, nach dem die Voraussetzungen einer Hoheitsrechtsübertragung durch einfaches Gesetz in einigen Fällen der Art. J und K EUV vorliegen können, sofern Verfahren der intergouvernementalen Zusammenarbeit in Verfahren der Vergemeinschaftung überführt werden.

Für die Übertragung von Hoheitsrechten, insbesondere im Bereich der Verwaltung, sind die einzelnen Strukturanforderungen von unterschiedlicher Relevanz.

(a) Föderative Grundsätze und Grundsatz der Subsidiarität

Offenkundig ist die Bedeutung der föderativen Verpflichtung und des Grundsatzes der Subsidiarität für die Kompetenzverteilung und -auslegung. Die gebotene föderative Struktur der EU bezieht sich auf das Verhältnis zu den Mitgliedstaaten und schließt eine zentralistische Organisationsform aus[58]. Davon profitieren binnenstaatliche Untergliederungen, auch wenn sie selbst Staatsqualität besitzen wie die Bundesländer, zunächst reflexartig[59]. Zugleich folgt aus dem Merkmal „föderativ“ aber, daß die Union auf die Wahrung der Staatlichkeit und inneren Verfassungsstruktur der Mitgliedstaaten, seien diese selbst bundesstaatlich oder einheitsstaatlich organisiert, verpflichtet sein muß.

Ob die EU und ihre Gemeinschaften diesen Anforderungen genügen, ist anhand der strukturbestimmenden Regelungen des primären Gemeinschaftsrechts zu ermitteln. Insoweit ist auf das Gebot des Art. F Abs. 1 EUV[60], die nationale Identität zu achten, das Loyalitätsgebot des Art. 5 EGV[61] und den grundsätzlich dezentralen Vollzug des Gemeinschaftsrechts durch die Mitgliedstaaten[62] zu verweisen. Erfüllt die EU die Strukturanforderungen nicht, dürfen deutsche Verfassungsorgane Hoheitsrechte auf die EU nicht übertragen. Unmittelbare Verpflichtungen der EU werden dagegen durch eine verfassungsrechtliche Vorschrift eines einzelnen Mitgliedstaates nicht begründet.

Wegen der ausschließlich innerstaatlichen Bindungswirkung des Art. 23 GG[63] sind daher auch Versuche bedenklich, dem dort verwandten Begriff der Subsidiarität inhaltlich einen spezifisch nationalen Gehalt einzustiften[64], dem das derzeit gemeinschaftsrechtlich in Art. 3b Abs. 2 EGV verankerte

---

58 *Streinz,* in: Sachs, GG, Art. 23 Rdnr. 34; *Everling,* DVBl. 1993, S. 936 (945): „Föderative Grundsätze geben als Forderung an die Union überhaupt nur Sinn, wenn man sie auf das Verhältnis zwischen Gemeinschaft und Mitgliedstaaten bezieht.“

59 Vgl. jetzt auch *Huber,* Europ. Integration, § 10 Rdnr. 27 a.E.; für das *gemeinschaftsrechtliche* Subsidiaritätsprinzip auch *ders.,* FS Heymanns, S. 349 (368).

60 Siehe unten § 6 II. 1. a).

61 Siehe unten § 6 II. 1. b).

62 Zur Kompetenzverteilung zwischen EU/Gemeinschaften und den Mitgliedstaaten siehe § 4.

63 Vgl. *Klein,* in: Schmidt-Bleibtreu/Klein, GG, Art. 23 Rdnr. 6; *Streinz,* in: Sachs, GG, Art. 23 Rdnr. 17; *Sommermann,* DÖV 1994, S. 596 (602).

64 Dafür z.B. *Uhlenküken,* NWVBl. 1995, S. 421 (422).

Subsidiaritätsprinzip nicht genügen kann. Zwar ist es grundsätzlich selbstverständlich nicht ausgeschlossen, den verfassungsrechtlichen Begriff anders zu bestimmen als den gemeinschaftsrechtlichen, weil das die Struktur der EU und ihrer Gemeinschaften prägende Vertragsrecht über das erforderliche Zustimmungs- und Übertragungsgesetz an Art. 23 GG zu messen ist und nicht umgekehrt dieser am EU-Recht. Angesichts der Entstehungsgeschichte des Art. 23 GG im Zuge der Ratifizierung des Maastrichter Vertrages spricht viel dafür, daß die Geltung des in Art. 3b EGV vorgesehenen Subsidiaritätsprinzips über die Erhebung zur verfassungsrechtlichen Strukturanforderung dauerhaft abgesichert werden sollte.

Das gemeinschaftsrechtliche Subsidiaritätsprinzip, auf das noch im einzelnen einzugehen sein wird[65], regelt jedoch nur das Verhältnis zu den Mitgliedstaaten und dieses auch nur partiell, nämlich im Bereich ausschließlicher Gemeinschaftszuständigkeiten. Zugunsten der Länder, erst recht der Träger der kommunalen Selbstverwaltung, wirkt das gemeinschaftsrechtliche Subsidiaritätsprinzip daher nur mittelbar[66].

Sieht man von dem Subsidiaritätsprinzip des Art. 23 Abs. 1 S. 1 GG entsprechend der Auffassung der Bundesregierung[67] und der Gemeinsamen Verfassungskommission[68] „die Bestandsgarantie der kommunalen Selbstverwaltung“ umfaßt, ergibt sich damit zwangsläufig eine Divergenz zwischen nationalverfassungsrechtlichem und gemeinschaftsrechtlichem Subsidiaritätsprinzip. Es überzeugt jedoch nicht, den nationalen Verfassungsorganen eine Strukturwahrungspflicht aufzuerlegen, die sie kaum erfüllen können, weil eine gemeinschaftsrechtliche Verankerung angesichts der unterschiedlichen Strukturen ihrer Mitgliedstaaten ausgeschlossen scheint.

(b) Rechtsstaatliche Grundsätze

Auch die übrigen Strukturanforderungen, denen die EU gem. Art. 23 Abs. 1 S. 1 GG genügen muß, sind für die im Rahmen dieser Untersuchung zu betrachtenden Hoheitsrechtsübertragungen nicht ohne Belang. Bedeutung erlangt die Verpflichtung der EU auf diese Grundsätze dabei insbesondere im Rahmen der Auslegung der vertraglichen Bestimmungen i.V.m. dem jeweiligen Übertragungsgesetz. Die im Zuge der Gründung der EU erfolgten und zukünftig erfolgenden Hoheitsrechtsübertragungen müssen sich, wie

---

[65] Siehe unten § 6 II. 2. b) aa).

[66] Zutreffend *Rojahn,* in: v. Münch/Kunig, GG, Art. 23 Rdnr. 31; *Streinz,* in: Sachs, GG, Art. 23 Rdnr. 37 a.E. Speziell zu den Kommunen auch *Classen,* ZRP 1993, S. 57.

[67] BT-Drucks. 12/3338, S. 6.

[68] BT-Drucks. 12/6000, S. 21; vgl. dazu auch *Scholz,* in: Maunz/Dürig, GG, Art. 23 Rdnr. 63.

dargelegt, an Art. 23 Abs. 1 S. 1 GG messen lassen. Bei der Interpretation einer vertraglichen Regelung bzw. des jeweiligen Übertragungsgesetzes ist daher zu prüfen, ob die Regelung nach der jeweiligen Auslegungsvariante noch mit Art. 23 GG in Einklang steht.

Bedeutung für die Auslegung von Übertragungsgesetz in Verbindung mit der jeweiligen Vertragsbestimmung gewinnt so zunächst die Verpflichtung der Europäischen Union auf rechtsstaatliche Grundsätze. Zu den Ausprägungen des Rechtsstaatsprinzips gehören, wie auch der EuGH anerkennt, Rechtssicherheit, Verhältnismäßigkeit und die Garantie eines effektiven Rechtsschutzes. Durchgriffsbefugnisse in dem dargelegten Sinne müssen daher zunächst voraussehbar und hinreichend bestimmt normiert sein.

Darüber hinaus kommt die Anerkennung von Befugnissen, die zum Durchgriff auf den einzelnen berechtigen, nur in Betracht, soweit ein effektiver Rechtsschutz sichergestellt wird. Fehlt es an dieser Voraussetzung nach Art. 23 Abs. 1 GG, ist das Übertragungsgesetz verfassungskonform dahingehend auszulegen, daß Durchgriffsbefugnisse gegenüber dem einzelnen nicht begründet werden sollten.

Konkrete Bedeutung hat dies zur Zeit vor allem für die Auslegung der Bestimmungen über die GASP und die ZBJI. Während wohl überwiegend sowohl in den Bereichen Außen- und Sicherheitspolitik[69] als auch Justiz und Inneres[70] von dem Vorliegen einer bloß intergouvernementalen Zusammenarbeit ausgegangen wird, werden zum Teil darüber hinausgehende Befugnisse angenommen[71]. Als Grundlage einer Ermächtigung zu Akten mit Durchgriffswirkung könnte man insbesondere Art. K.3 Abs. 2 lit. b EUV in Betracht ziehen, nach dem der Rat gemeinsame Maßnahmen annehmen kann, soweit sich die Ziele der Union aufgrund des Umfangs

---

69 BVerfGE 89, 155 (175ff., 190); *Scholz,* in: Maunz/Dürig, GG, Art. 23 Rdnr. 35; *Baetge,* BayVBl. 1992, S. 711 (711, 715); *Cassese,* Der Staat 33 (1994), S. 25 (31); *Huber,* Maastricht – ein Staatsstreich?, S. 38; *Immenga,* JA 1993, S. 257 (258); *Krenzler/Schneider,* EuR 1994, S. 144 (bes. 157); *Lenz,* NJW 1993, S. 1962 (1963); *Oppermann/Classen,* NJW 1993, S. 5 (10); *Tomuschat,* EuGRZ 1993, S. 489 (493); *Emmert,* EuropaR, § 4 Rdnr. 38: Entscheidungen „grundsätzlich intergouvernemental"; vgl. auch *Epping,* Jura 1995, S. 449 (451): „fortentwickelte Form der intergouvernementalen Zusammenarbeit".

70 BVerfGE 89, 155 (175ff., 190); *Scholz,* in: Maunz/Dürig, GG, Art. 23 Rdnr. 35; *Akmann,* JA 1994, S. 49 (53); *Baetge,* BayVBl. 1992, S. 711 (711, 715); *Cassese,* Der Staat 33 (1994), S. 25 (31); *Huber,* Maastricht – ein Staatsstreich?, S. 38; *Immenga,* JA 1993, S. 257 (258); *Lenz,* NJW 1993, S. 1962 (1963); *Oppermann/Classen, NJW 1993, S. 5 (10)*; *Tomuschat,* EuGRZ 1993, S. 489 (493); *Emmert,* EuropaR, § 4 Rdnr. 38: Entscheidungen „grundsätzlich intergouvernemental"; vgl. auch *Di Fabio,* DÖV 1997, S. 89 (bes. 98, 101); ebenso *Epping,* Jura 1995, S. 449 (451), mit dem Hinweis auf die Ausnahme der Visapolitik, die aber gerade auch gemeinschaftsrechtlicher Grundlage erfolgt (Art. 100c EGV).

71 Vgl. besonders *Beyer,* Der Staat 35 (1996), S. 189 (202ff., 205ff.).

oder der Wirkungen der geplanten Maßnahme durch gemeinsames Vorgehen besser verwirklichen lassen als durch Maßnahmen der einzelnen Mitgliedstaaten; er kann beschließen, daß Maßnahmen zur Durchführung einer gemeinsamen Maßnahme mit qualifizierter Mehrheit angenommen werden. Als Maßnahmen i. S. d. Vorschrift könnten auch solche anzusehen sein, die einen unmittelbaren Durchgriff auf die Bürger der Mitgliedstaaten vornehmen[72].

Da Art. L EUV die Bereiche der GASP und der ZBJI jedoch der Zuständigkeit des EuGH entzieht, steht der Annahme von Durchgriffsbefugnissen gegenüber dem einzelnen die Verpflichtung auf das rechtsstaatliche Gebot effektiven Rechtsschutzes nach Art. 23 Abs. 1 S. 2, 1 GG entgegen[73]. Auslegungsversuche in Richtung auf Durchgriffsbefugnisse in den Bereichen GASP und ZBJI sind daher zurückzuweisen, soweit und solange Art. L EUV einen Rechtsschutz durch den EuGH ausschließt.

(c) Demokratische Grundsätze

Nach Art. 23 Abs. 1 S. 1 GG muß die Europäische Union demokratischen Grundsätzen verpflichtet sein. Auch insoweit nimmt die Strukturklausel eine Forderung auf, die bereits aus Art. 79 Abs. 3 GG herzuleiten ist. Hinsichtlich der Union verpflichtet das Demokratiegebot nicht zu einer strukturellen Kongruenz hinsichtlich des grundgesetzlichen Demokratieprinzips, sondern zu einer Anpassung, die dem Charakter der Europäischen Union als einer „Union der Völker Europas" (Art. A Abs. 2 EUV) Rechnung trägt[74]. Wie diese modifizierte Struktur auszusehen hat, kann an dieser Stelle nicht im einzelnen diskutiert werden. Im Hinblick auf die derzeitige Struktur der Union lassen sich die Anforderungen aus dem Demokratiegebot auf der Grundlage der Maastricht-Entscheidung des BVerfG wie folgt umschreiben: Das Demokratieprinzip fordert einen Zurechnungszu-

---

[72] In diesem Sinne *Beyer,* Der Staat 35 (1996), S. 189 (206 f.): „auch Erlaß von Rechtsakten"; *H.-J. Blanke,* DÖV 1993, S. 412 (418 f.): „Maßnahmen können wohl auch Rechtsakte sein, die sich ohne Zwischenschaltung einer nationalen Instanz im unmittelbaren Durchgriffseffekt an den Gemeinschaftsbürger richten". Ablehnend BVerfGE 89, 155 (176); kritisch auch *A. Weber,* ZRP 1993, S. 170 (173). Dagegen jetzt im Hinblick auf den intergouvernementalen Charakter der Zusammenarbeit auch *Di Fabio,* DÖV 1997, S. 89 (98).

[73] Ebenso *Streinz,* ZfRV 1995, S. 1 (11); *ders.,* in: Sachs, GG, Art. 23 Rdnr. 29: „Die Tatsache, daß GASP und ZBJI der Zuständigkeit des EuGH entzogen sind (Art. L EUV), muß Konsequenzen für die Rechtsnatur der in diesen Bereichen ergehenden Akte der Union dahingehend haben, daß ihnen jedenfalls keine Durchgriffswirkung gegenüber Individuen zukommen kann."

[74] Vgl. *Streinz,* in: Sachs, GG, Art. 23 Rdnr. 24 ff.; vgl. auch *Cremer,* EuR 1995, S. 21 (bes. 33 ff., zusammenfassend 45).

sammenhang zwischen dem Willen des (Staats-)Volkes und der Wahrnehmung staatlicher Aufgaben und Ausübung staatlicher Befugnisse, der ein hinreichendes Legitimationsniveau vermittelt[75]. Auch unter Berücksichtigung des Umstands, daß eine Europäische Union ungeachtet ihrer konkreten Verfaßtheit nicht den gleichen Legitimationsgrad erreichen kann, der in den einzelnen Mitgliedstaaten gilt[76], genügt die Europäische Union aus eigener Legitimationskraft diesen Anforderungen des Art. 23 Abs. 1 S. 1 GG nicht. Soweit die EU und ihre Gemeinschaften öffentliche Gewalt ausüben, bedürfen sie der zusätzlichen Legitimation über die Mitgliedstaaten[77]. Folgt man dem BVerfG, gilt dieses Kompensationsmodell nicht nur komplementär, sondern es sind „zuvörderst die Staatsvölker der Mitgliedstaaten, die dies [Wahrnehmung hoheitlicher Aufgaben und Ausübung hoheitlicher Befugnisse] über die nationalen Parlamente demokratisch zu legitimieren haben“[78]. Nur „ergänzend“ stiftet sich die Europäische Union, insbesondere über das Europäische Parlament, demokratische Legitimation selbst ein[79]. Daraus folgt, daß erstens die unmittelbare demokratische Legitimation ausgebaut werden muß, je mehr Aufgaben und Befugnisse der Europäischen Union und ihren Gemeinschaften zugewiesen sind[80], zumal mit der Zunahme von Mehrheitsentscheidungen auch die Fälle zunehmen, in denen der einzelne Mitgliedstaat als Teilquelle der mittelbaren Legitimation der EU überstimmt werden kann.

---

[75] BVerfGE 83, 60 (72); 89, 155 (182).

[76] Vgl. dazu BVerfGE 89, 155 (186f.), das aus der Prämisse, daß der Staatenverbund EU „primär gouvernemental bestimmt“ sei, folgert: „Auch der Erlaß europäischer Rechtsnormen darf – unbeschadet der Notwendigkeit einer demokratischen Kontrolle deshalb der Regierungen – in größerem Umfang bei einem von Vertretern der Regierungen der Mitgliedstaaten, also exekutiv besetzten Organ, liegen, als dies im staatlichen Bereich verfassungsrechtlich hinnehmbar wäre.“

[77] Siehe *Streinz,* in: Sachs, GG, Art. 23 Rdnr. 24: „doppelgleisige demokratische Legitimation“; ebenso *ders.,* EuZW 1994, S. 329 (332).

[78] BVerfGE 89, 155 (184); siehe zur Legitimation über die nationalen Parlamente ferner *H. H. Klein,* FS Remmers, S. 195 (202f.).

[79] Vgl. BVerfGE 89, 155 (184): „Indessen wächst mit dem Ausbau der Aufgaben und Befugnisse der Gemeinschaft die Notwendigkeit, zu der über die nationalen Parlamente vermittelten demokratischen Legitimation und Einflußnahme eine Repräsentation der Staatsvölker durch ein europäisches Parlament *hinzutreten* zu lassen, von der *ergänzend* eine demokratische Abstützung der Politik der Europäischen Union ausgeht.“ (Hervorhebungen hinzugefügt). Kritisch im Hinblick auf die zukünftig anzustrebende Stellung des Europäischen Parlaments zu dessen bloß ergänzender Legitimationsfunktion *Schwarze,* NJ 1994, S. 1 (4); insoweit wie das BVerfG hingegen *H. H. Klein,* FS Remmers, S. 195 (204).

[80] BVerfGE 89, 155 (186): „Entscheidend ist, daß die demokratischen Grundlagen der Union schritthaltend mit der Integration ausgebaut werden und auch im Fortgang der Integration in den Mitgliedstaaten eine lebendige Demokratie erhalten bleibt.“

Zweitens folgt aus dem Umstand, daß dem Demokratiegebot des Art. 23 Abs. 1 S. 1 GG jedenfalls bei der derzeitigen Struktur der EU nur durch eine zweigleisige Legitimation genügt wird, daß die Legitimationsquelle über die nationalen Parlamente der Mitgliedstaaten erhalten bleiben muß. Eine Auslegung des Unionsrechts, die diesen Legitimationsstrang durchtrennt, verstößt gegen Art. 23 Abs. 1 S. 1 GG. Die erforderliche Legitimation können nationale Organe der Union nicht mehr vermitteln, wenn sie bei ihrem Handeln die Reichweite einer Ermächtigung der Union und ihrer Gemeinschaften nicht absehen können. Gänzlich durchtrennt würde die Rückanbindung an mitgliedstaatliche demokratische Legitimationsquellen, wenn die Union ihre eigenen Aufgaben und Befugnisse erweitern könnte. Eine Kompetenz-Kompetenz zugunsten der Union anzunehmen, steht daher bei der durch den Maastrichter Vertrag konstituierten Struktur bereits das Demokratiegebot des Art. 23 Abs. 1 S. 1 GG entgegen.

(2) Grenzen der Hoheitsrechtsübertragung gem. Art. 79 Abs. 3 GG

Die materiellen Anforderungen an eine Übertragung von Hoheitsrechten werden zweitens von ihren Schranken bestimmt. Hoheitsrechtsübertragungen auf die EU sind gem. Art. 23 Abs. 1 S. 3 den Grenzen des Art. 79 Abs. 3 GG unterworfen.

Damit beantwortet Art. 23 GG n.F. die im Rahmen der bisherigen Ermächtigung des Art. 24 Abs. 1 GG streitige Frage[81], ob die dem Integrationsgesetzgeber verfassungsrechtlich gesetzten Schranken anhand des Art. 79 Abs. 3 GG oder dies- oder jenseits jener Norm zu bestimmen seien, im Sinne der erstgenannten Möglichkeit.

Als Ausdruck und Konkretisierung der in Art. 79 Abs. 3 GG unter – ewigen – Schutz gestellten Verfassungswerte lassen sich zum Teil bereits die dargelegten Strukturanforderungen an die EU nach Art. 23 Abs. 1 S. 1 GG verstehen. Gegenüber diesen Anforderungen, die je nach Auslegung über die aus Art. 79 Abs. 3 GG abzuleitenden auch hinausgehen[82], behält der Verweis in Art. 23 Abs. 1 S. 3 auf Art. 79 Abs. 3 GG durchaus seine eigene Bedeutung. Überschneidungen ergeben sich nämlich nur, soweit der Normgehalt des Art. 79 Abs. 3 GG durch die EU und die ihre Struktur konstituierenden Regelungen sichergestellt werden kann. Das ist insbesondere hinsichtlich der Grundsätze des Art. 20 GG in je unterschiedlicher Weise der Fall. So wird man Sozial- und Rechtsstaatlichkeit, soweit sie

---

[81] Dazu unten § 3 I. 3. b) dd).

[82] So etwa hinsichtlich des Schutzes der kommunalen Selbstverwaltungsgarantie, wenn man diese entgegen der hier vertretenen Auffassung als von dem verfassungsrechtlichen Subsidiaritätsprinzip erfaßt ansieht.

Art. 79 Abs. 3 GG unterfallen (ebenso wie einen im wesentlichen vergleichbaren Grundrechtsschutz), auch dann durch entsprechende Ausgestaltung der EU sichern können, wenn eine Vielzahl von Aufgaben und Befugnissen durch Hoheitsrechtsübertragungen hochgezont werden.

Dagegen werden die Bundesländer durch die Strukturanforderungen an die EU nicht geschützt[83]. Dort behält der Verweis des Art. 23 Abs. 1 S. 3 auf Art. 79 Abs. 3 GG also jedenfalls einen eigenständigen Gehalt.

(3) Grenzen der Übertragung im einzelnen

Für die Beurteilung bisheriger und zukünftiger Hoheitsrechtsübertragungen wird die Bestimmung ihrer Grenzen vor allem in drei grundlegenden Fragen aktuell, die für den weiteren Gang der Untersuchung relevant werden können und zu denen daher Position zu beziehen ist.

(a) Zulässigkeit eines mit einer Kompetenz-Kompetenz ausgestatteten europäischen Bundesstaates

Eine grundlegende Grenze könnte Hoheitsrechtsübertragungen im Zuge der Verwirklichung der Europäischen Union gezogen sein, wenn Art. 79 Abs. 3 GG der Beteiligung an einem europäischen Bundesstaat entgegenstünde. Da die Einstellung in einen Bundesstaat, wie die Debatte um die Staatlichkeit der deutschen Bundesländer gezeigt hat, die Aufrechterhaltung der Staatsqualität ihrer Glieder nicht ausschließt[84], würde ein europäischer Bundesstaat immerhin die Wahrung der Staatlichkeit der Bundesrepublik ermöglichen. Aus Sicht der nationalen Verfassungsidentität ist der europäische Bundesstaat ein im Verhältnis zu einem europäischen Einheitsstaat milderes Mittel. Ihn auszuschließen, heißt daher die Grenzen des Art. 23 GG deutlich vor der Frage einer Entstaatlichung der Bundesrepublik anzusiedeln. Einer derartigen Aufgabe der Staatlichkeit der Bundesrepublik steht aber der von Art. 23 Abs. 1 S. 3 GG in Bezug genommene Art. 79 Abs. 3 GG entgegen[85], weil diese in der dort unter Schutz gestellten „Gliederung

---

[83] Ebenso *Streinz,* in: Sachs, GG, Art. 23 Rdnr. 84.

[84] BVerfGE 36, 342 (360f.); *Jarass,* in: Jarass/Pieroth, GG, Art. 23 Rdnr. 14.

[85] *Kirchhof,* in: Isensee/Kirchhof, HdbStR VII, § 183 Rdnr. 57ff.; *Lerche,* FS Redeker, S. 131 (134); *Ossenbühl,* DVBl. 1993, S. 629 (632); *Schilling,* AöR 116 (1991), S. 32 (54f.); *Stern,* Diskussionsbeitrag, in: Gemeinsame Verfassungskommission, Stenograph. Bericht, 1. Öffentl. Anhörung, 22.5.1992, S. 48; ferner ist die Entstaatlichung Deutschlands für die Autoren erst recht ausgeschlossen, die bereits eine Begründung eines europäischen Bundesstaates mit einem Gliedstaat Deutschland als Verstoß gegen Art. 79 Abs. 3 werten. Siehe dazu im Text bei FN 95 und die Nachw. dort.

des Bundes in Länder“ ebenso vorausgesetzt wird wie in den Grundsätzen des Art. 20 GG. Dort wird die Unaufgebbarkeit der deutschen Staatlichkeit insbesondere in dem Kompositum Bundes*staat*[86] in Abs. 1 und der Rückanbindung aller Staatsgewalt an das – deutsche[87] – Staatsvolk in Abs. 2 S. 1 deutlich.

Problematischer als die Unzulässigkeit der vollständigen Entstaatlichung der Bundesrepublik ist die Beurteilung der Frage, ob Art. 23 Abs. 1 S. 3 i.V.m. Art. 79 Abs. 3 GG der Einstellung in einen europäischen Bundesstaat entgegensteht, zumal die Bewertung durch unterschiedliche Staats- und Souveränitätsverständnisse beeinflußt wird.

Da für den vorliegenden Kontext kompetentielle Aspekte ausschlaggebend sind, soll ausschließlich darauf eingegangen werden, ob die Schaffung eines europäischen Bundesstaates zulässig ist, dessen Zentralstaat eine Kompetenz-Kompetenz eingeräumt ist. Nach ganz überwiegender Auffassung[88] ist das Vorliegen einer Kompetenz-Kompetenz auch eines, wenn nicht das entscheidende Kriterium, das den Übergang zu einem europäischen Staat markieren würde[89]. Dabei wird nicht verkannt, daß die Kompetenz-Kompetenz keine notwendige Bedingung der Staatlichkeit ist[90], zumal dann die Staatlichkeit der deutschen Länder verneint werden müßte. Für die Europäische Union dürfte sich aber die These als richtig erweisen, daß mit der Zuerkennung einer Kompetenz-Kompetenz eine hinreichende Bedingung ihrer Staatlichkeit erfüllt wäre.

Dabei wird unter Kompetenz-Kompetenz die Rechtsmacht verstanden, eine getroffene Kompetenzverteilung zu verändern und damit die eigene Kompetenzausstattung zu erweitern[91].

---

86 Vgl. *Ossenbühl,* DVBl. 1993, S. 629 (631 f.).

87 Vgl. BVerfGE 83, 37 (50 f.); *Pieroth,* in: Jarass/Pieroth, GG, Art. 20 Rdnr. 4.

88 Dagegen sieht *Lerche,* FS Heymanns, S. 409 (421), die Möglichkeit eines Bundesstaates, in dem keinem Verband die Kompetenz-Kompetenz zugewiesen ist.

89 *Rojahn,* in: v. Münch/Kunig, Art. 23 Rdnr. 9; vgl. auch bereits BVerfGE 75, 223 (242), das die fehlende Staatsqualität der EWG mit dem Fehlen einer Kompetenz-Kompetenz begründet hatte; vgl. auch die Ausführungen zu den Grenzen des Art. 24 Abs. 1 bei *Magiera,* Jura 1994, S. 1 (3): „Allgemein wird man nur feststellen können, daß die Übertragung von Hoheitsrechten auf eine zwischenstaatliche Einrichtung dort ihre Grenze findet, wo die sog. Kompetenz-Kompetenz auf die zwischenstaatliche Einrichtung übergeht und diese *dadurch* zu einem Staat oder Bundesstaat wird.“ (Hervorhebung hinzugefügt). Bzgl. der Nichtstaatlichkeit der EG u.a. auf die fehlende Kompetenz-Kompetenz abstellend auch *Zuleeg,* in: AK-GG, Art. 24 Abs. 1 Rdnr. 4; bzgl. der EU *Brenner,* Gestaltungsauftrag, S. 98.

90 Hierauf weist *Lerche,* FS Heymanns, S. 409 (420 f.), hin. Nach *Lerche* ist die Kompetenz-Kompetenz in dem hier verwandten Sinne auch für die Staatsqualität des Ganzen nicht ausschlaggebend, weil „ein im besonderen Maße ‚starrer‘ Bundesstaat“ denkbar sei, dessen Verfassung eine interne Kompetenzumverteilung nicht vorsehe, ebd., S. 421.

Ob Art. 23 GG i. V. m. den in Art. 79 Abs. 3 GG gezogenen Grenzen die Fortentwicklung der EU, der je nach Einschätzung bereits staatsähnliche Züge beigemessen werden[92], zu einem Staat decken würde, ist umstritten. Zahlreiche Autoren halten nicht nur die vollständige Aufgabe der Staatsqualität für ausgeschlossen, sondern zählen zu dem Bestand des Art. 79 Abs. 3 GG eine „volle“[93] oder „souveräne Staatlichkeit“[94] der Bundesrepublik, welche die Einordnung in einen europäischen Bundesstaat ausschließe[95].

Dagegen halten andere den Schritt zu einem europäischen Staat – entgegen einzelnen Stimmen in der Literatur[96] – zwar durch den Maastrichter Vertrag noch nicht für vollzogen, sehen eine eventuelle Fortentwicklung der Union zu einem europäischen Bundesstaat jedoch im Einklang mit Art. 79 Abs. 3 GG[97]. Im Sinne einer Integrations- und Entwicklungsoffenheit wird argumentiert, das Grundgesetz schütze nicht eine abstrakte Staat-

---

[91] Vgl. bereits *Anschütz,* Deutsches Staatsrecht, in: Encyklopädie der Rechtswissenschaften II, 1904, S. 468. Dagegen tritt *Lerche,* FS Heymanns, S. 409ff., dafür ein, an den Inhalt des Begriffs anzuknüpfen, wie er im Hinblick auf Art. 78 der Verfassung des Norddeutschen Bundes verwendet wurde. Danach bezeichnete Kompetenz-Kompetenz eine unberechtigte Anmaßung. Siehe insbes. *Böhlau,* „Competenz-Competenz?“ Erörterungen zu Art. 78 der Verfassung des Norddeutschen Bundes, Leipzig 1869; *ders.,* Replik zur „Competenz-Competenz“, 1870 (zitiert nach *Lerche,* ebd.).

[92] Bejahend *Jarass,* in: Jarass/Pieroth, GG, Art. 23 Rdnr. 1; *Scholz,* NVwZ 1993, S. 817 (818f.); *Di Fabio,* Der Staat 32 (1993), S. 191 (197): „angesichts des bereits heute erreichten Standes an Prästaatlichkeit“; zustimmend jetzt *Scholz,* in: Maunz/Dürig, GG, Art. 23 Rdnr. 33; *Ossenbühl,* DVBl. 1993, S. 629 (631), sieht „Dimensionen einer supranationalen Staatlichkeit erreicht“; vgl. auch *Schilling,* AöR 116 (1991), S. 32 (50): „Quasi-Staat“.

[93] *Kirchhof,* in: Isensee/Kirchhof, HdbStR VII, § 183 Rdnr. 60.

[94] *Streinz,* in: Sachs, GG, Art. 23 Rdnr. 84; auch *Randelzhofer,* in: Maunz/Dürig, GG, Art. 24 I Rdnr. 204 (mit Rdnr. 53); *Penski,* ZRP 1994, S. 192ff.

[95] *Streinz,* in: Sachs, GG, Art. 23 Rdnr. 84; *Rojahn,* in: v. Münch/Kunig, GG, Art. 23 Rdnr. 11; *Kirchhof,* in: Isensee/Kirchhof, HdbStR VII, § 183 Rdnr. 60; *Stern,* Diskussionsbeitrag, in: Gemeinsame Verfassungskommission, Stenograph. Bericht, 1. Öffentl. Anhörung, 22.5.1992, S. 48; *Isensee,* ebd., S. 49; *Randelzhofer,* ebd., S. 51; *Di Fabio,* Der Staat 32 (1993), S. 191 (206); *Herdegen,* EuGRZ 1992, S. 589 (590f.); *Huber,* Europ. Integration, § 1 Rdnr. 12.

[96] Vgl. *Murswiek,* Der Staat 32 (1993), S. 161 (168ff.); *Rupp,* NJW 1993, S. 38ff.; *Herdegen,* EuGRZ 1992, S. 589 (591). Gegen die Staatlichkeit siehe statt vieler *Badura,* FS Redeker, S. 111 (126).

[97] *Jarass,* in: Jarass/Pieroth, GG, Art. 23 Rdnr. 14; *Klein,* in: Schmidt-Bleibtreu/Klein, GG, Art. 23 Rdnr. 5; *Magiera,* Jura 1994, S. 1 (8); *Pernice,* DVBl. 1993, S. 909 (922); *Stern,* StaatsR I, S. 521; *Tomuschat,* Diskussionsbeitrag, in: Gemeinsame Verfassungskommission, Stenograph. Bericht, 1. Öffentl. Anhörung, 22.5.1992, S. 52f. Vgl. auch *Lerche,* FS Redeker, S. 131 (141f.), der eine „sprunghafte Erzeugung eines europäischen (Bundes-)Staates“, nicht aber eine schrittweise Entwicklung zu einem solchen als Verstoß gegen Art. 79 Abs. 3 GG wertet.

lichkeit[98]. Wer die Gründung einer europäischen Staatlichkeit dem pouvoir constitué entziehe, mache deren Befürworter zu Verfassungsfeinden[99].

Schließlich vertritt *Jarass*[100] die Auffassung, die Fortentwicklung der EU zu einem (Bundes-)Staat sei zwar nicht durch Art. 79 Abs. 3 GG ausgeschlossen; Art. 23 GG ermögliche sie aber noch nicht, weil der dort in Bezug genommenen EU lediglich die Qualität eines Staatenverbundes beizumessen sei.

Letztere Argumentation überzeugt nur, wenn man Art. 23 GG unter Hervorhebung der genetischen Auslegung auf eine jedenfalls in den wesentlichen Strukturen durch den Maastrichter Vertrag konstituierte EU festschreibt. Der Sache nach bringt die postulierte Änderungsbedürftigkeit des Art. 23 GG aber nicht viel Neues: Wenn man die EU – zutreffend – bisher noch nicht als Staat qualifiziert[101], wäre eine Fortentwicklung zu einem europäischen Staat nur durch eine Änderung ihrer vertraglichen Grundlagen möglich. Diese ist gem. Art. 23 Abs. 1 S. 3 GG an das Vorliegen einer verfassungsändernden Mehrheit und die Grenzen des Art. 79 Abs. 3 GG gebunden. Dies sind aber zugleich die Voraussetzungen, die für eine Änderung des Art. 23 GG gelten würden. Damit hat es nur beschränkte Bedeutung, wenn man die in Art. 23 GG n.F. genannte EU auf den durch den Maastrichter Vertrag konstituierten Rechtszustand versteinert hält. Sieht man Art. 23 GG für die Fortentwicklung der EU zu einem europäischen Staat nicht als ausreichend an, entfällt die dort vorgesehene Privilegierung durch die Freistellung von den Voraussetzungen des Art. 79 Abs. 1 GG. Der Sache nach ist für die verfassungsrechtliche Beurteilung nach allen Auffassungen jedoch maßgeblich, ob Art. 79 Abs. 3 GG der Schaffung eines Staates Europa entgegensteht.

Art. 23 Abs. 1 S. 1 GG ist eine Antwort auf jene Frage nicht zu entnehmen, weil die der Verwirklichung eines vereinten Europas dienende Entwicklung der EU dort hinsichtlich der Organisationsform offen gehalten wird und daher nicht in einen europäischen Staat einmünden muß[102]; umgekehrt schließt dies die Fortentwicklung bis hin zu einem europäischen Bundesstaat aber auch nicht aus. Zutreffend, aber für die maßgebliche Fragestellung nicht aussagekräftig ist es auch, wenn diejenigen, die dem pouvoir constitué die Einstellung in einen Staat verwehren, die Verantwortung dem pouvoir constituant zuweisen. Welche Entscheidungen dem pouvoir constitué entzogen sind, ist gerade anhand des Art. 79 Abs. 3 GG zu bestimmen.

---

98 *Jarass,* in: Jarass/Pieroth, GG, Art. 23 Rdnr. 14.

99 *Jarass,* in: Jarass/Pieroth, GG, Art. 23 Rdnr. 14.

100 *Jarass,* in: Jarass/Pieroth, GG, Art. 23 Rdnr. 14.

101 *Oppermann/Classen,* NJW 1993, S. 5 (11).

102 *Rojahn,* in: v. Münch/Kunig, GG, Art. 23 Rdnr. 11.

Insoweit sind die Ausführungen, die eine Überschreitung der in Art. 79 Abs. 3 GG formulierten Grenzen durch die Errichtung eines europäischen Staates darlegen, mitunter eher thetisch. So trägt etwa die Argumentation von *Rojahn,* eine „Auslegung i.S. der Einheit der Verfassung vermag jedoch nicht zu begründen, daß der Verlust der Völkerrechtsunmittelbarkeit, der Kompetenz-Kompetenz und der (anteiligen) ‚Herrschaft' über die Gründungsverträge der EG und EU, der mit der Einfügung der BRep. in einen europ. Bundesstaat verbunden wäre, sich noch mit Art. 79 III vereinbaren ließe"[103], das angenommene Ergebnis nicht. Es reicht nicht aus, Gesichtspunkte zu widerlegen, aus denen sich die Vereinbarkeit einer europäischen Staatlichkeit mit Art. 79 Abs. 3 GG ergeben könnte. Vielmehr ist umgekehrt eine Verfassungsänderung inhaltlich zulässig, wenn sich nicht aus einer der in Art. 79 Abs. 3 GG genannten Schranken Gegenteiliges ergibt. Es erscheint jedoch zweifelhaft, welche der dem pouvoir constitué gesetzten Grenzen einen europäischen Staat dauerhaft ausschließen soll. Geht man vom Leitbild eines dreigliedrigen europäischen Bundesstaates (EU – Bundesrepublik – Länder) aus, wird die Gliederung des Bundes in Länder nicht aufgehoben. Auch die grundsätzliche Mitwirkung der Länder an der Gesetzgebung kann durch entsprechende Beteiligungsmodelle sichergestellt werden, wie der neugefaßte Art. 50 GG, nach dem die Länder durch den Bundesrat bei der Gesetzgebung und Verwaltung des Bundes und in Angelegenheiten der Europäischen Union mitwirken, und das neue Bundesratsverfahren nach Maßgabe des Art. 23 GG n.F. belegen. Von den in den Artikeln 1 und 20 niedergelegten Grundsätzen wird insbesondere die Bundesstaatlichkeit nicht zwangsläufig berührt, wenn die Staatlichkeit der Bundesrepublik und ihrer Länder gewahrt bleibt.

Zum Schwur kommt es daher wieder bei der Frage, ob man eine geminderte Staatlichkeit, wie sie bereits bisher den Ländern zukommt, für die Bundesrepublik als Gesamtstaat genügen läßt oder ob Art. 79 Abs. 3 GG die Aufrechterhaltung einer souveränen Staatlichkeit verlangt. Versteht man Souveränität als „Selbstbestimmung und Letztbestimmung nach innen und außen sowie Letzt- und Totalverantwortung für die dieser Souveränität unterworfenen Bürger"[104], stellte sich die Frage des Verstoßes gegen Art. 79 Abs. 3 GG längst vor Maastricht[105]. Für die Zulässigkeit der mit der Einordnung in einen europäischen Bundesstaat einhergehenden Souveränitäts-

---

[103] *Rojahn,* in: v. Münch/Kunig, GG, Art. 23 Rdnr. 11, der sich insbesondere gegen die Darlegung der Vereinbarkeit eines europäischen Bundesstaates mit Art. 79 III GG im Hinblick auf den Grundsatz der „internationalen Offenheit" und die Bereitschaft zur „supranationalen Integration" wendet.

[104] *Ossenbühl,* DVBl. 1993, S. 629 (631), im Anschluß an *Doehring,* ZRP 1993, S. 98 (98).

[105] Vgl. *Ossenbühl,* DVBl. 1993, S. 629 (631).

beschränkungen spricht daher immerhin, daß der Wortlaut des Art. 79 Abs. 3 GG sie jedenfalls nicht ausdrücklich ausschließt, und der Grundsatz der Integrationsoffenheit des Grundgesetz, dessen Ziel eines Vereinten Europa[106] sich allerdings in verschiedenen Formen als verwirklicht denken läßt.

Auch wenn man durch Art. 79 Abs. 3 GG die Einstellung in einen europäischen Bundesstaat aufgrund einer Entscheidung des verfassungsändernden Gesetzgebers nicht als auf Dauer ausgeschlossen ansieht, bedeutet dies jedoch nicht, daß die Verleihung der Staatlichkeit an eine Rechtsgemeinschaft, die sich nicht wesentlich von der nach Maßgabe des Maastrichter Vertrages verfaßten Europäischen Union unterscheidet, mit Art. 79 Abs. 3 GG in Einklang zu bringen wäre.

Würde der Union unter Zubilligung einer Kompetenz-Kompetenz im Verhältnis zu den Mitgliedstaaten die Bundesstaatlichkeit zugesprochen, wäre der Legitimationsstrang zu den nationalen Parlamenten endgültig durchtrennt. Die Union selbst verfügt aber nach ihrer derzeitigen Struktur nicht über eine ausreichende Legitimationsgrundlage. Dieser Legitimationsmangel ließe sich auch nicht durch eine mit der Anhebung der Union zu einem europäischen Bundesstaat einhergehenden Stärkung des Europäischen Parlaments zu einem echten Legislativorgan erreichen. Das Demokratiedefizit ist vielmehr nicht nur institutionell, sondern strukturell bedingt, weil das Parlament mangels eines bisher existierenden europäischen Volkes[107] keine Repräsentationskörperschaft[108] ist und hierzu auch nicht von Rechts wegen gemacht werden kann.

Solange es an diesen Voraussetzungen fehlt, ist die Schaffung eines europäischen Bundesstaates durch die Verpflichtung der Union auf demokratische Grundsätze gem. Art. 23 Abs. 1 S. 3 i.V.m. Art. 79 Abs. 3 GG ausgeschlossen. Insbesondere scheidet die Zuerkennung einer Kompetenz-Kompetenz der Union aus.

---

106 Satz 1 der Präambel zum GG; daran anknüpfend für die Darlegung der Vereinbarkeit eines europäischen Bundesstaates mit Art. 79 Abs. 3 GG *Tomuschat,* Diskussionsbeitrag, in: Gemeinsame Verfassungskommission, Stenograph. Bericht, 1. Öffentl. Anhörung, 22.5.1992, S. 52.

107 Siehe *Badura,* FS Redeker, S. 111 (126); *Cremer,* EuR 1995, S. 21 (36); *Hilf,* in: Hommelhoff/Kirchhof, Staatenverbund, S. 75 (81); *Randelzhofer,* ebd., S. 39 (54); *Kirchhof,* EuR Beiheft 1/1991, S. 11 (13f.); *H. H. Klein,* FS Remmert, S. 195 (204); *Kluth,* Demokratische Legitimation, S. 42f., 108; *Ossenbühl,* DVBl. 1993, S. 629 (634); *Scholz,* in: Maunz/Dürig, GG, Art. 23 Rdnr. 31; *Zuleeg,* JZ 1993, S. 1069 (1073).

108 Vgl. zuletzt *Suski,* Europäisches Parlament, S. 189: „Im Ergebnis ist das Europäische Parlament zwar keine Volksvertretung, aber dennoch mit einiger Macht ausgestattet."

(b) Zulässigkeit der Aufgabe der Staatlichkeit der Länder

Über Art. 79 Abs. 3 GG i.V.m. Art. 23 Abs. 1 S. 3 GG wird der Kern der Bundesstaatlichkeit dem verfassungsändernden Integrationsgesetzgeber entzogen. Eine Aufgabe der Staatlichkeit der Länder ist damit ebenso wie eine Entstaatlichung der Bundesrepublik ausgeschlossen[109]. Die Europäische Union darf die in Art. 79 Abs. 3 GG genannte Gliederung des Bundes in Länder, deren grundsätzliche Mitwirkung bei der Gesetzgebung sowie das in Art. 20 Abs. 1 GG u.a. genannte Staatsformmerkmal der Bundesstaatlichkeit im Grundsatz nicht aufheben. Teil der unter qualifizierten Schutz gestellten Länderstaatlichkeit ist damit ein Kernbereich eigener Entscheidungszuständigkeiten, der den Ländern als „Hausgut"[110] zusteht. Da Kompetenzumverteilungen Nullsummenspiele sind, ist es eine zwangsläufige Folge der Integrationsoffenheit des Grundgesetzes, daß mit der Möglichkeit der Übertragung von Hoheitsrechten auch Kompetenzverluste des Bundes und der Länder hinzunehmen sind. Bei der Frage, ob Hoheitsrechtsübertragungen im Hinblick auf die deutsche Bundesstaatlichkeit noch mit Art. 79 Abs. 3 GG zu vereinbaren sind, ist nicht nur auf das anstehende Übertragungspaket und dessen Auswirkungen abzustellen. Ein Verstoß ist auch anzunehmen, wenn bei einer Gesamtbetrachtung erfolgter Kompetenzverluste den Ländern keine substantiellen Zuständigkeiten mehr verbleiben, die ihrer Staatsqualität entsprechen.

Zweifelhaft ist, inwieweit bei der Bewertung, ob die Schwelle des Art. 79 Abs. 3 GG erreicht ist, das neue Bundesratsverfahren[111] Berücksichtigung finden kann. Die verstärkte Mitwirkung des Bundesrates gem. Art. 23 Abs. 2, 4 - 6 GG, die an die Stelle des Bundesratsverfahrens gem. Art. 2 EEAG[112] getreten ist, soll die Stellung der Länder als Ausgleich für erlittene Kompetenzverluste stärken.

Die Mitwirkung der Länder durch den Bundesrat ist nach Maßgabe ihrer Betroffenheit wie folgt gestuft.

Eine Beteiligung des Bundesrates ist gem. Art. 23 Abs. 2, 4 GG generell vorgesehen, sofern der Bundesrat an einer entsprechenden innerstaatlichen Maßnahme mitzuwirken hätte oder soweit die Länder innerstaatlich zuständig wären. Damit wird eine Beteiligung des Bundesrates bei der inneren

---

109 *Lerche,* FS Redeker, S. 131 (134).

110 BVerfGE 34, 9 (19f.): unentziehbarer Kern eigener Aufgaben als „Hausgut"; BVerfGE 87, 181 (197): „Kernbestand eigener Aufgaben und eigenständiger Aufgabenerfüllung".

111 Siehe dazu insbes. die Monographien von *Lang,* Mitwirkungsrechte des BR und des BT, S. 130ff.; *Schede,* BR und EU; *Schmalenbach,* Europaartikel, S. 104ff.

112 Dazu *Baumhof,* Bundesländer im europ. Einigungsprozeß, S. 119ff., 124ff.; *Starck,* FS Lerche, S. 561 (570f.); *K. Weber/Wuermeling,* EuZW 1990, S. 341ff.; *v. Welck,* Bundesländer und EEA, bes. S. 134ff.

Willensbildung in Angelegenheiten der Europäischen Union nach verbreiteter Ansicht umfassend, zumindest aber in aller Regel vorgeschrieben. Denn über die erste Variante werden alle Fälle erfaßt, in denen innerstaatlich Bundesgesetze erlassen würden, weil diese stets als Einspruchs- oder als Zustimmungsgesetze ergehen und damit eine Mitwirkung des Bundesrates an der Bundesgesetzgebung durchgängig vorliegt. Die zweite Variante begründet eine Beteiligung des Bundesrates über die innerstaatliche Zuständigkeit der Länder (Art. 30, 70 Abs. 1, 83 GG).

Wie sich aus Art. 23 Abs. 5 und 6 GG ergibt, sind drei Fallgruppen der Beteiligung des Bundesrates zu differenzieren. Abs. 5 unterscheidet die einfache und die maßgebliche Berücksichtigung der Stellungnahmen des Bundesrates bei der inneren Willensbildung; Abs. 6 schließlich sieht die Übertragung der Außenvertretungsrechte der Bundesregierung in Brüssel auf einen Vertreter der Länder vor.

Eine schlichte Pflicht zur Berücksichtigung der Stellungnahmen des Bundesrates besteht gem. Abs. 5 S. 1, 1. Alt., wenn im Bereich ausschließlicher Bundeszuständigkeiten Interessen der Länder[113] berührt sind. Eine einfache Berücksichtigungspflicht gegenüber Stellungnahmen des Bundesrates besteht gem. Abs. 5 S. 1, 2. Alt. ferner, soweit „im übrigen der Bund das Recht zur Gesetzgebung hat“. Ein Gesetzgebungsrecht im übrigen steht dem Bund im Bereich der konkurrierenden und der Rahmengesetzgebung zu, sofern neben einem Kompetenztitel auch die Voraussetzungen des Art. 72 Abs. 2 GG vorliegen[114]. Insoweit spricht bereits der Wortlaut dafür, daß es nicht auf ein Gebrauchmachen von der Kompetenz ankommt[115], da das Haben des Gesetzgebungsrechts ausreichen soll[116]. Die einfache Berücksichtigungspflicht gebietet, die Stellungnahme des Bundesrates zur Kenntnis zu nehmen, sich mit ihr zu befassen und sie in die Entscheidungsbildung mit einzubeziehen[117]. Eine inhaltliche Bindung der Bundesregierung besteht nicht[118].

---

[113] Sind im Bereich ausschließlicher Zuständigkeiten des Bundes Interessen der Länder nicht berührt, müßte im Bereich der Gesetzgebung wegen der innerstaatlichen Beteiligung des Bundesrates über Einspruchsmöglichkeit oder Zustimmungsbedürftigkeit Abs. 4 eingreifen. Die dort vorgesehene Pflicht zur Beteiligung dürfte sich indessen von der in Abs. 5 S. 1 statuierten Pflicht zur Berücksichtigung einer Stellungnahme nicht unterscheiden.

[114] *Oschatz/Risse,* DÖV 1995, S. 437 (442): „hypothetische Bedürfnisprüfung“.

[115] *Randelzhofer,* in: Maunz/Dürig, GG, Art. 24 I Rdnr. 207; *Rojahn,* in: v. Münch/Kunig, GG, Art. 23 Rdnr. 65; *W. Fischer,* ZParl 1993, S. 32 (42f.); *Lang,* Mitwirkungsrechte des BR und des BT, S. 161ff.; *Magiera,* Jura 1994, S. 1 (10).

[116] Vgl. *Kunig,* FS Heymanns, S. 591 (600).

[117] *Rojahn,* in: v. Münch/Kunig, GG, Art. 23 Rdnr. 64; *Hofmann/Meyer-Teschendorf,* ZG 1997, S. 81 (83).

[118] *Randelzhofer,* in: Maunz/Dürig, GG, Art. 24 Abs. I Rdnr. 207; *Scholz,* ebd., Art. 23 Rdnr. 125; *W. Fischer,* ZParl 1993, S. 32 (43); *Hofmann/Meyer-Teschen-*

Dagegen hat die Bundesregierung gem. Abs. 5 S. 2 die Auffassung des Bundesrates bei der Willensbildung des Bundes *maßgeblich* zu berücksichtigen, wenn im Schwerpunkt Gesetzgebungsbefugnisse der Länder, die Einrichtung ihrer Behörden oder ihre Verwaltungsverfahren betroffen sind. Die erste Modalität (schwerpunktmäßige Betroffenheit der Ländergesetzgebungsbefugnisse) zielt nicht allein auf Fälle der konkurrierenden und Rahmengesetzgebungskompetenz ab, in denen es an einem Bedürfnis nach bundeseinheitlicher Regelung fehlt[119]. Erfaßt werden müssen vielmehr grundsätzlich auch ausschließliche Ländergesetzgebungskompetenzen, weil die in jenem Bereich getroffene Sonderregelung des Abs. 6, welche die Übertragung der Wahrnehmungszuständigkeit hinsichtlich der Mitgliedschaftsrechte der Bundesrepublik im Außenverhältnis auf einen Ländervertreter vorsieht, nur eine Soll-Vorschrift enthält. Erfolgt aber eine solche Übertragung ausnahmsweise trotz schwerpunktmäßiger Betroffenheit ausschließlicher Ländergesetzgebungskompetenzen nicht, muß wenigstens bei der internen Willensbildung des Bundes die Bundesregierung die Stellungnahme des Bundesrates maßgeblich berücksichtigen.

Gesetzgebungsbefugnisse der Länder bestehen auch, sofern der Bund von einer konkurrierenden oder Rahmengesetzgebungskompetenz trotz Vorliegens der Voraussetzungen des Art. 72 Abs. 2 GG noch keinen Gebrauch gemacht hat[120]. Art. 23 Abs. 5 S. 2 GG ist insoweit jedoch einschränkend dahingehend auszulegen, daß in diesem Fall keine qualifizierte Berücksichtigungspflicht besteht. Denn eine andere Auslegung hätte die wenig sinnvolle Konsequenz, daß der Bund pro forma ein die Sperrwirkung herbeiführendes Gesetz erlassen müßte[121], um statt einer qualifizierten eine einfache Berücksichtigung der Stellungnahmen herbeizuführen[122].

---

dorf, ZG 1997, S. 81 (83); *Wilhelm,* BayVBl. 1992, S. 705 (708): „Letztentscheidungsrecht der Bundesregierung"; ebenso *Lerche,* FS Schambeck, S. 753 (764).

119 So aber wohl *Kunig,* FS Heymanns, S. 591 (600f.).

120 Für eine qualifizierte Berücksichtigungspflicht daher die damalige Rechtsauffassung des Bundesrates, siehe BR-Drs. 501/1/91, Ziffer 2, S. 2; BR, in BT-Drs. 12/3338, S. 12. Vgl. auch noch *Scholz,* NJW 1992, S. 2593 (2600): „... solange der Bund keine Regelung erlassen hat, bleibt es bei der prinzipiellen Regelungsmöglichkeit für die Länder. Folgerichtig erscheint es gerechtfertigt, den Ländern auch in diesem Falle ein stärkeres Beteiligungsrecht innerhalb der europarechtlichen Willensbildung einzuräumen." Anders jetzt die in den folgenden FN zitierten Stellungnahmen von *Scholz.*

121 Dieses Argument spricht auch gegen den Lösungsvorschlag von *Scholz,* in: Maunz/Dürig, GG, Art. 23 Rdnr. 126, der für den Fall, daß der Bund eine die Sperrwirkung auslösende Regelung erlassen könnte, aber noch nicht erlassen hat, danach differenziert, ob die Länder gesetzgeberisch tätig geworden sind (dann maßgebliche Berücksichtigung der Bundesratsstellungnahme nach Abs. 5 S. 2) oder nicht (dann einfache Berücksichtigung nach Abs. 5 S. 1).

122 Ebenso *Kunig,* FS Heymanns, S. 591 (601).

Wie bei Abs. 5 S. 1 kommt es daher auch hier nicht darauf an, ob der Bund von einer konkurrierenden Gesetzgebungskompetenz Gebrauch gemacht hat[123].

Die Verpflichtung maßgeblicher Berücksichtigung bedeutet nach verbreiteter Ansicht ein Letztentscheidungsrecht des Bundesrates[124]. Das auf der Grundlage des Art. 23 Abs. 7 GG erlassene Ausführungsgesetz läßt die Stellungnahme des Bundesrates bei Meinungsverschiedenheiten mit der Bundesregierung nur maßgebend sein, wenn sie mit einer 2/3-Mehrheit zustande gekommen ist[125]; wie bei einer einfachen Mehrheit zu verfahren ist, beantwortet das Gesetz nicht. Eine Differenzierung zwischen einfacher und qualifizierter Mehrheit ist in Art. 23 GG nicht vorgesehen und stellt sich daher nicht mehr als zulässige einfachgesetzliche Konkretisierung dar[126].

Legt man die maßgebliche Berücksichtigung im Sinne eines Letztentscheidungsrechts des Bundesrates aus, entstehen hingegen verfassungsrechtliche Bedenken, weil die Balance zwischen Bundestag und Bundesrat[127] sowie die Stellung der Bundesregierung nachhaltig beeinträchtigt werden[128]. Aus gemeinschaftsrechtlicher Sicht wird das System im Hinblick auf seine Kompliziertheit und die drohende Paralysierung durch den Bundesrat bereits als Verstoß gegen den Grundsatz der Gemeinschaftstreue

---

123 *Randelzhofer,* in: Maunz/Dürig, GG, Art. 24 I Rdnr. 208 mit FN 666; *Rojahn,* in: v. Münch/Kunig, GG, Art. 23 Rdnr. 66; *W. Fischer,* ZParl 1993, S. 32 (42f.); *Kunig,* FS Heymanns, S. 591 (601); *Lang,* Mitwirkungsrechte des BR und des BT, S. 172; *Magiera,* Jura 1994, S. 1 (10); im Erg. auch *Schmalenbach,* Europaartikel, S. 129, die eine Klarstellung der „einfachgesetzliche(n) Konkretisierung des Art. 23 Abs. 5 S. 2 GG n.F." durch § 5 Abs. 2 ZEUBLG entnimmt; *Scholz,* NVwZ 1993, S. 817 (823).

124 *Klein,* in: Schmidt-Bleibtreu/Klein, GG, Art. 23 Rdnr. 24; *Häberle,* EuGRZ 1992, S. 429 (435 mit FN 35); *Ossenbühl,* DVBl. 1993, S. 629 (636); *Scholz,* NJW 1992, S. 2593 (2598); *W. Fischer,* ZParl 1993, S. 32 (43): „Letztentscheidungsrecht der *Länder*" (Hervorhebung hinzugefügt); ebenso *Stern,* FS Heymanns, S. 251 (266).

125 § 5 Abs. 2 S. 5 ZEUBLG.

126 Dagegen soll der Bundesrat nach der Auffassung von *Lang,* Mitwirkungsrechte des BR und des BT, S. 182, bei „Verfehlen eines Beschlusses mit Zwei-Drittel-Mehrheit sein Letztentscheidungsrecht für den speziellen Anwendungsfall endgültig verwirkt" haben. Auf die Frage der Verfassungsmäßigkeit bzw. der verfassungskonformen Auslegung des § 5 Abs. 2 S. 5 ZEUBLG geht *Lang* nicht ein.

127 Zu der Zurückdrängung des Bundestages siehe vor allem *Di Fabio,* Der Staat 32 (1993), S. 191 (209f.), der wegen des geringeren Gewichtes einer Stellungnahme des Bundestages nach Art. 23 Abs. 3 GG gegenüber der des Bundesrates im Bereich des Art. 23 Abs. 5 S. 2 GG eine Veränderung der Staatsstruktur durch Art. 23 GG konstatiert, die mit Art. 79 Abs. 3 GG unvereinbar sei; kritisch auch *Kokott,* AöR 119 (1994), S. 207 (235).

128 *Hilf,* VVDStRL 53 (1994), S. 7 (18), wertet die Verschiebung des Einflusses von Bundesregierung auf Bundesrat durch Art. 23 Abs. 5 GG als Verstoß gegen Art. 32 Abs. 1 GG.

aus Art. 5 EGV angesehen[129]. Diesen Bedenken läßt sich jedenfalls partiell Rechnung tragen, wenn man der Bundesregierung konzediert, aus Gründen der gesamtstaatlichen Verantwortung ausnahmsweise zu einer von der Stellungnahme des Bundesrates abweichenden Auffassung zu gelangen. Als Anhaltspunkt für eine entsprechende verfassungs- bzw. gemeinschaftsrechtskonforme Auslegung könnte die subtile Unterscheidung von Maßgeblichkeit und maßgeblicher Berücksichtigung herangezogen werden[130]. Maßgeblich berücksichtigen ist danach ein Minus und bedeutet, daß die Stellungnahme im Einzelfall nicht definitiv sein muß. Einen deutlicheren Anhaltspunkt dafür, daß der Bundesregierung ausnahmsweise ein Abweichen von der Stellungnahme des Bundesrates gestattet sein kann, enthält Abs. 5 S. 2, 2. HS. Danach ist „dabei", d.h. bei der nach Abs. 5 S. 2, 1. HS erfolgenden Willensbildung des Bundes, die unter maßgeblicher Berücksichtigung der Bundesratsstellungnahme zu erfolgen hat, die gesamtstaatliche Verantwortung des Bundes zu wahren. Da das Berücksichtigungsgebot des 1. Halbsatzes an die Bundesregierung adressiert ist, muß dies auch für die Inbezugnahme in Halbsatz 2 gelten[131]. Insoweit läßt sich der ausdrückliche Hinweis auf die Wahrung der gesamtstaatlichen Verantwortung als Ausnahmevorbehalt der Regierung interpretieren, von der Stellungnahme des Bundesrates abzuweichen.

---

129 *Everling,* DVBl. 1993, S. 936 (947), sieht in der Pflicht, die Stellungnahmen des Bundesrates „maßgeblich zu berücksichtigen" – ebenso wie in einer Bindung der Ratsvertreter an Entscheidungen der nationalen Parlamente (ebd., S. 946) –, einen zur Unanwendbarkeit der Bestimmung führenden Verstoß gegen Art. 5 EGV, weil den Ratsmitgliedern als Angehörigen eines Gemeinschaftsorgans ein Verhandlungsspielraum verbleiben müsse; *Breuer,* NVwZ 1994, S. 417 (427); *Herdegen,* EuGRZ 1992, S. 589 (593f.); *Kokott,* AöR 119 (1994), S. 207 (235); siehe auch *Isensee,* NJW 1993, S. 2583 (2586), der auf die „heiklen praktischen Folgen für die Entscheidungseinheit und Handlungsfähigkeit Deutschlands in den europäischen Organen" hinweist; vgl. auch die integrationspolitische Kritik bei *Badura,* FS Lerche, S. 369 (381): Die deutsche Europapolitik verliere an „Kraft und Berechenbarkeit". Insbesondere drohe eine Schwächung, weil der Bundesrat von einem Verfassungsorgan zur Wahrung des gemeinsamen nationalen Interesses zu einem Instrument werde, mit Hilfe dessen einzelne Länder und ggf. die Opposition im Bundestag ihre Interessen durchsetzen könnten. Vgl. kritisch auch bereits *dens.,* FS Redeker, S. 111 (126ff.).

130 In diesem Sinne etwa *Rojahn,* in: v. Münch/Kunig, GG, Art. 23 Rdnr. 72: „Auch ein Gebot ‚maßgeblicher' Berücksichtigung läßt nach seinem Wortsinn noch Raum für Abweichungen in Einzelheiten,..."; „‚maßgeblich zu berücksichtigen' ist nicht gleichbedeutend mit ‚ist ... maßgebend'".

131 Vgl. auch *Kunig,* FS Heymanns, S. 591 (600): „Als begrenzender Maßstab für die genannte Maßgeblichkeit nennt Art. 23 Abs. 5 S. 2, 2. Hs. die gesamtstaatliche Verantwortung des Bundes." – Maßgeblich ist die Stellungnahme des Bundesrates aber ggf. für die Bundesregierung. Dagegen bezieht *Ossenbühl,* DVBl. 1993, S. 629 (636), die Direktive auf den Bundesrat: „Als Entscheidungsdirektive wird dem Bundesrat lediglich mit auf den Weg gegeben, ‚die gesamtstaatliche Verantwortung des Bundes zu wahren'".

Regeln die zwei Fallgruppen des Abs. 5 die interne Willensbildung, betrifft Abs. 6 die Außenvertretung. Danach soll die Wahrnehmung der Rechte, die der Bundesrepublik Deutschland als Mitgliedstaat der Europäischen Union zustehen, vom Bund auf einen vom Bundesrat benannten Vertreter der Länder übertragen werden, wenn im Schwerpunkt ausschließliche Gesetzgebungsbefugnisse der Länder betroffen sind. Damit nutzt Art. 23 Abs. 6 GG die durch Art. 146 Abs. 1 EGV eröffnete[132] Möglichkeit, nicht nur Mitglieder der Regierungen des Zentralstaates in den Rat zu entsenden, sondern auch solche der Gliedstaaten.

Betrachtet man die neuen Mitwirkungsbefugnisse des Bundesrates im Hinblick auf die Stellung der Länder und damit die Grenzen der Integrationsermächtigung, sind bereits Umfang und Intensität der Bundesratsmitwirkung mit Unsicherheiten belastet, die aus den skizzierten Auslegungsschwierigkeiten des Art. 23 Abs. 2, 4 - 6 GG und der Vielzahl unbestimmter Rechtsbegriffe resultieren. Immerhin läßt sich, wie nicht zuletzt die gemeinschafts- und verfassungsrechtlichen Bedenken der Normkritiker belegen, eine erhebliche Stärkung des Einflusses des Bundesrates in Angelegenheiten der Europäischen Union konstatieren. Damit folgen die Regelungen der Tendenz des Art. 23 Abs. 1 S. 2 GG, der ganz im Gegensatz zur vorherigen Rechtslage Hoheitsrechtsübertragungen selbst dort der Zustimmungspflicht des Bundesrates unterwirft, wo ausschließliche Hoheitsrechte des Bundes betroffen sind.

Im Hinblick auf den unaufgebbaren Kern der Länderstaatlichkeit gem. Art. 23 Abs. 1 S. 2, 3 i.V.m. Art. 79 Abs. 3 GG sind die ausgeweiteten Mitwirkungsbefugnisse des Bundesrates als ein Topos zu berücksichtigen. Sie können die Zuständigkeitsverluste der Länder jedoch nicht kompensieren[133], sondern allenfalls abmildern. Dies folgt zum einen bereits daraus, daß die Mitwirkung der Länder durch den Bundesrat mediatisiert erfolgt. Im Hinblick auf die Stellung des Bundesrates als einem Verfassungsorgan des Bundes kann daher nur sehr bedingt von einem Kompetenzzuwachs „der Länder“[134] gesprochen werden. Ferner sei auf die im Rat üblichen Paketlösungen[135] und die Möglichkeit der Majorisierung des einzelnen „Landes“ im Kollegialorgan Bundesrat hingewiesen. Die Mitwirkung der Länder über den durch Vertreter der Landesregierungen beschickten Bundesrat hinterläßt die Landesparlamente als Verlierer der europäischen Integration[136].

---

[132] Art. 146 EGV löst die Regelung in Art. 2 FusionsV ab.

[133] Ebenso *Streinz,* in: Sachs, GG, Art. 23 Rdnr. 97; *Stein,* VVDStRL 53 (1994), S. 26 (37).

[134] Vgl. *Scholz,* NVwZ 1993, S. 817 (821).

[135] *Herdegen,* EuGRZ 1992, S. 589 (594).

[136] Vgl. *Streinz,* in: Sachs, GG, Art. 23 Rdnr. 97; vgl. auch bereits *Isensee,* Diskussionsbeitrag, in: Gemeinsame Verfassungskommission, Stenograph. Bericht, 1. Öffentl. Anhörung, 22.5.1992, S. 41; *Schweitzer,* BayVBl. 1992, S. 609 (617).

Vor allem jedoch können auch umfassende Mitwirkungsbefugnisse eigene Entscheidungszuständigkeiten nicht ersetzen[137]. Der Einfluß des einzelnen Bundeslandes ist im Bundesrat und zunehmend auf europäischer Ebene dem Diktat der Mehrheit unterworfen. Wegen der durch ein Bundesverfassungsorgan mediatisierten Mitwirkung wird der Gestaltungsspielraum im Hinblick auf das gesamtstaatliche Interesse und den Verfassungsauftrag des Art. 23 Abs. 1 S. 1 GG häufig gering sein.

Um die Herabstufung zu einem bloßen Beteiligungsföderalismus zu verhindern, gebietet der Schutz bundesstaatlicher Grundsätze gem. Art. 23 Abs. 1 S. 2, 3 i.V.m. Art. 79 Abs. 3 GG, daß den Ländern neben Mitwirkungsrechten ein substantieller Bereich eigener Zuständigkeiten zur alleinigen Entscheidung verbleibt[138].

Im Bereich der Gesetzgebungszuständigkeiten der Länder stoßen wesentliche weitere Hoheitsrechtsübertragungen damit auch unter Berücksichtigung der Mitwirkungsbefugnisse der Länder über den Bundesrat und der durch den Verfassungsauftrag des Art. 23 Abs. 1 S. 1 GG konkretisierten Integrationsfreundlichkeit des Grundgesetzes an die Grenze des Art. 79 Abs. 3 GG. Angesichts der wenigen Gesetzgebungskompetenzen, die den Ländern nach dem neuerlichen Zugriff durch den Unionsvertrag verblieben sind, gewinnen die Verwaltungszuständigkeiten der Länder als Refugium eigener Gestaltung Bedeutung. Mit Art. 23 Abs. 1 S. 3 i.V.m. Art. 79 Abs. 3 GG wäre es daher unvereinbar, wenn das grundgesetzlich durch die Art. 30, 83ff. GG vorgegebene Regel/Ausnahmeverhältnis zugunsten eines Verwaltungsvollzugs durch die Länder nachhaltig beeinträchtigt würde. Wegen des weitgehenden Verlusts von Gesetzgebungszuständigkeiten der Länder ist eine ähnlich umfassende Übertragung von Hoheitsrechten im Bereich der Verwaltung auf die Union und ihre Gemeinschaften nicht zulässig. Von Verfassungs wegen ausgeschlossen sind daher auch Auslegungen des geltenden Gemeinschaftsrechts, die auf eine entsprechend weitreichende Übertragung von Hoheitsrechten hinauslaufen, indem die Übertragung von Rechtsetzungskompetenzen den Verlust von Verwaltungskompetenzen nach sich ziehen soll[139].

---

137 Deutlich *Isensee,* Diskussionsbeitrag, in: Gemeinsame Verfassungskommission, Stenograph. Bericht, 1. Öffentl. Anhörung, 22.5.1992, S. 40f.: „Die Stärkung der Rechte des Bundesrates ist kein angemessener Ausgleich. Der Bundesrat ist ein Bundesorgan. Die Verluste treffen die Länder als je einzelne Gliedstaaten. Eines muß klar sein: Der Verlust an Selbstbestimmung kann durch Mitbestimmung in der größeren Einheit immer nur unzulänglich aufgewogen werden, d.h. ein Mehr an Bundesratsmitwirkung der Länder kann Kompetenzverluste der Länder als solche nicht wirklich aufwiegen. Entsprechendes gilt für die Bundesrepublik als Gesamtstaat im Verhältnis zur Europäischen Gemeinschaft.“

138 Vgl. *Eiselstein,* ZRP 1991, S. 18 (22).

(c) Zulässigkeit der Aufgabe der gemeindlichen Selbstverwaltung

Die Problematik der Reichweite und Grenzen der Übertragungsermächtigung zugunsten der EU stellt sich schließlich auch im Hinblick auf die Kommunen. Diese verfassungsrechtliche Frage ist zu unterscheiden von der gemeinschaftsrechtlichen, inwieweit die kommunale Selbstverwaltungsgarantie ganz oder zum Teil von Regelungen des Gemeinschaftsrechts geschützt wird. Beide Aspekte werden im Schrifttum zum Teil unter dem Schlagwort der „Europafestigkeit" der kommunalen Selbstverwaltung erörtert[140]. Auf mögliche gemeinschaftsrechtliche Ansatzpunkte, die zugunsten der Kommunen wirken könnten, wird einzugehen sein, wenn es die gemeinschaftsrechtlichen Vorgaben für die nationale Kompetenzverteilung beim Vollzug des Gemeinschaftsrechts zu untersuchen gilt[141].

Ob Eingriffe in die kommunale Selbstverwaltungsgarantie bis hin zu deren vollständiger Preisgabe aufgrund der Übertragung von Hoheitsrechten an die EU zulässig sind, ist dagegen nach Maßgabe des deutschen Verfassungsrechts zu beurteilen. Würde ein Zustimmungsgesetz zu einer entsprechenden vertraglichen Regelung den Rahmen des Art. 23 GG (oder bisher maßgeblichen Art. 24 Abs. 1 GG) verlassen, könnte dies wegen seiner Verfassungswidrigkeit nicht Grundlage einer wirksamen Hoheitsrechtseinräumung zugunsten der Gemeinschaften sein[142].

Art. 23 Abs. 1 S. 2 GG ermächtigt, wie dargelegt wurde, zur Übertragung von Hoheitsrechten auch der Länder[143]. Staatsorganisatorisch sind

---

[139] Vgl. unten § 4 I. 3. b) bb) zu der Frage, ob implizite Verwaltungszuständigkeiten aus Rechtsetzungskompetenzen herzuleiten sind.

[140] Zum Verhältnis Europäisches Gemeinschaftsrecht/kommunale Selbstverwaltung siehe *Löwer,* in: v. Münch/Kunig, GG, Art. 28 Rdnr. 95ff.; *v. Ameln,* DVBl. 1992, S. 477ff.; *H.-J. Blanke,* DVBl. 1993, S. 819ff.; *Erichsen,* KommunalR NW, § 18; *Faber,* DVBl. 1991, S. 1126ff.; *dies.,* EuR 1990, S. 404ff.; *Heberlein,* BayVBl. 1993, S. 676ff.; *ders.,* DVBl. 1994, S. 1213ff.; *ders.,* BayVBl. 1996, S. 1ff.; *Hoppe,* NVwZ 1990, S. 816 (bes. 818); *Kreiner,* RiA 1989, S. 141ff.; *Magiera,* in: Grupp/Ronellenfitsch, Kommunale Selbstverwaltung, S. 13ff.; *Mandelartz,* FS Böckenförde, S. 163ff.; *Martini/Müller,* BayVBl. 1993, S. 161ff.; *Mombaur/v. Lennep,* DÖV 1988, S. 988ff.; *Pfeil,* DVBl. 1994, S. 326ff.; *Rengeling,* DVBl. 1990, S. 893ff.; *ders.,* ZG 1994, S. 277; *Schink,* Landkreis 1990, S. 550ff.; *Schoch,* VerwArch. 81 (1990), S. 18 (51); *Siedentopf,* DÖV 1988, S. 981ff.; *Spannowsky,* DVBl. 1991, S. 1120ff.; *Stern,* FS Friauf, S. 75ff.; *Stober,* KommunalR, § 2 III; *v. Unruh,* BayVBl. 1993, S. 10ff., *Waechter,* KommunalR, Rdnr. 012ff.; *Zuleeg,* FG v. Unruh, S. 91ff.

[141] Siehe unten § 6, bes. II. 2.

[142] So bzgl. Art. 24 Abs. 1 GG bereits *Stern,* in: BK, GG, Art. 28 Rdnr. 75 a.E., der den Fortbestand einer „lebenskräftige(n) Gemeinde" als Teil des „Kernbestandes des innerstaatlichen Verfassungssystems" ansieht und diesen „neben den in Art. 79 III erwähnten ‚Ewigkeitswerten'" von der Übertragungsermächtigung ausnimmt.

[143] Siehe oben § 3 I. 2. b) bb) (1).

die Gemeinden und Gemeindeverbände Teil der Länder[144], wie insbesondere[145] die Kompetenzverteilungsvorschriften der Art. 30, 70ff., 83ff., 92ff., 104aff. GG belegen, die jeweils einen zweigliedrigen Staatsaufbau zugrunde legen. Diese zweistufige Verfaßtheit des grundgesetzlichen Staates wird durch Art. 28 GG nicht durchbrochen[146], der lediglich die Organisationsgewalt der Länder durch die Verpflichtungen in Abs. 2 i.V.m. Abs. 1 S. 2, 3 beschränkt und der Gewährleistungsverpflichtung des Bundes nach Abs. 3 unterstellt.

Zu den nach Art. 23 GG übertragbaren Länderhoheitsrechten zählen daher auch solche, die sich als Aufgaben der örtlichen Gemeinschaft i.S.d. Art. 28 Abs. 2 S. 1 GG darstellen und vorbehaltlich einer abweichenden gesetzlichen Regelung den Gemeinden zur eigenverantwortlichen Erledigung von Verfassungs wegen zugewiesen sind[147].

Damit wird der Konflikt zwischen europäischer Integration und kommunaler Selbstverwaltungsgarantie grundgesetzlich möglich; auf zahlreichen Gebieten kommunaler Tätigkeit[148] ist er bereits aktuell geworden (kommunale Wirtschaftsförderung / Beihilfenaufsicht / Auftragsvergabe; Kommunalwahlrecht; kommunaler Umweltschutz; kommunale Energiewirtschaft; kommunale Bauleitplanung; kommunales Personal-, Versicherungs- und Sparkassenwesen). Um die kommunale Selbstverwaltung, zumindest ihren Kernbereich, zu schützen, wird zum Teil auf das nunmehr in Art. 23 Abs. 1 S. 1 GG in Bezug genommene Subsidiaritätsprinzip rekurriert. Aus den

---

[144] BVerfGE 8, 122 (132); 86, 148 (218f.); BVerwGE 100, 56 (58); *Grawert,* Kommunen im Länderfinanzausgleich, S. 28; *ders.,* VVDStRL 36 (1978), S. 277 (303); *Isensee,* in: HdbStR IV, § 98 Rdnr. 166; *Nierhaus,* in: Sachs, GG, Art. 28 Rdnr. 31; *Stern,* StaatsR I, S. 405f.; *Vogel,* in: Benda / Maihofer / Vogel, HdbVerfR, § 22 Rdnr. 130; *Heberlein,* BayVBl. 1993, S. 676 (679); vgl. auch *Pieroth,* in: Jarass / Pieroth, GG, Art. 28 Rdnr. 5, Art. 30 Rdnr. 6; BVerwGE 44, 351 (364); siehe auch Art. 1 Abs. 1 Verf. NW: „Nordrhein-Westfalen ist ein Gliedstaat der Bundesrepublik Deutschland. Das Land gliedert sich in Gemeinden und Gemeindeverbände."

[145] Vgl. ferner bereits die Überschrift des II. Abschnitts des Grundgesetzes („Der Bund und die Länder").

[146] *Maunz,* in: Maunz / Dürig, GG, Art. 28 Rdnr. 70, 79; *Stern,* StaatsR I, S. 407; *Grawert,* Kommunen im Länderfinanzausgleich, S. 28.

[147] Ungenau ist daher streng genommen die Formulierung bei *v. Ameln,* DVBl. 1992, S. 477 (478): Art. 24 GG sei nach h.M. dahin auszulegen, daß „der Bund nicht nur Hoheitsrechte seines Kompetenzbereiches, sondern auch solche der Bundesländer und der Gemeinden übertragen darf".

[148] Überblicke bei *v. Ameln,* DVBl. 1992, S. 477 (480ff.); *Erichsen,* KommunalR NW, § 18 A; *Faber,* DVBl. 1991, S. 1126 (1129f.); *Mandelartz,* FS Böckenförde, S. 163 (163); *Mombaur / v. Lennep,* DÖV 1988, S. 988 (991ff.); *Rengeling,* DVBl. 1990, S. 893 (895f.); *Schoch,* VerwArch. 81 (1990), S. 18 (52f.); *Steger,* in: Blümel / Hill, Zukunft der komm. Selbstverwaltung, S. 237ff.; *Stern,* FS Friauf, S. 75 (78ff.).

bereits dargelegten Erwägungen[149] überzeugt es jedoch nicht, die verfassungsrechtliche Subsidiaritätsverpflichtung in Widerspruch zu der gemeinschaftsrechtlichen gem. Art. 3b Abs. 2 EUV auszulegen. Bezeichnenderweise wird die Strukturwahrungspflicht des Art. 23 Abs. 1 S. 1 GG insoweit mitunter zur bloßen Bemühungspflicht[150] reduziert. Im übrigen werden die Erfolgsaussichten auch von denjenigen zurückhaltend eingeschätzt, die die Wahrung der Selbstverwaltungsgarantie grundsätzlich als von dieser Pflicht umfaßt ansehen[151].

Schließlich ist darauf hinzuweisen, daß die in Art. 23 Abs. 1 S. 1 GG erstmals genannte Strukturanforderung der Subsidiarität allenfalls im Hinblick auf zukünftige Hoheitsrechtsübertragungen einen Schutz der kommunalen Selbstverwaltung bewirken könnte, da Art. B Abs. 1 Spstr. 5, Art. M EUV die „volle Wahrung" des *acquis communautaire* vorsehen[152].

Sieht man mit der hier vertretenen Auffassung die kommunale Selbstverwaltungsgarantie nicht als unmittelbar durch die Verpflichtung auf den Subsidiaritätsgrundsatz geschützt an, ist die Antwort auf die Fragestellung für zukünftige Hoheitsrechtsübertragungen ausschließlich Art. 23 Abs. 1 S. 3 GG zu entnehmen, der hinsichtlich der inhaltlichen Schranken auf Art. 79 Abs. 3 GG verweist.

Fehl geht dagegen die Argumentation *Uhlenkükens*[153], nach der auch gem. Art. 23 GG n.F. Hoheitsrechte nur unter Beachtung der kommunalen Selbstverwaltungsgarantie erfolgen dürften, weil diese als Teil der Identität der geltenden Verfassungsrechtsordnung anzusehen sei; diese sei aber nach dem Solange-II-Beschluß des BVerfG zu Art. 24 Abs. 1 GG dem Übertragungsgesetzgeber entzogen.

---

149 Siehe oben § 3 I. 2. b) dd) (1) (a).

150 *H.-J. Blanke,* DVBl. 1993, S. 819 (821): „Die im Verfassungstext implizit und im einfachen Gesetz explizit erfolgte Gewährleistung des Rechts zur Regelung der örtlichen Angelegenheiten im Rahmen der europäischen Integration kann nur als ein von der Bundesrepublik Deutschland ‚an die Unionsverfassung gerichteter Programmsatz' verstanden werden, der den Organen des Bundes eine Bemühungspflicht auferlegt, im Rahmen europapolitischer Entscheidungen und der Beteiligung an der Setzung von gemeinschaftsrechtlichem Primär- und Sekundärrecht dezentrale mitgliedstaatliche Organisationsstrukturen unter Einschluß des Fortbestandes des (objektiven) Rechtsinstituts der kommunalen Selbstverwaltung sicherzustellen."

151 Vgl. z.B. *Klein,* in: Schmidt-Bleibtreu/Klein, GG, Art. 23 Rdnr. 11 u. 28 Rdnr. 12a einerseits, Art. 23 Rdnr. 12 („zu befürchten, daß die gerichtliche Kontrolle der Wahrung des Subsidiaritätsprinzips eine ähnlich stumpfe Waffe gegen die Verlagerung von Kompetenzen auf die zentrale Ebene wie Art. 72 Abs. 2 a.F. GG ist".

152 Vgl. *Beyer,* Der Staat 35 (1996), S. 189 (217); *Heidenhain,* EuZW 1993, S. 73 (73).

153 *Uhlenküken,* NWVBl. 1995, S. 421 (421f.).

Dieser Ansatz läßt sich auf den neuen Europa-Artikel 23 GG, der für alle neuen Hoheitrechtsübertragungen im Zusammenhang mit der EU maßgeblich ist, nicht übertragen[154]. Es wird noch zu klären sein, wo hinsichtlich der noch auf der Grundlage des Art. 24 Abs. 1 GG erfolgten Integrationsschritte die Grenzen im Verhältnis zu Art. 79 Abs. 3 GG zu verorten waren. Die nach Auffassung des BVerfG dem Übertragungsgesetzgeber i. S. d. Art. 24 Abs. 1 GG entzogene „Identität der geltenden Verfassungsordnung"[155] ist aber nach der eindeutigen Neuregelung in Art. 23 Abs. 1 GG n. F. hinsichtlich der Hoheitsrechtsübertragungen im Rahmen der Europäischen Union nicht (mehr) maßgeblich. Art. 23 Abs. 1 S. 3 GG markiert als Grenze der Hoheitsrechtsübertragungen Art. 79 Abs. 2, 3 GG. Da Hoheitsrechtsübertragungen wegen ihres materiell verfassungsändernden Charakters den Anforderungen sonstiger Verfassungsrevisionen (mit Ausnahme der des Art. 79 Abs. 1 GG) unterworfen sind, besteht auch anders als im Rahmen des Art. 24 Abs. 1 GG keinerlei Anlaß, eine restriktive Auslegung zu erwägen und den Wortlaut des Art. 23 Abs. 1 S. 3 GG zu mißachten.

Die verfassungsrechtliche Europafestigkeit der kommunalen Selbstverwaltungsgarantie beurteilt sich daher in materieller Hinsicht danach, ob man diese von Art. 79 Abs. 3 GG umfaßt ansieht[156].

Dies ist mit der überwiegenden Auffassung zu verneinen[157]. Nach Art. 79 Abs. 3 GG ist dem verfassungsändernden Gesetzgeber – wegen des Verweises in Art. 23 Abs. 1 S. 3 GG auch im Fall des Erlasses eines Übertragungsgesetzes – eine Grundgesetzänderung verwehrt, „durch welche die Gliederung des Bundes in Länder, die grundsätzliche Mitwirkung der Länder bei der Gesetzgebung oder die in den Artikeln 1 und 20 niedergelegten Grundsätze berührt werden". Angesichts des eindeutigen Wortlauts des Art. 79 Abs. 3 GG[158] und wegen seines Charakters als eng auszulegende Ausnahmenorm[159] ist der Katalog der genannten Ewigkeitswerte abschließend[160].

---

[154] Vgl. im Ergebnis ebenso *Mandelartz,* FS Böckenförde, S. 163 (165).

[155] BVerfGE 73, 339 (375).

[156] Dafür *Seele,* Der Kreis aus europäischer Sicht, S. 57.

[157] *Maunz,* in: Maunz/Dürig, GG, Art. 28 Rdnr. 45; *Stern,* in: BK, GG, Art. 28 Rdnr. 66; *ders.,* StaatsR I, S. 626f.; *Ehlers,* in: Erichsen, Allg. VerwR, § 3 Rdnr. 33; *Faber,* DVBl. 1991, S. 1126 (1131f.); *Knopf,* DVBl. 1980, S. 106 (107); *Kreiner,* RiA 1989, S. 141 (142f.); *Martini/Müller,* BayVBl. 1993, S. 161 (161 mit FN 8); *Mombaur/v. Lennep,* DÖV 1988, S. 988 (990); *Rengeling,* DVBl. 1990, S. 893 (898); *Waechter,* KommunalR, Rdnr. 013; dies zugrunde legend auch *Fromme,* ZRP 1992, S. 431 (433), der de constitutione ferenda vorschlägt, die kommunale Selbstverwaltung in Art. 79 Abs. 3 GG einzufügen; vgl. auch *Haneklaus,* DVBl. 1991, S. 295 (299).

[158] *H.-J. Blanke,* DVBl. 1993, S. 819 (822); *Mandelartz,* FS Böckenförde, S. 163 (167).

Entzogen sind dem pouvoir constitué demnach nur Verfassungsrevisionen, die eine der in Art. 79 Abs. 3 GG abschließend genannten Einrichtungen oder Grundsätze berühren. Die kommunale Selbstverwaltungsgarantie könnte daher nur dem Schutz des Art. 79 Abs. 3 GG unterstellt werden, sofern und soweit sie als prägender Grundzug des Demokratieprinzips anzusehen wäre. Zwar „prägt" das Demokratieprinzip „das Bild der Selbstverwaltung, wie sie der Gewährleistung des Art. 28 Abs. 2 GG zugrunde liegt"[161]. Umgekehrt ist dies hingegen nicht der Fall[162]. Die durch das grundgesetzliche Demokratieprinzip geforderte Willensbildung von unten nach oben setzt nicht zwangsläufig die Existenz von Gebietskörperschaften voraus, denen mit den Angelegenheiten der örtlichen Gemeinschaft ein universeller Aufgabenbereich zur eigenverantwortlichen Erledigung von Verfassungs wegen zugewiesen ist. In der Verfassungstradition der europäischen Demokratien nimmt diese stärkste Form der Dezentralisierung nach wie vor eine Sonderstellung ein[163]. Daß die Garantie der kommunalen Selbstverwaltung i. S. v. Art. 28 Abs. 2 GG für ein demokratisches Gemeinwesen unabdingbar sei, läßt sich daher nicht belegen. Die kommunale Selbstverwaltungsgarantie unterfällt demnach nicht Art. 79 Abs. 3 GG[164].

Auch die vereinzelt erwogene Argumentation, die Selbstverwaltung sei partiell mittelbar geschützt, weil das Kommunalrecht zum „Hausgut" der Länder zähle und damit am Schutz über das Bundesstaatsprinzip teil-

---

159 BVerfGE 30, 1 (25); vgl. auch BVerfGE 84, 90 (121); *Maunz/Dürig,* in: Maunz/Dürig, GG, Art. 79 III Rdnr. 31; *Bryde,* in: v. Münch/Kunig, GG, Art. 79 Rdnr. 28; *Mandelartz,* FS Böckenförde, S. 163 (167)

160 *H.-J. Blanke,* DVBl. 1993, S. 819 (822), nimmt offenbar an, *Stern,* in: BK, Art. 28 Rdnr. 75, habe dort die Auffassung vertreten, der Wesensgehalt der kommunalen Selbstverwaltungsgarantie sei unter den Schutz des Art. 79 Abs. 3 GG zu stellen. *Stern* ordnet jenen hingegen nur dem Kernbestand des innerstaatlichen Verfassungssystems zu, den er (wie später einige Autoren die vom BVerfG im Solange II-Beschluß dem Übertragungsgesetzgeber entzogene Identität der geltenden Verfassungsordnung) weiter zieht als die Ewigkeitswerte des Art. 79 Abs. 3 GG. Daß die kommunale Selbstverwaltungsgarantie nicht von Art. 79 Abs. 3 GG geschützt wird, stellt *Stern* an anderer Stelle der Kommentierung (ebd., Rdnr. 66) unmißverständlich klar: „Art. 28 II enthält mithin folgende näher zu erläuternde, gegen Verfassungsänderungen nicht geschützte (arg. Art. 79 III) dreifache Garantien: ...". Vgl. jetzt auch ebenso *Stern,* FS Friauf, S. 75 (82).

161 BVerfGE 91, 228 (244).

162 Gegen einen Schutz der kommunalen Selbstverwaltung über das Demokratieprinzip auch *H.-J. Blanke,* DVBl. 1993, S. 819 (822); *Faber,* DVBl. 1991, S. 1126 (1132).

163 Vgl. den Überblick über die Gestaltung der kommunalen Selbstverwaltung in den europäischen Staaten bei *Blair,* DÖV 1988, S. 1002ff.

164 *Klein,* in: Schmidt-Bleibtreu/Klein, GG, Art. 28 Rdnr. 12a; *Stern,* StaatsR I, § 18 II 7.

habe[165], verfängt nicht. Das Kommunalrecht wird dem Hausgut der Länder zugerechnet, weil es die landesinterne Organisation betrifft[166], die in den Grenzen des Art. 28 GG allein den Ländern obliegt. Einer Änderung dieser Vorgaben des Art. 28 Abs. 2 GG steht das Bundesstaatsprinzip, soweit dieses von Art. 79 Abs. 3 GG erfaßt wird, nicht entgegen. Auch ein derart mediatisierter Schutz der kommunalen Selbstverwaltungsgarantie ist daher abzulehnen.

Schließlich wird aus dem Gebot gegenseitiger Rücksichtnahme, das im Prinzip praktischer Konkordanz wurzele, eine Pflicht von Bund und Ländern hergeleitet, „dazu beizutragen, daß die kommunalen Belange auch auf europäischer Ebene effektiv vertreten werden können", und „erst recht die Pflicht, die kommunale Selbstverwaltung in ihrem Bestand und Kernbereich zu schützen"[167].

Das Prinzip praktischer Konkordanz[168], dessen Geltung auf dem Prinzip der Einheit der Verfassung beruht, gebietet, bei einer Problemlösung ggf. konfligierende Verfassungsrechtsgüter möglichst schonend zum Ausgleich zu bringen. Es ist eine Optimierung vorzunehmen, bei der beide Verfassungswerte größtmögliche Wirksamkeit gewinnen[169]. Welche Rechtsgüter wegen der Einheit der Verfassung zu optimieren sind, bestimmt das geltende Verfassungsrecht. Das Grundgesetz sieht Änderungen bis zur Grenze des Art. 79 Abs. 3 GG selbst vor. Es ist daher Teil der Verfassung, daß Bestimmungen außerhalb dieses unter ewigen Schutz gestellten Bereiches durch den verfassungsändernden Gesetzgeber abgeschafft oder modifiziert werden können. Daß die kommunale Selbstverwaltungsgarantie, die am Schutz des Art. 79 Abs. 3 GG nicht teilhat, dem pouvoir constitué nicht entzogen wird, ist von der Verfassung demnach angelegt. Für den Integrationsgesetzgeber gilt dies über Art. 23 Abs. 1 S. 2, 3 GG entsprechend.

Ist die beschränkte Dispositivität demnach Teil der als Einheit zu interpretierenden Verfassung, vermag das aus diesem Auslegungsprinzip abge-

---

165 *Martini/Müller,* BayVBl. 1993, S. 161 (161 f.): „Mittelbar wäre allenfalls insoweit an einen Änderungsschutz zu denken, als das föderative Revisionsverbot den Ländern ein gewisses, substantielles Maß an eigenen Gesetzgebungskompetenzen garantiert und durch die Abschaffung der kommunalen Selbstverwaltung auch die Kommunalgesetzgebungskompetenz der Länder ihren Sinn verlöre,...".

166 Grundlegend BVerfGE 34, 9 (19f. u. LS 1): „Was immer im einzelnen zum unentziehbaren ‚Hausgut' der Länder im Bundesstaat gehören mag, jedenfalls muß dem Land die freie Bestimmung über seine Organisation ... verbleiben"; bestätigend BVerfGE 87, 181 (196f.).

167 *Heberlein,* DVBl. 1994, S. 1213 (1221).

168 Grundlegend *Scheuner,* VVDStRL 22 (1965), S. 1 (53); fortentwickelt von *Hesse,* VerfR, Rdnr. 72, 317 ff.

169 *Hesse,* VerfR, Rdnr. 72.

leitete Prinzip der praktischen Konkordanz einen Schutz der kommunalen Selbstverwaltungsgarantie im Ergebnis nicht zu begründen[170].

Art. 23 Abs. 1 S. 3 i.V.m. Art. 79 Abs. 3 GG steht demzufolge auch entsprechenden Hoheitsrechtsübertragungen nicht entgegen und macht die kommunale Selbstverwaltung nicht verfassungsrechtlich europafest[171].

3. Art. 24 GG

a) Bedeutung des Art. 24 Abs. 1 GG vor und nach Einfügung des Art. 23 GG

Seit dem Inkrafttreten des Art. 23 GG n.F. schließt dieser in seinem Anwendungsbereich Art. 24 Abs. 1 GG aus[172]. Im Kontext der vorliegenden Untersuchung ist Art. 24 Abs. 1 GG daher nur noch insoweit von Belang, als sich die europäische Integration bis zum Abschluß des Maastrichter Vertrages auf der Grundlage jener Vorschrift vollzog. Dagegen sind der Unionsvertrag und die mit diesem einhergehenden Änderungen der Gründungsverträge von EWG/EG[173], EGKS[174] und EAG[175] ausschließlich an Art. 23 GG n.F. zu messen.

Die nachfolgenden Ausführungen können sich daher auf die Darstellung der wesentlichen Grundaussagen des Art. 24 Abs. 1 GG beschränken, über die weitgehend Übereinstimmung besteht. Soweit Art. 23 GG an Begriffsmerkmale des Art. 24 Abs. 1 GG anknüpft, wird im übrigen mutatis mutandis auf die Überlegungen dort verwiesen.

b) Übertragung von Hoheitsrechten nach Art. 24 Abs. 1 GG

Gem. Art. 24 Abs. 1 GG kann der Bund durch Gesetz Hoheitsrechte auf zwischenstaatliche Einrichtungen übertragen.

---

170 Ebenso *Mandelartz,* FS Böckenförde, S. 163 (166).

171 Vgl. *Löwer,* in: v. Münch/Kunig, GG, Art. 28 Rdnr. 95 a.E.; *Stern,* FS Friauf, S. 75 (83); bzgl. Art. 24 Abs. 1 GG wie hier *v. Ameln,* DVBl. 1992, S. 477 (479); *H.-J. Blanke,* DVBl. 1993, S. 819 (823); *Faber,* DVBl. 1991, S. 1126 (1132); *Kreiner,* RiA 1989, S. 141 (142f.); *Mombaur/v. Lennep,* StuGR 1989, S. 95 (97); *Siedentopf,* DÖV 1988, S. 981 (983f.).

172 *Jarass,* in: Jarass/Pieroth, GG, Art. 23 Rdnr. 2 und Art. 24 Rdnr. 2; *Rojahn,* in: v. Münch/Kunig, GG, Art. 23 Rdnr. 3; *Streinz,* in: Sachs, GG, Art. 23 Rdnr. 9.

173 Siehe Art. G EUV.

174 Siehe Art. H EUV.

175 Siehe Art. I EUV.

aa) Übertragungsadressat

Adressat der Übertragung von Hoheitsrechten nach Art. 24 Abs. 1 GG kann nur eine zwischenstaatliche Einrichtung sein. Zum Wesen einer derartigen Einrichtung gehört, daß sie ihre Entstehung dem Abschluß eines völkerrechtlichen Vertrages verdankt[176], auf dessen Grundlage sie Aufgaben wahrnimmt, die grundsätzlich kraft der staatlichen Souveränität der nationalen öffentlichen Gewalt vorbehalten sind[177]. An dem Merkmal der Zwischenstaatlichkeit fehlt es, wenn die Einrichtung ausschließlich dem Recht eines Vertragspartners unterstellt wird[178].

Indem Art. 24 Abs. 1 GG die Qualität des Übertragungsadressaten als zwischenstaatliche Einrichtung voraussetzt, markiert er die diesem Begriff immanenten Beschränkungen als Grenze der Übertragung. Bei adäquater Würdigung des Wortlauts setzt die Schaffung einer zwischenstaatlichen Einrichtung deren Existenz *neben* den an ihrer Errichtung beteiligten Staaten voraus. Eine Übertragung von Hoheitsrechten auf fremde Staaten überschreitet daher den Wortlaut als Grenze zulässiger Auslegung und ist somit unzulässig[179].

Nicht mehr erfaßt vom Begriff der *zwischen*staatlichen Einrichtung i. S. v. Art. 24 Abs. 1 GG ist folglich auch eine Organisationsform, die nach Art und Umfang der übertragenen Hoheitsrechte selbst Staatsqualität besitzt. Der Eingliederung in einen europäischen Bundesstaat stand daher der Begriff der zwischenstaatlichen Einrichtung[180], nach anderer Ansicht[181] Art. 79 Abs. 3 GG entgegen[182].

---

[176] BVerfGE 2, 347 (377 f.); *Jarass,* in: Jarass/Pieroth, GG, Art. 24 Rdnr. 5; *Mosler,* in: Isensee/Kirchhof, HdbStR VII, § 175 Rdnr. 36; *Tomuschat,* in: BK, GG, Art. 24 Rdnr. 39 ff.; *Zuleeg,* in: AK-GG, Art. 24 Rdnr. 17.

[177] Vgl. *Jarass,* in: Jarass/Pieroth, GG, Art. 24 Rdnr. 5; *Mosler,* in: Isensee/Kirchhof, HdbStR VII, § 175 Rdnr. 1.

[178] BVerfGE 2, 347 (378); *Mosler,* in: Isensee/Kirchhof, HdbStR VII, § 175 Rdnr. 38.

[179] Ebenso *Mosler,* in: Isensee/Kirchhof, HdbStR VII, § 175 Rdnr. 38; *Randelzhofer,* in: Maunz/Dürig, GG, Art. 24 I Rdnr. 53; *Zuleeg,* in: AK-GG, Art. 24 Abs. 1 Rdnr. 17; *Schilling,* Der Staat 29 (1990), S. 161 (161); jedenfalls für Übertragungen, die „ein gewisses Gewicht" haben, auch *Jarass,* in: Jarass/Pieroth, GG, Art. 24 Rdnr. 5.

[180] *Tomuschat,* in: BK, GG, Art. 24 Rdnr. 46; *Randelzhofer,* in: Maunz/Dürig, GG, Art. 24 I Rdnr. 53. Einige der genannten Autoren sehen darüber hinaus ein Aufgehen in einem europäischen (Bundes-)Staat auch als unvereinbar mit Art. 79 Abs. 3 GG an und behalten eine solche Entscheidung folglich dem pouvoir constituant vor, so insbesondere deutlich *Randelzhofer,* ebd.

[181] *Rojahn,* in: v. Münch/Kunig, GG, Art. 24 Rdnr. 53.

[182] Siehe dazu die Ausführungen zu Art. 23 Abs. 1 S. 2, 3 GG, oben § 3 I. 2. b) dd) (2).

bb) Begriff und Gegenstand der Übertragung

Der Terminus der Übertragung von Hoheitsrechten ist bei der Einfügung des Art. 23 GG unverändert Art. 24 GG entnommen worden. Für die vor Inkrafttreten des Art. 23 GG vorgenommenen sowie die danach in dem reduzierten Anwendungsbereich gemäß Art. 24 Abs. 1 GG erfolgenden Hoheitsrechtsübertragungen gilt daher das zu Art. 23 GG Ausgeführte entsprechend.

Auch im Rahmen des Art. 24 Abs. 1 GG ist für den Begriff der Übertragung maßgeblich, daß die ursprünglich unbeschränkte nationale Souveränität dergestalt geöffnet wird, daß die ermächtigte zwischenstaatliche Einrichtung im innerstaatlichen Bereich unmittelbar Hoheitsgewalt ausüben kann[183]. Ihr muß die Möglichkeit des Durchgriffs eingeräumt werden[184].

Art. 24 Abs. 1 GG läßt die Übertragung jedweder Hoheitsrechte, also den Ausübungsverzicht hinsichtlich aller Formen öffentlicher Gewalt, zu. Neben der Übertragung von Rechtsetzungs- und Rechtsprechungs- ist daher auch die Übertragung von Verwaltungskompetenzen zulässig.

Von den vor Inkrafttreten des Art. 23 n.F. GG noch auf der Grundlage des Art. 24 Abs. 1 GG erfolgten Hoheitsrechtsübertragungen zugunsten der Europäischen Gemeinschaften sind auch Hoheitsrechte der Länder einschließlich ihrer Verwaltungskompetenzen[185] betroffen.

Die Übertragung auch ausschließlicher Länderkompetenzen läßt Art. 24 Abs. 1 GG nach überwiegender, wenn auch nach wie vor nicht unbestrittener Ansicht[186] (bis zur Grenze des Art. 79 Abs. 3 GG[187]) zu[188]. Zwar liefe

183 *Rojahn,* in: v. Münch/Kunig, GG, Art. 24 Rdnr. 25.

184 *Rojahn,* in: v. Münch/Kunig, GG, Art. 24 Rdnr. 25.

185 Siehe zum Umfang der auf die EG übertragenen Verwaltungskompetenzen unten § 4 II.

186 Vgl. *Carl,* DÖV 1986, S. 581 (586); *Schütz,* Der Staat 28 (1989), S. 201 ff.

187 Siehe unten dd).

188 *Jarass,* in: Jarass/Pieroth, GG, Art. 24 Rdnr. 3; *Rojahn,* in: v. Münch/Kunig, GG, Art. 24 Rdnr. 23; *Seifert,* in: Seifert/Hömig, GG, Art. 24 Rdnr. 2; *Streinz,* in: Sachs, GG, Art. 24 Rdnr. 26; *Tomuschat,* in: BK, GG, Art. 24 Rdnr. 25; *Zuleeg,* in: AK-GG, Art. 24 Rdnr. 22; *Badura,* FS Lerche, S. 369 (378 f.); *Baumhof,* Bundesländer im europ. Einigungsprozeß, S. 87; *Birke,* Bundesländer in den EG, S. 88 ff., 94 f., 103 f., 128; *Bleckmann,* RIW/AWD 1978, S. 144 (145); *ders.,* EuropaR, Rdnr. 888; *Degenhart,* StaatsR I, Rdnr. 213a; *Dietlein,* NWVBl. 1990, S. 253 (255); *Fastenrath,* Kompetenzverteilung, S. 149; *Grabitz,* AöR 111 (1986), S. 1 (3 ff.); *ders.,* EuR 1987, S. 310 (310 f.); *Haas,* DÖV 1988, S. 613 (615); *H. P. Ipsen,* FS Hallstein, S. 248 (253 ff.); *ders.,* EG-Recht, § 2 Rdnr. 12; *Kössinger,* Durchführung des Gemeinschaftsrechts, S. 73; *Magiera,* FS Menzel, S. 621 (637); *Ossenbühl,* in: ders., Föderalismus und Regionalismus in Europa, S. 117 (146); *Ress,* EuGRZ 1986, S. 549 (554); *Riegel,* DVBl. 1979, S. 245 (246); *Ruppert,* Integra-

es auf eine petitio principii hinaus, dies der nunmehr eindeutigen[189] Regelung des Art. 23 GG n.F. entnehmen zu wollen, weil diese hinsichtlich der Übertragbarkeit von Länderrechten je nach Auslegung des Art. 24 Abs. 1 GG deklaratorischen oder konstitutiven Charakter haben kann. Die Übertragbarkeit von Länderhoheitsrechten schließt der Wortlaut des Art. 24 Abs. 1 GG zumindest nicht aus, die Entstehungsgeschichte der Norm sowie die Systematik im Bereich der auswärtigen Gewalt legen sie nahe; der Grundsatz der internationalen Offenheit[190] und insbesondere Integrationsbereitschaft des Grundgesetzes schließlich gebieten diese weite Auslegung.

Bereits der Normtext scheint nicht so unergiebig, wie vielfach[191] angenommen wird. Auch wenn der Wortlaut des Art. 24 Abs. 1 GG eine Übertragung von Länderrechten nicht expressis verbis vorsieht, enthält er einen Anhalt gegen eine restriktive Auslegung der Bestimmung. Hätte die dem Bund zugewiesene Übertragungskompetenz auf den Bereich seiner eigenen Verbandskompetenz begrenzt werden sollen, wäre die Formulierung „Der Bund kann durch Gesetz *seine* Hoheitsrechte auf zwischenstaatliche Einrichtungen übertragen" zu erwarten gewesen[192]. Das Fehlen einer Einschränkung im Wortlaut des Art. 24 Abs. 1 GG wird spätestens zu einem Fall des beredten Schweigens, wenn der systematische Vergleich zu Art. 32 GG angestellt wird. In Art. 32 Abs. 3 GG bindet der Verfassunggeber selbst die Vertragsschlußkompetenz der Länder im Bereich ihrer ausschließlichen innerstaatlichen (Transformations-)Kompetenzen noch an die Zustimmung eines Bundesorgans. Angesichts dessen würde sich Art. 24 Abs. 1 GG in die Systematik im Bereich der Verteilung der auswärtigen Gewalt nicht einfügen, wenn man ihn in einer Weise auslegt, die Länder-

---

tionsgewalt, S. 264ff., 286; *M. Schröder,* JöR n.F. 35 (1986), S. 83 (98); *Schwan,* Bundesländer, S. 70, 72, 75; *Schweitzer,* BayVBl. 1992, S. 609 (609, 613); *v. Simson/Schwarze,* in: Benda/Maihofer/Vogel, HdbVerfR, § 4 Rdnr. 77; *Starck,* FS Lerche, S. 561 (568); *Stern,* StaatsR I, S. 534f.; *A. Weber,* Durchführung des Gemeinschaftsrechts, S. 4f.; *ders.,* DVBl. 1986, S. 800 (801); *v. Welck,* Bundesländer und EEA, S. 15ff.; vgl. auch *Blumenwitz,* GS Sasse I, S. 215 (221f.), mit Hinweisen zu den seinerzeitigen Auffassungen in der Staatspraxis; *Kewenig,* JZ 1990, S. 458 (458), und *Uhlenküken,* NWVBl. 1995, S. 421 (421), bezeichnen die Übertragbarkeit von Länderkompetenzen gar als „unstreitig" – siehe aber die Nachw. auch jüngeren Datums auf die Gegenauffassung.

189 Siehe Art. 23 Abs. 4 - 6 GG und oben § 3 I. 2. b) bb) (1). Vgl. ferner § 5 Abs. 2, 3, § 6 Abs. 1, 2, § 7 Abs. 1, 3 ZEUBLG.

190 Dazu grundlegend *Vogel,* Internationale Zusammenarbeit, S. 10ff., 42; *Tomuschat,* VVDStRL 36 (1978), S. 7 (16ff.); vgl. auch *Scholz,* in: Maunz/Dürig, GG, Art. 23 Rdnr. 2.

191 So von den grds. die Übertragbarkeit von Länderrechten Bejahenden z.B. *Rojahn,* in: v. Münch/Kunig, GG, Art. 24 Rdnr. 23; *Ruppert,* Integrationsgewalt, S. 265; *Schwan,* Bundesländer, S. 67f.; ferner i.d.R. die Vertreter der oben zitierten Mindermeinung, vgl. oben.

192 Ebenso *Bleckmann,* RIW/AWD 1978, S. 144 (144).

hoheitsrechte von seinem Anwendungsbereich ausschließt. Art. 24 Abs. 1 GG bliebe dann hinter der allgemeinen Regelung hinsichtlich des Abschlusses völkerrechtlicher Verträge nach Art. 32 Abs. 3 GG zurück. Dies widerspricht jedoch der ausdrücklichen Intention des Verfassunggebers, die Übertragung von Hoheitsrechten zu erleichtern[193] und hierzu mit Art. 24 Abs. 1 GG eine besonders durchschlagskräftige Verfassungsgrundlage zur Verfügung zu stellen.

Auch im übrigen spricht die Genese dafür, daß vom späteren Art. 24 Abs. 1 GG Länderhoheitsrechte erfaßt sein sollten[194]. Während der Beratungen des Parlamentarischen Rates lagen mehrfach Anträge vor, welche die im Herrenchiemseer Konventsentwurf noch vorgesehene Zustimmungsbedürftigkeit eines Übertragungsgesetzes seitens des Bundesrates vorsahen. Einen dieser Anträge hatte der Abgeordnete Dr. Seebohm aber gerade mit der Beeinträchtigung von Hoheitsrechten der Länder[195] – nicht etwa der Berührung ihrer Interessen – begründet. Damit lagen Anträgen wie ablehnenden Beschlüssen die Vorstellung von der Übertragbarkeit auch von Hoheitsrechten der Länder zugrunde[196].

---

193 JöR n.F. 1 (1951), S. 226.

194 Gegen die Ergiebigkeit der Entstehungsgeschichte *Rojahn,* in: v. Münch/Kunig, GG, Art. 24 Rdnr. 23; vgl. auch *Schütz,* Der Staat 28 (1989), S. 201 (206f.), mit dem Hinweis, die „in den Entstehungsmaterialien auffindbaren vereinzelten Äußerungen eines oder zweier Mitglieder des Parlamentarischen Rates" könnten „nicht als hinreichende entstehungsgeschichtliche Begründung, als ‚objektivierter Wille des Gesetzgebers' gewertet werden".

195 Hauptausschuß, 6. Sitzung, Protokolle, S. 69, 70; 29. Sitzung, Protokolle, S. 346; JöR n.F. 1 (1951), S. 226

196 Da die Bindung an die Zustimmung des Bundesrates typischerweise dort im Grundgesetz vorgesehen ist oder de lege ferenda gefordert wird, wo die Rechtsstellung der Länder qualifiziert betroffen ist, spricht auch der von *Schütz* (Der Staat 28 [1989], S. 201 [220f.]) als Indiz für seine Minderauffassung gewertete Vorschlag der mit Beschluß vom 8.10.1970 eingesetzten Enquete-Kommission Verfassungsreform nicht gegen, sondern für die Annahme einer Übertragbarkeit von Länderhoheitsrechten. Siehe den Schlußbericht vom 2.12.1976, BT-Drucks. 7/5924, S. 229, abgedruckt auch in: Presse- und Informationszentrum des Deutschen Bundestages (Hrsg.), Zur Sache 3/76: Beratungen und Empfehlungen zur Verfassungsreform, S. 40: „Die dem Bund durch Artikel 24 Abs. 1 GG eingeräumte Befugnis, durch einfaches Gesetz Hoheitsrechte auf zwischenstaatliche Einrichtungen zu übertragen, soll nach den Empfehlungen der Kommission dann der Zustimmung des Bundesrates unterliegen, wenn es sich um Hoheitsrechte der Länder handelt. Hierfür schlägt die Kommission folgenden Wortlaut vor: ‚Der Bund kann durch Gesetz Hoheitsrechte auf zwischenstaatliche Einrichtungen übertragen, solche der Länder jedoch nur durch Gesetz mit Zustimmung des Bundesrates'." Nach Einschätzung der Kommission werde Art. 24 Abs. 1 GG in „Praxis und Theorie fast einhellig" dahin verstanden, daß auch Länderrechte übertragen werden könnten (ebd., S. 235); der Kommissions-Vorschlag ist daher als – moderate – Revision der Entscheidung des Grundgesetzgebers für eine äußerst integrationsfreundliche Regelung zu werten (vgl. ebd., S. 236).

Schließlich ist Art. 24 Abs. 1 GG Ausdruck des im Grundgesetz niedergelegten Grundsatzes der internationalen Offenheit[197], in dessen Lichte er zu interpretieren ist. Wie insbesondere die geringen formellen Anforderungen an die Übertragung belegen[198], bezweckt Art. 24 Abs. 1 GG eine Erleichterung und Effektivierung der Integration. Damit ist eine Auslegung, welche die Integrationsbereitschaft durch die Nichtübertragbarkeit von Länderhoheitsrechten in Frage stellt, unvereinbar.

cc) Formelle Übertragungsvoraussetzungen

In formeller Hinsicht läßt Art. 24 Abs. 1 GG für die Übertragung von Hoheitsrechten ein einfaches Bundesgesetz[199] genügen. Da Hoheitsrechtsübertragungen jedenfalls in aller Regel Veränderungen des grundgesetzlichen Kompetenzgefüges nach sich ziehen[200], ermöglicht Art. 24 Abs. 1 GG daher materiell verfassungsändernde Gesetze in privilegierter, von den Voraussetzungen des Art. 79 Abs. 1, 2 GG entbundener Form.

Mit dem eindeutigen Wortlaut des Art. 24 Abs. 1 GG und seinem durch seine Genese belegten Telos, die Integrationsbereitschaft durch eine vereinfachte Möglichkeit der Hoheitsrechtsübertragung zu dokumentieren, sind Versuche unvereinbar, die verfassungsrechtlich vorgesehene Privilegierung zu entleeren. Abzulehnen sind daher Auslegungsvarianten, die Art. 24 Abs. 1 GG und die dort vorgesehenen Erleichterungen umgehen.

Teil der in Art. 24 Abs. 1 GG verankerten Privilegierung ist, daß ein Übertragungsgesetz von Verfassungs wegen[201] als solches nicht der Zustimmung des Bundesrates bedarf[202]. Diese durch die Einfügung des Art. 23

---

[197] Dazu *Vogel,* Internationale Zusammenarbeit, S. 10ff.; *Tomuschat,* VVDStRL 36 (1978), S. 7 (16ff.).

[198] Siehe unten unter cc).

[199] Eine Übertragung „durch Gesetz" i.S.v. Art. 24 Abs. 1 GG liegt auch vor, wenn ein förmliches Gesetz – bei Zugrundelegung strenger Anforderungen – bestimmt, ob und in welchem Umfang ein Hoheitsrecht übertragen werden soll, und eine Rechtsverordnung die gesetzliche Ermächtigung vollzieht, siehe BVerwGE 54, 291 (299 u. LS 1).

[200] Vgl. BVerfGE 58, 1 (36); *Rojahn,* in: v. Münch/Kunig, GG, Art. 24 Rdnr. 28.

[201] Einfachgesetzlich regelte bis zum Inkrafttreten des neuen Bundesrats-Verfahrens nach Art. 23 GG n.F. das am 1.7.1987 in Kraft getretene Gesetz betreffend die Einheitliche Europäische Akte vom 28. Februar 1986, BGBl. II S. 1102, die Beteiligung des Bundesrates. Nach Art. 2 Abs. 3 EEAG durfte die Bundesregierung von einer Position des Bundesrates im Bereich ausschließlicher Länderkompetenzen nur abweichen, wenn zwingende Gründe der Außenpolitik und der Integrationspolitik es erforderlich machten. Zu dem Bundesrats-Verfahren nach Art. 2 EEAG siehe *Baumhof,* Bundesländer im europ. Einigungsprozeß, S. 119ff., 124ff.; *Starck,* FS Lerche, S. 561 (570f.); *v. Welck,* Bundesländer und EEA, bes. S. 134ff.

GG n.F. und die damit einhergehende Reduzierung des Anwendungsbereichs des Art. 24 Abs. 1 GG weitgehend revidierte Verfassungsentscheidung mag verfassungspolitisch fragwürdig gewesen sein. Sie war und ist aber – soweit Art. 24 Abs. 1 GG anwendbar bleibt – geltendes Verfassungsrecht. Auch wenn Hoheitsrechte im ausschließlichen Zuständigkeitsbereich der Länder betroffen sind, bedarf ein Übertragungsgesetz nicht der Zustimmung des Bundesrates. Auch die Auffassung, eine Zustimmung sei notwendig, „wenn (nicht ganz geringfügige) Hoheitsrechte der Länder übertragen werden“[203] findet weder in Art. 24 Abs. 1 GG noch andernorts im Grundgesetz eine Stütze. Sie widerspricht vielmehr dem allgemeinen Grundsatz, daß Gesetze nur bei ausdrücklicher Erwähnung in der Verfassung zustimmungspflichtig sind. Wie Art. 32 Abs. 3, 59 Abs. 2 S. 1 GG belegen, behält dieses Prinzip im Bereich der auswärtigen Gewalt Geltung[204]. Im Parlamentarischen Rat wurde zudem ein Antrag auf Begründung eines Zustimmungserfordernisses durch den Bundesrat abgelehnt[205].

dd) Materielle Übertragungsschranken

Schranken für die Übertragung von Hoheitsrechten werden nicht erstmals durch die Sonderregelung in Art. 23 Abs. 1 S. 3 GG n.F. errichtet. Auch auf der Grundlage des Art. 24 Abs. 1 GG waren und sind Hoheitsrechtsübertragungen inhaltlich immanenten Verfassungsschranken unterworfen.

Wie nicht zuletzt die Diskussion im Zuge der Ratifikation des Maastrichter Vertrages gezeigt hat, besteht über die Bestimmung jener Grenzen nach wie vor Streit.

Das BVerfG hat die Grenzen der Integrationsermächtigung des Art. 24 Abs. 1 GG zunächst im Hinblick auf den Grundrechtsschutz zu markieren gesucht. Nach der ständigen Rechtsprechung des BVerfG ermächtigt Art. 24 Abs. 1 GG nicht dazu, „die Identität der geltenden Verfassungsordnung der Bundesrepublik Deutschland durch Einbruch in ihr Grundgefüge, in die sie konstituierenden Strukturen, aufzugeben“[206]. Was diese Identität und deren

---

202 *Tomuschat,* in: BK, GG, Art. 24 Rdnr. 29; *Badura,* FS Redeker, S. 111 (123); *H. P. Ipsen,* EG-Recht, § 2 Rdnr. 24; *Lerche,* FS Schambeck, S. 753 (756); *Lorenz,* Übertragung von Hoheitsrechten, S. 73; *v. Simson/Schwarze,* in: Benda/Maihofer/Vogel, HdbVerfR, § 4 Rdnr. 78f.; *Starck,* FS Lerche, S. 561 (568); *ders.,* FS Remmers, S. 159 (165); *Stern,* StaatsR I, S. 534.

203 So *Jarass,* in: Jarass/Pieroth, GG, Art. 24 Rdnr. 6.

204 *Rojahn,* in: v. Münch/Kunig, GG, Art. 24 Rdnr. 33.

205 HA-Steno, S. 70; vgl. Antrag Drs. 298 v. 19.11.1948, S. 6; JöR n.F. 1 (1951), S. 226.

206 BVerfGE 73, 339 (375f.); ähnlich BVerfGE 37, 271 (279f.); 58, 1 (40ff.); BVerwGE 54, 291 (304).

konstitutive Merkmale ausmacht oder von welchem verfassungsrechtlichen Ausgangspunkt her sie zu bestimmen sind, bleibt unbeantwortet.

Nach verbreiteter Ansicht ist die dem Integrationsgesetzgeber entzogene Identität mit den inhaltlichen Schranken des Art. 79 Abs. 3 GG gleichzusetzen[207]. Andere hingegen wollen Art. 24 GG immanente Schranken entnehmen, die bereits unterhalb der Schwelle der Ewigkeitsgarantie greifen[208]. Faßt man dementsprechend die Identität der geltenden Verfassungsordnung weiter als Art. 79 Abs. 3 GG, stellt sich z. B. die Frage, ob die kommunale Selbstverwaltungsgarantie hinsichtlich ihres Kernbereiches Teil der nach dieser Auffassung dem Übertragungsgesetzgeber entzogenen Verfassungsessentiale ist, was jedoch wiederum nur von einer Minderheit angenommen worden ist[209]. Schließlich ist vereinzelt vertreten worden, nicht einmal Art. 79 Abs. 3 GG beschränke die Integrationsgewalt nach Art. 24 Abs. 1 GG[210].

Es entspricht fast einhelliger Auffassung, daß – mindestens – die Grenzen des Art. 79 Abs. 3 GG auch im Rahmen des Art. 24 Abs. 1 GG zu beachten sind. Dem ist beizupflichten. Art. 24 Abs. 1 GG ist Teil des verfassungsrechtlichen Gesamtkontextes und daher nach dem Grundsatz der Einheit der Verfassung auszulegen. Art. 79 Abs. 3 GG bindet den gesamten pouvoir constitué an die dort enumerierten Schranken. Art. 24 Abs. 1 GG öffnet lediglich den nationalen Rechtsraum, um die Ausübung von öffentli-

---

[207] *Tomuschat,* in: BK, Art. 24 Rdnr. 50f.; *Groß,* Jura 1991, S. 575ff.; *Heberlein,* BayVBl. 1992, S. 417 (422); *Magiera,* Jura 1994, S. 1 (4); *Stern,* StaatsR I, S. 536ff.; *Waitz v. Eschen,* BayVBl. 1991, S. 321 (324); vgl. auch *Zuleeg,* in: AK-GG, Art. 24 Abs. 1 Rdnr. 39; kritisch zur Bestimmung der Grenzen der Integrationsgewalt durch „schlichte(n) Rückgriff" auf Art. 79 Abs. 3 GG *E. Klein,* VVDStRL 50 (1990), S. 56 (71), der die Norm aber heranzieht, um die vom BVerfG benannten Schranken auszulegen; kritisch auch *Huber,* AöR 116 (1991), S. 210 (227), und *Stein,* in: Merten, Föderalismus und EG, S. 91 (103); an Art. 79 Abs. 3 GG als Mindestschranke orientieren sich ferner *Dietlein,* NWVBl. 1990, S. 253 (255); *Hochbaum,* Der Staat 29 (1990), S. 577 (595); siehe auch *Kewenig,* JZ 1990, S. 458 (460): „jedenfalls" Grenzen des Art. 79 Abs. 3 GG auch solche des Art. 24 Abs. 1 GG.

[208] *Huber,* AöR 116 (1991), S. 210 (225ff.); *Martini/Müller,* BayVBl. 1993, S. 161 (162); *Robbers,* NJW 1989, S. 1325 (1325f.); *Schilling,* AöR 116 (1991), S. 32 (52f.).

[209] Dafür *Martini/Müller,* BayVBl. 1993, S. 161 (162); *v. Mutius,* Städte- und Gemeindebund 1989, S. 299 (304): „Grenzen sind EG-rechtlichen Einflüssen erst dann gesetzt, wenn sie an die tragenden Prinzipien des Grundgesetzes, zu denen auch die kommunale Selbstverwaltung zählt, rühren"; *Stern,* in: BK, Art. 28 Rdnr. 75; vgl. auch *Uhlenküken,* NWVBl. 1995, S. 421 (422), der allerdings die Bedeutung des Art. 23 Abs. 1 S. 3 GG n.F. mißachtet; ablehnend dagegen *H.-J. Blanke,* DVBl. 1993, S. 819 (822f.); *Faber,* DVBl. 1991, S. 1126 (1132); *Heberlein,* BayVBl. 1992, S. 417 (422).

[210] So noch *Erichsen,* VerwArch. 64 (1973), S. 101 (108); weitere Nachw. bei *Streinz,* Grundrechtsschutz und EG-Recht, S. 221 mit FN 29ff.

cher Gewalt durch eine fremde Hoheitsmacht, die zwischenstaatliche Einrichtung, zu ermöglichen. Dagegen enthält die Norm keinerlei Anhaltspunkt, daß der Zugriff auf einen Bereich ermöglicht werden soll, der nicht einmal zur Disposition des verfassungsändernden Gesetzgebers steht[211]. Auch der Genese des Art. 24 Abs. 1 GG läßt sich lediglich entnehmen, daß Übertragungsgesetze in formeller Hinsicht von Verfassungs wegen[212] privilegiert werden sollten, indem sie trotz materiell verfassungsändernden Charakters von den strengen formellen Voraussetzungen des Art. 79 Abs. 1, 2 GG dispensiert werden sollten. Die inhaltlichen Grenzen, die Art. 79 Abs. 3 GG dem verfassungsändernden Gesetzgeber setzt, gelten daher als immanente Schranken des Art. 24 Abs. 1 GG a maiore ad minus für den einfachen Übertragungsgesetzgeber[213].

Dagegen läßt sich eine Art. 79 Abs. 3 GG vorgelagerte Schranke des Art. 24 Abs. 1 GG schwerlich begründen. Wortlaut und Entstehungsgeschichte geben für eine derartige Beschränkung ebensowenig her wie das Telos der Norm, zumal wenn man dies in einer integrationsfreundlichen Privilegierung von Hoheitsrechtsübertragungen sieht. Systematisch kennt das Grundgesetz diesseits des Art. 79 Abs. 3 GG eine Differenzierung zwischen schlichten Verfassungsnormen einerseits und identitätsstiftenden andererseits nicht.

Eine „Vor-Schranke"[214] innerhalb des Art. 24 Abs. 1 GG ist daher abzulehnen. Ihrer bedarf es auch nicht, wenn erstens die dem Begriff der zwischenstaatlichen Einrichtung immanenten Grenzen[215] ernstgenommen werden. Zweitens ist die Forderung einer Art. 79 Abs. 3 GG vorgelagerten Integrationsschranke vielfach dadurch motiviert, daß die geringen formellen Anforderungen an das Übertragungsgesetz als verfehlt angesehen werden. Dieser – ohnehin lediglich rechtspolitische – Einwand hat aber weitgehend seine

---

[211] Das *argumentum a fortiori* verwenden z.B. ebenso *Rojahn,* in: v. Münch/Kunig, GG, Art. 24 Rdnr. 50; *Herdegen,* EuGRZ 1989, S. 309 (312); *Siebelt,* DÖV 1990, S. 362 (371).

[212] Da die Verfassung in Art. 24 Abs. 1 GG materiell verfassungsändernde Gesetze als einfaches Bundesrecht selbst vorsieht, ist der häufig in diesem Kontext gebrauchte Begriff des „Verfassungsdurchbrechung" irreführend; vgl. so noch *Badura,* StaatsR, 1. Aufl., Rdnr. D 135: „Obwohl dieser Vorgang materiell eine *Verfassungsdurchbrechung* darstellt, wird er durch das Grundgesetz ausdrücklich ohne eine Verfassungsänderung und allein durch ein Vertragsgesetz nach Art. 59 Abs. 2 GG erlaubt." (Hervorhebung im Original). Vgl. wie hier auch *Zuleeg,* in: AK-GG, Art. 24 Abs. 1 Rdnr. 18. Auch bzgl. Art. 23 GG findet der Begriff der Verfassungsdurchbrechung noch Verwendung, vgl. *Enders,* FS Böckenförde, S. 29 (38): Art. 23 Abs. 1 S. 3 GG erhebe „Verfassungsdurchbrechung gezielt zum regulären Integrationsinstrument".

[213] *Rojahn,* in: v. Münch/Kunig, GG, Art. 24 Rdnr. 50.

[214] *Weikart,* NVwZ 1993, S. 834 (838).

[215] Siehe dazu oben § 3 I. 3. b) aa).

Durchschlagskraft verloren, seit Art. 23 GG n.F. die europäische Integration als vormaligen Hauptanwendungsfall des Art. 24 Abs. 1 GG aus dessen Geltungsbereich herausgenommen und die dort erfolgenden Hoheitsrechtsübertragungen an differenziert erschwerte Voraussetzungen gebunden hat.

Sofern sich inhaltliche Grenzen der Übertragung von Hoheitsrechten nach Art. 24 Abs. 1 GG nicht bereits aus dem Begriff der zwischenstaatlichen Einrichtung ergeben, sind diese – wie nach Art. 23 Abs. 1 S. 3 GG n.F. – Art. 79 Abs. 3 GG zu entnehmen. Auf die Ausführungen zu Art. 23 GG[216] kann daher hinsichtlich der nach Maßgabe der auf der Grundlage des Art. 24 Abs. 1 GG erfolgten Übertragungen zugunsten der EG verwiesen werden.

4. Art. 88 S. 2 GG

a) Verhältnis des Art. 88 S. 2 GG zu Art. 23 Abs. 1 GG

Zwecks Ratifizierung des Unionsvertrages von Maastricht ist durch Gesetz vom 21.12.1992[217] neben der Einfügung des Art. 23 GG der bisherige Art. 88 GG um einen Satz 2 ergänzt worden. Danach können die Aufgaben und Befugnisse der Bundesbank im Rahmen der Europäischen Union der Europäischen Zentralbank übertragen werden, die unabhängig ist und dem vorrangigen Ziel der Sicherung der Preisstabilität verpflichtet (verunglückter Satzbau im Original[218]).

Art. 88 S. 2 GG enthält keine Art. 23 GG vollständig ausschließende Spezialregelung[219]. Dies folgt bereits daraus, daß er die formellen Voraussetzungen der Übertragung der Aufgaben und Befugnisse auf die EZB nicht nennt. Insoweit ist auf Art. 23 Abs. 1 S. 3 GG zurückzugreifen. Auch materiell regelt Art. 88 S. 2 GG die Anforderungen an die Übertragung nur unvollständig und nennt insbesondere keine Schranken.

Die Funktion des Art. 88 S. 2 GG besteht daher in einer Ergänzung[220] und Modifizierung des Art. 23 GG. Würde sich die Normaussage des

---

216 Siehe oben § 3 I. 2. b) dd).

217 BGBl. I S. 2086.

218 Die Fehlstellung des „ist“ geht auf die Änderungen zurück, die im Hinblick auf die Präzisierungsvorschläge des Sonderausschusses „Europäische Union (Vertrag von Maastricht)“ des Deutschen Bundestages gemacht worden sind, siehe BT-Drucks. 12/3896, S. 1 (21).

219 Vgl. aber *Pieroth,* in: Jarass/Pieroth, GG, Art. 88 Rdnr. 4: Art. 88 „S. 2 ist eine Spezialregelung zu S. 1 und zu Art. 23 Abs. 1“; unklar bleibt, ob dies im Sinne einer Verdrängung oder einer Ergänzung bzw. Modifizierung des Art. 23 Abs. 1 GG gemeint ist.

220 Zutreffend *Tettinger,* in: Sachs, GG, Art. 88 Rdnr. 9; *Weikart,* NVwZ 1993, S. 834 (839): „drei weitere Bedingungen“; vgl. im Erg. auch *Janzen,* Art. 88 S. 2

Art. 88 S. 2 GG – wie seine ursprüngliche Fassung im Regierungsentwurf[221] – auf die Ermächtigung zur Übertragung von Aufgaben und Befugnissen der Bundesbank auf die EZB beschränken, wäre die Notwendigkeit einer Verfassungsneuregelung zusätzlich[222] zur Einfügung des Art. 23 GG n.F. zu verneinen[223]. Für die Notwendigkeit einer Änderung des Art. 88 GG wurde angeführt, daß es einer „Ermächtigung zur Kompetenzübertragung und zugleich einer statusrechtlichen Einordnung der Europäischen Zentralbank bedurfte", „da die Bundesbank im Zuge der Europäischen Währungsunion und des dort geplanten Systems einer Europäischen Zentralbank zugunsten der letzteren Kompetenzverluste erleiden" könne[224]. Beide Argumente vermögen jedoch die Einordnung der Novellierung des Art. 88 GG als „definitiv notwendige" Verfassungsänderung[225] nicht zu

GG, S. 73f.: Art. 88 S. 2 zwar Spezialregelung, aber keine Derogation, sondern „Rechtsfolgen des Art. 88 S. 2 GG ergänzen bzw. modifizieren vielmehr diejenigen des Art. 23 Abs. 1 GG".

[221] Siehe BT-Drs. 12/3338, S. 3: „Ihre Aufgaben und Befugnisse können einer europäischen Zentralbank übertragen werden."; gleichlautend die Beschlußempfehlung der Gemeinsamen Verfassungskommission von Bundestag und Bundesrat, siehe Bericht der Gemeinsamen Verfassungskommission, BT-Drucks. 12/6000, S. 17, 26f.; ferner Stenograph. Berichte der Sitzungen vom 26.6. und 15.10.1992. Zur Entstehungsgeschichte des Art. 88 GG n.F. ferner *Scholz,* NJW 1993, S. 1690 (1691f.); *Tettinger,* in: Sachs, GG, Art. 88 Rdnr. 8; *Weikart,* NVwZ 1993, S. 834 (835ff.).

[222] Nicht notwendig im Widerspruch zu der hier vertretenen Auffassung stehen daher die Stellungnahmen im Rahmen der Sachverständigenanhörung vom 22.5.1992, die auf der Grundlage der bisherigen Verfassungslage nach Art. 24 Abs. 1 GG eine Verfassungsänderung u.a. mit Blick auf die EZB und das ESZB für erforderlich halten.

[223] Gegen ein zwingendes Änderungserfordernis des Art. 88 GG sogar auf der Grundlage des Art. 24 Abs. 1 GG *Everling,* DVBl. 1993, S. 936 (943); *Janzen,* Art. 88 S. 2 GG, S. 60f.; *Weikart,* NVwZ 1993, S. 834 (838), ebenso bzgl. Art. 23 GG n.F. in FN 68; dies zugrunde legend auch *Oppermann/Classen,* NJW 1993, S. 5 (11): „immerhin ... nützliche Klarstellungsfunktion" durch die Erweiterung des Art. 88 GG; vgl. zu der Rechtslage vor Einfügung des Art. 23 GG n.F. auch bereits *Tomuschat,* Sachverständigenanhörung, S. 4: „Fraglich erscheint, ob es einer Modifikation des Art. 88 GG bedarf. Diese Vorschrift ist sehr lapidar gefaßt und sagt ihrem Wortlaut nach nicht mehr, als daß der Bund eine „Währungs- und Notenbank" errichtet. Wenn wesentliche Teile der Befugnisse der Bundesbank auf eine europäische Zentralbank übertragen werden, so erfährt die Bundesbank kein anderes Schicksal, als es den gesetzgebenden Körperschaften widerfährt, die ebenfalls weitreichende Kompetenzverluste erlitten haben." Siehe ferner die Begründung des Regierungsentwurfs, BT-Drucks. 12/3338, S. 3: Wegen der sich verändernden Stellung der Bundesbank „hält die Bundesregierung – über den neuen Artikel 23 Abs. 1 Satz 3 GG hinaus – eine ausdrückliche Änderung des Grundgesetzes *verfassungspolitisch* für angezeigt" (Hervorhebung hinzugefügt).

[224] So *Scholz,* NJW 1993, S. 1690 (1691).

[225] *Scholz,* NJW 1993, S. 1690 (1691).

tragen. Mit der Ermächtigung zur Übertragung von Hoheitsrechten ist die grundsätzliche Möglichkeit von Kompetenzverlusten umfassend, d.h. zu Lasten von Bund und Ländern einschließlich der Träger der mittelbaren Staatsverwaltung und der jeweiligen Organe, angelegt. Wieso gerade die Übertragung von Hoheitsrechten zu Lasten der Bundesbank, die staatsorganisatorisch der obligatorischen Bundesverwaltung zuzurechnen ist[226], auf der Grundlage des Art. 23 n.F. GG nicht möglich sein und diese daher bei Fehlen einer Sonderregelung von Kompetenzverlusten verschont bleiben sollte, ist nicht ersichtlich[227]. Die institutionelle Verfassungsgarantie der Bundesbank[228] vermag insoweit eine Ausnahme jedenfalls nicht zu begründen[229], weil Art. 23 Abs. 1 GG Verfassungsänderungen im Zuge der Übertragung von Hoheitsrechten auf die EU von den Erfordernissen des Art. 79 Abs. 1 GG freistellt. Auch der zweite Argumentationsansatz der Statusfestlegung der EZB trägt zumindest hinsichtlich des ursprünglich im Regierungsentwurf vorgesehenen Art. 88 S. 2 GG nicht, weil dieser keinerlei Vorgaben für den Status der EZB enthielt. Im übrigen reicht es aus, den Status der Organe und Einrichtungen der EU und ihrer Gemeinschaften im Gemeinschaftsrecht zu verankern, sofern die Statusfestlegung (wie in Art. 88 S. 2 GG in der verabschiedeten Fassung) nicht bereits den Übertragungstatbestand begrenzen soll.

Erst durch die auf Veranlassung des Ausschusses „Europäische Union" des Bundestages eingefügten Präzisierungen, die Art. 23 GG ergänzen und modifizieren, hat Art. 88 S. 2 GG daher seine besondere Bedeutung für die Übertragung von Aufgaben und Befugnissen auf die EZB gewonnen[230].

---

226 *Pieroth,* in: Jarass/Pieroth, GG, Art. 88 Rdnr. 1; *Tettinger,* in: Sachs, GG, Art. 88 Rdnr. 5.

227 Vgl. das Zitat von *Tomuschat* in der vorangehenden FN 223.

228 *Pieroth,* in: Jarass/Pieroth, GG, Art. 88 Rdnr. 2; *Stern,* StaatsR II, S. 474f.; *Tettinger,* in: Sachs, GG, Art. 88 Rdnr. 6.

229 Siedelt man die Fragestellung unterhalb der Schwelle des Art. 79 Abs. 3 GG an, ermöglicht bereits Art. 23 Abs. 1 GG die Übertragung von Hoheitsrechten auch zu Lasten institutionell geschützter Kompetenzträger. Soweit man hingegen einen Kernbestand von währungs- und notenbankspezifischen Aufgaben und Befugnissen und zudem deren Wahrnehmung gerade durch die Deutsche Bundesbank als von der Ewigkeitsgarantie des Art. 79 Abs. 3 GG erfaßt ansieht (letzteres zu Recht ablehnend *Weikart,* NVwZ 1993, S. 834 [838]; *Randelzhofer,* Sachverständigenanhörung, S. 3: „Auf der anderen Seite ist Art. 88 GG eindeutig nicht von der Gewährleistung des Art. 79 Abs. 3 GG umfaßt."), wird diese weder durch Art. 23 Abs. 1 GG – siehe dessen S. 3 – noch durch Art. 88 S. 2 GG überwunden.

230 *Weikart,* NVwZ 1993, S. 834 (839).

b) Sonderregelungen des Art. 88 S. 2 GG

Art. 88 S. 2 GG normiert drei Voraussetzungen für die Aufgaben- und Befugnisübertragung auf die EZB.

Sie muß erstens im Rahmen der Europäischen Union erfolgen. Damit wird der Konnex zum Regelungssystem des Unionsvertrages und der aufgrund dessen in den EG-Vertrag inkorporierten Bestimmungen hergestellt. Dieser Bezug liegt im übrigen bereits dem in Art. 88 S. 2 GG genannten Übertragungsempfänger zugrunde, dessen Gestalt sich erst durch Rückgriff auf den Unionsvertrag erkennen läßt. Nicht zuletzt die Verwendung des bestimmten Artikels[231] in Art. 88 S. 2 GG belegt, daß auf eine konkrete, nämlich die durch den Unionsvertrag in ihren wesentlichen[232] Strukturen beschriebene, EZB Bezug genommen wird.

Art. 88 S. 2 fordert zweitens die Unabhängigkeit der EZB. Damit ergänzt die Norm nicht nur Art. 23 GG, sondern modifiziert – nach Auffassung des BVerfG in zulässiger Weise[233] – das Demokratieprinzip[234], das Teil der Strukturanforderungen an die Europäische Union als Übertragungsempfänger ist.

Schließlich muß als dritte Voraussetzung die EZB dem Primat der Preisstabilitätssicherung verpflichtet sein[235].

---

231 Dagegen verwendete die ursprüngliche Fassung des Regierungsentwurfs, BT-Drucks. 12/3338, S. 3, noch den unbestimmten Artikel.

232 Zu der Möglichkeit einzelner Ergänzungen und Modifizierungen siehe *Tettinger,* in: Sachs, GG, Art. 88 Rdnr. 10. Wären diese von vornherein durch einen starren Verweis auf den Maastrichter Vertrag ausgeschlossen, wären die weiteren Übertragungsvorbehalte des Art. 88 S. 2 GG nicht erforderlich, da der am 7. 2. 1992 abgeschlossene EUV und der EGV in seiner aufgrund dessen geänderten Fassung sowohl die Unabhängigkeit der EZB (Art. 107 EGV, zur Rechtspersönlichkeit Art. 106 Abs. 2 EGV) als auch ihre vorrangige Verpflichtung auf die Sicherung der Preisstabilität (Art. 105 Abs. 1 S. 1 EGV) normieren. Zu der Erfüllung der in Art. 88 S. 2 GG genannten Voraussetzungen durch den EUV auch BVerfGE 89, 155 (201 ff., 208); *Pieroth,* in: Jarass/Pieroth, GG, Art. 88 Rdnr. 4; *Weikart,* NVwZ 1993, S. 834 (841).

233 BVerfGE 89, 155 (208 f.).

234 *Tettinger,* in: Sachs, GG, Art. 88 Rdnr. 11.

235 Zur Konzeption der Währungs- und Wirtschaftsunion als Stabilitätsgemeinschaft BVerfGE 89, 155 (200); nach *Meier,* NJW 1996, S. 1027 (1027 f.), ist die Stabilität bei Eintritt in die dritte Stufe der Währungsunion nicht hinreichend gewährleistet, weil diese ungeachtet der Erfüllung der Konvergenzkriterien (vorbehaltlich einer förmlichen Vertragsänderung) gem. Art. 109j Abs. 4 EGV spätestens am 1. 1. 1999 in Kraft trete, ferner Deutschland bei einem Ratsbeschluß nach Art. 109j Abs. 3, 4 EGV überstimmt werden könne; diesen „Fallstrick" habe das BVerfG übersehen; es habe sich „nur mit den Rechtsfolgen auseinandergesetzt, die für den Fall eintreten würden, daß die Währungsunion nachträglich ihren Charakter als Stabilitätsgemeinschaft verliert..." (ebd., S. 1027). – Es trifft indes nicht zu, daß

Unter den Voraussetzungen des Art. 88 S. 2 i.V.m. 23 Abs. 1 GG ist also eine Übertragung von Aufgaben und Befugnissen der Bundesbank auf die EZB zulässig.

II. Folgen hinsichtlich der grundgesetzlichen Vollzugskompetenzen

Die Möglichkeit, Hoheitsrechte im Rahmen der Europäischen Union zu übertragen, beeinflußt die grundgesetzliche Verteilung der Verwaltungsvollzugskompetenzen in mehrfacher Weise.

1. Kompetenzverluste

Die Übertragung von Hoheitsrechten wirkt zunächst am einschneidendsten auf die innerstaatlichen Verwaltungsvollzugszuständigkeiten ein, sofern Hoheitsrechte im Bereich der Exekutive übertragen werden. Sind Verwaltungsbefugnisse Gegenstand der Hoheitsrechtsübertragung (siehe im einzelnen unten § 4 I.), führt dies unmittelbar zu einem nationalen Kompetenzverlust. In der Bundesrepublik ist mitgliedsstaatsintern zu differenzieren, ob dieser Verlust zu Lasten des Bundes oder der Länder eintritt. Letzteres ist wegen des rechtlichen und tatsächlichen Schwergewichts der Verwaltungsvollzugszuständigkeiten nach Art. 30, 83ff. GG die Regel.

2. Kompetenzverschiebungen

Zu Veränderungen der grundgesetzlichen Kompetenzordnung hinsichtlich des Verwaltungsvollzugs kann die Übertragung von Hoheitsrechten im Rahmen der Europäischen Union aber auch dann führen, wenn Gegenstand nicht exekutive, sondern sonstige, d.h. vornehmlich rechtsetzende, Hoheitsbefugnisse sind. Dies ist wiederum in zwei Formen denkbar. Zum einen könnte das aufgrund einer wirksamen Hoheitsrechtsübertragung gesetzte Gemeinschaftsrecht Vorgaben enthalten, die die nationalen Kompetenzverteilungsregeln verdrängen oder modifizieren. Inwieweit das Gemeinschaftsrecht derartige Vorgaben enthalten kann und tatsächlich enthält, wird daher in § 6 zu untersuchen sein.

Zum anderen kann eine Veränderung der Vollzugszuständigkeiten daraus resultieren, daß die auszuführende Rechtsnorm nicht mehr nationalen, son-

---

das BVerfG die Möglichkeit der Nichterfüllung der Konvergenzkriterien überhaupt nicht gesehen habe; vielmehr hat das BVerfG sich der Problematik des Art. 109j Abs. 4 EGV mit der These entzogen, „der Zeitpunkt für den Eintritt in die dritte Stufe der Wirtschafts- und Währungsunion (Art. 109j Abs. 4 EGV)“ sei „eher als Zielvorgabe denn als rechtlich durchsetzbares Datum zu verstehen“ (BVerfGE 89, 155 [201]).

dern gemeinschaftsrechtlichen Ursprungs ist. Dies kann eine Verschiebung der Verteilung der Verwaltungskompetenzen nach sich ziehen, weil die Kompetenznormen zum Teil an den Normgeber der auszuführenden Rechtssätze anknüpfen.

§ 4 Die Verteilung der Verwaltungskompetenzen zwischen den Europäischen Gemeinschaften und ihren Mitgliedstaaten

Wie zuvor festgestellt wurde, konnten auf der Grundlage des Art. 24 Abs. 1 GG a.F. und können nunmehr aufgrund des Art. 23 GG n.F. bis zur Grenze des Art. 79 Abs. 3 GG auch Verwaltungskompetenzen auf die Gemeinschaften der Union übertragen werden, und zwar sowohl solche des Bundes als auch der Länder[1]. Soweit von dieser Übertragungsmöglichkeit Gebrauch gemacht wird, reduziert sich der Bereich des mitgliedstaatlichen Verwaltungsvollzugs. Bevor die Zuständigkeitsverteilung für den Vollzug des Gemeinschaftsrechts durch nationale Stellen untersucht werden kann, ist also zu klären, wie die Verwaltungskompetenzen zwischen der Union bzw. ihren Gemeinschaften und den Mitgliedstaaten verteilt sind.

Zu diesem Zweck sind zunächst die Grundlagen der Kompetenzverteilung kurz darzulegen, die für die Union und ihre Gemeinschaften gelten. Sodann wird für die EG ein Überblick über die bestehende Kompetenzlage nachgezeichnet.

I. Grundlagen der Kompetenzverteilung zwischen der Union bzw. ihren Gemeinschaften und den Mitgliedstaaten

1. Grundsatz der begrenzten Ermächtigung

a) Inhalt

Die Kompetenzverteilung zwischen den Gemeinschaften und den Mitgliedstaaten wird beherrscht durch den Grundsatz der begrenzten Ermächtigung. Danach dürfen die Gemeinschaften durch ihre Organe nur tätig werden, soweit sie hierzu durch das Primärrecht ermächtigt werden. Voraussetzung ist die vertragliche Begründung einer Aufgabe der Gemeinschaft und die Zuweisung einer entsprechenden Befugnis. Ein Schluß von der Aufgabe auf die Befugnis ist demnach ebenso unzulässig, wie aus Gemein-

---

[1] Siehe bzgl. Hoheitsrechtsübertragungen gem. Art. 23 GG n.F. oben § 3 I. 2. b) bb) (1); zu dem Sonderfall des Art. 88 GG oben § 3 I. 4.; bzgl. der noch auf der Grundlage des Art. 24 Abs. 1 GG erfolgten Hoheitsrechtsübertragungen siehe oben § 3 I. 3. b) bb).

schaftszielen Aufgaben und Befugnisse nicht begründet werden können[2]. Unmittelbar durch das Sekundärrecht können Gemeinschaftszuständigkeiten nicht begründet werden. Sekundärrechtliche Kompetenznormen bedürfen vielmehr ihrerseits einer Grundlage in den Verträgen[3].

b) Geltungsgrundlagen

Das Prinzip der begrenzten Ermächtigung gilt für die Europäische Union und insbesondere die Europäische Gemeinschaft[4]. Auf Unionsebene folgt dies aus Art. E EUV. Danach üben das Europäische Parlament, der Rat, die Kommission und der Gerichtshof ihre Befugnisse nach Maßgabe und im Sinne der Verträge zur Gründung der Europäischen Gemeinschaften sowie der nachfolgenden Verträge und Akte zu deren Änderung oder Ergänzung einerseits und der übrigen Bestimmungen des Unionsvertrages andererseits aus.

Eine mittelbare Bestätigung der Geltung des Grundsatzes der begrenzten Ermächtigung ergibt sich ferner aus den Regelungen über die formelle Vertragsänderung, die nur über ein – einstimmiges – Zusammenwirken der Mitgliedstaaten vertragliche Erweiterungen oder Beschränkungen der vertraglichen Ermächtigungen ermöglichen. Bereits vor Inkrafttreten des Unionsvertrages bestimmte Art. 236 EWGV, daß Änderungen des Vertrages nur in Kraft treten konnten, nachdem sie von allen Mitgliedstaaten gemäß ihren verfassungsrechtlichen Vorschriften ratifiziert worden waren. Die Vorschrift bestätigt durch das Einstimmigkeitserfordernis, daß die Mitgliedstaaten jedenfalls materiell Herren der Verträge geblieben sind[5]. An die

---

[2] BVerfGE 89, 155 (192, 209), unter Berufung auf *H. P. Ipsen,* EG-Recht, § 28 Rdnr. 22; *v. Bogdandy/Nettesheim,* in: Grabitz/Hilf, EGV, Art. 3b Rdnr. 6; *Zuleeg,* in: GTE, EWGV, Art. 2 Rdnr. 5f.; *Jarass,* AöR 121 (1996), S. 173 (175f.). Mißverständlich ist daher isoliert betrachtet die Formulierung des EuGH, Urt. v. 9.7.1987, Verb. Rs. 281, 283 - 285, 287/85 (Deutschland u.a./Kommission), Slg. 1987, S. 3203 (3253 Tz. 28): „Weist eine Bestimmung des EWG-Vertrages ... der Kommission eine bestimmte Aufgabe zu, so ist davon auszugehen, daß sie ihr dadurch notwendigerweise auch die zur Erfüllung dieser Aufgabe notwendigen Befugnisse verleiht; andernfalls würde der Bestimmung jede praktische Wirksamkeit genommen.“ – Die Aussage ist im Kontext jedoch als extensive intrasystematische Auslegung der Befugnisnorm des Art. 118 Abs. 2 EWGV anhand der Aufgabennorm des Art. 118 Abs. 1 EWGV zu bewerten.

[3] *Jarass,* AöR 121 (1996), S. 173 (174).

[4] So ausdrücklich BVerfGE 89, 155 (209).

[5] Vgl. auch *Oppermann,* EuropaR, Rdnr. 420 (zu Art. 236 EWGV): „Bei aller praktischen Bedeutsamkeit etwa der Stellungnahmen von Parlament, Rat und Kommission werden die entscheidenden Akte der Vertragsänderung noch national gesetzt. Mindestens in diesem Sinne erweisen sich die Mitgliedstaaten als die ‚Herren der Verträge‘ ...“.

Stelle der Art. 236 EWGV, Art. 96 EGKSV und Art. 204 EAGV ist die einheitliche Regelung des Art. N EUV getreten[6]. Dieser hält in Abs. 1 Unterabs. 3, der Art. 236 Abs. 3 EWGV wortgleich entspricht, am Prinzip der Einstimmigkeit für Vertragsänderungen fest. Inhaltliche Grenzen, welche die Verfügungsfreiheit der Mitgliedstaaten beschränken, enthält die Norm – ebenso wie ihre Vorgänger[7] – nicht[8]. Sie belegt also, daß auch das Gemeinschaftsrecht nach wie vor die Vertragsherrschaft der Mitgliedstaaten, die dem Prinzip der enumerativen Ermächtigung zugrunde liegt, anerkennt[9].

Über die Regelungen hinsichtlich formeller Vertragsänderungen hinaus belegen zahlreiche Normen, daß den Gemeinschaften die grundsätzliche Allzuständigkeit fehlt, die ihren Mitgliedern kraft deren staatlicher Souveränität zukommt[10]. So wird vielfach auf die begrenzte Verbandskompetenz der Gemeinschaften hingewiesen, indem ausdrücklich das Tätigwerden der Gemeinschaften und ihrer Organe auf die vertraglich zugewiesenen Aufgaben und Befugnisse beschränkt wird. Z.B. ordnet Art. 4 EGV, in dieser Hinsicht gegenüber Art. 4 Abs. 1 EWGV unverändert, nur die Wahrnehmung der „der Gemeinschaft zugewiesenen Aufgaben“ durch die nachfolgend enumerierten Organe an. Weitere Belege für die Geltung des Prinzips der begrenzten Ermächtigung enthalten die Art. 145, 155, 189 EGV (vgl. auch Art. 3, 4, 5, 8, 20, 26 EGKSV). Auch die nach Maßgabe der Vorschriften über die Herstellung einer Wirtschafts- und Währungsunion zu schaffende Europäische Zentralbank und das Europäische System der Zentralbanken werden in Art. 4a EGV auf die zugewiesenen Befugnisse verpflichtet.

Eine eindeutige Festschreibung des Prinzips der begrenzten Ermächtigung enthält der mit dem Unionsvertrag neu eingefügte Art. 3b EGV. Nach Art. 3b Abs. 1 EGV wird die Gemeinschaft „innerhalb der Grenzen der ihr in diesem Vertrag zugewiesenen Befugnisse und gesetzten Ziele tätig“. Ist die Bezugnahme auf im einzelnen zugewiesene Befugnisse nicht neu, werden erstmals der EG expressis verbis Grenzen aufgezeigt, so daß jedwe-

---

6 Dazu siehe *Heintzen,* EuR 1994, S. 35ff.

7 Ebenso bzgl. Art. 236 EWGV: *Meng,* in: GTE, EWGV, Art. 236 Rdnr. 53ff.; *Vedder,* in: Grabitz/Hilf, Art. 236 EWGV Rdnr. 4; *Ehlermann,* EuR 1984, S. 113 (123).

8 *Geiger,* EGV, Art. N EUV (Anhang 1) Rdnr. 1; *E. Klein,* in: Hailbronner/Klein, Art. N EUV Rdnr. 14.

9 Ebenso *Röttinger,* in: Lenz, EGV, Art. 236 Rdnr. 5; siehe auch Rdnr. 6: Unterstreichung der Souveränität der Mitgliedstaaten bei Vertragsänderung durch Art. N Abs. 1 UAbs. 3 EUV; zur fortbestehenden Vertragsherrschaft nach Abschluß des EUV ferner BVerfGE 89, 155 (190); *Brenner,* Gestaltungsauftrag, S. 98; *Streinz,* EuropaR, Rdnr. 123.

10 Vgl. *Geiger,* EGV, Art. 3b Rdnr. 2.

den Auslegungsansätzen, die das Prinzip der begrenzten Ermächtigung in Frage stellen könnten, eine deutliche Absage erteilt wird. Die Ziele der Gemeinschaft werden ihr „gesetzt", sie ist also „fremd"bestimmt, weil ihre Zwecksetzung dem vertraglich verkörperten Willen der Mitgliedstaaten folgen muß. Damit wird deutlich, daß sich auch die supranationalen Gemeinschaften von ihren völkerrechtlichen Grundlagen nicht verselbständigt haben[11].

Von einigen Autoren wird das dargelegte Zuweisungsprinzip als Grundsatz der begrenzten oder enumerativen *Einzel*ermächtigung[12] bezeichnet. Dies erscheint insofern ungenau, als insbesondere im Bereich der Rechtsetzung die Kompetenzzuweisung nicht ausnahmslos durch im einzelnen scharf umrissene, gegenständlich klar begrenzte Normen erfolgt. Vielmehr werden dort die Einzelzuweisungen ergänzt durch generalklauselartige Normen wie insbesondere Art. 235 EGV und Art. 100, 100a EGV. Im folgenden wird daher der Begriff des Prinzips der begrenzten oder enumerativen Ermächtigung[13] vorgezogen.

Der Grundsatz der begrenzten Ermächtigung gilt gem. Art. E EUV, Art. 3b Abs. 1 EGV für jedwedes Tätigwerden der Gemeinschaftsorgane, ungeachtet der gewählten Handlungsform[14]. Er findet daher nicht nur im Bereich der Rechtsetzung Anwendung, sondern auch hinsichtlich der Verwaltungstätigkeit der Gemeinschaft[15].

---

11 Grundlegend *Streinz,* Grundrechtsschutz und EG-Recht, S. 125ff.; *Brenner,* Gestaltungsauftrag, S. 98f.; *E. Klein,* VVDStRL 50 (1991), S. 56 (59); *Steinberger,* VVDStRL 50 (1991), S. 9 (17).

12 BVerfGE 89, 155 (209); *Bleckmann,* EuropaR, Rdnr. 108ff.; *Beutler,* in: BBPS, EU, 3.2.1.2, S. 82; *Brenner,* Gestaltungsauftrag, S. 146; den Begriff „Prinzip der begrenzten Einzelzuständigkeit(en)" verwenden z.B. *Nicolaysen,* EuropaR I, § 7 I, S. 128; *Oppermann,* EuropaR, Rdnr. 433ff.

13 Siehe im Hinblick auf die Generalermächtigung des Art. 235 EGV ebenso *Grabitz,* in: Grabitz/Hilf, Art. 189 EWGV Rdnr. 4; *E. Klein,* in: Hailbronner/Klein, EGV, Art. 235 Rdnr. 1; *Schweitzer/Hummer,* EuropaR, Rdnr. 335ff.; *Kraußer,* Prinzip begrenzter Ermächtigung, S. 16f.; *v. Danwitz,* Verwaltungsrechtliches System, S. 96ff.; *Oppermann,* EuropaR, Rdnr. 432ff.; *Streinz,* ZfRV 1994, S. 59 (60); *v. Borries,* EuR 1994, S. 263 (267), und *Jarass,* AöR 121 (1996), S. 173 (174), verwenden die Bezeichnung „Prinzip der begrenzten Kompetenzzuweisung".

14 *Jarass,* AöR 121 (1996), S. 173 (175).

15 *Stettner,* in: Dauses, EG-WirtschaftsR, B III Rdnr. 6; *v. Borries,* FS Everling I, S. 127 (132); *W. Kahl,* NVwZ 1996, S. 865 (866); *Schweitzer/Hummer,* EuropaR, Rdnr. 425; *Streinz,* EuropaR, Rdnr. 464; dies zugrunde legend auch *Scheuing,* in: Hoffmann-Riem/Schmidt-Aßmann, Innovation, S. 289 (294).

2. Nichtbestehen einer Kompetenz-Kompetenz

Vor Inkrafttreten des Maastrichter Unionsvertrages war praktisch unbestritten, daß den Gemeinschaften eine Kompetenz-Kompetenz von Rechts wegen[16] nicht zukommt, da die Selbstverschaffung von Kompetenzen mit dem Grundsatz der begrenzten Ermächtigung nicht in Einklang zu bringen ist.

Dagegen haben insbesondere diejenigen, die die Verfassungswidrigkeit des Zustimmungsgesetzes zum Unionsvertrag im Rahmen der dagegen gerichteten Verfassungsbeschwerden aufzeigen wollten, eine Kompetenz-Kompetenz der Union darzulegen versucht[17]. Diese Auslegungsvariante wird möglich durch den vom Unionsvertrag nicht ausdrücklich festgelegten Rechtscharakter der Union und den unklaren Wortlaut des Art. F Abs. 3 EUV, der je nach Vertragssprache nicht unerheblich divergiert[18]. Indessen vermag die Bestimmung des Art. F Abs. 3 EUV, nach der sich die Union mit den Mitteln ausstattet, die zum Erreichen ihrer Ziele und zur Durchführung ihrer Politiken erforderlich sind, eine Kompetenz-Kompetenz der Union und ihrer Gemeinschaften nicht zu begründen[19].

---

[16] Dagegen wird eine faktische Kompetenz-Kompetenz von einigen Autoren im Hinblick darauf angenommen, daß der EuGH über die Auslegung des Gemeinschaftsrechts und damit auch die Reichweite von Kompetenzvorschriften entscheidet vgl. *Di Fabio,* Der Staat 32 (1993), S. 191 (197). Zum anderen wird im Hinblick auf die uferlose Handhabung des Art. 235 E(W)GV von einer faktischen Kompetenz-Kompetenz gesprochen. Soweit die Voraussetzungen der Norm nicht vorliegen, handelt es sich indessen um Kompetenzusurpationen, denen nach Ansicht des BVerfG im Maastricht-Urteil nationale Stellen die Gefolgschaft zu verweigern haben, BVerfGE 89, 155 (188).

[17] Grundlegend *Schachtschneider/Emmerich-Fritsche/Beyer,* JZ 1993, S. 751 (753f.); *Beyer,* Der Staat 35 (1996), S. 191 (208ff.); nach *Ress,* Jus 1992, S. 985 (987), bleibt es für die EG beim Prinzip der begrenzten Einzelermächtigung, während „die Zuständigkeit der Union danach durch eine – der Regelung des Art. 235 EWGV strukturell vergleichbare – Generalermächtigung charakterisiert“ sei.

[18] Der im deutschen Vertragstext verwandte Begriff der „Mittel“ findet eine Parallele in dem Kompositum der Eigenmittel i.S.v. Art. 201 EGV und weckte daher haushaltsrechtliche Assoziationen. Vgl. etwa *Everling,* CMLRev 29 (1992), S. 1053 (1066): „... the Community strives after its own financial independence; this is obviously what Article F (3) aims at“. Dagegen verwenden der englische („means“) und der französische („moyens“) Vertragstext in Art. F Abs. 3 EUV Termini, die den haushaltsrechtlichen („own resources“ bzw. „ressources propres“) nicht entsprechen. Vgl. dazu *Schachtschneider/Emmerich-Fritsche/Beyer,* JZ 1993, S. 751 (753); *Beyer,* Der Staat 35 (1996), S. 191 (209 FN 131).

[19] Ebenso BVerfGE 89, 155 (194ff.); *Scholz,* in: Maunz/Dürig, GG, Art. 23 Rdnr. 11; *Götz,* JZ 1993, S. 1081 (1083); *Huber,* FS Heymanns, S. 349 (354f.); *W. Kahl,* NVwZ 1996, S. 865 (868); *Koenig/Pechstein,* EU, S. 21; *Schweitzer/Hummer,* EuropaR, Rdnr. 964; *Streinz,* EuropaR, Rdnr. 121; *Jarass,* AöR 121 (1996), S. 173 (178 mit FN 35): Art. F Abs. 3 EUV enthalte „unverbindlichen Programmsatz“; *Herdegen,* EuropaR, Rdnr. 83: „politische Absichtserklärung“; auch *E.*

Das BVerfG hat diesen Befund im Maastricht-Urteil auf sechs Begründungsansätze gestützt. (1.) Der Vertrag lasse nicht erkennen, daß mit der Union ein selbständiges Rechtssubjekt als Träger eigener Kompetenzen gegründet werden sollte[20]. (2.) Bei der mit der reflexiven Formulierung des Art. F Abs. 3 EUV in Bezug genommenen Union handele es sich um die Bezeichnung für die gemeinsam handelnden Mitgliedstaaten[21]. (3.) Eine Auslegung des Art. F Abs. 3 EUV im Sinne einer Kompetenz-Kompetenz widerspreche dem Willen der Vertragsparteien, das Prinzip der begrenzten Ermächtigung festzuschreiben[22]. (4.) Eine derartige Interpretation sei nicht mit der Entscheidung vereinbar, die GASP und die ZBJI nicht zu vergemeinschaften[23]. (5.) Art. F Abs. 3 EUV fehle die verfahrensrechtliche Ergänzung, die ihn allenfalls zu einer Befugnisnorm machen könne[24]. (6.) Die Auslegung des Art. F Abs. 3 EUV widerspreche dem Willen der Vertragsparteien[25].

Wenn auch einzuräumen ist, daß die Begründungsansätze unterschiedliche Überzeugungskraft besitzen[26], tragen jedenfalls die zu 3. und 4. angestellten Überlegungen die Versagung einer Kompetenz-Kompetenz bereits aus gemeinschaftsrechtlicher Sicht. Eine Auslegung des Art. F Abs. 3 EUV im Sinne einer Kompetenz-Kompetenz ist mit der dargelegten Bekräftigung des Prinzips der begrenzten Ermächtigung unvereinbar. Dem kann nicht entgegengehalten werden, es handele sich um eine petitio principii, weil sich der durch den Grundsatz der begrenzten Ermächtigung in Bezug genommene Umfang der Zuweisungen erst aus dem Vertrag und damit auch aus Art. F Abs. 3 EUV ergebe[27].

Klein/Haratsch, DÖV 1993, S. 785 (788), sehen in Art. F Abs. 3 EUV „kein generelles Abrücken von diesem Grundsatz" [der begrenzten Ermächtigung]; im Ergebnis (allerdings ohne ausdrückliches Eingehen auf Art. F Abs. 3 EUV) gegen eine Kompetenz-Kompetenz von EU bzw. EG *H.-J. Blanke,* DÖV 1993, S. 412 (418f.): „aus rechtlicher Sicht eindeutige Zuordnung der Kompetenz-Kompetenz zugunsten der Mitgliedstaaten"; *Doehring,* ZRP 1993, S. 98 (102); *Lenz,* NJW 1993, S. 1962 (1963); *Möschel,* JZ 1992, S. 877 (882); *Stauffenberg/Langenfeld,* ZRP 1992, S. 252 (255); *Steinberger,* in: Hommelhoff/Kirchhof, Staatenverbund, S. 25 (28); *A. Weber,* JZ 1993, S. 325 (328).

[20] BVerfGE 89, 155 (195), sub b 1); zur Frage der Rechtspersonenhaftigkeit der Union siehe die Nachweise in § 3 FN 19.

[21] BVerfGE 89, 155 (195), sub b 2).

[22] BVerfGE 89, 155 (195f.), sub b 3).

[23] BVerfGE 89, 155 (196), sub b 4).

[24] BVerfGE 89, 155 (196f.), sub b 5).

[25] BVerfGE 89, 155 (197ff.), sub b 6).

[26] Die Bewertungen der Überzeugungskraft divergieren allerdings erheblich. So sehen z.B. *H. P. Ipsen,* EuR 1994, S. 1 (4), und *Götz,* JZ 1993, S. 1081 (1083), das überzeugendste Argument im Fehlen einer verfahrensrechtlichen Ergänzung zu Art. F Abs. 3 EUV; andere halten diesen Einwand für widerlegt – siehe *Beyer,* Der Staat 35 (1996), S. 191 (212f. mit Nachw.).

[27] So *Beyer,* Der Staat 35 (1996), S. 191 (211).

Dieser Einwand verfängt nicht. Der Grundsatz begrenzter Ermächtigung ist nicht ein rein formaler[28], dessen Gehalt dahingehend reduziert werden kann, daß die Organe der Union bzw. der Gemeinschaften einer Ermächtigung bedürfen, sich diese aber selbst verschaffen können. Vielmehr ist der Grundsatz der begrenzten Ermächtigung ein materiales Kompetenzverteilungsprinzip, nach dem Aufgaben und Befugnisse der Union und ihrer Gemeinschaften vertraglicher Zuweisungen bedürfen, die nur durch von den Mitgliedstaaten einstimmig zu beschließende Vertragsänderungen gem. Art. N EUV erweitert werden können. Neben der Beibehaltung des Vertragsänderungsverfahrens spricht auch die Fortgeltung der Generalklausel des Art. 235 EGV gegen die Annahme einer Kompetenz-Kompetenz der Union, weil ein Bedürfnis für die durch Art. 235 EGV ermöglichte Kompetenzabrundung zur Verwirklichung der vertraglich vorgegebenen Ziele andernfalls nicht bestünde.

Daß das durch das Prinzip der begrenzten Ermächtigung geprägte System der Kompetenzverteilung zwischen EU und Mitgliedstaaten bei Anerkennung einer Kompetenz-Kompetenz der Union nicht aufrechterhalten bliebe, erkennen auch deren Befürworter an, wenn sie eine Wandlung zu einem System der offenen Ermächtigung[29] aufgrund des Maastrichter Vertrags konstatieren. Die Anerkennung einer Kompetenz-Kompetenz und die Fortgeltung des Grundsatzes der begrenzten Ermächtigung stehen daher in einem Widerspruch zueinander[30]. So beschränkt Art. 3b EGV, der das Verhältnis EG/Mitgliedstaaten betrifft, die Tätigkeit der Gemeinschaft auf die vertraglich zugewiesenen Befugnisse und gesetzten Ziele. Die genannten Bekräftigungen des Prinzips der begrenzten Ermächtigung, insbesondere in Art. E EUV und Art. 3b Abs. 1 EGV, verbieten daher eine Auslegung des Art. F Abs. 3 EUV in Richtung auf eine Kompetenz-Kompetenz der Union.

Wäre eine Interpretation des Art. F Abs. 3 EUV im Sinne einer Kompetenz-Kompetenz nicht bereits von seiten des Unionsrechts ausgeschlossen, wäre das Zustimmungsgesetz zum Unionsvertrag verfassungskonform restriktiv auszulegen. Aus den zu Art. 23 Abs. 1 S. 2, 3 i.V.m. Art. 79 Abs. 3 GG im einzelnen dargelegten Gründen[31] ist die Union jedenfalls

---

[28] Vgl. aber *Schachtschneider/Emmerich-Fritsche/Beyer,* JZ 1993, S. 751 (751): „Der Vertrag über die Europäische Union begründet ein Prinzip offener Ermächtigung der Organe der Europäischen Union. Umfang wie Charakter der zur gemeinschaftlichen Erledigung übertragenen Aufgaben und zugewiesenen Kompetenzen relativieren das formale Bekenntnis zur Fortgeltung des Prinzips begrenzter Ermächtigung (Art. E EUV; Art. 3b Abs. 1 EGV) zur Inhaltsleere."

[29] *Schachtschneider/Emmerich-Fritsche/Beyer,* JZ 1993, S. 751 (751ff.).

[30] Vgl. *Streinz,* EuropaR, Rdnr. 437: „Art. F Abs. 3 EUV stellt keine Kompetenznorm dar, da andernfalls das Prinzip der begrenzten Ermächtigung völlig ausgehöhlt würde."

[31] Siehe oben § 3 I. 2. b) dd) (1) (c).

einstweilen auf eine zweigleisige demokratische Legitimation angewiesen. Eine hinreichende demokratische Legitimationskette zu den nationalen Parlamenten wäre hingegen nicht mehr vorhanden, sofern der Union die Rechtsmacht konzediert würde, über den Umfang ihrer Aufgaben und Befugnisse selbst zu befinden.

3. Extensive Auslegung und Erweiterung ausdrücklich zugewiesener Kompetenzen

Gegenüber der Konzeption des Grundsatzes der begrenzten Ermächtigung, der Zuständigkeiten der Union und ihrer Gemeinschaften rechtstechnisch als Ausnahme vorsieht[32], hat vor allem der EuGH mehrere expansive Instrumente entwickelt. Die vom EuGH praktizierten Auslegungsgrundsätze der Kompetenznormen sind auf eine extensive Interpretation ausgerichtet. Entsprechend werden auch dort, wo ausdrückliche Zuständigkeitsbegründungen fehlen, implizite Handlungsermächtigungen angenommen. Schließlich sieht der EG-Vertrag in Art. 235 Kompetenzabrundungen vor, indem er in begrenztem Maße Zuständigkeitserweiterungen ermöglicht.

a) Finale, dynamisierende, am Effektivitätsgebot orientierte Auslegung

Die Begrenzungsfunktion des Grundsatzes der enumerativen Ermächtigung wird erstens durch die Struktur der einzelnen Kompetenzzuweisungen abgeschwächt. Anders als die grundgesetzlichen Zuweisungsnormen sind die gemeinschaftsrechtlichen Kompetenzen nicht gegenständlich auf einen konkreten Sachbereich begrenzt, sondern regelmäßig auf die Erreichung eines Ziels ausgerichtet[33]. Diese finale Kompetenzstruktur begünstigt Auslegungsversuche, welche zugunsten einer effektiven Zielverwirklichung zugewiesene Befugnisse großzügig auslegen.

Diese Tendenz wird verstärkt durch die dynamische Komponente der Integration. Nach Art. A Abs. 2 EUV ist eine immer engere Union der Völker Europas intendiert. Art. B Abs. 1 EUV richtet die Union daher nicht statisch, sondern auf Fortschritt (1. Spstr.) und Weiterentwicklung des aquis communautaire aus (5. Spstr.). Wenn der EuGH bei der Beschreibung der Kompetenzverteilung auf den „gegenwärtigen Stand des Gemeinschaftsrechts" rekurriert, deutet dies daher darauf hin, daß er sich eine Kompetenzverschiebung durch eine extensive Auslegung der Zuständigkeitszuweisungen zumindest offenhält.

---

[32] Vgl. zuletzt *Jarass,* AöR 121 (1996), S. 173 (175).

[33] *Huber,* Europ. Integration, § 10 Rdnr. 2; *Jarass,* AöR 121 (1996), S. 173 (178f.).

Schließlich kommt auch im Bereich der Interpretation von Kompetenznormen der Grundsatz der Effektivität des Gemeinschaftsrechts (effet utile) zum Tragen, auf den hinsichtlich der Frage evtl. Einwirkungen auf das nationale Recht noch im einzelnen einzugehen sein wird[34]. Danach ist das Gemeinschaftsrecht so auszulegen, daß seine praktische Wirksamkeit nicht beeinträchtigt wird[35]. Mitunter hat der EuGH den Effektivitätsgrundsatz jedoch auch als Gebot größtmöglicher Wirksamkeit ausgelegt, so daß die kompetenzerweiternde Funktion noch verstärkt wird[36].

b) Implied powers

aa) Zulässigkeit impliziter Zuständigkeiten

Den Europäischen Gemeinschaften werden überwiegend nicht nur die Kompetenzen zugestanden, die ihnen ausdrücklich nach dem Wortlaut der Verträge zugewiesen sind. In Anlehnung an die zum Bundesstaat entwikkelte „Implied-powers-Lehre" werden den Gemeinschaften implizite Zuständigkeiten eingeräumt. Der EuGH hat sowohl im Bereich des EGKS-Vertrages[37] als auch des EWG-Vertrages[38] zunehmend Maßnahmen auf den Gedanken der implied powers gestützt.

Die implied powers werden häufig dem Bereich der ungeschriebenen Zuständigkeiten zugeordnet[39]. Dies ist ebenso mißverständlich wie die nicht unübliche Verwendung des Begriffs im deutschen Verfassungsrecht[40]. Ungeschriebene Zuständigkeiten im Verhältnis der Europäischen Gemeinschaften zu den Mitgliedstaaten kann es nicht geben, weil jedwede Ausübung von Hoheitsrechten durch die Gemeinschaften, wie dargelegt, einer

---

[34] Siehe unten § 6 II. 3. a).

[35] EuGH, Urt. v. 6.10.1970, Rs. 9/70 (Grad/Finanzamt Traunstein), Slg. 1970, S. 825 (838).

[36] Vgl. dazu kritisch BVerfGE 89, 155 (210), mit der Mahnung, daß eine Auslegung nicht zu einer Vertragserweiterung führen dürfe und eine derartige Auslegung in Deutschland keine Bindungswirkung entfalten würde.

[37] EuGH, Urt. v. 29.11.1956, Rs. 8/55 (Fédération Charbonnière/Hohe Behörde), Slg. 1955/56, S. 297 (312); EuGH, Urt. v. 15.7.1960, Rs. 20/59 (Italien/Hohe Behörde), Slg. 1960, S. 681 (708); EuGH, Urt. v. 15.7.1960, Rs. 25/59 (Niederlande/Hohe Behörde), Slg. 1960, S. 743 (781).

[38] EuGH, Urt. v. 9.7.1987, Verb. Rs. 281 u.a./85 (Deutschland u.a./Kommission), Slg. 1987, S. 3203 (3253 Tz. 28).

[39] *Grabitz,* in: Grabitz/Hilf, Art. 235 EWGV Rdnr. 3: „ungeschriebene Befugnis"; *Nicolaysen,* EuropaR I, § 7 II, S. 131: „Ungeschriebene Zuständigkeiten sind auch die ‚implied powers',...".

[40] Auch dort daher zu Recht kritisch *Pieroth,* in: Jarass/Pieroth, GG, Art. 70 Rdnr. 3; *Bothe,* in: AK-GG, Art. 30 Rdnr. 12ff.; *Stern,* StaatsR II, S. 610; *Bullinger,* AöR 96 (1971), S. 237 (246ff., 283).

vertraglichen Grundlage bedarf. „Ungeschriebene“ Kompetenzen sind daher nur im Sinne nicht ausdrücklich normierter Zuständigkeiten möglich. Im Unterschied zu den ausdrücklich vorgesehenen Zuständigkeiten lassen sich die implied powers erst im Wege der sachgerechten Auslegung der Vertragsbestimmungen gewinnen[41]. Auch die impliziten Ermächtigungen sind daher nicht ungeschriebene, sondern schlüssig mitgeschriebene oder dem Vertrag zugrunde gelegte Zuständigkeiten[42].

Dies zeigt zugleich die Grenze der Anerkennung der implied powers auf. Um die Souveränität und Kompetenz-Kompetenz der Mitgliedstaaten zu wahren, ist gegenüber der Annahme impliziter Zuständigkeiten Zurückhaltung geboten. Sie sind nur anzuerkennen, wenn die Auslegung vorhandener Normen eindeutig den Schluß zuläßt, daß eine Kompetenz auf dem betroffenen Gebiet begründet werden sollte.

Bei dieser Auslegung ist zu berücksichtigen, daß der EG-Vertrag in seinem Art. 235 ein Verfahren zur Abrundung vertraglich vorgesehener Kompetenzen vorsieht[43]. Eine Zuständigkeit kann daher nicht schon dann über den Implied-powers-Gedanken begründet werden, wenn diese zur Erfüllung ihrer Aufgaben benötigt werden[44]. Denn in jenem Fall wäre die Regelung des Art. 235 EGV und das dort vorgesehene Verfahren, das über die Begründung des Einstimmigkeitserfordernisses die Souveränität der Mitgliedstaaten vor ungewollten Kompetenzverlusten schützt, überflüssig.

Implizite Zuständigkeitseinräumungen zugunsten der Gemeinschaften sind daher nur anzuerkennen, wenn die Auslegung des Gemeinschaftsrechts auf einen entsprechenden Regelungsinhalt hinweist. Dies ist anzunehmen, sofern von ausdrücklich der Gemeinschaft zugewiesenen Kompetenzen nicht in sinnvoller Weise Gebrauch gemacht werden könnte, wenn man der Gemeinschaft nicht zusätzliche Zuständigkeiten konzediert[45]. Insoweit

---

[41] Dies zugrunde legend auch *E. Klein,* in: Hailbronner/Klein, EGV, Art. 235 Rdnr. 15.

[42] *Oppermann,* EuropaR, Rdnr. 436. „Anerkennung von stillschweigend mitgeschriebenen EG-Zuständigkeiten (‚Implied Powers‘)“.

[43] Dazu sogleich unter c).

[44] Vgl. aber *Schweitzer/Hummer,* EuropaR, Rdnr. 338: Nach der Implied-powers-Lehre „stehen den Gemeinschaften neben den geschriebenen auch alle jene Kompetenzen zu, die sie zur Erfüllung der ihnen gestellten Aufgaben benötigen, selbst wenn diese Kompetenzen nicht ausdrücklich in den Gemeinschaftsverträgen enthalten sind“.

[45] EuGH, Urt. v. 29.11.1956, Rs. 8/55 (Fédération Charbonnière/Hohe Behörde), Slg. 1955/56, S. 297 (312): ausdrücklich vorgesehene Gemeinschaftskompetenzen enthalten zugleich diejenigen Vorschriften, „bei deren Fehlen sie sinnlos wären oder nicht in vernünftiger und zweckmäßiger Weise zur Anwendung gelangen könnten“; zustimmend *Oppermann,* EuropaR, Rdnr. 439f.; ähnlich *Nicolaysen,* EuropaR I, § 7 II, S. 131: implied powers, wenn ohne Mitregelung „ausdrücklich zugewiesene

können sich erforderlichenfalls Zuständigkeiten der Gemeinschaften im Bereich der Vorbereitung oder Durchführung als Annex zu ausdrücklich zugewiesenen Materien ergeben (*Annexkompetenzen*)[46]. Kann von einer eingeräumten Befugnis in sinnvoller Weise kein Gebrauch gemacht werden, wenn diese nicht auf eng umrissene angrenzende Regelungsbereiche erstreckt wird, ist eine Auslegung zugunsten einer *Kompetenz kraft Sachzusammenhangs* möglich[47].

Schließlich werden drittens von einigen Autoren implizite Zuständigkeiten unter dem Gesichtspunkt der *Natur der Sache* anerkannt[48]. Soweit ersichtlich, ist diese Kategorie der impliziten Zuständigkeiten in der Rechtsprechung des EuGH bislang noch nicht praktisch geworden[49].

Nicht ausreichen für die Annahme impliziter Annexkompetenzen oder Kompetenzen kraft Sachzusammenhangs kann dabei jedoch die Feststellung, daß eine entsprechende Gemeinschaftskompetenz für die Ausübung anderer, der Gemeinschaft ausdrücklich zugewiesener Kompetenzen lediglich zweckmäßig wäre. Könnten Zuständigkeiten der Gemeinschaften bereits im Hinblick auf eventuelle Effizienzsteigerungen hergeleitet werden, würde die in den Gründungsverträgen angelegte Trennung von Aufgaben und Zielen einerseits und Handlungsbefugnissen der Gemeinschaften und ihrer Organe andererseits aufgegeben. Eine entsprechend ausufernde Auslegung zugunsten impliziter Kompetenzzuweisungen steht vor allem im Widerspruch zu der Vielzahl ausdrücklicher Zuständigkeitsnormen, durch die das Bemühen um eine grundsätzlich erschöpfende Enumeration einzelner Kompetenzen zum Ausdruck gebracht wird. Daß die Zuweisung einzelner Kompetenzen durch die jeweiligen Vertragsbestimmungen die Regel ist, bestätigt Art. 235 EGV, indem er nur ausnahmsweise und in einem bestimmten Verfahren eine Erweiterung von Zuständigkeiten zur Abrundung vorhandener Kompetenzen erlaubt.

Kompetenz *verständlicherweise* nicht geregelt werden kann“; siehe auch *Hartley,* European Community Law, S. 103: „The existence of a given power implies also the existence of any other power which is *reasonably necessary* for the exercise of the former.“ (Hervorhebungen jeweils nicht im Original).

[46] *v. Bogdandy/Nettesheim,* in: Grabitz/Hilf, Art. 3b EGV Rdnr. 10; *Jarass,* AöR 121 (1996), S. 173 (176f.).

[47] *v. Bogdandy/Nettesheim,* in: Grabitz/Hilf, Art. 3b EGV Rdnr. 10; *Jarass,* AöR 121 (1996), S. 173 (176).

[48] So *v. Bogdandy/Nettesheim,* in: Grabitz/Hilf, Art. 3b EGV Rdnr. 10, für den Fall, daß eine Regelung durch die Mitgliedstaaten „offensichtlich unsinnig“ wäre.

[49] *Jarass,* AöR 121 (1996), S. 173 (177), sieht einen Grund hierfür in dem Bestehen der Abrundungskompetenz nach Art. 235 EGV. Rechtmäßig ist ein Rückgriff auf Art. 235 EGV indessen nur, wenn eine anderweitige – auch implizite – Handlungsbefugnis vertraglich nicht begründet ist; siehe unten im Text zu c).

bb) Herleitung impliziter Verwaltungszuständigkeiten aus Rechtsetzungszuständigkeiten

Für den Bereich der Verwaltungszuständigkeiten würde der Grundsatz der begrenzten Ermächtigung eine eigenständige Bedeutung verlieren, wenn eine Ermächtigung zur Rechtsetzung automatisch eine implizite Vollzugskompetenz der Gemeinschaften nach sich zöge. Nach den dargelegten Grundsätzen sind implied powers jedoch nur anzuerkennen, wenn andernfalls eine ausdrücklich zugewiesene Kompetenz gar nicht oder nicht in sinnvoller Weise genutzt werden könnte[50]. Daß eine Parallelität von Rechtsetzungs- und Vollzugskompetenzen nicht die einzige Möglichkeit darstellt, eine wirksame Funktionsverteilung in Mehrebenensystemen vorzunehmen, belegen die Systeme, bei denen die vertikale Kompetenzverteilung horizontal differenziert vorgenommen wird[51]. Insoweit sei nur auf das grundgesetzliche Kompetenzmodell hingewiesen, in dem die Vollzugskompetenzen der Länder über ihre Gesetzgebungskompetenzen wegen der grundsätzlichen Zuständigkeit zur Ausführung auch der Bundesgesetze nach Art. 83ff. GG weit hinausreichen. Schließlich belegt die derzeitige Praxis, nach der der Verwaltungsvollzug ganz überwiegend von mitgliedstaatlichen Stellen durchgeführt wird[52], daß der Vollzug nicht ein notwendiger Annex der Rechtsetzung ist.

Dementsprechend kommen auch auf die Ermächtigungen der Gemeinschaft zur Rechtsangleichung (siehe Art. 100, 100a EGV) gestützte Vollzugskompetenzen der Gemeinschaft regelmäßig nicht in Betracht, weil die Vorschriften lediglich zum Normerlaß ermächtigen[53], Verwaltungszuständigkeiten also allenfalls unter den engen Voraussetzungen einer impliziten Ermächtigung ausnahmsweise vorgesehen werden dürfen[54].

Eine allgemeine Vollzugskompetenz der Gemeinschaften für die Bereiche, in denen ihnen Rechtsetzungskompetenzen zugewiesen sind, kann daher nicht unter dem Gesichtspunkt impliziter Zuständigkeiten hergeleitet werden[55].

---

[50] Vgl. zu einem solchen ausnahmsweisen Anwendungsfall der Implied-powers-Lehre das Beispiel bei *W. Kahl,* NVwZ 1996, S. 865 (867): Kommissionskompetenz zu vorläufigen Entscheidungen in Notfallsituation nach Maßgabe der Produktsicherheits-Richtlinie vom 29.6.1992. Zu der Richtlinie als Grundlage von Einzelmaßnahmen siehe EuGH, Urt. v. 9.8.1994, Rs. C-359/92 (Deutschland/Rat), Slg. 1994-I, S. 3698 (3711f. Tz. 37).

[51] Vgl. zu den möglichen Strukturen im Hinblick auf die Vollzugssysteme in den USA, der EG und der Bundesrepublik *Becker,* JöR n.F. 39 (1990), S. 67ff.

[52] Siehe den Überblick in § 4 II.

[53] *v. Borries,* FS Everling I, S. 127 (137f.).

[54] Vgl. auch *v. Borries,* FS Everling I, S. 127 (137); zu den problematischen Sekundärrechtsbeispielen ebd., S. 133ff.; vgl. auch *W. Kahl,* NVwZ 1996, S. 865 (867).

c) Art. 235 EGV

Der Grundsatz, daß den Gemeinschaften nur einzeln – ausdrücklich oder implizit – zugewiesene Kompetenzen zustehen, wird durchbrochen durch Art. 235 EGV (Art. 203 EAGV, Art. 95 EGKSV), der die Herleitung von Zuständigkeiten aus den Zielen der Verträge vorsieht.

aa) Art. 235 EGV und der Grundsatz begrenzter Ermächtigung

Durch die generalklauselartige Fassung des Art. 235 EGV wird nur das Prinzip der begrenzten *Einzel*zuweisung durchbrochen, nicht hingegen das Prinzip der begrenzten Ermächtigung selbst. Dieses bleibt gewahrt, weil auf Art. 235 EGV gestützte Rechtsakte in der Norm unmittelbar eine Kompetenzgrundlage finden[56]. Entsprechende Kompetenzabrundungen sind daher Aktualisierungen der in Art. 235 EGV eingeräumten Ermächtigung. Eine Lückenfüllung im Sinne einer Kompetenzausübung ohne vertragliche Grundlage und damit eine echte Durchbrechung des Grundsatzes der begrenzten Ermächtigung[57] findet also auch über Art. 235 EGV nicht statt.

Durch Art. 235 EGV wird demnach eine Kompetenz-Kompetenz der Gemeinschaft nicht begründet[58]. Auslegungen, welche die in Art. 235 EGV genannten Voraussetzungen derart abschwächen, daß der EG de facto eine Kompetenz-Kompetenz eingeräumt würde, sind unzulässig[59]. Die vom BVerfG[60] euphemistisch als „großzügige Handhabung des Art. 235 EWGV" bezeichnete Auslegungspraxis des EuGH ist daher zu Recht auf Kritik gestoßen[61].

---

[55] Dies zugrunde legend auch *Schwarze,* Europ. VerwR I, S. 46ff.

[56] *E. Klein,* in: Hailbronner/Klein, EGV, Art. 235 Rdnr. 3; *Schwartz,* in: GTE, EWGV, Art. 235 Rdnr. 15.

[57] So *Wohlfahrt,* in: WEGS, EWGV, Art. 235 Rdnr. 2; *Schweitzer/Hummer,* EuropaR, Rdnr. 339.

[58] *Grabitz,* in: Grabitz/Hilf, Art. 235 EWGV Rdnr. 2; *Röttinger,* in: Lenz, EGV, Art. 235 Rdnr. 5; *Beutler,* in: BBPS, EU, 3.2.1.3, S. 83; *Jarass,* AöR 121 (1996), S. 173 (177); *W. Kahl,* NVwZ 1996, S. 865 (868).

[59] Vgl. *Jarass,* AöR 121 (1996), S. 173 (177).

[60] BVerfGE 89, 155 (210).

[61] Vgl. *Huber,* Europ. Integration, § 10 Rdnr. 19, und *ders.,* Maastricht – ein Staatsstreich?, 1993, S. 31, sieht den Konflikt mit Art. 20, 79 Abs. 3 GG, sofern sich nicht zukünftig eine restriktivere Interpretation des Art. 235 EGV durchsetzt; für eine enge Interpretation auch *Jarass,* AöR 121 (1996), S. 173 (177).

bb) Voraussetzungen des Art. 235 EGV

Nach Art. 235 EGV erläßt der Rat einstimmig auf Vorschlag der Kommission und nach Anhörung des Europäischen Parlaments die geeigneten Vorschriften, wenn ein Tätigwerden der Gemeinschaft erforderlich erscheint, um im Rahmen des Gemeinsamen Marktes eines ihrer Ziele zu verwirklichen, und in diesem Vertrag die hierfür erforderlichen Befugnisse nicht vorgesehen sind.

Art. 235 EGV ist also erstens beschränkt durch die vertraglich begründeten Aufgaben der Gemeinschaft (siehe insbes. Art. 2 EGV), die die Verbandskompetenz der Gemeinschaft begrenzen[62]. Diese können durch die in jener Vorschrift vorgesehene Kompetenzabrundung nicht erweitert werden[63]. Tatbestandlich setzt Art. 235 EGV zweitens voraus, daß zur Verfolgung dieses Ziels ein Tätigwerden der Gemeinschaft im Rahmen des Gemeinsamen Marktes[64] erforderlich ist. Schließlich ist drittens das Fehlen der hiernach erforderlichen Befugnisse Voraussetzung, wodurch die Subsidiarität des Art. 235 EGV gegenüber einzelnen Ermächtigungen verwirklicht wird[65]. An den erforderlichen Befugnissen fehlt es nicht, wenn sich diese im Wege der Auslegung vorhandener Kompetenzzuweisungen ergeben. Neben ausdrücklichen Zuständigkeiten schließt daher auch die Anerkennung einer unter dem Gesichtspunkt der implied powers mitgeschriebenen Kompetenz die Anwendung des Art. 235 EGV aus[66]. Die Annahme

---

[62] *Geiger,* EGV, Art. 235 Rdnr. 3; *Grabitz,* in: Grabitz/Hilf, Art. 235 EWGV Rdnr. 21.

[63] *Röttinger,* in: Lenz, EGV, Art. 235 Rdnr. 5.

[64] Umstritten ist, ob dem Merkmal „im Rahmen des Gemeinsamen Marktes" eigenständige Bedeutung zukommt oder ob dieses auf die Verbandskompetenz der Gemeinschaft verweist. Vgl. zu den Auslegungsvarianten ausführlich *Grabitz,* in: Grabitz/Hilf, Art. 235 EWGV Rdnr. 54ff.

[65] EuGH, Urt. v. 26.3.1987, Rs. 45/86 (Kommission/Rat – Allgemeine Zollpräferenzen), Slg. 1987, S. 1493 (1520ff. bes. Tz. 13, 21); EuGH, Urt. v. 30.5.1989, Rs. 242/87 (Kommission/Rat – Erasmus), Slg. 1989, S. 1425 (1452 Tz. 6); EuGH, Urt. v. 7.7.1992, Rs. C-295/92 (Parlament/Rat – Studentenaufenthaltsrichtlinie), EuZW 1992, S. 676; *Grabitz,* in: Grabitz/Hilf, Art. 235 EWGV Rdnr. 37, 39; *Geiger,* EGV, Art. 235 Rdnr. 9ff.; *E. Klein,* in: Hailbronner/Klein, EGV, Art. 235 Rdnr. 14; *Röttinger,* in: Lenz, EGV, Art. 235 Rdnr. 11f.; *ders.,* EuZW 1993, S. 117 (119).

[66] *Geiger,* EGV, Art. 235 Rdnr. 10; *Grabitz,* in: Grabitz/Hilf, Art. 235 EWGV Rdnr. 40; *E. Klein,* in: Hailbronner/Klein, EGV, Art. 235 Rdnr. 15; *Schwartz,* in: GTE, EWGV, Art. 235 Rdnr. 56 m.w.N. in FN 63; *Constantinesco,* Recht der EG, S. 282f.; *W. Kahl,* NVwZ 1996, S. 865 (868); *Kapteyn/VerLoren van Themaat/Gormley,* Law of the EC, S. 117f.; *Nicolaysen,* EuR 1966, S. 129 (136); *Vedder,* EuR Beiheft 1/1995, S. 75 (95); die Subsidiarität des Art. 235 EWGV/EGV gegenüber impliziten Befugnissen zugrunde legend auch EuGH, Urt. v. 27.9.1988, Rs. 165/87 (Kommission/Rat) – Int. Übereinkommen über das Harmonisierte System

einer Subsidiarität des Art. 235 EGV gegenüber impliziten Zuständigkeiten der Gemeinschaften ist auch geboten, um die Anwendung spezieller Verfahrensregelungen zu gewährleisten[67]. Sofern nämlich implizite Zuständigkeiten als Annex einer ausdrücklich geregelten Materie hergeleitet werden, sind auch hinsichtlich der implied powers die Regelungen der jeweiligen Vorschrift maßgeblich[68].

Das Merkmal des Fehlens erforderlicher Befugnisse ist nicht nur verwirklicht, soweit Ermächtigungen zugunsten der Gemeinschaft gänzlich fehlen. Vielmehr sind die erforderlichen Befugnisse auch dann nicht vorgesehen, sofern nur zu einer bestimmten Rechtshandlung i. S. d. Art. 189 EGV ermächtigt wird, eine andere aber erforderlich ist[69] (z. B. Verordnung statt Richtlinie[70]).

Dagegen trägt der Einwand nicht, die jeweiligen Einzelermächtigungen enthielten eine erschöpfende Regelung hinsichtlich Zuständigkeit, Verfahren und inhaltlicher Voraussetzungen gemeinschaftsrechtlichen Tätigwerdens[71], die einen Rückgriff auf Art. 235 EGV ausschließe. Vorbehaltlich abweichender ausdrücklicher Bestimmung ist der Regelungsbereich der speziellen Ermächtigungen auf die Festlegung der formellen und materiellen Voraussetzungen bezüglich der vorgesehenen Rechtsfolgen beschränkt.

Für die vorgenannte Auslegung, die ggf. zu einer kumulativen Anwendung einer speziellen Ermächtigung und des Art. 235 EGV führt[72], spricht bereits der Wortlaut der Norm[73], der nicht auf das Fehlen jedweder, sondern nur der *erforderlichen* Befugnisse abstellt. Neben dem teleologischen Aspekt, die Funktionsfähigkeit der Gemeinschaft nachhaltig zu sichern[74], legt die Systematik folgenden Erst-recht-Schluß nahe: Ermöglicht Art. 235

---

zur Bezeichnung und Codierung der Waren –, Slg. 1988, S. 5545 (5560 Tz. 8f. mit 5562 Tz. 17f.).

67 Ebenso *E. Klein,* in: Hailbronner/Klein, EGV, Art. 235 Rdnr. 15 a. E.

68 *Beutler,* in: BBPS, EU, 3.2.1.3, S. 84.

69 *Grabitz,* in: Grabitz/Hilf, Art. 235 EWGV Rdnr. 48ff.; *E. Klein,* in: Hailbronner/Klein, EGV, Art. 235 Rdnr. 16; *Röttinger,* in: Lenz, EGV, Art. 235 Rdnr. 11; *Beyer,* Der Staat 35 (1996), S. 191 (201f.); *Bleckmann,* EuropaR, Rdnr. 490; *Dorn,* Art. 235 EWGV, S. 255; *Gericke,* Rechtsetzungsbefugnisse, S. 72; *Lauwaars,* EuR 1976, S. 100 (106); *Nicolaysen,* EuropaR I, § 7 II, S. 134f.; *Priebe,* Entscheidungsbefugnisse, S. 97f.

70 Vgl. EuGH, Urt. v. 12. 7. 1973, Rs. 8/73 (Hauptzollamt Bremerhaven/Massey-Ferguson), Slg. 1973, S. 897 (907).

71 So aber *Rabe,* Verordnungsrecht, S. 154.

72 *Grabitz,* in: Grabitz/Hilf, Art. 235 EWGV Rdnr. 48.

73 *Grabitz,* in: Grabitz/Hilf, Art. 235 EWGV Rdnr. 49; *Nicolaysen,* EuropaR I, § 7 II, S. 134f.

74 Ebenso *Grabitz,* in: Grabitz/Hilf, Art. 235 EWGV Rdnr. 50.

EGV ein Tätigwerden der Gemeinschaft dort, wo es im übrigen an Zuständigkeiten der EG gänzlich fehlt, muß ein Vorgehen über Art. 235 EGV erst recht möglich sein, wenn die Vertragsschließenden immerhin der Gemeinschaft bestimmte Zuständigkeiten eingeräumt haben[75].

Ob die Voraussetzungen für ein Tätigwerden nach Art. 235 EGV vorliegen, unterliegt der Überprüfung durch den EuGH[76]. Er kann einen Rechtsakt daher auch gem. Art. 174 Abs. 1 EGV für nichtig erklären, wenn dieser angesichts einer existierenden speziellen Kompetenznorm zu Unrecht auf Art. 235 EGV gestützt worden ist[77].

cc) Rechtsfolgen des Art. 235 EGV

Auf der Rechtsfolgenseite ermöglicht Art. 235 EGV den Erlaß der „geeigneten Vorschriften".

Die Bedeutung des Art. 235 EGV für den im Rahmen der vorliegenden Untersuchung interessierenden Bereich des Verwaltungsvollzugs wäre gering, wenn der im deutschen Vertragstext verwandte Begriff „Vorschriften" eng auszulegen wäre und nur Regelungen in Gestalt von Ge- und Verboten einschließlich der Festlegung von Sanktionen beinhaltete. Mit einer derart restriktiven Interpretation des Begriffs sind jedoch bereits die sprachlichen Vertragsfassungen, die eindeutig umfassendere Termini verwenden, nicht in Einklang zu bringen[78]. Auch verwendet der deutsche Vertragstext das Wort „Vorschrift" üblicherweise in einem weiteren Sinne als Synonym für „Bestimmungen" oder „Regelungen". Neben Wortlaut und Systematik verlangt auch das Telos des Art. 235 EGV eine weite Auslegung des Begriffs der Vorschriften. Art. 235 EGV vermittelt zwischen dem Erfordernis einer zur Verwirklichung der Vertragsziele funktionstüchtigen Gemeinschaft einerseits und dem Grundsatz der begrenzten Ermächtigung, der einen Gleichklang von Aufgaben und Befugnissen ausschließt, andererseits. Bei Vertragsschluß waren sich die Parteien bewußt, daß die angestrebte Zielverwirklichung durch einzelne, gegenständlich klar umgrenzte Kompetenzzuweisungen nicht möglich sein würde. Ein entsprechendes Ergänzungsbedürfnis kann jedoch nicht nur im Bereich der rechtsetzenden Tätig-

---

75 *Grabitz,* in: Grabitz/Hilf, Art. 235 EWGV Rdnr. 51.

76 EuGH, Urt. v. 12.7.1973, Rs. 8/73 (Hauptzollamt Bremerhaven/Massey-Ferguson), Slg. 1973, S. 897 (907); *Röttinger,* in: Lenz, EGV, Art. 235 Rdnr. 14; *Beutler,* in: BBPS, EU, 3.2.1.3, S. 83; *Bleckmann,* EuropaR, Rdnr. 491.

77 Vgl. *Schwartz,* in: GTE, EWGV, Art. 235 Rdnr. 67.

78 „Dispositions" statt „precriptions" (franz.); „disposizioni" statt „prescrizioni" (ital.); noch weiter im Sinne von „Maßnahme" der englische („measures") und niederländische („maatregelen") Vertragstext; vgl. ausführlich *Schwartz,* in: GTE, EWGV, Art. 235 EWGV Rdnr. 170f.

keit entstehen. Der Begriff der Vorschrift im Sinne des Art. 235 EGV schließt daher keinen möglichen Regelungsbereich von vornherein aus. Er umfaßt neben materiellen Bestimmungen auch Regelungen hinsichtlich Zuständigkeit, Organisation und Verfahren; dies schließt Regelungen des Vollzugs, des Rechsschutzes, der Finanzen und des Haushalts sowie des Vertragsschlusses[79] der Gemeinschaft ein[80].

Unter den Voraussetzungen des Art. 235 EGV kann der Rat daher auch Organisationsakte erlassen, durch die neue Einrichtungen der Gemeinschaft geschaffen werden[81] und diesen (Verwaltungs-) Befugnisse zuweisen, soweit der Grundsatz des institutionellen Gleichgewichts gewahrt bleibt[82]. Die grundsätzliche Befugnis des Rates zur Errichtung von Einrichtungen wird bereits in Art. 177 Abs. 1 lit. c EGV zwingend vorausgesetzt. Danach entscheidet der EuGH im Wege der Vorabentscheidung über die Auslegung der Satzungen der durch den Rat geschaffenen Einrichtungen, soweit diese Satzungen dies vorsehen. Neben die unmittelbar durch den EG-Vertrag errichteten können somit organgeschaffene Einrichtungen treten. Wegen des Grundsatzes der begrenzten Ermächtigung setzt dies eine Kompetenzgrundlage im Primärrecht voraus. Diese beinhaltet Art. 235 EGV unter den dort genannten Voraussetzungen, sofern nicht vorrangige spezielle Ermächtigungen[83] die Schaffung von Einrichtungen vorsehen (siehe Art. 40 Abs. 2, 3, 4; 41 lit. a i.V.m. 43 Abs. 2; 49; 51; 54 Abs. 3 lit. b i.V.m. Abs. 2; 75 Abs. 1 lit. c; 84 Abs. 2; 100a; 103; 113 Abs. 2, 4; 128; 130o i.V.m. 130q Abs. 1; 130s; 168a EGV).

Zu den vorrangigen Spezialermächtigungen zählen auch die sich im Wege der Auslegung ergebenden impliziten Regelungen, die die Schaffung von Einrichtungen ermöglichen. Soweit hinsichtlich der Errichtung von Einrichtungen implizite Handlungsermächtigungen anerkannt werden, liegt das Merkmal fehlender erforderlicher Befugnisse nach Art. 235 EGV nicht vor. Eine Schaffung von Einrichtungen auf der Grundlage des Art. 235 EGV scheidet in jenen Fällen aus.

Wird das Bestehen impliziter Handlungsermächtigungen für die Errichtung – ausschließlich – *nichtrechtsfähiger* Einrichtungen angenommen,

---

[79] Grundlegend EuGH, Urt. v. 31.3.1971, Rs. 22/70 (Kommission/Rat) – AETR –, Slg. 1971, S. 263 (282 Tz. 95): „Artikel 235 gestattet dem Rat ... auch auf dem Gebiet der Außenbeziehungen, die ‚geeigneten Vorschriften' zu erlassen"; zustimmend *Schwartz,* in: GTE, EWGV, Art. 235 Rdnr. 171; *Geiger,* EGV, Art. 235 Rdnr. 12; *Grabitz,* in: Grabitz/Hilf, Art. 235 EWGV Rdnr. 78.

[80] *Grabitz,* in: Grabitz/Hilf, Art. 235 EWGV Rdnr. 78: *Schwartz,* in: GTE, EWGV, Art. 235 Rdnr. 171 m.w.N.; *Dorn,* Art. 235, S. 96f.

[81] *Grabitz,* in: Grabitz/Hilf, Art. 235 EWGV Rdnr. 80; *Schwartz,* in: GTE, EWGV, Art. 235 Rdnr. 180ff.; *Hilf,* Organisationsstruktur, S. 366.

[82] Vgl. *Schwartz,* in: GTE, EWGV, Art. 235 Rdnr. 191 a.E.

[83] Überblick bei *Schwartz,* in: GTE, EWGV, Art. 235 Rdnr. 180.

hängt die organisationsrechtliche Bedeutung des Art. 235 EGV davon ab, ob dieser ggf. auch zur Verleihung der Rechtsfähigkeit von Einrichtungen ermächtigt. Der Wortlaut des Art. 235 EGV („geeigneten Vorschriften") schließt dies nicht aus. Der EG-Vertrag selbst schafft unmittelbar sowohl rechtsfähige (Europäische Investitionsbank, Art. 4b, 198d, e EGV[84]) als auch nichtrechtsfähige Einrichtungen[85] (Rechnungshof, Art. 4 Abs. 1; Beratender Währungsausschuß, Art. 109c Abs. 1; Gericht erster Instanz, Art. 168a; Wirtschafts- und Sozialausschuß, Art. 193 EGV). Aus der Gesamtschau dieser Normen läßt sich aber weder in der einen noch der anderen Richtung eine abschließende Regelung hinsichtlich der jeweiligen Organisationsform erkennen. Art. 177 EGV verwendet den Begriff der „Satzung", der immerhin auf eine gewisse organisatorische Verselbständigung hinweist[86]. Einen zwingenden Schluß auf Einrichtungen mit eigener Rechtspersönlichkeit läßt das Wort jedoch nicht zu, weil das Gemeinschaftsrecht Satzungen sowohl rechtsfähiger[87] als auch nichtrechtsfähiger[88] Institutionen vorsieht. Auch Art. 177 Abs. 1 lit. c EGV geht von der grundsätzlichen Befugnis des Rates zur Schaffung rechtsfähiger wie nichtrechtsfähiger Einrichtungen aus, weil er den allgemeinen, beide Erscheinungsformen umfassenden Oberbegriff verwendet. Art. 235 EGV ermöglicht also unter den dort normierten Voraussetzungen die Verleihung der Rechtsfähigkeit an Einrichtungen[89].

Dieser Auffassung entsprechend hat der Rat durch auf Art. 235 EGV gestützte Verordnungen folgende Einrichtungen mit eigener Rechtspersönlichkeit geschaffen[90]: Europäischer Fonds für währungspolitische

---

[84] Vgl. vormals Art. 129 EWGV. Siehe auch Art. 28 Abs. 1 der Satzung der EIB, die nach Art. 239 EGV Teil des primären Gemeinschaftsrechts ist. Das Protokoll über die Satzung der EIB vom 25.3.1957 ist abgedruckt im Sartorius II, Nr. 153 und wird erläutert von *Krämer,* in: Grabitz/Hilf, Nach Art. 198e EGV.

[85] Als nichtrechtsfähige Einrichtungen waren vor Inkrafttreten des EU-Vertrages nach dem EWG-Vertrag anerkannt: Rechnungshof, Art. 4 Abs. 3; Beratender Währungsausschuß, Art. 105 Abs. 2; Gericht erster Instanz, Art. 168a; Wirtschafts- und Sozialausschuß, Art. 193 EWGV; vgl. dazu *Schwartz,* in: GTE, EWGV, Art. 235 Rdnr. 181.

[86] *Schwartz,* in: GTE, EWGV, Art. 235 Rdnr. 181.

[87] Art. 198d Abs. 3 EGV: Satzung der Europäischen Investitionsbank; Art. 54 EAGV: Satzung der Euratom-Agentur; Art. 50 EAGV: Satzung der Gemeinsamen Unternehmen der Euratom.

[88] Vgl. auch Art. 168a EGV: Für das Gericht erster Instanz gilt die – entsprechend geänderte und ergänzte – Satzung des EuGH.

[89] *Schwartz,* in: GTE, EWGV, Art. 235 Rdnr. 180ff., 191; *Grabitz,* in: Grabitz/Hilf, Art. 235 EWGV Rdnr. 80; *Hilf,* Organisationsstruktur, S. 366.

[90] Zusammenstellungen bei: *Schwartz,* in: GTE, EWGV, Art. 235 Rdnr. 182ff.; *Hilf,* Organisationsstruktur, S. 134ff.; *Oppermann,* EuropaR, Rdnr. 382f.; *v. Borries,* FS Everling I, S. 127 (143ff.).

Zusammenarbeit[91]; Europäisches Zentrum für die Förderung der Berufsbildung[92]; Europäische Stiftung zur Verbesserung der Lebens- und Arbeitsbedingungen[93]; Europäische Agentur für Zusammenarbeit zwischen der Gemeinschaft und den Entwicklungsländern[94]; Europäische Stiftung für Berufsbildung für Mittel- und Osteuropa[95]; Europäische Beobachtungsstelle für Drogen und Drogensucht[96]; Europäische Agentur für die Beurteilung von Arzneimitteln[97]; Europäische Agentur für Sicherheit und Gesundheitsschutz am Arbeitsplatz[98]; Harmonisierungsamt für den Binnenmarkt (sog. „Markenamt")[99].

II. Verwaltungskompetenzen der EG

Auf der Grundlage der dargelegten Regelungen, denen die Zuweisung der Verwaltungskompetenzen an die EG folgt, läßt sich ein Überblick über die den Gemeinschaften zugewiesenen Zuständigkeiten im Bereich des Verwaltungsvollzugs gewinnen. Nur soweit Gemeinschaftskompetenzen nicht bestehen bzw. von (nicht ausschließlichen) Kompetenzen kein Gebrauch gemacht worden ist, bedürfen die Residualkompetenzen der Mitgliedstaaten der internen Verteilung.

Da Rechtsetzungskompetenzen nicht allgemein Verwaltungskompetenzen implizieren[100], bedürfen die Vollzugskompetenzen der Gemeinschaft jeweils einer speziellen vertraglichen Ermächtigung[101]. Das Vertragsrecht

---

91 Errichtet durch VO (EWG) Nr. 907/73 vom 2.4.1973, ABl. L 89, S. 2; dazu *Ehlermann*, EuR 1973, S. 193 ff., *Hilf*, Organisationsstruktur, S. 134 ff.; *Priebe*, Entscheidungsbefugnisse, S. 46 ff. Der Fonds ist im Europäischen Währungsinstitut aufgegangen, siehe Art. 109f Abs. 2, 5. Spstr. EGV; dazu *v. Borries*, FS Everling I, S. 127 (144).

92 Errichtet durch VO (EWG) Nr. 337/75 vom 10.2.1975, ABl. L 39, S. 1; dazu *Bieber*, in: Schweitzer, Europ. VerwR, S. 85 (107); *Hilf*, Organisationsstruktur, S. 140 ff.; *ders.*, ZaöRV 36 (1976), S. 551 (557 ff.); *Priebe*, Entscheidungsbefugnisse, S. 52 ff.

93 Errichtet durch VO (EWG) Nr. 1365/75 vom 26.5.1975, ABl. L 139, S. 1; dazu *Bieber*, in: Schweitzer, Europ. VerwR, S. 85 (107 f.); *Hilf*, Organisationsstruktur, S. 145 ff.; *ders.*, ZaöRV 36 (1976), S. 551 (557 ff.); *Priebe*, Entscheidungsbefugnisse, S. 55 ff.

94 Errichtet durch VO (EWG) Nr. 3245/81 vom 26.10.1981, ABl. L 328, S. 1; dazu *Bieber*, in: Schweitzer, Europ. VerwR, S. 85 (108); *Hilf*, Organisationsstruktur, S. 156 ff.

95 Errichtet durch VO (EWG) Nr. 1360/90 vom 7.5.1990, ABl. L 131, S. 1.

96 Errichtet durch VO (EWG) Nr. 302/93 vom 8.2.1993, ABl. L 36, S. 1.

97 Errichtet durch VO (EWG) Nr. 2309/93 vom 22.7.1993, ABl. L 214, S. 1.

98 Errichtet durch VO (EG) Nr. 2062/94 vom 18.7.1994, ABl. L 216, S. 1.

99 Errichtet durch VO (EG) Nr. 40/94 vom 20.12.1993, ABl. L 11, S. 1.

100 Siehe oben § 4 I. 3. b) bb).

kann dabei den Vollzug durch Gemeinschaftsstellen selbst unmittelbar anordnen oder zum Erlaß entsprechender sekundärrechtlicher Regelungen ermächtigen[102].

1. Verwaltungskompetenzen der Gemeinschaften im Überblick

Um einen Überblick über den Vollzug durch gemeinschaftliche Stellen zu erhalten, werden im folgenden die wichtigsten von der Europäischen Gemeinschaft[103] wahrgenommenen Verwaltungszuständigkeiten aufgeführt[104].

a) Gemeinschaftsinterner Bereich

Im gemeinschaftsinternen Bereich[105] bestehen ausschließliche Gemeinschaftszuständigkeiten in Angelegenheiten des Personals (Kompetenzgrundlage: Art. 24 FusionsV)[106], der internen Organisation (implied powers[107]) und des Haushaltsvollzugs (Art. 205 EGV[108]).

---

[101] *Stettner,* in: Dauses, EG-WirtschaftsR, B III Rdnr. 6; *v. Borries,* FS Everling I, S. 127 (132); *W. Kahl,* NVwZ 1996, S. 865 (866); *Schweitzer/Hummer,* EuropaR, Rdnr. 425; *Streinz,* EuropaR, Rdnr. 464.

[102] *Streinz,* EuropaR, Rdnr. 464.

[103] Für die EGKS siehe insbesondere die Vollzugskompetenzen im Bereich der Erzeugungs- und Preisregeln, Art. 57 ff. EGKSV; für die EAG siehe Art. 52 EAGV bzgl. der Versorgung mit spaltbaren Stoffen.

[104] Zusammenstellungen bei: *Bieber,* in: Schweitzer, Europ. VerwR, S. 85 (96 f.); *v. Borries,* FS Everling I, S. 127 (132 ff.); *Oppermann,* EuropaR, Rdnr. 545; siehe auch ebd., Rdnr. 320; *Schwarze,* Europ. VerwR I, S. 25 ff.; *Schweitzer,* Die Verwaltung 17 (1984), S. 137 (140 f.); *Schweitzer/Hummer,* EuropaR, Rdnr. 426; *Stettner,* in: Dauses, EG-WirtschaftsR, B III Rdnr. 18 ff.; *Streil,* in: BBPS, EU, 6.5.3, S. 228; Überblicke über die wichtigsten Bereiche auch bei: *Geiger,* EGV, Art. 5 Rdnr. 46; *W. Kahl,* NVwZ 1996, S. 865 (866); *Nicolaysen,* EuropaR I, § 4 IV, S. 74; *Streinz,* EuropaR, Rdnr. 465 f.

[105] Dazu *Stettner,* in: Dauses, EG-WirtschaftsR, B III Rdnr. 18.

[106] Anwendung des aufgrund des Art. 24 Abs. 1 UAbs. 2 FusionsV erlassenen Statuts der Beamten der Europäischen Gemeinschaften, VO Nr. 259/68-01 vom 29. 2. 1968, ABl. L 56, S. 1; bzgl. der nicht beamteten Beschäftigten siehe die Beschäftigungsbedingungen für die sonstigen Bediensteten, VO Nr. 259/68-02 vom 29. 2. 1968, ABl. L 56, S. 1; zum europäischen Dienstrecht ausführlich *Oppermann,* EuropaR, Rdnr. 667 ff.

[107] Vgl. *Hilf,* Organisationsstruktur, S. 366.

[108] Siehe ferner Art. 179 EAGV; Art. 78 EGKSV.

b) Wettbewerbsrecht

Zu den zentralen Verwaltungskompetenzen der Gemeinschaft zählen ihre Zuständigkeiten im Wettbewerbsrecht. Dort ist der Vollzug in den Bereichen Kartellrecht, Monopol- und Beihilferecht durch die Art. 85ff. EGV größtenteils der Kommission[109] zugewiesen. Zum Vollzug des Kartellverbots des Art. 85 und der Bekämpfung einer marktbeherrschenden Stellung nach Art. 86 EGV steht der Kommission ein umfangreiches verwaltungsrechtliches Instrumentarium zur Verfügung, das in der Verordnung Nr. 17/1962, der sog. Kartellverordnung[110], näher ausgestaltet wird. Exemplarisch sei auf die Befugnisse beim Vollzug des Kartellverbots hingewiesen, die der Kommission in jeder Phase des Verfahrens zugewiesen sind[111]. So stehen der Kommission zunächst umfangreiche Nachprüfungsbefugnisse zur Verfügung. Je nach Sachverhalt verfügt die Kommission über verschiedene Entscheidungsvarianten (Verfügung mit Vorschlägen zur Abstellung eines Verstoßes, Art. 89 Abs. 1 S. 3 EGV; bei Nichtabstellung der Zuwiderhandlung Feststellung der Zuwiderhandlung, Art. 89 Abs. 2 S. 1 EGV; Einzel- oder Gruppenfreistellung gem. Art. 85 Abs. 3 EGV; Negativattest). Schließlich ist die Kommission gem. Art. 87 Abs. 2 lit. a EGV i.V.m. Art. 15, 16 VO Nr. 17 ermächtigt, zur Durchsetzung ihrer Entscheidung selbst Geldbußen und Zwangsgelder zu verhängen.

c) Verwaltung der Gemeinschaftsfonds; Vollziehung durch sonstige Gemeinschaftseinrichtungen mit und ohne Rechtspersönlichkeit

Der Gemeinschaft obliegt ferner die Verwaltung der Gemeinschaftsfonds[112]. Hierzu zählen insbesondere[113] der Europäische Fonds für regionale Entwicklung[114], der Europäische Entwicklungsfonds, der Europäische Ausrichtungs- und Garantiefonds für die Landwirtschaft, der Europäische Sozialfonds[115] und der Europäische Fonds für währungspolitische Zusammenarbeit.

---

[109] Siehe Art. 87 Abs. 2, 89, 90 Abs. 3, 93 EGV.

[110] Vgl. dazu ausführlich *Nockelmann,* Durchsuchungsrecht.

[111] Siehe *Huber,* Europ. Integration, § 23 Rdnr. 19ff.

[112] Dazu *Stettner,* in: Dauses, EG-WirtschaftsR, B III Rdnr. 19; *Huber,* Europ. Integration, § 23 Rdnr. 2; *Magiera,* in: Schweitzer, Europ. VerwR, S. 115ff.

[113] Umfassende Zusammenstellung bei *Schweitzer/Hummer,* EuropaR, Rdnr. 431.

[114] Siehe nunmehr Art. 130c EGV; ursprünglich wurde der Fonds auf der Grundlage des Art. 235 EWGV geschaffen, siehe dazu *Schweitzer/Hummer,* EuropaR, Rdnr. 431, 1545.

[115] Art. 123ff. EGV.

Vollzugsbefugnisse sind ferner der Europäischen Investitionsbank zugewiesen[116]. Schließlich ist auf die Verwaltungsbefugnisse der genannten Einrichtungen mit eigener Rechtspersönlichkeit, die auf der Grundlage des Art. 235 E(W)GV errichtet worden sind, hinzuweisen.

d) Agrarrecht

Das Agrarrecht ist überwiegend von den Mitgliedstaaten zu vollziehen. Dabei kommt diesem Bereich für die vorliegende Untersuchung besondere Bedeutung zu, weil im Agrarrecht die Mehrzahl der Verordnungen nach Art. 189 Abs. 2 EGV ergeht. Ausnahmsweise bestehen jedoch auch im Agrarrecht – neben der bereits erwähnten Fondsverwaltung – Vollzugszuständigkeiten der Gemeinschaft auf der Grundlage des Art. 43 Abs. 2 EGV, die der Kommission zugewiesen sind[117].

e) Sonstige gemeinschaftliche Vollzugszuständigkeiten

Schließlich stehen der Gemeinschaft weitere Vollzugszuständigkeiten zu, denen nach Art und Umfang ihrer Wahrnehmung geringere Bedeutung zukommt. So bestehen einzelne Zuständigkeiten im Verkehrsrecht der Art. 74 ff. EGV[118], der Forschungs- und Wissenschaftsförderung[119] sowie im handelspolitischen Bereich bei der Ein- und Ausfuhrkontrolle und -beschränkung[120].

2. Bewertung der Verwaltungskompetenzen der Gemeinschaften

Neben dem Binnenbereich der eigenen Organisation stehen der Europäischen Gemeinschaft nur wenige Verwaltungskompetenzen zu, die vor allem die Bereiche des Wettbewerbsrechts einschließlich des Beihilferechts betreffen. Die Aufstellung der einzelnen Verwaltungszuständigkeiten belegt, daß Stellen der Gemeinschaften Verwaltungskompetenzen nur ausnahmsweise[121]

---

[116] *Schweitzer/Hummer,* EuropaR, Rdnr. 431.

[117] Vgl. *Schweitzer,* Die Verwaltung 17 (1984), S. 137 (140); *Schweitzer/Hummer,* EuropaR, Rdnr. 431.

[118] Siehe Art. 79 Abs. 3, 4 EGV.

[119] Art. 126 ff. EGV. Vgl. z.B. das bereits vor Einfügung des Art. 126 EGV gestartete Programm ERASMUS.

[120] Art. 113, 115 EGV.

[121] *Geiger,* EGV, Art. 5 Rdnr. 46; *Brenner,* Gestaltungsauftrag, S. 150; *Emmert,* EuropaR, § 26 Rdnr. 2; *W. Kahl,* NVwZ 1996, S. 865 (866); *Oppermann,* EuropaR, Rdnr. 543; *Neßler,* DVBl. 1993, S. 1240 (1240); *Schwarze,* Europ. VerwR I, S. 25, 33; *Schweitzer,* Die Verwaltung 17 (1984), S. 137 (139).

und eher punktuell zugewiesen werden[122]. Da Rechtsetzungskompetenzen aus den dargelegten Gründen auch nicht zwangsläufig Vollzugskompetenzen als „implied powers" beinhalten, ergibt sich folgende Kompetenzstruktur: Die Verwaltungszuständigkeiten der Gemeinschaften bleiben hinter ihren Rechtsetzungskompetenzen klar zurück. Damit unterscheidet sich die Vollzugsstruktur hinsichtlich des Gemeinschaftsrechts von dem Säulensystem des amerikanischen Bundesstaats[123], bei dem Gesetzgebung und Verwaltungsvollzug grundsätzlich in gleichlaufender Zuständigkeit erledigt werden. Vielmehr vermittelt die Analyse der Kompetenzzuweisungen an die Gemeinschaft ein Bild, das in quantitativer Hinsicht der grundgesetzlichen Verteilung der Verwaltungszuständigkeiten ähnelt[124], wobei die gemeinschaftlichen Vollzugszuständigkeiten hinter denen des Bundes jedoch noch deutlich zurückbleiben. Mitgliedstaaten hier wie Bundesländer dort sind nicht nur zum Verwaltungsvollzug ihrer eigenen Normen, sondern im Regelfall auch derer der Gemeinschaften respektive des Bundes zuständig.

Organisationsrechtlich entspricht dem weitgehenden Mangel an Verwaltungszuständigkeiten das Fehlen eines Verwaltungsapparates mit entsprechendem Unterbau[125]. Soweit Zuständigkeiten der Gemeinschaft bestehen, sind diese im wesentlichen bei der Kommission konzentriert[126]. Daneben bestehen insbesondere die „ausgelagerten" Zuständigkeiten der auf der Grundlage des Art. 235 EGV geschaffenen Einrichtungen.

Verglichen mit der umfassenden Brüsseler Steuerung im Gesetzgebungsbereich stellt der Vollzug durch eigene Stellen der Gemeinschaft eine begrenzte Ausnahme dar[127]. Aus der Sicht des nationalen Verfassungsrechts droht im Vollzugsbereich damit die Schwelle des Art. 23 Abs. 1 S. 2, 3 i. V. m. Art. 79 Abs. 3 GG nicht erreicht zu werden. Zugleich ist die dezentrale Vollzugsstruktur als eines der Elemente zu bewerten, die der Verpflichtung der Union auf föderative Grundsätze entspricht[128].

---

[122] Unhaltbar hingegen folgende uneingeschränkte These von *Benz,* DÖV 1991, S. 586 (592): „Dabei darf nicht übersehen werden, daß die Zuständigkeit der EG sich auf Rechtsetzung beschränkt, der Vollzug dagegen bei den Mitgliedstaaten verbleibt. Die Verwaltungszuständigkeit der Länder wird insofern durch den EWGV nicht eingeschränkt." Dies wird widerlegt durch die Kompetenzaufstellung im Text unter 1. sowie die Nachw. ebd.

[123] *Streil,* in: BBPS, EU, 6.5.2, S. 225.

[124] *Streil,* in: BBPS, EU, 6.5.2, S. 225 f.

[125] *Bleckmann,* EuropaR, Rdnr. 980.

[126] *Huber,* Europ. Integration, § 23 Rdnr. 2; *Schweitzer/Hummer,* EuropaR, Rdnr. 431.

[127] Vgl. *Bleckmann,* EuropaR, Rdnr. 980; *Arndt,* EuropaR, S. 128; *Scheuing,* in: Hoffmann-Riem/Schmidt-Aßmann, Innovation, S. 289 (294); *Schmidt-Aßmann,* EuR 1996, S. 270 (270); *Huber,* Europ. Integration, § 23 Rdnr. 1: „eng begrenzte Ausnahme".

Stellt der Vollzug des Gemeinschaftsrechts durch eigene Stellen die Ausnahme dar, gewinnt die Struktur des mitgliedstaatlichen Vollzugs und die dort vorliegende Kompetenzverteilung besondere Bedeutung.

---

[128] Zu dem Bezug zwischen föderativen Grundsätzen und der dezentralen Vollzugsstruktur siehe auch *Streinz,* in: Sachs, GG, Art. 23 Rdnr. 35.

§ 5 Die Systematik des Verwaltungsvollzugs des Gemeinschaftsrechts

Die Systematik des Verwaltungsvollzugs des Gemeinschaftsrechts wird geprägt durch die dargelegten Kompetenzzuweisungsregelungen im Verhältnis der Europäischen Gemeinschaften zu ihren Mitgliedstaaten. Aus der Geltung des Prinzips der begrenzten Ermächtigung folgt, daß den Europäischen Gemeinschaften Verwaltungszuständigkeiten nur zustehen, soweit ihnen diese unmittelbar durch oder aufgrund des Primärrechts zugewiesen worden sind. Da eine im Gemeinschaftsrecht vorgesehene Rechtsetzungskompetenz nicht automatisch die Begründung einer entsprechenden Vollzugskompetenz – insbesondere nicht unter dem Gesichtspunkt der implied powers – nach sich zieht, werden zwei Vollzugstypen des Gemeinschaftsrechts begründet. Soweit die vertraglich vorgesehenen Kompetenzzuweisungen reichen und diese wahrgenommen werden, wird das Gemeinschaftsrecht durch Organe oder Einrichtungen der Gemeinschaften vollzogen (siehe zu II.). Im übrigen erfolgt der Verwaltungsvollzug durch nationale Stellen der Mitgliedstaaten (III.), da diese zuständig bleiben, soweit sie ihre Hoheitsrechte im diesbezüglichen Bereich nicht auf die Europäischen Gemeinschaften übertragen haben. Dieser Vollzugstypus wird aktuell, sofern die Summe aller Zuständigkeiten der Gemeinschaften nicht alle möglichen Fälle der Vollzugsbedürftigkeit von Gemeinschaftsrecht ausschöpft. Da die Begründung von Verwaltungskompetenzen der Gemeinschaften, wie der vorangehende Überblick gezeigt hat, die Ausnahme darstellt, liegt der Schwerpunkt des Vollzugs dem rechtlichen Regel/Ausnahmeverhältnis folgend auch tatsächlich bei nationalen Stellen.

I. Unterscheidung von Vollzug durch Organe und Einrichtungen der Gemeinschaft (direkter Vollzug/gemeinschaftseigener Vollzug) und mitgliedstaatlichem Vollzug (indirekter Vollzug)

Es besteht grundsätzlich Einigkeit darüber, daß der Verwaltungsvollzug von Gemeinschaftsrecht vorrangig danach zu untergliedern ist, ob Stellen der Gemeinschaften oder solche der Mitgliedstaaten zuständig sind. Unklarheit schafft allerdings die uneinheitliche Nomenklatur.

Der Bereich, in dem Verwaltungszuständigkeiten der Organe und Einrichtungen der Gemeinschaften bestehen, wird zum Teil als direkter Vollzug[1], zum Teil als gemeinschaftsunmittelbare Vollziehung[2] bezeichnet. Sofern der Terminus des direkten Vollzugs Verwendung findet, wird dieser dem indirekten, d.h. durch nationale Stellen der Mitgliedstaaten erfolgenden, Vollzug entgegengesetzt. Das Begriffspaar ist dem im Französischen üblichen Sprachgebrauch entnommen. In der deutschen Literatur zum Gemeinschaftsrecht haben die Termini insbesondere durch die Monographie *Rengelings*[3] über die Rechtsgrundsätze beim Verwaltungsvollzug des Europäischen Gemeinschaftsrechts Verbreitung gefunden[4].

Das Begriffspaar direkt/indirekt ermöglicht für die mit der EG-rechtlichen Nomenklatur Vertrauten eine knappe und eindeutige Zuordnung der zwei Vollzugstypen. Wenig verständlich sind die Begriffe hingegen, wenn man ihre Bedeutung im allgemeinen Sprachgebrauch oder in anderen juristischen Kontexten zugrunde legt. Dort werden die Termini vornehmlich zur Beschreibung von Kausal- und Zurechnungsverhältnissen verwandt[5]. In diesem Sinne ist aber ein Vollzug des Gemeinschaftsrechts durch nationale Stellen nicht weniger direkt als der durch Organe oder Einrichtungen der Gemeinschaften.

Auch der an Stelle des direkten Vollzugs verwandte Begriff der „gemeinschaftsunmittelbaren Vollziehung"[6] ist jedoch nicht überzeugender.

---

[1] Grundlegend zur Terminologie *Rengeling,* Rechtsgrundsätze, S. 9ff.; die Begriffe „(in)direkter" Vollzug verwenden ferner: *Bleckmann,* EuropaR, Rdnr. 426; *v. Borries,* FS Everling I, S. 127 (129); *Brenner,* Gestaltungsauftrag, S. 253, 273ff.; *Classen,* Europäisierung der Verwaltungsgerichtsbarkeit, S. 24; *Gassner,* DVBl. 1995, S. 16 (16); *Geiger,* EGV, Art. 5 Rdnr. 43; *W. Kahl,* Die Verwaltung 29 (1996), S. 341 (343); *ders.,* NVwZ 1996, S. 865 (866); *Nicolaysen,* EuropaR I, § 4 IV, S. 74; *Rengeling/Middeke/Gellermann,* Rechtsschutz, Rdnr. 957ff.; *Schwarze,* Europ. VerwR I, S. 25ff., 33ff.; *ders.,* DVBl. 1996, S. 881 (886); *Schwarze/Becker/Pollak,* Implementation, S. 34f.; *Streil,* in: BBPS, EU, 6.5.1, S. 223, und 6.5.3., S. 228ff.; *Streinz,* in: Schweitzer, Europ. VerwR, S. 241 (258ff.); anders *ders.,* EuropaR, Rdnr. 464ff.: „Gemeinschaftsunmittelbarer Vollzug" und „Mitgliedschaftliche Vollziehung".

[2] *Schweitzer/Hummer,* EuropaR, Rdnr. 425ff.; *Schweitzer,* Die Verwaltung 17 (1984), S. 137 (139); *Streinz,* EuropaR, Rdnr. 464ff.; siehe auch *dens.,* in: Isensee/Kirchhof, HdbStR VII, § 182 Rdnr. 4: Bereiche „gemeinschaftsunmittelbarer Verwaltung (indirekter Vollzug)"; *Arndt,* EuropaR, S. 128; *Oebbecke,* FS Heymanns, S. 607 (608). – Dagegen verwendet *Bieber,* in: Schweitzer, Europ. VerwR, S. 85 (89), den Begriff „unmittelbare Gemeinschaftsverwaltung" für Verwaltungsbefugnisse, die unmittelbar die Rechtsbeziehungen zwischen Dritten und der Gemeinschaft betreffen, also für die *externe* Gemeinschaftsverwaltung.

[3] *Rengeling,* Rechtsgrundsätze, S. 9ff.

[4] Neben *Rengeling,* ebd., u. *ders.,* VVDStRL 53 (1994), S. 202 (205), verwenden die Begriffe u.a. die in FN 1 Genannten.

[5] In diesem Sinne soll z.B. der Begriff in der kommunalen Befangenheitsvorschrift des § 31 Abs. 1 S. 2 GO NW zu verstehen sein: „Unmittelbar ist der Vorteil oder Nachteil, wenn die Entscheidung eine natürliche oder juristische Person direkt berührt."

[6] *Schweitzer/Hummer,* EuropaR, Rdnr. 425ff.

Soweit der Vollzug, wie erörtert[7], rechtsfähigen Einrichtungen der Gemeinschaften zugewiesen ist, erfolgt der „gemeinschaftsunmittelbare" Vollzug durch selbständige Rechtsträger mediatisiert und damit mittelbar. Darüber hinaus scheint es aus einem weiteren Grunde verwirrend, für die Abgrenzung der Vollziehung durch Stellen der Gemeinschaften respektive nationale Stellen mit dem Begriffspaar unmittelbar/mittelbar zu operieren: Die Begriffe werden allgemein zur weiteren Systematisierung, und zwar zur Unterteilung des Vollzugs durch nationale Stellen (siehe unter III. 2.), herangezogen. Eine Mehrfachbelegung der Termini[8] ist jedoch im Sinne einer eindeutigen Nomenklatur zu vermeiden.

Von den üblichen Bezeichnungen ist daher die Unterscheidung in den direkten und den indirekten Vollzug vorzugswürdig. In dieser Arbeit werden in der Regel die eindeutigen und aus sich heraus verständlichen Umschreibungen „mitgliedstaatlicher Vollzug"[9] und „Vollzug durch Organe und Einrichtungen der Gemeinschaften" verwandt. Letzterem entspricht der von *Ehlers*[10] verwandte Begriff des gemeinschaftseigenen Vollzugs[11], der wegen der Mißverständlichkeit der anderen Bezeichnungen zunehmend Verbreitung findet[12] und verdient.

---

[7] Siehe oben § 4 I. 3. c) cc).

[8] Als dritte Variante verwendet *Bieber,* in: Schweitzer, Europ. VerwR, S. 85 (89), den Begriff „unmittelbare Gemeinschaftsverwaltung" für Verwaltungsbefugnisse, die unmittelbar die Rechtsbeziehungen zwischen Dritten und der Gemeinschaft betreffen, also für die *externe* Gemeinschaftsverwaltung. Zu der Unterscheidung intern/extern siehe unten im Text unter II. 2.

[9] Den Begriff des mitgliedstaatlichen (Verwaltungs-)Vollzugs bzw. der mitgliedstaatlichen Verwaltung verwenden *Scheuing,* in: Hoffmann-Riem/Schmidt-Aßmann, Innovation, S. 289 (295 ff.); vgl. auch *Herdegen,* EuropaR, Rdnr. 250 ff.: „nationaler Vollzug".

[10] *Ehlers,* in: Erichsen, Allg. VerwR, § 3 Rdnr. 39.

[11] Diese Bezeichnung ist dem grundgesetzlichen Begriff der bundeseigenen Verwaltung (Art. 86 S. 1 GG) nachgebildet. Weitergehende Rückschlüsse für die Systematisierung läßt diese Anleihe jedoch nicht zu, weil es an Parallelen zu den übrigen Verwaltungstypen beim Vollzug des Gemeinschaftsrechts fehlt.

[12] Vgl. jetzt außer *Ehlers* auch *Fischer,* EuropaR, S. 116; *Huber,* Europ. Integration, § 23; *Sommermann,* DVBl. 1996, S. 889 (891).

II. Vollzug durch Organe oder Einrichtungen der Gemeinschaften (gemeinschaftseigener Vollzug/direkter Vollzug)

1. Organisationsrechtliche Systematisierung des Vollzugs durch Organe und Einrichtungen der Gemeinschaften

Soweit die Gemeinschaften nach dem Grundsatz der begrenzten Ermächtigung durch oder aufgrund des Primärrechts Zuständigkeiten besitzen, wird das Gemeinschaftsrecht durch „Stellen“[13] der Gemeinschaften vollzogen.

Derartige Zuständigkeiten werden jedoch nicht nur den Organen der Gemeinschaften zugewiesen. Daher ist die Bezeichnung des Bereichs, der den Gemeinschaften zum Vollzug zugewiesen ist, als Verwaltungsvollzug durch Gemeinschaftsorgane[14], ungenau. Verwaltungszuständigkeiten werden vielmehr erstens auch zugunsten nichtrechtsfähiger Einrichtungen der Gemeinschaften begründet, die nicht zu den Organen im Sinne des Art. 4 EGV zählen. Zweitens bestehen Verwaltungszuständigkeiten von rechtsfähigen Einrichtungen, die ihre Grundlage teils unmittelbar im Primärrecht, teils in auf Art. 235 EGV gestützten Rechtsakten finden[15]. Insbesondere durch die Schaffung eigenständiger Rechtsträger über Art. 235 EGV ist also eine Form des mittelbaren Gemeinschaftsvollzugs entstanden[16], die mit der mittelbaren Staatsverwaltung vergleichbar ist.

Systematisch läßt sich der Bereich, in dem das Gemeinschaftsrecht Stellen der Gemeinschaften Vollzugskompetenzen zuweist, im Hinblick auf organisationsrechtliche Kriterien danach weiter untergliedern, ob die begründeten Zuständigkeiten einem Organ der Gemeinschaften im Sinne

---

[13] Dies ist der neutrale Oberbegriff, den das Gemeinschaftsrecht selbst verwendet, um Organe, nichtrechtsfähige Einrichtungen ohne Organqualität und rechtsfähige Einrichtungen zu erfassen. Im Hinblick auf die Mitgliedstaaten trägt die Weite des Begriffs deren unterschiedlichen Organisationsstrukturen Rechnung. So erfaßt der Begriff in Art. 189 Abs. 3 EGV auch Stellen, wie die deutschen Bundesländer, denen Staatsqualität zukommt (ebenso *Geiger,* EGV, Art. 5 Rdnr. 15). Wegen der vorab zu prüfenden Verbandszuständigkeit zu eng für föderativ verfaßte Staaten daher die Formulierung von *Grabitz,* in: Grabitz/Hilf, Art. 189 EWGV Rdnr. 59: „Mit innerstaatlichen Stellen sind die Organe gemeint, die im jeweiligen MS verfassungsrechtlich für die Ausführung zuständig sind (Parlament, Regierung, Verwaltung, Gerichte) und über die entsprechenden Mittel verfügen, die RL Ergebnisse in geeigneter Weise zu verwirklichen.“

[14] Siehe z.B. *Streinz,* EuropaR, Rdnr. 463: „Der Vollzug des Gemeinschaftsrechts erfolgt entweder von Gemeinschaftsorganen oder durch Organe der Mitgliedstaaten.“ Anders dagegen *ders.,* ebd., Rdnr. 468: Gemeinschaftsexterne Vollziehung erfolge „im wesentlichen durch die Kommission, ferner durch Verwaltungsstellen, die zum Teil mit eigener Rechtspersönlichkeit ausgestattet sind...“.

[15] Siehe die Aufstellung oben, § 4 I. 3.c) cc).

[16] *Oppermann,* EuropaR, Rdnr. 382; siehe auch den Vergleich mit der mittelbaren Staatsverwaltung des deutschen Rechts ebd., Rdnr. 372.

von Art. 4 EGV, einer nichtrechtsfähigen Einrichtung ohne Organstatus oder einer rechtsfähigen Einrichtung zugewiesen werden.

2. Aufgabenorientierte Systematisierung des Vollzugs durch Organe und Einrichtungen der Gemeinschaften: Gemeinschaftsinterner und gemeinschaftsexterner Vollzug

Häufig findet sich statt der dargelegten an die Organisationsstruktur anknüpfenden Systematisierung des Vollzugs durch Gemeinschaftsorgane und -einrichtungen (gemeinschaftseigener/direkter Vollzug) eine Unterscheidung des gemeinschafts*internen*[17] Vollzugs einerseits und des gemeinschafts*externen*[18] Vollzugs andererseits[19]. Diese Differenzierung knüpft an die Aufgabenrichtung der wahrzunehmenden Verwaltungskompetenzen an.

Während bei der gemeinschaftsexternen Verwaltung Vollzugsaufgaben gegenüber den Mitgliedstaaten oder deren Bürgern zu erfüllen sind, betrifft die gemeinschaftsinterne Verwaltung den inneren Bereich der Verwaltung. Zu diesen Indendaturaufgaben zählen insbesondere die bereits benannten Bereiche der Personalverwaltung, des Haushaltsvollzugs sowie der inneren Organisation der Gemeinschaften[20]. In dogmatischer Hinsicht ist die Differenzierung des gemeinschaftseigenen Vollzugs nach der Aufgabenrichtung nicht von Belang.

III. Mitgliedstaatlicher Vollzug

Im Regelfall erfolgt die Ausführung des Gemeinschaftsrechts durch Stellen der Mitgliedstaaten. Für die weitere Untersuchung des mitgliedstaatlichen Vollzugs ist von maßgeblicher Bedeutung, wie dieser dogmatisch im Verhältnis zu den Gemeinschaften und ihrer Organisation einzuordnen ist. Von der Rechtsnatur des mitgliedstaatlichen Vollzugs hängt ab, wie weit die Organisationsgewalt der Gemeinschaften reicht, welche Vorgaben das Gemeinschaftsrecht für den Vollzug durch nationale Stellen zulässigerweise enthalten kann. Je nach der Stellung der Mitgliedstaaten beim Verwaltungsvollzug von Gemeinschaftsrecht könnte damit auch die zentrale Frage der innerstaatlichen Kompetenzverteilung vorbestimmt sein.

---

[17] Siehe oben § 4 II. 1. a).

[18] Siehe oben § 4 II. 1. b) - e).

[19] Vgl. *Streinz,* EuropaR, Rdnr. 465f.; *Bieber,* in: Schweitzer, Europ. VerwR, S. 85 (89), unterscheidet zwischen Selbstverwaltung der Gemeinschaft und gemeinschaftsunmittelbarer Verwaltung: „Die Verwaltungsbefugnisse können sowohl die Funktionsweise der Institutionen selbst betreffen (= Selbstverwaltung,...) als auch unmittelbar Rechtsbeziehungen zwischen Dritten und der Gemeinschaft gestalten (= unmittelbare Gemeinschaftsverwaltung,...)".

[20] *Streinz,* in: Isensee/Kirchhof, HdbStR VII, § 182 Rdnr. 4.

1. Rechtsnatur des mitgliedstaatlichen Vollzugs

Die Rechtsnatur des mitgliedstaatlichen Vollzugs im System des Verwaltungsvollzugs des Gemeinschaftsrechts folgt aus den Grundlagen der Kompetenzzuweisungen an die Gemeinschaften. Die Mitgliedstaaten sind für den Verwaltungsvollzug des Gemeinschaftsrechts zuständig, wenn sie ihre Kompetenzen nicht nach Maßgabe des Grundsatzes der begrenzten Ermächtigung auf die Gemeinschaften übertragen haben. Im Bereich des Verwaltungsvollzugs haben die Mitgliedstaaten, wie der Überblick über die Kompetenzzuweisungen an die Gemeinschaften gezeigt hat[21], sich von vornherein ihrer Hoheitsgewalt nur in äußerst geringem Umfang begeben. Insbesondere die Europäische (Wirtschafts-)Gemeinschaft ist in weit geringerem Maße als Verwaltungs- denn als Rechtsetzungsgemeinschaft konzipiert.

Beim mitgliedstaatlichen Vollzug des EG-Rechts handelt es sich also nicht etwa um eine Rückdelegation[22] gemeinschaftlicher Zuständigkeiten oder eine Form gemeinschaftlichen Handelns unter Durchgriff auf die Mitgliedstaaten oder deren Organe. Dies schließt nicht aus, daß gemeinschaftsrechtliche Vorgaben für den mitgliedstaatlichen Vollzug bestehen[23], möglicherweise – unter Wahrung des Prinzips der begrenzten Ermächtigung – auch Kontroll- oder Ingerenzrechte der Gemeinschaften[24]. Die Mitgliedstaaten werden jedoch, wenn sie Gemeinschaftsrecht vollziehen, in keiner Weise in die Gemeinschaftsorganisation eingestellt[25]. Die Mitgliedstaaten handeln bei der Erfüllung ihrer Mitwirkungspflichten nach den Gemeinschaftsverträgen nicht im Sinne eines „dédoublement fonctionnel" zugleich als Organe der Gemeinschaft[26]. Es geht daher fehl, die Behandlung der Organisationsbefugnisse hinsichtlich des mitgliedstaatlichen Vollzugs mit „Die EG-Mitgliedstaaten in der Verwaltungsorganisation der Gemeinschaft" zu überschreiben[27]. Entsprechende Deutungen wären mit dem Prinzip der begrenzten Ermächtigung unvereinbar, demgemäß im Bereich des Verwaltungsvollzugs nur punktuelle Kompetenzzuweisungen zugunsten der Gemeinschaften erfolgt sind.

---

[21] Siehe oben § 4 II.

[22] Vgl. *Stettner,* in: Dauses, EG-WirtschaftsR, B III Rdnr. 11; *A. Weber,* Durchführung des Gemeinschaftsrechts, S. 10f.; siehe auch bereits *Birke,* Bundesländer in den EG, S. 118ff.

[23] Siehe unten § 6.

[24] Dazu § 6 II. 3. a) cc) (3).

[25] Vgl. auch bereits *Everling,* FS Doehring, S. 179 (189), der dies als Ausdruck der föderalen Struktur der EG wertet.

[26] *H. P. Ipsen,* EG-Recht, § 9 Rdnr. 17; für den Bereich des Planvollzugs auch *Friauf,* in: Kaiser, Planung IV, S. 41 (55).

[27] So *Klösters,* EG-Kommission, S. 56.

Mit dem Grundsatz der begrenzten Ermächtigung, nach dem Zuständigkeitsbegründungen der Gemeinschaften rechtstechnisch als Ausnahme anzusehen sind, in Widerspruch stehen Formulierungen, nach denen mitgliedstaatliche Zuständigkeiten diesen durch die Verträge „eingeräumt“[28] seien. Soweit die Mitgliedstaaten ihre zunächst unbeschränkte Zuständigkeit nicht durch die Übertragung von Hoheitsrechten auf die Gemeinschaften vermindert haben, ist es vielmehr bei der ursprünglichen Verwaltungshoheit der Mitgliedstaaten verblieben. Beim mitgliedstaatlichen Vollzug von Gemeinschaftsrecht handelt es sich also nicht um eine Form des Tätigwerdens der Gemeinschaften, sondern die Ausübung der *originären* Verwaltungshoheit, die den Staaten kraft ihrer Souveränität zusteht[29]. Die Maßnahmen des mitgliedstaatlichen Vollzugs sind daher nicht den Gemeinschaftsorganen zuzurechnen[30]. Es handelt sich vielmehr um Akte der deutschen hoheitlichen Gewalt[31].

---

[28] Zumindest mißverständlich daher *Klösters,* EG-Kommission, S. 59: „Die Zulässigkeit der Einflußnahme kann nicht mit der Begründung abgelehnt werden, dadurch seien den Mitgliedstaaten zugewiesene Verwaltungskompetenzen in unberechtigter Weise in Mitleidenschaft gezogen, denn die Ausübung von verwaltungsrechtlichen Kontrollmechanismen berührt die *durch die Gründungsverträge eingeräumten Verwaltungskompetenzen der Mitgliedstaaten* nicht.“ (Hervorhebung hinzugefügt).

[29] Mißverständlich daher die Formulierung *Streils,* in: BBPS, EU, 6.5.2, S. 226: „Die Zuständigkeit der Mitgliedstaaten *folgen* zum einen aus Spezialvorschriften wie Art. 192 EGV, der den mitgliedstaatlichen Behörden die Vollstreckung von Entscheidungen des Rates und der Kommission zuweist, und zum anderen aus Art. 5 EGV, der die Mitgliedstaaten verpflichtet, alle geeigneten Maßnahmen zur Erfüllung der sich aus dem Gemeinschaftsrecht ergebenden Verpflichtungen zu treffen.“ (Hervorhebung hinzugefügt). – Art. 5 EGV begründet keine mitgliedstaatlichen Zuständigkeiten, sondern setzt diese voraus, indem er hinsichtlich deren Ausübung bestimmte Handlungs- und Unterlassungspflichten normiert. Die mitgliedstaatlichen Verwaltungszuständigkeiten „folgen“ daher im allgemeinen daraus, daß sie nicht den Gemeinschaften übertragen worden sind.

Das „folgen“ im Sinne einer konstitutiven Bedeutung läßt sich allenfalls hinsichtlich Art. 192 EGV rechtfertigen, weil die Verwaltungsvollstreckungskompetenz üblicherweise als Annex der Verwaltungskompetenz angesehen wird, so daß man bei Fehlen des Art. 192 EGV von einer gemeinschaftlichen Zuständigkeit ausgehen könnte.

[30] Vgl. dafür z.T. noch *Erichsen,* VerwArch. 66 (1975), S. 177 (181); nach *Conrad,* Formen der Vollziehung, S. 245, handeln die Mitgliedstaaten „als ‚Organe' der Gemeinschaften“.

[31] Vgl. BVerfGE 37, 271 (283): „Vollzieht eine Verwaltungsbehörde der Bundesrepublik Deutschland oder handhabt ein Gericht der Bundesrepublik Deutschland eine Verordnung der Gemeinschaft, so liegt darin Ausübung deutscher Staatsgewalt“; ebenso *Stettner,* in: Dauses, EG-WirtschaftsR, B III Rdnr. 11; *Streinz,* in: Isensee/Kirchhof, HdbStR VII, § 182 Rdnr. 5; *Brenner,* Gestaltungsauftrag, S. 273; *H. P. Ipsen,* EG-Recht, § 9 Rdnr. 23ff.; vgl. auch *Streil,* in: BBPS, EU, 6.5.1, S. 224: Durchführung des Gemeinschaftsrechts „im eigenen Namen“ durch die Mitgliedstaaten beim indirekten Vollzug.

Aus den gleichen Gründen kann die Ausübung nationaler Staatsgewalt nicht mit dem Argument verneint werden, es werde Gemeinschaftsrecht rechtsatzmäßig umgesetzt[32] bzw. im hier zur Diskussion stehenden Bereich verwaltungsmäßig vollzogen[33]. Maßgeblich ist nicht die Urheberschaft hinsichtlich des anzuwendenden Rechts, sondern die Zuordnung der Vollzugsmaßnahmen zu einem bestimmten Hoheitsträger[34].

2. Formen des mitgliedstaatlichen Vollzugs: Mittelbarer und unmittelbarer Vollzug

Der mitgliedstaatliche (indirekte) Vollzug des Gemeinschaftsrechts wird üblicherweise in zwei Bereiche untergliedert: den unmittelbaren und den mittelbaren Vollzug[35].

a) Unmittelbarer mitgliedstaatlicher Vollzug

Von unmittelbarem mitgliedstaatlichem Vollzug wird gesprochen, wenn die Mitgliedstaaten unmittelbar geltendes Gemeinschaftsrecht vollziehen, also Normen, die nationale Stellen berechtigen oder verpflichten, ohne erst der Durchführung durch nationale Bestimmungen zu bedürfen[36]. Der Begriff der Un-/Mittelbarkeit bezieht sich also nicht in erster Linie auf die Art des Vollzuges, sondern die Geltungskraft des zu vollziehenden Gemeinschaftsrechts.

Als vollzugsbedürftiges, unmittelbar geltendes Gemeinschaftsrecht kommen folgende Rechtsakte in Betracht[37]:

---

[32] Für die Qualifizierung von innerstaatlichen Umsetzungsnormen als Gemeinschaftsrecht noch *Zweigert,* FS Dölle II, S. 401 (415); dagegen bereits frühzeitig *H. P. Ipsen,* EG-Recht, § 1 Rdnr. 5; *ders.,* FS Ophüls, S. 67 (78); *Scheuing,* DÖV 1975, S. 145 (149); *Zuleeg,* KSE 9, S. 326.

[33] Vgl. aber *Erichsen,* VerwArch. 66 (1975), S. 177 (181); *Riegel,* NJW 1974, S. 1585 (1589); wie hier später *ders.,* BayVBl. 1978, S. 289 (295).

[34] Vgl. *H. P. Ipsen,* EG-Recht, § 9 Rdnr. 23ff.; *Streinz,* in: Isensee/Kirchhof, HdbStR VII, § 182 Rdnr. 31.

[35] *Ehlers,* in: Erichsen, Allg. VerwR, § 3 Rdnr. 43; *Rengeling,* Rechtsgrundsätze, S. 10f.; *Scheuing,* in: Hoffmann-Riem/Schmidt-Aßmann, Innovation, S. 289 (295); *Schweitzer/Hummer,* EuropaR, Rdnr. 427f.; *Streinz,* EuropaR, Rdnr. 467.

[36] Siehe *Rengeling,* Rechtsgrundsätze, S. 10; *ders.,* VVDStRL 53 (1994), S. 202 (206).

[37] *Rengeling,* Rechtsgrundsätze, S. 10; *Stettner,* in: Dauses, EG-WirtschaftsR, B III Rdnr. 12f.; *Schweitzer/Hummer,* EuropaR, Rdnr. 427.

aa) Primärrecht

Taugliche Grundlage des unmittelbaren mitgliedstaatlichen Vollzugs kann zunächst das Primärrecht sein[38], sofern die vertraglichen Bestimmungen ohne weitere Durchführungsvorschriften vollzugsfähige Berechtigungen oder Verpflichtungen normieren. Daß einzelnen Vorschriften des Primärrechts die hierfür erforderliche unmittelbare Wirkung zukommen kann, ist seit der Entscheidung des EuGH im Fall van Gend & Loos[39] anerkannt[40]. Voraussetzung der unmittelbaren Wirkung einer primärrechtlichen Bestimmung ist nach der Rechtsprechung des EuGH, daß die Norm (1.) rechtlich vollkommen sowie (2.) klar und unbedingt ist, (3.) zu ihrer Durchführung keiner weiteren Maßnahmen der Gemeinschaftsorgane oder Mitgliedstaaten bedarf und (4.) den Mitgliedstaaten keinen Ermessensspielraum beläßt[41]. Als unmittelbar wirkende Normen des Primärrechts sind aus dem Bereich des EWG-Vertrages insbesondere die Art. 7, 9, 12[42], 13 Abs. 2, 16, 30, 31 Abs. 2, 37 Abs. 1 und 2, 48, 52f.[43], 59 Abs. 1, 60, 85f., 90 Abs. 1, 93 Abs. 3, 95 Abs. 1[44] und 2 sowie 119 anerkannt[45].

bb) Verordnungen

Sekundärrechtlicher Normalfall des unmittelbar geltenden Gemeinschaftsrechts ist die Verordnung. Diese hat nach Art. 189 Abs. 2 EGV allgemeine Geltung. Sie ist in allen ihren Teilen verbindlich und gilt unmittelbar in jedem Mitgliedstaat. Soweit Verordnungen des Vollzuges bedürfen und dafür eine Gemeinschaftszuständigkeit nicht begründet ist, sind sie also auf die Vollziehung durch die Mitgliedstaaten angelegt und angewiesen. Die Vollziehung von Verordnungen gem. Art. 189 Abs. 2 EGV bildet dementsprechend den Hauptfall des unmittelbaren mitgliedstaatlichen Vollzugs.

---

[38] *Stettner,* in: Dauses, EG-WirtschaftsR, B III Rdnr. 12 a.E; *Streinz,* EuropaR, Rdnr. 467.

[39] EuGH, Urt. v. 5.2.1963, Rs. 26/62 (van Gend & Loos/Niederländische Finanzverwaltung), Slg. 1963, S. 1ff.

[40] *Bieber,* in: BBPS, EU, 6.3.2, S. 207ff.; *Jarass,* NJW 1990, S. 2420 (2420).

[41] So die bzgl. Art. 95 Abs. 1 EWGV bejahten Kriterien in EuGH, Urt. v. 16.6.1966, Rs. 57/65 (A. Lütticke GmbH/Hauptzollamt Saarlouis), Slg. 1966, S. 257ff.

[42] EuGH, Urt. v. 5.2.1963, Rs. 26/62 (van Gend & Loos/Niederländische Finanzverwaltung), Slg. 1963, S. 1ff.

[43] Zur unmittelbaren Wirkung der Niederlassungsfreiheit *Jarass,* FS Lerche, S. 443 (457).

[44] EuGH, Urt. v. 16.6.1966, Rs. 57/65 (A. Lütticke GmbH/Hauptzollamt Saarlouis), Slg. 1966, S. 257ff.

[45] Zusammenstellungen bei *Schweitzer,* StaatsR III, Rdnr. 390.

Die Mehrzahl der Verordnungen ergeht dabei im Bereich des Agrarrechts, in dem die Vollziehung fast ausschließlich den Mitgliedstaaten obliegt. Daneben erfolgt unmittelbarer mitgliedstaatlicher Vollzug von Verordnungen insbesondere hinsichtlich des europäischen Zollrechts und des Rechts der sozialen Sicherheit, soweit nicht die der Kommission zugewiesene Zuständigkeit zur Verwaltung des Europäischen Sozialfonds eingreift[46].

Obwohl die Verordnung nach dem vertraglichen Leitbild des Art. 189 Abs. 2 EGV umfassend mit unmittelbarer Geltungskraft ausgestattet ist und damit auch unmittelbar vollzugsfähig sein sollte, ergehen in der Praxis nicht selten Verordnungen, die zwangsläufig einer rechtssatzmäßigen Ergänzung oder Konkretisierung bedürfen, bevor sie taugliche Grundlage des Verwaltungsvollzugs sein können. Für diese sog. hinkenden Verordnungen[47] ist hinsichtlich des Vollzugs folgendermaßen zu differenzieren. Soweit nationale Normen zu ihrer Ergänzung oder Konkretisierung ergehen, die ihrerseits ausführungsfähig und -bedürftig sind, gelten die Regelungen des mittelbaren mitgliedstaatlichen Vollzugs. Für die Bestimmungen, die ohne Dazwischentreten einer nationalen Durchführungsnorm vollzugsfähig sind, sind dagegen die Kompetenzregelungen des unmittelbaren mitgliedstaatlichen Vollzugs anzuwenden.

cc) Richtlinien

Richtlinien haben im Grundsatz keine unmittelbare Wirkung. Sie sind nach Art. 189 Abs. 3 EGV für den Mitgliedstaat, an den sie gerichtet sind, nur hinsichtlich des zu erreichenden Zieles verbindlich, überlassen jedoch den innerstaatlichen Stellen die Wahl der Form und der Mittel. Erst durch die Umsetzung der Richtlinie durch die Mitgliedstaaten werden bei ordnungsgemäßem Fortgang dieses zweiaktigen Verfahrens Rechte und Pflichten der einzelnen Bürger begründet.

Ausnahmsweise können Richtlinien jedoch zugunsten des einzelnen gegen den jeweiligen Mitgliedstaat unmittelbare Wirkung entfalten. Diese beschränkte Direktwirkung von Richtlinien ist in der Rechtsprechung des EuGH seit den 70er Jahren anerkannt[48]. Auch im Schrifttum und – wenn auch nicht ohne Widerstände[49] – in der nationalen Rechtsprechung hat sich

---

[46] Vgl. zu den Bereichen unmittelbarer mitgliedstaatlicher Vollziehung *Stettner,* in: Dauses, EG-WirtschaftsR, B III Rdnr. 16; *Scheuing,* in: Hoffmann-Riem/ Schmidt-Aßmann, Innovation, S. 289 (295).

[47] Vgl. zum Begriff *Oppermann,* EuropaR, Rdnr. 553.

[48] EuGH, Urt. v. 4.12.1974, Rs. 41/74 (van Duyn/Home Office), Slg. 1974, S. 1337 (1348f. Tz. 9ff.); EuGH, Urt. v. 17.12.1970, Rs. 33/70 – Spa SACE – , Slg. 1970, S. 1213ff.; EuGH, Urt. v. 19.1.1982, Rs. 8/81 (Becker/Finanzamt Mün-

diese Auffassung durchgesetzt[50]; zum Teil wird allerdings restriktiv die exakte Einhaltung der nachfolgend behandelten Voraussetzungen gefordert, um einen Formenmißbrauch im Verhältnis zur Verordnung zu vermeiden[51].

Der Anerkennung einer unmittelbaren Wirkung von Richtlinien liegen vor allem zwei Erwägungen zugrunde. Aus Sicht der Gemeinschaften soll die praktische Wirksamkeit ihrer Maßnahmen nicht durch die Untätigkeit eines Mitgliedstaates beeinträchtigt werden[52]. Auch die unmittelbare Wirksamkeit findet ihre Grundlage damit im Gedanken des „effet utile"[53]. Aus der Sicht des einzelnen Bürgers soll dem Mitgliedstaat nicht auch noch zum Vorteil gereichen, daß er es pflichtwidrig unterlassen hat, eine Richtlinie fristgemäß national umzusetzen[54]. Dieser Einwand stellte daher einen Verstoß gegen Treu und Glauben[55] dar und wäre somit einer *exceptio doli* ausgesetzt.

Die unmittelbare Wirkung von Richtlinienbestimmungen ist unter folgenden Voraussetzungen anzuerkennen[56]:

(1) Die fragliche Richtlinienbestimmung ist nicht oder nicht ordnungsgemäß innerhalb der den Mitgliedstaaten gesetzten Frist[57] umgesetzt worden.

---

ster), Slg. 1982, S. 53ff.; EuGH, Urt. v. 15.5.1986, Rs. 222/84 (M. Johnston/Chief Constable of the Royal Ulster Constabulary), Slg. 1986, S. 1651 (1691).

49 Insbesondere der BFH lehnte die unmittelbare Wirkung von Richtlinien zunächst ab, siehe BFHE 138, 383; diese Entscheidung hat das BVerfG wegen Entziehung des gesetzlichen Richters im Sinne des Art. 101 Abs. 1 S. 2 GG aufgehoben, BVerfGE 75, 223ff. Siehe auch die eine Direktwirkung ablehnenden Entscheidung des französischen Conseil d'Etat, EuR 1979, S. 292ff. (Cohn-Bendit).

50 *Everling,* FS Carstens I, S. 95ff.; *W. Groß,* JuS 1990, S. 522 (525); *Papier,* DVBl. 1993, S. 809ff.; *Rengeling,* in: Schweitzer, Europ. VerwR, S. 29 (37); *Sacksofsky,* in: v. Danwitz, Europ. Staatlichkeit, S. 91 (100); *Schweitzer/Hummer,* EuropaR, Rdnr. 364ff.; *Winter,* DVBl. 1991, S. 657ff.

51 *Everling,* FS Carstens I, S. 95ff.; *Oppermann,* EuropaR, Rdnr. 466f.

52 EuGH, Urt. v. 19.1.1982, Rs. 8/81 (Becker/Finanzamt Münster), Slg. 1982, S. 53 (71): Die „praktische Wirkung einer Maßnahme würde abgeschwächt, wenn die staatlichen Gerichte sie nicht als Bestandteil des Gemeinschaftsrechts berücksichtigen könnten".

53 Ebenso *Bieber,* in: BBPS, EU, 6.3.3, S. 210; *Schweitzer/Hummer,* EuropaR, Rdnr. 364; *Streinz,* FS Everling II, S. 1491 (1496f.).

54 EuGH, Urt. v. 12.7.1990, Rs. C-188/89 (Foster), Slg. 1990-I, S. 3313 (3348 Tz. 17): Es solle verhindert werden, daß „der Staat aus seiner Nichtbeachtung des Gemeinschaftsrechts Nutzen ziehen kann".

55 Vgl. *Bieber,* in: BBPS, EU, 6.3.3, S. 210 und 6.3.4, S. 212; *Papier,* DVBl. 1993, S. 809 (809).

56 Vgl. *Bieber,* in: BBPS, EU, 6.3.3, S. 210; *Schweitzer,* StaatsR III, Rdnr. 266.

57 Vor Ablauf der Umsetzungsfrist scheidet eine unmittelbare Wirksamkeit aus, siehe EuGH, Urt. v. 5.4.1979, Rs. 148/78 (Strafverfahren gegen Tullio Ratti), Slg. 1979, S. 1629 (1645 Tz. 43ff.).

(2) Die Richtlinienbestimmung ist „inhaltlich unbedingt“ und „hinreichend genau“ formuliert.

Es muß sich bei der Richtlinienvorschrift also um eine in jenem Sinne „perfekte“ Norm handeln[58]. Andernfalls kommt statt der unmittelbaren Wirkung nur ein Schadenersatzanspruch gegen den säumigen Mitgliedstaat wegen der rechtswidrigen Nichtumsetzung nach Maßgabe der Grundsätze in Betracht, die der EuGH in den Rechtssachen Francovich u. a.[59] dargelegt hat. Die Voraussetzungen des originär gemeinschaftsrechtlichen Staatshaftungsanspruchs hat der EuGH in der Rechtssache Pêcheur[60] konkretisiert.

Zum Teil wird hinsichtlich dieser zweiten Voraussetzung einer unmittelbaren Wirkung gefordert, die fragliche Richtlinienbestimmung müsse

---

[58] Vgl. *Oppermann,* EuropaR, Rdnr. 466.

[59] EuGH, Urt. v. 19.11.1991, Verb. Rs. C-6/90 und 9/90 (Francovich u.a./Italien), Slg. 1991-I, S. 5357 (5416 Tz. 33ff.); bestätigt durch EuGH, Urt. v. 16.12.1993, Rs. C-334/92 (Teodoro Wagner Miret/Fondo de Garantía Salarial), EuZW 1994, S. 182f.; siehe ferner die Rechtsprechungsnachweise in der folgenden FN; zu Gemeinschaftsrecht und Staatshaftung siehe *Bryde,* in: v. Münch/Kunig, GG, Art. 34 Rdnr. 41; *Klein,* in: Schmidt-Bleibtreu/Klein, GG, Art. 34 Rdnr. 1a; *M. Böhm,* JZ 1997, S. 53ff.; *Buschhaus,* JA 1992, S. 142ff.; *Cornils,* Staatshaftungsanspruch; *v. Danwitz,* JZ 1994, S. 335ff.; *ders.,* DVBl. 1997, S. 1ff.; *Ehlers,* JZ 1996, S. 776ff.; *H. G. Fischer,* EuZW 1992, S. 41ff.; *Führich,* EuZW 1993, S. 725ff.; *J. Geiger,* in: v. Danwitz, Europ. Staatlichkeit, S. 109ff.; *dies.,* DVBl. 1993, S. 465ff.; *Häde,* BayVBl. 1992, S. 449ff.; *Hailbronner,* JZ 1992, S. 284ff.; *Jarass,* NJW 1994, S. 881ff.; *Karl,* RIW 1992, S. 440ff.; *Khan,* NJW 1993, S. 2646ff.; *Kopp,* DÖV 1994, S. 201ff.; *Langenfeld,* DÖV 1992, S. 955ff.; *Leible/Sosnitza,* MDR 1993, S. 1159ff.; *Maurer,* Allg. VerwR, § 28 Rdnr. 53ff.; *Meier,* NVwZ 1996, S. 660f.; *Nettesheim,* DÖV 1992, S. 999ff.; *Ossenbühl,* DVBl. 1992, S. 993ff.; *ders.,* FS Everling II, S. 1031ff.; *Pieper,* NJW 1992, S. 2454ff.; *Prieß,* NVwZ 1993, S. 118ff.; *Scherzberg,* Jura 1993, S. 225ff.; *Schimke,* EuZW 1993, S. 698ff.; *Schlemmer-Schulte,* EuZW 1991, S. 307ff.; *dies./Ukrow,* EuR 1992, S. 82ff.; *Schockweiler,* EuR 1993. S. 107ff.; *ders.,* FS Everling II, S. 1315ff.; *Streinz,* EuZW 1993, S. 599ff.; *ders.,* EuZW 1996, S. 201ff.; *ders.,* EuropaR, Rdnr. 410ff.; *Tomuschat,* FS Everling II, S. 1585ff.; *Triantafyllou,* DÖV 1992, S. 564ff.; *Wittkowski,* NVwZ 1994, S. 326ff.

[60] EuGH, Urt. v. 5.3.1996, Verb. Rs. C-46/93 u. 48/93 (Brasserie du pêcheur/Deutschland u.a.), Slg. 1996-I, S. 1029ff. Danach besteht ein originärer gemeinschaftsrechtlicher Staatshaftungsanspruch, sofern die verletzte Rechtsnorm subjektiv-rechtlichen Charakter hat, der Verstoß hinreichend qualifiziert ist und zwischen dem Verstoß gegen das Gemeinschaftsrecht und dem Schaden ein unmittelbarer Kausalzusammenhang besteht (ebd., S. 1149ff. Tz. 51ff.); ebenso EuGH, Urt. v. 26.3.1996, Rs. C-392/93 (The Queen/H. M. Treasury, ex parte: British Telecommunications), Slg. 1996-I, S. 1631 (1668 Tz. 39f.); EuGH, Urt. v. 23.5.1996, Rs. C-5/94 (The Queen/Ministry of Agriculture, Fisheries and Food, ex parte: Hedley Lomas), Slg. 1996-I, S. 2553 (2613 Tz. 25f.); EuGH, Urt. v. 8.10.1996, Verb. Rs. C-178, 179 u. 188 - 190/94 (Dillenkofer u.a./Deutschland), NJW 1996, S. 3141 (3142 Tz. 21, 29).

bereits „self executing" sein[61]. Dem ist nur zuzustimmen, wenn man jenen Begriff anders verwendet als im deutschen Rechtsraum bislang weitgehend üblich. Der Terminus der „self executing"-Norm wird dort vor allem hinsichtlich der Zulässigkeitsprüfung der Verfassungsbeschwerde verwendet. Sofern bei der Verfassungsbeschwerde am Zulässigkeitserfordernis der unmittelbaren Betroffenheit als Merkmal der Beschwerdebefugnis festgehalten wird[62], soll diese fehlen, sofern ein Gesetz zu seiner Durchführung „rechtsnotwendig oder auch nur nach der tatsächlichen Verwaltungspraxis einen besonderen Vollzugsakt voraus(setzt)"[63].

Wenn man den Begriff der „self executing"-Norm im Zusammenhang mit der unmittelbaren Wirkung von Richtlinien verwenden will, kann er nicht anders als im Sinne der dargelegten Anforderungen inhaltlicher Bestimmtheit und hinreichender Genauigkeit verstanden werden[64]. Insbesondere wäre es unzulässig, ihn in einer Weise auszulegen, die eine Direktwirkung einer Richtlinie stets ausschließt, sofern noch ein Vollzugsakt durch die Verwaltung des Mitgliedstaats zu ergehen hat; dies wiederum hätte zwangsläufig zur Folge, daß unmittelbar wirksame Richtlinien als Grundlage des unmittelbaren mitgliedstaatlichen Vollzugs nicht in Betracht kommen könnten.

Die unmittelbare Wirkung einer Richtlinie soll der Bürger nämlich nicht nur gegenüber den Gerichten, sondern gegenüber allen staatlichen Stellen[65] und damit auch gegenüber der Verwaltung des Mitgliedstaats geltend

---

61 *Grabitz,* in: Grabitz/Hilf, Art. 189 EWGV Rdnr. 60: „Die RL wäre in ihrer Funktion erheblich eingeschränkt, wenn der einzelne sich zumindest nicht auf die Rechtspositionen stützen könnte, die klar umrissen sind und bereits self-executing-Charakter haben".

62 Für die Überflüssigkeit des Merkmals und eine Lösung über die gesetzliche Subsidiaritätsregelung in § 90 Abs. 2 BVerfGG *van den Hövel,* Verfassungsbeschwerde, S. 144ff., 155f.; grundsätzlich ähnlich bereits *Schenke,* NJW 1986, S. 1451 (1460), da dem Merkmal gegenüber der Subsidiarität prozessual keine zusätzliche Filterfunktion zukomme, während materiell-rechtliche Fragen über den Begriff des Eingriffs zu lösen seien; das Merkmal der unmittelbaren Betroffenheit oder Beschwer verwenden weiterhin: *Maunz,* in: Maunz/Dürig, GG, Art. 93 Rdnr. 67; *Pieroth,* in: Jarass/Pieroth, GG, Art. 93 Rdnr. 45; *Pieroth/Schlink,* StaatsR II, Rdnr. 1226ff.

63 BVerfGE 72, 39 (43); als Vollzugsakt in diesem Sinne kommt auch eine untergesetzlich Norm wie eine Rechtsverordnung in Betracht, siehe BVerfGE 53, 366 (389); 74, 297 (321); für Satzungen BVerfGE 61, 260 (274); zustimmend *Gusy,* Verfassungsbeschwerde, Rdnr. 122; *Pieroth,* in: Jarass/Pieroth, GG, Art. 93 Rdnr. 45.

64 Vgl. auch die Verwendung von „self executing" bei *Schweitzer/Hummer,* EuropaR, 4. Aufl. 1993, S. 82: „Die Annahme einer unmittelbaren Wirkung einer Richtlinie ist dort nicht weiter problematisch, wo bei einem „self executing" (d.h. einem unbedingten, hinreichend genauen und deshalb unmittelbar anwendbaren) Inhalt eine zur Zielerreichung in der Richtlinie gestellte Frist abgelaufen ist." Vgl. ähnlich die Folgeauflage, Rdnr. 355.

machen können[66]. Die Richtlinie muß demnach nur ohne weiteres vollziehbar[67] sein, nicht etwa gar nicht vollzugsbedürftig, wie dies die Formulierung „self executing“ nahelegt.

An der hinreichenden Bestimmtheit (und damit dem „self executing“-Charakter in dem dargelegten Sinne[68]) fehlt es daher nur, wenn die Richtlinie den Mitgliedstaaten nach ihrem Inhalt einen Umsetzungsspielraum beläßt. Räumt eine Richtlinienbestimmung den Mitgliedstaaten einen Gestaltungs-, Ermessens- oder (nach der spezifisch deutschen Dogmatik) Beurteilungsspielraum ein, scheidet eine unmittelbare Wirkung der Richtlinienvorschrift aus.

(3) Zum Teil[69] wird als dritte „Voraussetzung“ einer unmittelbaren Wirkung gefordert, daß die fragliche Richtlinienbestimmung den einzelnen *begünstigen* müsse.

Damit wird freilich nicht eine Voraussetzung der Direktwirkung, sondern der Umfang ihrer rechtlichen Folgen beschrieben[70]. Erforderlich ist die Verleihung subjektiver Rechte daher nur, soweit Leistungsansprüche gegen den Staat geltend gemacht werden.

Die ausnahmsweise unmittelbare Wirkung der Richtlinie knüpft an eine Pflichtverletzung des säumigen Mitgliedstaats an (Art. 5, 189 Abs. 3 EGV[71]), während die nicht ordnungsgemäße Umsetzung dem einzelnen Bürger, der nicht Adressat der Richtlinie ist, nicht angelastet werden kann. Im Verhältnis Mitgliedstaat – Bürger wirkt die nicht umgesetzte Richtlinie daher zugunsten, nicht aber zu Lasten des einzelnen[72]. Aus den gleichen

---

65 Dazu rechnen in der Bundesrepublik neben Bund, Ländern und Gemeinden auch andere Personen des Öffentlichen Rechts, zutreffend *Jarass,* NJW 1991, S. 2665 (2665); ebenso EuGH, Urt. v. 22.6.1989, Rs. 103/88 (Fratelli Costanzo/ Stadt Mailand), Slg. 1989, S. 1839 (1871 Tz. 31): unmittelbare Wirkung erfaßt „alle Träger der Verwaltung einschließlich der Gemeinden und der sonstigen Gebietskörperschaften“.

66 EuGH, Urt. v. 22.6.1989, Rs. 103/88 (Fratelli Costanzo/Stadt Mailand), Slg. 1989, S. 1839 (1870f. Tz. 30ff.); *Jarass,* NJW 1990, S. 2420 (2421 FN 20); *Oppermann,* EuropaR, Rdnr. 466; *Schweitzer/Hummer,* EuropaR, Rdnr. 366; kritisch *Pieper,* DVBl. 1990, S. 684 (688).

67 *Oppermann,* EuropaR, Rdnr. 466.

68 Siehe *Streinz,* EuropaR, Rdnr. 402.

69 Vgl. *Streinz,* EuropaR, Rdnr. 402.

70 Vgl. *Jarass,* NJW 1990, S. 2420 (2422f.).

71 Normativ sind dies die vom EuGH herangezogenen Grundlagen der unmittelbaren Wirkung von Richtlinien, siehe EuGH, Urt. v. 20.9.1988, Rs. 190/87 (OKD Borken/Handelsonderneming Moormann), Slg. 1988, S. 4689 (4722 Tz. 22).

72 EuGH, Urt. v. 8.10.1987, Rs. 80/86 (Strafverfahren gegen Kolpinghuis Nijmegen), Slg. 1987, S. 3969 (3985f. Tz. 9f.); EuGH, Urt. v. 26.2.1986, Rs. 152/84 (Marshall/Health Authority), Slg. 1986, S. 723 (749 Tz. 48); EuGH, Urt. v. 11.6.1987, Rs. 14/86 (Pretore di Salò/X), Slg. 1987, S. 2545 (2570 Tz. 19); *Jarass,* NJW 1990, S. 2420 (2421f.); *Oppermann,* EuropaR, Rdnr. 466; *Papier,*

Erwägungen läßt der EuGH eine horizontale Direktwirkung zwischen Privaten nicht zu[73].

Die Schutznormqualität einer Richtlinie ist danach aber nicht allgemeine Voraussetzung ihrer Direktwirkung. Vielmehr ist nur für Leistungsansprüche und Schadenersatzansprüche[74] erforderlich, daß die jeweilige Richtlinienbestimmung dem Schutz des einzelnen Anspruchstellers zu dienen bestimmt ist[75].

Aus der vom EuGH verwandten Formulierung, der Betroffene könne sich auf die unmittelbare Wirkung „berufen", ist mitunter gefolgert worden, es sei eine Geltendmachung der unmittelbaren Wirkung erforderlich[76]. Dagegen hat der EuGH in der Rechtssache Costanzo klargestellt, daß alle Träger der öffentlichen Verwaltung unmittelbar wirkende Richtlinienbestimmungen anzuwenden haben[77]. Die unmittelbare Wirkung ist demnach von Amts

---

DVBl. 1993, S. 809 (810); *Schweitzer/Hummer,* EuropaR, Rdnr. 365; gegen eine Begrenzung auf die unmittelbare Anwendbarkeit von Richtlinien zugunsten des einzelnen z.B. *Sacksofsky,* in: v. Danwitz, Europ. Staatlichkeit, S. 91 (101 ff. m.w.N.). Zum Streitstand um Belastungswirkungen bei Richtlinien mit Doppelwirkung siehe die Nachw. bei *Papier,* DVBl. 1993, S. 809 (811 FN 25).

[73] EuGH, Urt. v. 26.2.1986, Rs. 152/84 (Marshall/Health Authority), Slg. 1986, S. 723 (749 Tz. 48); EuGH, Urt. v. 14.7.1994, Rs. C-91/92 (Dori/Recreb), EuZW 1994, S. 498 ff. = NJW 1994, S. 2473 (2474 Tz. 24): „Eine Ausdehnung dieser Rechtsprechung auf den Bereich der Beziehungen zwischen Bürgern hieße, der Gemeinschaft die Befugnis zuzuerkennen, mit unmittelbarer Wirkung zu Lasten der Bürger Verpflichtungen anzuordnen, obwohl sie dies nur dort darf, wo ihr die Befugnis zum Erlaß von Verordnungen zugewiesen ist"; zuletzt fast wortgleich bestätigt durch EuGH, Urt. v. 7.3.1996, Rs. C-192/94 (El Corte Inglés/Rivero), EuZW 1996, S. 236 ff. = NJW 1996, S. 1401 (1402 Tz. 17).

[74] Im Rahmen der Prüfung eines evtl. Amtshaftungsanspruchs gem. Art. 34 GG, § 839 BGB wegen Nichtbeachtung der unmittelbaren Wirkung ist die Schutznormqualität der Richtlinien bei der Drittbezogenheit der verletzten Amtspflicht zu prüfen – siehe *Jarass,* NJW 1991, S. 2665 (2669). Dies folgt daraus, daß die Amtspflicht zu rechtmäßigem (hier: richtlinienkonformem) Verhalten nur in dem Umfang drittbezogen ist, wie die durch die Pflicht in Bezug genommene Rechtsnorm Individualschutz vermittelt – siehe *Grawert/Gehlert/Suerbaum,* NWVBl. 1991, S. 104 (105).

Der Schadenersatzanspruch wegen Nichtbeachtung der unmittelbaren Wirkung einer Richtlinienbestimmung ist von dem Schadenersatzanspruch wegen Nichtumsetzung einer (sc. nicht unmittelbar wirkenden) Richtlinie, der allein Gegenstand des Francovich-Urteils (EuGH, Slg. 1991-I, S. 5357, siehe oben im Text bei FN 59 und die Nachw. ebd.) war, streng zu unterscheiden.

[75] Vgl. *Jarass,* NJW 1990, S. 2420 (2422 f.).

[76] *Rupp,* ZRP 1990, S. 1 (3): „Bei Richtlinien dagegen ist es offenbar so, daß diese bei der Kollision mit staatlichem Recht dieses nur dann verdrängen, wenn der Betroffene ‚sich auf die Richtlinien beruft'. Es handelt sich also um eine dem Rechtsstaat bisher unbekannte Normgeltung nach eigenem Geschmack. Denn beruft sich der Betroffenen nicht auf eine – ihn vielleicht schlechter stellende Richtlinie, so bleibt es bei staatlichem Recht."

wegen zu berücksichtigen[78]. Sie ist nicht auf die gerichtliche Rechtsanwendung beschränkt[79], sondern erfaßt alle zuständigen staatlichen Stellen, und zwar auch bei privatrechtsförmiger Organisation[80].

Sofern eine Richtlinienvorschrift unter den dargelegten Voraussetzungen unmittelbare Wirkung entfaltet, kommt sie demnach als taugliche Grundlage des unmittelbaren mitgliedstaatlichen Vollzugs in Betracht[81].

dd) Entscheidungen

Schließlich können auch mitgliedstaatliche Entscheidungen Grundlage des unmittelbaren mitgliedstaatlichen Vollzugs sein[82]. Entscheidungen sind gem. Art. 189 Abs. 4 EGV in allen ihren Teilen für diejenigen verbindlich, die sie bezeichnen. Als Adressaten kommen eine oder mehrere natürliche oder juristische Personen einschließlich der Mitgliedstaaten in Betracht. Um Grundlage des unmittelbaren mitgliedstaatlichen Vollzugs zu sein, muß die Entscheidung erstens an einen oder mehrere Mitgliedstaaten gerichtet sein. Zweitens muß diese mitgliedstaatliche Entscheidung unmittelbar anwendbar sein, ohne daß zuvor eine rechtsatzmäßige Umsetzung oder Konkretisierung erfolgen muß.

Die unmittelbare Wirkung von mitgliedstaatlichen Entscheidungen erkennt der EuGH dabei unter Rückgriff auf den „effet utile"-Gedanken[83] unter den im wesentlichen gleichen Voraussetzungen wie beim Primärrecht und bei Richtlinien an[84].

---

77 EuGH, Urt. v. 22.6.1989, Rs. 103/88 (Fratelli Costanzo/Stadt Mailand), Slg. 1989, S. 1839 (1871 bes. Tz. 31).

78 *H. G. Fischer,* NVwZ 1992, S. 635 (636f.); *Jarass,* EG-Recht, S. 81; *Papier,* DVBl. 1993, S. 809 (813).

79 So noch *Spetzler,* RIW 1989, S. 362 (364).

80 Vgl. EuGH, Urt. v. 12.7.1990, Rs. C-188/89 (Foster u.a./British Gas), Slg. 1990-I, S. 3313 (LS); *Jarass,* EG-Recht, S. 78f.

81 *Streinz,* EuropaR, Rdnr. 467.

82 *Stettner,* in: Dauses, EG-WirtschaftsR, B III Rdnr. 13.

83 EuGH, Urt. v. 6.10.1970, Rs. 9/70 (Grad/Finanzamt Traunstein), Slg. 1970, S. 825 (838): „Insbesondere in Fällen, in denen etwa die Gemeinschaftsbehörden einen Mitgliedstaat oder alle Mitgliedstaaten durch Entscheidung zu einem bestimmten Verhalten verpflichten, würde die nützliche Wirkung (‚effet utile') einer solchen Maßnahme abgeschwächt, wenn die Angehörigen dieses Staates sich vor Gericht hierauf nicht berufen und die staatlichen Gerichte sie nicht als Bestandteil des Gemeinschaftsrechts berücksichtigen könnten."

84 EuGH, Urt. v. 6.10.1970, Rs. 9/70 (Grad/Finanzamt Traunstein), Slg. 1970, S. 825 (838f.); EuGH, Urt. v. 21.10.1970, Rs. 20/70 (Lesage/Hauptzollamt Freiburg, Slg. 1970, S. 861 (874 Tz. 5); EuGH, Urt. v. 21.10.1970, Rs. 23/70 (Haselhorst/Finanzamt Düsseldorf), Slg. 1970, S. 881 (893ff. Tz. 2ff.); vgl. auch *Rengeling,* in: Schweitzer, Europ. VerwR, S. 29 (38).

b) *Mittelbarer mitgliedstaatlicher Vollzug*

Von mittelbarem mitgliedstaatlichen (indirekten) Vollzug wird gesprochen[85], sofern die Mitgliedstaaten Vorschriften vollziehen, die der nationale Gesetz- oder Verordnunggeber zur Umsetzung von Gemeinschaftsrecht erlassen hat. Zum Teil wird der Begriff des mittelbaren mitgliedstaatlichen Vollzugs auch für die Bereiche verwandt, in denen unmittelbar geltende Normen des Gemeinschaftsrechts, also vor allem Verordnungen gem. Art. 189 Abs. 2 EGV, nach ihrem Inhalt oder ihrem ausdrücklichen Wortlaut[86] noch der Konkretisierung durch nationale Ausführungsbestimmungen bedürfen[87].

Bei den Normen, die wegen ihrer grundsätzlich nicht unmittelbaren Geltung der Umsetzung durch nationale Rechtsetzungsorgane der Mitgliedstaaten bedürfen, handelt es sich hauptsächlich um Richtlinien im Sinne von Art. 189 Abs. 3 EGV. Die Richtlinie ist für jeden Mitgliedstaat, an den sie gerichtet wird, hinsichtlich des zu erreichenden Zieles verbindlich, überläßt jedoch den innerstaatlichen Stellen die Wahl der Form und der Mittel.

Beim mittelbaren mitgliedstaatlichen Vollzug wird in Wahrheit nicht Gemeinschaftsrecht vollzogen. Eine Vollziehung von Gemeinschaftsrecht könnte streng genommen nur angenommen werden, wenn das Recht, das nationale Stellen zur Umsetzung nicht unmittelbar geltenden EG-Rechts erlassen, als Gemeinschaftsrecht anzusehen wäre. Das ist jedoch nicht der Fall.

Einen gemeinschaftsrechtlichen Charakter der Vorschriften, die zur Durchführung nicht unmittelbar geltenden Gemeinschaftsrechts erlassen werden, könnte man möglicherweise in Betracht ziehen, wenn das Tätigwerden der mitgliedstaatlichen Organe auf einer Delegation gemeinschaftlicher Zuständigkeiten beruhte. Bei der Delegation handelt der Delegatar jedoch „im eigenen Namen und als eigene Instanz“[88], so daß man bei den nationalen Umsetzungsvorschriften eine Veränderung der Verbandszuständigkeit zugrunde legen müßte, nicht aber deren gemeinschaftsrechtlichen Charakter postulieren könnte[89]. Zu einer gemeinschaftsrechtlichen Qualität könnte man daher nur gelangen, wenn die mitgliedstaatlichen Rechtset-

---

[85] Vgl. *Rengeling,* Rechtsgrundsätze, S. 11; *ders.,* EuR 1984, S. 331 (333); *ders.,* VVDStRL 53 (1994), S. 202 (206); *Scheuing,* in: Hoffmann-Riem/Schmidt-Aßmann, Innovation, S. 289 (295); *Schweitzer,* Die Verwaltung 17 (1984), S. 137 (143); *Schweitzer/Hummer,* EuropaR, Rdnr. 428; *Streil,* in: BBPS, EU, 6.5.1, S. 223 FN 152; *Streinz,* in: Isensee/Kirchhof, HdbStR VII, § 182 Rdnr. 4.

[86] Beispiele bei *Bünten,* Staatsgewalt und Gemeinschaftshoheit, S. 21ff.; *Streinz,* in: Isensee/Kirchhof, HdbStR VII, § 182 Rdnr. 3 mit FN 9.

[87] So z.B. *Streinz,* in: Isensee/Kirchhof, HdbStR VII, § 182 Rdnr. 3f.

[88] *Wolff/Bachof,* VerwR II, § 72 IVb2.

zungsstellen beim Erlaß der Umsetzungsnormen in die Gemeinschaften eingegliedert wären. Das ist hingegen im Bereich der Rechtsetzung ebenso zu verneinen wie bei dem Verwaltungsvollzug[90] durch die Mitgliedstaaten.

Vielmehr handeln die Mitgliedstaaten bei der Umsetzung der nicht unmittelbar im Durchgriff gegenüber den Bürgern wirksamen Gemeinschaftsrechtsakte in Ausübung ihrer originären Rechtsetzungszuständigkeit und erlassen daher nationales Recht. Dies ergibt sich wiederum aus den nationalen verfassungsrechtlichen Entstehungsgrundlagen der Gemeinschaften, die sich gemeinschaftsrechtlich im Grundsatz der begrenzten Ermächtigung niedergeschlagen haben. Die Mitgliedstaaten haben ihren innerstaatlichen „Souveränitätspanzer“ nur soweit zugunsten der Gemeinschaften geöffnet, als die jeweiligen Übertragungen von Hoheitsrechten reichen. Wird etwa die EG ausschließlich zum Erlaß von Richtlinien ermächtigt, ist die Setzung (von vornherein[91]) unmittelbar geltenden Rechts, also der Sache nach von Verordnungen, in Anwendung des Grundsatzes der begrenzten Ermächtigung *ultra vires.* Daß die Setzung von unmittelbar gegenüber den Bürgern geltendem Recht ein Mehr an Ermächtigung gegenüber der Befugnis zum Erlaß umsetzungsbedürftiger Rechtsakte, bei denen die Zuständigkeit zum Durchgriff auf die Bürger bei den Mitgliedstaaten verbleibt, bedarf, bestätigt auch der umgekehrte Fall. Wird die EG zum Erlaß von Verordnungen ermächtigt, ist als Minus erst recht der Erlaß von Richtlinien zulässig[92] (vgl. die ausdrückliche Regelung in Art. 14 Abs. 5 EGKSV[93]) und kann aus Gründen des Verhältnismäßigkeitsprinzips, das

[89] Darüber hinaus liegt eine Delegation aber auch nicht vor, weil es sich bei der Umsetzung von Gemeinschaftsrecht weder um Zuständigkeiten der Gemeinschaften handelt – siehe nachfolgend im Text – noch eine entsprechende Delegationsnorm besteht.

[90] Zutreffend *Rengeling,* VVDStRL 53 (1994), S. 202 (211): „Die Mitgliedstaaten werden beim Vollzug von Gemeinschaftsrecht im Bereich der verbliebenen Staatszuständigkeiten tätig, nicht etwa im Wege der Delegation von Gemeinschaftsgewalt auf die Mitgliedstaaten“; ebenso *Everling,* DVBl. 1983, S. 649 (651).

[91] Diese Einschränkung trägt der dargelegten Möglichkeit der ausnahmsweisen unmittelbaren Wirkung von Richtlinien Rechnung.

[92] *Geiger,* EGV, Art. 189 Rdnr. 3; dies zugrunde legend auch die in FN 95 Genannten; die auf das Fehlen einer Art. 14 Abs. 5 EGKSV – siehe folgende FN – entsprechenden Vorschrift im EWGV gestützte Gegenauffassung (Unzulässigkeit des milderen Rechtsakts) von *Daig/Schmidt,* in: GTE, EWGV, Art. 189 Rdnr. 20, vermag insbesondere nach Einführung des Subsidiaritätsprinzips nicht zu überzeugen.

[93] Art. 14 Abs. 5 EGKSV lautet: „Ist die Hohe Behörde befugt, eine Entscheidung zu erlassen, so kann sie sich darauf beschränken, eine Empfehlung auszusprechen.“ Die Entscheidung (Art. 14 Abs. 2 EGKSV) entspricht der Verordnung, die Empfehlung (Art. 14 Abs. 3 EGKSV) der Richtlinie im Sinne des Art. 189 Abs. 2, 3 EGV.

durch das Subsidiaritätsprinzip für einen Teilbereich[94] ergänzt wird, sogar geboten sein[95].

Ist den Gemeinschaften der Durchgriff auf den innerstaatlichen Bereich durch die Setzung unmittelbar gegenüber den Bürgern geltenden Rechts nicht gestattet, verbleibt es insoweit also bei der ursprünglichen Zuständigkeit der Mitgliedstaaten. Deren Rechtsetzungsorgane erlassen bei der Umsetzung nationales Recht des jeweiligen Mitgliedstaates.

Beim mittelbaren mitgliedstaatlichen Vollzug wird demnach nationales Recht vollzogen. Es handelt sich dabei auch nicht um einen *mittelbaren* Vollzug von Gemeinschaftsrecht, weil dieses wegen seiner Umsetzungsbedürftigkeit gar nicht vollzugsfähig ist. Das Gemeinschaftsrecht gewinnt nur insoweit Bedeutung, als es wegen seines Vorrangs die Rechtmäßigkeit des nationalen Rechts determiniert. Aus dem Bestreben, die EG-Rechtswidrigkeit nationalen Rechts nach Möglichkeit zu vermeiden, folgt der Grundsatz richtlinienkonformer Auslegung[96], über den der Inhalt des Gemeinschaftsrechts in den Gehalt des nationalen Rechts einfließt.

Obwohl beim mittelbaren mitgliedstaatlichen Vollzug begrifflich nicht Gemeinschaftsrecht vollzogen wird, ist die Einbeziehung dieses Bereichs in die Untersuchung der „Vollziehung in den Europäischen Gemeinschaften"[97] oder „den Verwaltungsvollzug des Gemeinschaftsrechts"[98] üblich und zweckmäßig.

Dies rührt zum einen daher, daß trotz des bestehenbleibenden nationalen Charakters der Normen nicht zu verkennen ist, daß diese aus den dargelegten Gründen in hohem Maße gemeinschaftsrechtlich beeinflußt sein können. Diese gemeinschaftsrechtliche Prägung hat eine quantitative und eine qualitative Komponente. In quantitativer Hinsicht sind bereits mehr als die

---

94 Art. 3b Abs. 2 EGV gilt nicht für ausschließliche Kompetenzen der Gemeinschaft und wirkt daher nur im Bereich der parallelen und konkurrierenden Zuständigkeiten als Kompetenzausübungsschranke.

95 Zur Beschränkung der Formenwahl aufgrund des Verhältnismäßigkeitsprinzips siehe *Grabitz,* in: Grabitz/Hilf, Art. 189 EWGV Rdnr. 33 a.E.; *Hetmeier,* in: Lenz, EGV, Art. 189 Rdnr. 2 a.E.; zur Beschränkung der Formenwahl aufgrund des Subsidiaritätsgrundsatzes nunmehr ferner *Langguth,* in: Lenz, EGV, Art. 3b Rdnr. 21.

96 Siehe grundlegend EuGH, Urt. v. 10.4.1984, Rs. 14/83 (v. Colson u. Kamann/Nordrhein-Westfalen), Slg. 1984, S. 1891ff.; zur richtlinienkonformen Auslegung mit weiteren Nachw. vgl. *Brechmann,* Richtlinienkonforme Auslegung; *Jarass,* EuR 1991, S. 211ff.; *Di Fabio,* NJW 1990, S. 947ff.; *Götz,* NJW 1992, S. 1849 (1853f.); *Ress,* DÖV 1994, S. 489ff.; *Scheuing,* in: Hoffmann-Riem/Schmidt-Aßmann, Innovation, S. 289 (295).

97 *Schweitzer/Hummer,* EuropaR, Rdnr. 428, 440.

98 *Rengeling,* Rechtsgrundsätze, S. 11.

Hälfte der deutschen Gesetzgebungsakte aus Brüssel gesteuert[99]. Diese Steuerung erreicht auch qualitativ ein erhebliches Maß, weil der Umfang des nationalen Umsetzungsgesetzgebers mit der Detailliertheit der gemeinschaftsrechtlichen Vorschriften abnimmt. Entgegen der primärrechtlichen Grundvorstellung der Richtlinie, die nach Art. 189 Abs. 3 EGV nur „hinsichtlich des zu erreichenden Ziels verbindlich" ist, die Wahl der Form und Mittel hingegen den innerstaatlichen Stellen überläßt, ist bekanntlich in der Vergangenheit eine Vielzahl von Richtlinien erlassen worden, bei denen es nur noch formal der Umsetzung bedurfte, während der inhaltliche Gestaltungsspielraum des mitgliedstaatlichen Gesetzgebers gegen Null konvergierte[100]. Diese Entwicklung wird begünstigt durch die Anerkennung der ausnahmsweisen unmittelbaren Wirksamkeit von Richtlinien. Manche Richtlinie scheint ihre Detailliertheit dem Umstand zu verdanken, daß für den Fall nicht rechtzeitiger Umsetzung die Voraussetzungen für eine unmittelbare Wirksamkeit erfüllt werden sollen, um auf diesem Weg den Umsetzungsdruck auf die Mitgliedstaaten zu erhöhen. Der EuGH tritt dieser Überstrapazierung der Richtlinie durch eine vollinhaltliche Steuerung der nationalen Rechtsetzung, die eine vertraglich nicht vorgesehene Erosion mitgliedstaatlicher Rechtsetzungskompetenzen mit sich bringt[101] und damit gegen den Grundsatz der begrenzten Ermächtigung verstößt[102], bisher nicht entgegen[103].

Die formal eindeutige Unterscheidung zwischen Verordnung und Richtlinie wird also inhaltlich zum einen durch die Zulassung detaillierter Richtlinien relativiert. Zum anderen nähert sich die Verordnung der Richtlinie,

---

[99] Schätzungen, daß nach 1992 etwa 80% der nationalen Gesetze europäischen Ursprungs sein sollen, referieren *Siedentopf,* DÖV 1988, S. 981 (984); *v. Ameln,* DVBl. 1992, S. 477 (478); *Di Fabio,* Der Staat 29 (1990), S. 599 (609 mit FN 54); *Wallerath,* DVP 1989, S. 251 (252). Vgl. auch die bei *Rabe,* NJW 1993, S. 1 (1), und *Huber,* Europ. Integration, § 10 Rdnr. 18 mit FN 14, herangezogenen Stellungnahmen von *Bangemann,* in: Bruckner, Europa transparent: Informationen, Daten, Fakten, 1991, S. 5, und *Delors,* Bull. EG 1988, 7/8, S. 128: 80% des Wirtschaftsrechts im weitesten Sinne Gemeinschaftsrecht bzw. nahezu 50% aller deutschen Gesetze europäischen Ursprungs.

[100] Kritisch auch *Geiger,* EGV, Art. 189 Rdnr. 10: „Die Richtlinien sind oft so detailgenau, daß dem nationalen Gesetzgeber nur die Möglichkeit der wortgleichen Umsetzung des Richtlinientextes in nationales Recht ohne eigene Gestaltungsbefugnis verbleibt."

[101] Vgl. auch *Geiger,* EGV, Art. 189 Rdnr. 10.

[102] Kritisch und vorsichtig in dieser Richtung auch *Pieper,* Subsidiarität, S. 191: „Dieser Trend zu immer detailgenaueren Regelungen, der sich aus einer Diskrepanz von Harmonisierungsnotwendigkeiten und zur Verfügung stehender Handlungsform ergibt, mag für sich schon eine Kompetenzüberschreitung der Gemeinschaft darstellen, wenn eine Ermächtigungsnorm nur die Handlungsform Richtlinie erlaubt und diese dann tatsächlich den Regelungsgehalt einer Verordnung aufweist."

[103] *Geiger,* EGV, Art. 189 Rdnr. 10.

wenn die sog. hinkenden Verordnungen[104] von vornherein auf eine Konkretisierung oder Ergänzung durch mitgliedstaatliche Rechtssätze angewiesen sind.

Diese inhaltliche Annäherung rechtfertigt es daher, den mittelbaren mitgliedstaatlichen Vollzug bei der Behandlung der Vollziehung des Gemeinschaftsrechts nicht auszuschließen.

Eine Einbeziehung dieses Vollzugstypus trägt zweitens dem Umstand Rechnung, daß Bereiche, die an sich auf den Typus der mittelbaren mitgliedstaatlichen Vollziehung ausgerichtet sind, zumindest zeitweise unmittelbar mitgliedstaatlich zu vollziehen sein können. Dies ist insbesondere dann der Fall, wenn eine Richtlinie nach Ablauf der Umsetzungsfrist und unter den dargelegten weiteren Voraussetzungen eine beschränkte unmittelbare Wirksamkeit erlangt. Damit wird die zunächst auf rechtssatzmäßige Durchführung gerichtete Richtlinie ggf. vollzugsfähig und vollzugsbedürftig. Solange die Richtlinie unmittelbar zugunsten der Bürger wirkt, fällt diese bei Vollzugsbedürftigkeit also in den Bereich des unmittelbaren mitgliedstaatlichen Vollzugs, während bei rechtzeitiger Umsetzung der Typus der mittelbaren mitgliedstaatlichen Vollziehung einschlägig gewesen wäre. Diese Verschiebung tritt wieder außer Kraft, sobald der säumige Mitgliedstaat seiner Verpflichtung zur Umsetzung richtliniengemäß nachkommt. Denn von jenem Zeitpunkt an endet die ausnahmsweise unmittelbare Wirkung der Richtlinie im Verhältnis zwischen begünstigtem Bürger und Mitgliedstaat, weil diese weder unter dem Gesichtspunkt des „effet utile“ weiter erforderlich ist, noch dem Mitgliedstaat länger der Vorwurf pflichtwidrigen Unterlassens entgegengehalten werden kann.

Auch um die Auswirkungen dieser Verschiebungen erfassen zu können, die im Zusammenhang mit den Fragen der unmittelbaren Wirksamkeit von Gemeinschaftsrecht auftreten können, ist es daher notwendig, den mittelbaren mitgliedstaatlichen Vollzug in die Untersuchung der Vollziehung des Gemeinschaftsrechts einzubeziehen.

Zusammenfassend ergibt sich folgende Systematik des Verwaltungsvollzugs des Gemeinschaftsrechts:

Soweit nach dem Grundsatz der begrenzten Ermächtigung ihre Zuständigkeiten reichen, erfolgt der Vollzug des Gemeinschaftsrechts durch Stellen der Gemeinschaften (auch: direkter Vollzug; gemeinschaftsunmittelbarer Vollzug; zentraler Vollzug; gemeinschaftseigene Verwaltung). Sind rechtsfähige Einrichtungen für den Verwaltungsvollzug zuständig, läßt sich von einer mittelbaren Gemeinschaftsverwaltung sprechen. Je nach Aufga-

---

104 Siehe oben unter § 5 III. 2. a) bb).

benrichtung des Vollzugs durch Gemeinschaftsstellen wird die gemeinschaftsinterne und die gemeinschaftsexterne Verwaltung unterschieden.

Im übrigen wird das Gemeinschaftsrecht im Wege der mitgliedstaatlichen Vollziehung (auch: indirekte Vollziehung; dezentraler Vollzug) verwaltungsmäßig ausgeführt. Bei dem unmittelbaren mitgliedstaatlichen Vollzug wird unmittelbar geltendes oder wirkendes Gemeinschaftsrecht vollzogen. Bei dem mittelbaren mitgliedstaatlichen Vollzug wird nicht Gemeinschaftsrecht, sondern das zur Umsetzung, Durchführung, Konkretisierung oder Ergänzung von Gemeinschaftsrecht erlassene nationale Recht des Mitgliedstaats vollzogen.

§ 6 Gemeinschaftsrechtliche Vorgaben für die Verteilung der nationalen Verwaltungskompetenzen

Wo es wie im Regelfall an Verwaltungszuständigkeiten der Europäischen Gemeinschaften fehlt, bleibt es bei der originären Zuständigkeit der Mitgliedstaaten. Die interne Zuständigkeitsverteilung vorzunehmen, ist damit grundsätzlich Sache des jeweiligen Mitgliedstaates[1]. Dies gilt vorbehaltlich einer Regelung durch das Gemeinschaftsrecht, die nach dem Grundsatz der begrenzten Ermächtigung einer Grundlage im Primärrecht bedarf[2], auch dann, wenn es um den – mittelbaren oder unmittelbaren – mitgliedstaatlichen Vollzug von Gemeinschaftsrecht geht.

Zu gemeinschaftsrechtlichen Einwirkungen kann es aber auch in den Bereichen kommen, die grundsätzlich mitgliedstaatlicher Regelung überantwortet sind. Eine derartige Überlagerung nationalen Rechts hat der EuGH bisher vor allem für das Gebiet des Verwaltungsverfahrensrechts anerkannt. Dort kann es in Verfahren, in denen mangels gemeinschaftsrechtlicher Verfahrensregelungen grundsätzlich das Recht des jeweiligen Mitgliedstaates zur Anwendung gelangt, zu Einwirkungen des EG-Rechts, insbesondere durch das Effizienzgebot und das Diskriminierungsverbot, kommen, welche die nationalen Vorschriften überlagern.

Entsprechend ist auch für die nationalen Kompetenzverteilungsregelungen und deren Auslegung zu untersuchen, inwieweit diese durch Gemeinschaftsrecht verdrängt bzw. überlagert werden können.

I. Grundlagen einer gemeinschaftsrechtlichen Einwirkung

Gemeinschaftsrechtliche Einwirkungen auf die grundgesetzliche Kompetenzverteilung kommen nur in Betracht, wenn sich das Europäische Gemeinschaftsrecht ggf. gegenüber dem nationalen Recht durchsetzt.

---

[1] *Birke,* Bundesländer in den EG, S. 118; *Friauf,* Planung IV, S. 41 (55); *Kössinger,* Durchführung des Gemeinschaftsrechts, S. 39; *Selmer,* GS Sasse I, S. 229 (232); in bezug auf die legislative Durchführung auch *Zuleeg,* KSE 9, S. 315.

[2] *Rengeling,* Rechtsgrundsätze, S. 33; *Schwan,* Bundesländer, S. 168f.; *Zuleeg,* KSE 9, S. 211.

Bevor mögliche Ansatzpunkte im Gemeinschaftsrecht, die auf die Kompetenzverteilung einwirken könnten, erörtert werden, ist daher auf den Vorrang des Gemeinschaftsrechts und seine Grenzen einzugehen.

1. Vorrang des Gemeinschaftsrechts

a) Grundsätzliche Anerkennung und Bedeutung des (Anwendungs-)Vorrangs des Gemeinschaftsrechts

Es ist im Grundsatz nicht mehr streitig und kann daher vorliegend vorausgesetzt werden, daß dem – primären wie sekundären – Gemeinschaftsrecht gegenüber dem nationalen Recht der Mitgliedstaaten[3] Vorrang zukommt.

Dabei wird inzwischen fast einhellig ein Anwendungsvorrang[4] in Abgrenzung von einem Geltungsvorrang des Gemeinschaftsrecht angenommen. Die gemeinschaftsrechtswidrige nationale Rechtsnorm ist nicht nichtig[5], sondern lediglich außer Anwendung zu lassen. Verstößt eine nationale Rechtsnorm nur hinsichtlich der Anwendung auf Angehörige anderer Mit-

---

[3] Ausdrückliche Regelungen der Vorrangfrage enthalten Art. 94 niederl. Verf.; Art. 28 griech. Verf.; in Irland bestimmt Art. 2 European Communities Act: „From the 1st day of January, 1973, the treaties governing the European Communities and the existing and future acts adopted by the institutions of those Communities shall be binding on the State and shall be part of the domestic law thereof under the conditions laid down in those treaties.“ In Frankreich hat der Conseil d'Etat Art. 55 franz. Verf. zunächst dahin ausgelegt, daß der Vorrang nur für dem völkerrechtlichen Vertrag vorausgehende Gesetze gelte, siehe Conseil d'Etat, Urt. v. 1.3.1968, Rs. Syndicat général des fabricants de semoules de France, EuR 1968, S. 317f. mit Anm. *Constantinesco,* ebd., S. 318ff., und *H. P. Ipsen,* ebd., S. 330f.; davon ist der Conseil d'Etat für das Primärrecht in dem Urt. v. 20.10.1989, Rs. Nicolo, EuGRZ 1990, S. 106, und für das Sekundärrecht in dem Urt. v. 24.9.1990, Rs. Boisdet, EuZW 1991, S. 124 (mit Anm. *Stotz,* EuZW 1991, S. 118f.), abgerückt; Übersicht zum Verhältnis Gemeinschaftsrecht/nationales Recht in den seinerzeit (vor dem 1.1.1995) 12 Mitgliedstaaten bei *Griller/Maislinger/Reindl,* Fundamentale Rechtsgrundlagen einer EG-Mitgliedschaft, 1991.

[4] EuGH, Urt. v. 7.3.1972, Rs. 84/71 (Marimex/Finanzministerium der Italienischen Republik), Slg. 1972, S. 89 (96 Tz. 5); EuGH, Urt. v. 7.2.1984, Rs. 237/82 (Jongeneel Kaas/Niederlande), Slg. 1984, S. 483 (500 Tz. 6); BVerfGE 37, 271 (280); 73, 339 (375); *Zuleeg,* in: AK-GG, Art. 24 Abs. 1 Rdnr. 27f.; *Di Fabio,* NJW 1990, S. 947 (950); *Ehlers,* in: Erichsen, Allg. VerwR, § 3 Rdnr. 31; *Everling,* DVBl. 1985, S. 1201 (1201f.); *Gremmer,* BayVBl. 1993, S. 225 (227); *W. Groß,* JuS 1990, S. 522 (523); *Herdegen,* EuropaR, Rdnr. 230; *Hochbaum,* Der Staat 29 (1990), S. 577 (593f.); *Huber,* AöR 116 (1991), S. 210 (216); *Jarass,* DVBl. 1995, S. 954 (958f.); *Pagenkopf,* NVwZ 1993, S. 216 (218); *Ule/Laubinger,* VwVfR, § 4 Rdnr. 12; *Veelken,* JuS 1993, S. 265 (267).

[5] *Huber,* AöR 116 (1991), S. 210 (217); *ders.,* Europ. Integration, § 7 Rdnr. 6; *Veelken,* JuS 1993, S. 265 (267).

gliedstaaten gegen Gemeinschaftsrecht, bleibt sie für Inländer gültig und anwendbar, so daß sich das bekannte Problem der Inländerdiskriminierung ergibt[6], wenn man z. B. mit der herrschenden Meinung die Grundfreiheiten nur auf grenzübergreifende Sachverhalte bezieht[7].

Auffassungen, die in Anlehnung an bundesstaatliche Kollisionsregelungen wie Art. 31 GG einen Geltungsvorrang angenommen haben[8], werden weitgehend nicht mehr vertreten[9]. Ebensowenig durchgesetzt hat sich die Theorie vom Kompetenzvorrang des Gemeinschaftsrechts[10], welcher die Nichtigkeit kompetenzwidrigen mitgliedstaatlichen Rechts nach sich ziehe, weil die Prämisse von der nahtlosen Aufteilung der Zuständigkeiten zwischen Mitgliedstaaten und Gemeinschaften fast allgemein abgelehnt worden ist[11]. Den auf bundesstaatlichen Regeln fußenden Ansichten steht außer der fehlenden (Bundes-) Staatsqualität der Europäischen Union[12] und ihrer

---

[6] Das ist hingegen nicht eine spezifische Folge des Anwendungsvorrangs – so aber scheinbar *Jarass,* DVBl. 1995, S. 954 (958 f.): „Das [Annahme von Nichtanwendbarkeit statt von Nichtigkeit] hat durchaus Bedeutung: Verstößt etwa eine nationale Vorschrift gegen EG-Recht, wenn sie auf Angehörige eines anderen Mitgliedstaats angewandt wird, bleibt sie für Inländer gleichwohl in Kraft." Die Inländerdiskriminierung ergäbe sich auf der Grundlage eines Geltungsvorrangs, weil nur eine Teilnichtigkeit der nationalen Norm anzunehmen wäre. Vgl. etwa *Ehlers,* in: Erichsen, Allg. VerwR, § 3 Rdnr. 31 FN 119.

[7] *Ehlers,* in: Erichsen, Allg. VerwR, § 3 Rdnr. 13; *Geiger,* EGV, Art. 6 Rdnr. 11 ff.; *Huber,* Europ. Integration, § 11 Rdnr. 47; *Oppermann,* EuropaR, Rdnr. 1429; von der gemeinschaftsrechtlichen Zulässigkeit der Inländerdiskriminierung zu unterscheiden ist die Frage, ob sie mit nationalem Recht vereinbar ist, siehe dazu *Huber,* Europ. Integration, § 11 Rdnr. 48 ff.; *König,* AöR 118 (1993), S. 591 (598 ff.).

[8] *Grabitz,* Gemeinschaftsrecht bricht nationales Recht.

[9] Formulierungen, die auf eine Tendenz zu einem Geltungsvorrang schließen lassen könnten, enthält das Simmenthal II-Urteil des EuGH, Urt. v. 9. 3. 1978, Rs. 106/77 (Staatliche Finanzverwaltung / Simmenthal), Slg. 1978, S. 629 (644 Tz. 17 f.): Es sei auch Folge des Grundsatzes des Vorrangs des Gemeinschaftsrechts, „daß ein *wirksames Zustandekommen* neuer staatlicher Gesetzgebungsakte insoweit verhindert wird, als diese mit Gemeinschaftsnormen unvereinbar wären. Würde nämlich staatlichen Gesetzgebungsakten, die auf den Bereich übergreifen, in dem sich die Rechtsetzungsgewalt der Gemeinschaft auswirkt, oder die sonst mit den Bestimmungen des Gemeinschaftsrechts unvereinbar sind, irgendeine rechtliche *Wirksamkeit* zuerkannt, so würde insoweit die Effektivität der Verpflichtungen, welche die Mitgliedstaaten nach dem Vertrag vorbehaltlos und unwiderruflich übernommen haben, verneint, und die Grundlagen der Gemeinschaft selbst würden auf diese Weise in Frage gestellt." (Hervorhebungen hinzugefügt). Später hat der EuGH selbst festgestellt, daß ihm nicht die Kompetenz zusteht, über die Nichtigkeitsfolge nach nationalem Recht zu entscheiden, siehe EuGH, Urt. v. 7. 2. 1984, Rs. 237/82 (Jongeneel Kaas / Niederlande), Slg. 1984, S. 483 (500 Tz. 6).

[10] Vgl. *Ophüls,* JurJb 4 (1963/64), S. 137 (156 f.).

[11] Dagegen z. B. *Grabitz,* Gemeinschaftsrecht bricht nationales Recht, S. 64 ff.; *Streinz,* Grundrechtsschutz und EG-Recht, S. 120; *Zuleeg,* KSE 9, S. 89 ff.

Gemeinschaften der Umstand entgegen, daß das Gemeinschaftsrecht eine ausdrückliche Kollisionsregel, welche die Brechung entgegenstehenden bzw. kompetenzwidrig erlassenen mitgliedstaatlichen Rechts fordert[13], gerade nicht enthält[14]. Vor allem aber wird dem Interesse an der Funktionsfähigkeit der Gemeinschaften bei Annahme eines Anwendungsvorrangs genügt, ohne unnötig intensiv in den Bereich der Mitgliedstaaten einzudringen[15] (siehe die Wertungen des Art. F Abs. 1 EUV, Art. 5 EGV).

b) Dogmatische Grundlage des Vorrangs

Besteht damit überwiegend Einigkeit über den prinzipiellen Anwendungsvorrang des Gemeinschaftsrechts, gehen die dogmatischen Erklärungen des Vorrangs auseinander. Nicht durchgesetzt hat sich ein rein völkerrechtlicher Begründungsansatz, der das Verhältnis des Gemeinschaftsrechts zum nationalen Recht mit allgemeinen völkerrechtlichen Regeln zu erfassen versucht, weil er die auf Art. 24 GG bzw. Art. 23 GG n.F. beruhende Sonderstellung supranationalen Rechts nicht berücksichtigt. Auch über die mitunter als „pragmatische Lösungen"[16] bezeichneten Grundsätze wie ein „in dubio pro communitate" oder eine „lex posterior communitatis"-Regel läßt sich das Verhältnis von nationalem zu Gemeinschaftsrecht nicht angemessen erfassen, zumal diesen eine normative Grundlage sowohl im Verfassungsrecht als auch im Gemeinschaftsrecht fehlt.

---

[12] Vgl. *Streinz,* EuropaR, Rdnr. 182.

[13] Daher ist der Auffassung *Ehlers,* in: Erichsen, Allg. VerwR, § 3 Rdnr. 34 mit FN 134, der im Bereich ausschließlicher Gemeinschaftskompetenzen nationales Recht für „ungültig und nicht nur unanwendbar" hält, nicht zu folgen. Ginge man aber von diesem Ansatz aus, ist im übrigen nicht ersichtlich, warum *Ehlers,* ebd., im Bereich konkurrierender Kompetenzen nach Gebrauchmachen einen bloßen Anwendungsvorrang annimmt. Schließlich ist hinsichtlich Art. 72 Abs. 1 GG, der Art. 31 insoweit als lex specialis ausschließt (OVG NW, NWVBl. 1996, S. 181 [182]; *Klein,* in: Schmidt-Bleibtreu/Klein, GG, Art. 31 Rdnr. 2), anerkannt, daß entgegenstehende Landesgesetze nichtig sind, soweit und solange der Bund von einer konkurrierenden Gesetzgebungsbefugnis Gebrauch gemacht hat – vgl. *Pieroth,* in: Jarass/Pieroth, GG, Art. 72 Rdnr. 5; im Erg. ebenso, aber dies (auch) aus Art. 31 GG ableitend BVerwGE 65, 174 (178); 68, 143 (147).

[14] *Streinz,* Grundrechtsschutz und EG-Recht, S. 121, der zugleich darauf hinweist, daß entsprechende Regelungen nicht bundesstaatsimmanent sind.

[15] Ebenso *Streinz,* EuropaR, Rdnr. 200; *Zuleeg,* in: AK-GG, Art. 24 Abs. 1 Rdnr. 28: „Die mit dem Anwendungsvorrang verbundene Schonung der nationalen Interessen und Rechtsvorstellungen entspricht der Lage einer supranationalen Gemeinschaft, die auf die Bereitschaft der Mitgliedstaaten zur Mitwirkung angewiesen ist."

[16] So *Schweitzer,* StaatsR III, Rdnr. 39, und *Streinz,* EuropaR, Rdnr. 184, jeweils unter der gebotenen Zurückweisung dieser Auffassungen.

Die heute daher vornehmlich vertretenen Auffassungen lassen sich vorbehaltlich unterschiedlicher Nuancierungen auf zwei Grundpositionen reduzieren: einen rein europa- oder gemeinschaftsrechtlichen und einen verfassungsrechtlichen Ansatz[17]. Die Frage, welchem der Ansätze zu folgen ist, hat dabei keineswegs akademischen Charakter, weil die Grundlage des Vorrangs dessen Grenzen bestimmt.

Strikt europarechtliche Lösungen, insbesondere die Rechtsprechung des EuGH seit der Costa/ENEL-Entscheidung vom 15. Juli 1964[18], betonen zunächst die Eigenständigkeit der Gemeinschaftsrechtsordnung, welche die Gründungsverträge von herkömmlichen völkerrechtlichen Verträgen unterscheide[19]. Bei der vorzunehmenden teleologisch-funktionalen Auslegung folge aus den Gemeinschaftsverträgen das Prinzip der Sicherung der Funktionsfähigkeit der Gemeinschaften. Diese werde jedoch in Frage gestellt, sofern es die Mitgliedstaaten in der Hand hätten, durch nationale Regelungen die Effektivität der gemeinschaftsrechtlichen zu beeinträchtigen. Der Vorrang sei damit Ausdruck der Verpflichtung nach Art. 5 Abs. 2 EGV[20], Maßnahmen zu unterlassen, welche der Verwirklichung der Gemeinschaftsziele entgegenstehen könnten, und werde auch in anderen Vertragsvorschriften (insbes. Art. 189 E(W)GV[21]) zugrunde gelegt.

Der Vorrang ist danach grundsätzlich unbeschränkt[22]. Er gilt nicht nur für einfaches Gesetzesrecht, sondern auch für nationales Verfassungsrecht[23]. Allerdings wird man seit Inkrafttreten des Maastrichter Vertrages

---

[17] *Streinz,* EuropaR, Rdnr. 185, unterscheidet zwischen rein europarechtlicher Lösung, die einen Vorrang kraft Eigenständigkeit des Gemeinschaftsrechts, und europarechtlicher Lösung, die einen Vorrang kraft verfassungsrechtlicher Ermächtigung annimmt.

[18] EuGH, Urt. v. 15.7.1964, Rs. 6/64 (Costa/ENEL), Slg. 1964, S. 1251 ff.

[19] EuGH, Urt. v. 15.7.1964, Rs. 6/64 (Costa/ENEL), Slg. 1964, S. 1251 (1269).

[20] Vgl. EuGH, Urt. v. 15.7.1964, Rs. 6/64 (Costa/ENEL), Slg. 1964, S. 1251 (1270): „Denn es würde eine Gefahr für die Verwirklichung der in Artikel 5 Absatz 2 ausgeführten Ziele des Vertrages bedeuten..., wenn das Gemeinschaftsrecht je nach der nachträglichen innerstaatlichen Gesetzgebung von einem Staat zum anderen verschiedene Geltung haben könnte."

[21] EuGH, Urt. v. 15.7.1964, Rs. 6/64 (Costa/ENEL), Slg. 1964, S. 1251 (1270): „Der Vorrang des Gemeinschaftsrechts wird auch durch Artikel 189 bestätigt; ihm zufolge ist die Verordnung ‚verbindlich' und gilt unmittelbar in jedem ‚Mitgliedstaat'. Diese Bestimmung, die durch nichts eingeschränkt wird, wäre ohne Bedeutung, wenn die Mitgliedstaaten sie durch Gesetzgebungsakte, die den gemeinschaftsrechtlichen Normen vorgingen, einseitig ihrer Wirksamkeit berauben könnten."

[22] Vgl. EuGH, Urt. v. 17.12.1970, Rs. 11/70 (Int. Handelsgesellschaft mbH/Einfuhr- und Vorratsstelle für Getreide- und Futtermittel), Slg. 1970, S. 1125 (1135). Zur Annahme eines uneingeschränkten Vorrangs des Gemeinschaftsrechts siehe *v. Bogdandy/Nettesheim,* in: Grabitz/Hilf, Art. 1 EGV Rdnr. 37.

[23] EuGH, Urt. v. 17.12.1970, Rs. 11/70 (Int. Handelsgesellschaft mbH/Einfuhr- und Vorratsstelle für Getreide- und Futtermittel), Slg. 1970, S. 1125 (1135); EuGH,

auch aus gemeinschaftsrechtlicher Sicht eine äußerste Grenze aus Art. F Abs. 1 EUV anerkennen müssen[24], der die Union auf die Achtung der nationalen Identität der Mitgliedstaaten verpflichtet, zu der auch der Kernbestand der jeweiligen Verfassungsstruktur zu zählen ist[25].

Den rein europarechtlichen Begründungen des Vorrangs ist einzuräumen, daß sich die Frage, ob die Mitgliedstaaten überhaupt den nationalen Vorschriften und insbesondere auch Verfassungsrecht vorgehende Gemeinschaftsrechtsnormen ermöglichen wollten, durch Auslegung der vertraglichen Bestimmungen zu ermitteln ist. Dies ist aus den dargelegten Gründen zu bejahen. Daß vertraglich grundsätzlich ein Vorrang vorgesehen werden sollte, wird auch durch die Entstehungsgeschichte des EWG-Vertrages belegt, da die deutsche Forderung, einen Vorrang nationalen Verfassungsrechts vertraglich zu verankern, zurückgewiesen wurde[26].

Mit der angeführten Eigenständigkeit der Gemeinschaftsrechtsordnung ist deren – erst recht unbeschränkter – Vorrang jedoch noch nicht dargetan, weil die Eigenständigkeit gegenüber anderen Rechtsquellen noch nichts über das Rangverhältnis besagt. Wäre jeder Rechtsordnung der Anspruch auf Geltungs- oder zumindest Anwendungsvorrang inhärent, ließen sich Kollisionen niemals auflösen.

Die Autonomie der Gemeinschaftsrechtsordnung besteht nicht a priori, sondern wird erst durch das jeweilige Verfassungsrecht der Mitgliedstaaten und nach dessen Maßgabe ermöglicht. In Deutschland beruht die potentielle Durchgriffswirkung des Gemeinschaftsrechts auf dem Rechtsanwendungsbefehl, der durch das Zustimmungsgesetz zu dem jeweiligen völkerrechtlichen Vertrag auf der Grundlage des Art. 23 Abs. 1 GG (vormals Art. 24 Abs. 1 GG) erteilt wird[27]. Ob und inwieweit die Europäische Union und ihre Gemeinschaften zum Erlaß von Vorschriften, die innerstaatlichem Recht vorgehen, ermächtigt werden dürfen, richtet sich nach dem nationalen Verfassungsrecht.

Der Anwendungsvorrang des Gemeinschaftsrechts basiert demnach auf Art. 23 bzw. 24 GG[28]. Er besteht nicht als rein europarechtlicher, sondern

Urt. v. 19.6.1990, Rs. C-213/90 (The Queen/Secretary of State for Transport, ex parte: Factortame u.a.), Slg. 1990-I, S. 2433 (2473 Tz. 18).

24 So zurückhaltend auch *Jarass,* DVBl. 1995, S. 954 (958).

25 Siehe zu Art. F Abs. 1 EUV unten § 6 II. 1. a).

26 *Friauf,* in: ders./Scholz, EuropaR und GG, S. 11 (19); *Huber,* AöR 116 (1991), S. 210 (216); *Kropholler,* EuR 1969, S. 128 (131f.).

27 Siehe oben § 3 I. 2. b) bb) (2).

28 BVerfGE 73, 339 (375); *E. Klein,* VVDStRL 50 (1990), S. 56 (64 mit FN 35): „Der Anwendungsvorrang ergibt sich letztlich aus Art. 24 Abs. 1 GG"; *Rojahn,* in: v. Münch/Kunig, GG, Art. 24 Rdnr. 28: „er [Art. 24 Abs. 1 GG] ordnet ferner den innerstaatlichen Anwendungsvorrang des zwischenstaatlichen Primär- und Sekundärrechts an, soweit der Vertrag die entsprechenden Kollisionsnormen enthält".

auf der Grundlage verfassungsrechtlicher Ermächtigung[29], die durch das jeweilige Zustimmungsgesetz konkretisiert wird.

2. Grenzen des Vorrangs

Die verfassungsrechtliche Grundlage des Vorrangs des Gemeinschaftsrechts determiniert zugleich seine Grenzen[30]. Vorrang kann dem Gemeinschaftsrecht nur zukommen, soweit die deutschen Verfassungsorgane die nationale Rechtsordnung in zulässiger Weise geöffnet und damit die für die Hoheitsrechtsübertragung charakteristische Durchgriffswirkung ermöglicht haben. Der Vorrang besteht nur, soweit dieser erstens vertraglich ausdrücklich vorgesehen oder im Wege der Auslegung zu erschließen ist. Sieht der Vertrag unmittelbar nationalem Recht vorgehende Bestimmungen vor (Vorrang beanspruchendes Primärrecht) oder werden die Organe zu dessen Erlaß ermächtigt (Vorrang beanspruchendes Sekundärrecht), setzt ein Vorrang zweitens voraus, daß den Regelungen durch das auf der Grundlage des Art. 23 (bzw. 24 GG oder 88 GG) ergehende Zustimmungsgesetz verfassungsrechtlich wirksam ein Rechtsanwendungsbefehl erteilt wird[31]. Wo die Grenzen der verfassungsrechtlichen Ermächtigung überschritten sind, endet damit der Vorrang des Gemeinschaftsrechts.

Die Grenzen des Vorrangs des Gemeinschaftsrechts sind infolgedessen mit den Schranken der verfassungsrechtlichen Ermächtigung der Übertragung von Hoheitsrechten identisch[32]. Für die Integrationsschritte bis zu den

---

[29] Dieser Auffassung nahe stehen auch die Begründungsansätze des BVerfG, wenn es die Frage der Vorrangwirkung sekundären Gemeinschaftsrechts im Verhältnis zu den Grundrechten von den Schranken der Übertragungsermächtigung abhängig gemacht hat. In diese Richtung tendierend bereits BVerfGE 31, 145 (173f.): „Art. 24 Abs. 1 GG besagt bei sachgerechter Auslegung nicht nur, daß die Übertragung von Hoheitsrechten auf zwischenstaatliche Einrichtungen überhaupt zulässig ist, sondern auch, daß die Hoheitsakte ihrer Organe ... vom ursprünglich ausschließlichen Hoheitsträger anzuerkennen sind.

Von dieser Rechtslage ausgehend, müssen seit dem Inkrafttreten des Gemeinsamen Marktes die deutschen Gerichte auch solche Rechtsvorschriften anwenden, die zwar einer eigenständigen außerstaatlichen Hoheitsgewalt zuzurechnen sind, aber dennoch ... im innerstaatlichen Raum unmittelbare Wirkung entfalten und entgegenstehendes nationales Recht überlagern und verdrängen...“.

[30] Vgl. *Pagenkopf,* NVwZ 1993, S. 216 (217).

[31] Vgl. BVerfGE 75, 223 (244): „Dieser Anwendungsvorrang gegenüber späterem wie früherem nationalem Gesetzesrecht beruht auf einer ungeschriebenen Norm des primären Gemeinschaftsrechts, der durch die Zustimmungsgesetze zu den Gemeinschaftsverträgen in Verbindung mit Art. 24 I GG der innerstaatliche Rechtsanwendungsbefehl erteilt worden ist.“

[32] Vgl. *Henrichs,* EuGRZ 1990, S. 413 (417); *ders.,* EuGRZ 1989, S. 237 (242f., 245); *Pernice,* NJW 1990, S. 2409 (2417); *Huber,* FS Heymanns, S. 349 (360); *ders.,* AöR 116 (1991), S. 210 (224): „Der Vorrang des Gemeinschaftsrechts reicht

durch den Abschluß des Maastrichter Vertrages veranlaßten Verfassungsänderungen war daher Art. 24 Abs. 1 GG maßgeblich. Dessen Schranke bildet nach der Rechtsprechung des BVerfG die „Identität der geltenden Verfassungsordnung“[33], die nach der hier vertretenen Auffassung[34] mit dem Gewährleistungsinhalt des Art. 79 Abs. 3 GG übereinstimmt.

Für nach Inkrafttreten des Art. 23 GG n.F. erfolgende Maßnahmen mit verfassungsänderndem Charakter verweist dessen Absatz 1 Satz 3 nunmehr ausdrücklich auf Art. 79 Abs. 2, 3 GG.

Was die Grenzen des Vorrangs anbetrifft, kann daher in vollem Umfang auf die Ausführungen zu den jeweiligen verfassungsrechtlichen Integrationsermächtigungen der Art. 23, 24, 88 GG verwiesen werden[35].

II. Gemeinschaftsrechtliche Vorgaben für die Organisation des Verwaltungsvollzugs

Soweit der Vorrang des Gemeinschaftsrechts reicht, im äußersten Fall also bis zu den Grenzen der Übertragungsermächtigung, kommen Einwirkungen des EG-Rechts auf die Kompetenzverteilung beim mitgliedstaatlichen Verwaltungsvollzug in Betracht. Im folgenden werden zunächst die Institute des Gemeinschaftsrechts erörtert, die eine grundsätzliche Autonomie der Mitgliedstaaten in jenem Bereich belegen und daher gegenüber den nationalen Kompetenzverteilungsregelungen neutral sind (sub 1.). Sodann ist auf Ansatzpunkte im Gemeinschaftsrecht einzugehen, die auf die Kompetenzverteilung einwirken könnten, indem sie eine eher dezentralistische (2.) oder aber zentralistische (3.) Auslegung der Kompetenzbestimmungen gebieten.

1. Neutralitätsverpflichtende Institute des Gemeinschaftsrechts

Das Recht der Europäischen Union und ihrer Gemeinschaften weist an verschiedenen Stellen darauf hin, daß bestimmte Bereiche allein den Mitgliedstaaten überlassen bleiben sollen. Soweit diese die nationale Kompetenzverteilung erfassen, gebieten sie, die mitgliedstaatliche Autonomie zu respektieren und verhalten sich daher kompetenzneutral.

---

deshalb auch maximal so weit, wie die Ermächtigung des Art. 24 I GG dies zuläßt.“ Ausführlich *Streinz,* Grundrechtsschutz und EG-Recht, S. 92ff., mit der abschließenden Feststellung (ebd., S. 139), „daß der Vorrang des Gemeinschaftsrechts kraft verfassungsrechtlicher Ermächtigung – und nur soweit diese reicht – besteht“.

[33] BVerfGE 73, 339 (375f.).

[34] Siehe oben § 3 I. 3. b) dd).

[35] Siehe oben § 3 I. 2. b) dd) (2), (3) bzgl. Art. 23 GG n.F. und § 3 I. 3. b) dd) bzgl. Art. 24 Abs. 1 GG.

Zunächst begründet Art. F Abs. 1 EUV die Verpflichtung, die nationale Identität der Mitgliedstaaten zu achten. Insoweit ist der identitätsprägende Kernbereich der Mitgliedstaaten gegen einen Zugriff geschützt[36] und die Union zur Neutralität verpflichtet. Eine weitergehende Pflicht zur Rücksichtnahme auf mitgliedstaatliche Belange auch in verfassungsrechtlicher Hinsicht wird zum Teil aus dem allgemeinen Loyalitätsgebot des Art. 5 EGV hergeleitet. Schließlich ist drittens darauf hinzuweisen, daß die vom EuGH in bestimmten Bereichen grundsätzlich konzedierte Autonomie der Mitgliedstaaten Folge des Grundsatzes der begrenzten Ermächtigung ist.

a) Achtung der Identität der Mitgliedstaaten, Art. F Abs. 1 EUV

Gem. Art. F Abs. 1 EUV achtet die Union die nationale Identität ihrer Mitgliedstaaten, deren Regierungssysteme auf demokratischen Grundsätzen beruhen. Art. F EUV ist Teil des Titel I EUV, der „Gemeinsame Bestimmungen" des Unionsvertrages enthält. Er gilt daher für alle Bereiche der EU (s. Art. A Abs. 3 EUV), also die traditionellen Rechtsgemeinschaften EG, EAG und EGKS ebenso wie die neu eingeführten Formen der Zusammenarbeit in der gemeinsamen Außen- und Sicherheitspolitik sowie in den Bereichen Justiz und Inneres. Art. F EUV ist zwar kein Programmsatz[37], sondern begründet eine Rechtspflicht der Union[38], die allerdings in hohem Maße ausfüllungsbedürftig ist und gem. Art. L EUV der Gerichtsbarkeit des EuGH entzogen.

Die eigene Identität stiftet sich der jeweilige Staat selbst ein[39], so daß deren Inhalt aus der Sicht der Mitgliedstaaten, nicht der Gemeinschaften zu bewerten ist[40]. Im modernen Verfassungsstaat wird die nationale Identität maßgeblich durch die zentralen Verfassungsrechtsstrukturen geprägt[41]. Inso-

---

36 „Achten" bedeutet mehr als „berücksichtigen", „Rücksicht nehmen auf" etc. Zweifelhaft ist es daher, wenn *Hilf,* GS Grabitz, S. 157 (164), aus dem Wort achten folgert, die nationale Identität werde „nicht als unverletzlich oder unberührbar bezeichnet". Insoweit sei nur auf den Wortlaut des Art. 1 Abs. 1 S. 2 GG verwiesen. Dort wird das Gebot, die Würde des Menschen „zu achten", als klassisches Abwehrrecht verstanden, siehe *Jarass,* in: Jarass/Pieroth, GG, Art. 1 Rdnr. 6.

37 So wohl *Lecheler,* ArchVR 32 (1994), S. 1 (19).

38 *Hilf,* in: Grabitz/Hilf, Art. F EUV Rdnr. 11; *ders.,* GS Grabitz, S. 157 (165).

39 Vgl. *Grawert,* FS Böckenförde, S. 125 (140): „...; doch grundlegend bleibt diese [die „nationale Identität"] der verfassungsgebenden Gewalt überantwortet, kraft der das Volk Strukturveränderungen bewirken und so Konservierung der Öffnung betreiben kann. Von Vertrags wegen gilt es, die Identität als Kernbereich besonderer Staatlichkeit zu achten, nicht herzustellen." Vgl. auch *Epiney,* EuR 1994, S. 301 (307).

40 Ebenso *Hilf,* in: Grabitz/Hilf, Art. F EUV Rdnr. 8; *ders.,* GS Grabitz, S. 157 (163); vgl. auch *Epiney,* EuR 1994, S. 301 (307).

weit bietet das deutsche Verfassungsrecht in Art. 79 Abs. 3 GG einen Anhalt[42], um das unionsrechtliche Achtungsgebot des Art. F Abs. 1 EUV zu konkretisieren.

Schutzobjekt des Art. F Abs. 1 EUV ist die nationale Identität *der Mitgliedstaaten*[43], nicht die der Länder, Gemeinden, Regionen oder sonstiger Untergliederungen mit oder ohne Rechtspersönlichkeit[44]. Diese Untergliederungen profitieren von dem Achtungsgebot des Art. F Abs. 1 EUV daher nur, sofern sie die nationale Identität des Mitgliedstaats prägen. Dies ist im Hinblick auf Art. 79 Abs. 3 GG[45] für die Länder zu bejahen[46], dürfte hingegen für die Kommunen zu verneinen sein[47].

Insgesamt betrachtet, bringt Art. F Abs. 1 EUV im Zusammenspiel mit der Loyalitätspflicht (Art. 5 EGV), der ausdrücklichen Verankerung des Grundsatzes der begrenzten Ermächtigung, des Subsidiaritätsprinzips und des Verhältnismäßigkeitsgrundsatzes (Art. 3b Abs. 1, Abs. 2. bzw. Abs. 3 EGV) eine verhalten kompetenzschonende Tendenz des Maastrichter Vertrages zum Ausdruck. Eine konkret neutralitätsverpflichtende Wirkung kommt ihm jedoch nur hinsichtlich der nationalen (Verfassungs-)Identität zu.

---

41 Zur „Verfassung als das Mittel zur Bestimmung der materiellen Basis nationaler Identität" bereits *Tomuschat,* VVDStRL 36 (1978), S. 7 (10); dagegen vertritt *Lecheler,* ArchVR 32 (1994), S. 1 (19), ohne nähere Begründung die Auffassung, die nationale Identität umfasse „sicherlich nicht einen wie auch immer definierten verfassungsrechtlichen Minimalbestand".

42 Vgl. die Bestimmung der Verfassungsidentität bei *Kirchhof,* in: Isensee/Kirchhof, HdbStR I, § 19 Rdnr. 47, der sich ebenfalls im wesentlichen an Art. 79 Abs. 3 GG orientiert.

43 Unzulässig ist daher gem. Art. F Abs. 1 EUV jedenfalls eine Entstaatlichung der Mitgliedstaaten („nationale Identität der Mitglied*staaten*" [Hervorhebung hinzugefügt]); ebenso *Badura,* StaatsR, D Rdnr. 155; *ders.,* FS Everling I, S. 33 (34); vgl. jetzt auch *Bleckmann,* JZ 1997, S. 265 (267), zum Schutz vor einem Souveränitätsverlust der Mitgliedstaaten durch Art. F Abs. 1 EUV.

44 Vgl. *Hilf,* in: Grabitz/Hilf, Art. F EUV Rdnr. 8f.

45 Nicht überzeugend, erst recht nicht aussichtsreich erscheint es, den Vorrang, der dem Gemeinschaftsrecht bis zu den Grenzen der verfassungsrechtlichen Ermächtigung zukommt, durch eine Überdehnung des Art. F Abs. 1 auszuhöhlen. Was jederzeit zur Disposition des verfassungsändernden Gesetzgebers steht, wird man daher nicht zur nationalen Identität rechnen können.

46 Im Ergebnis ebenso *Hilf,* in: Grabitz/Hilf, Art. F EUV Rdnr. 9; *Badura,* StaatsR, D Rdnr. 155: „föderative Gliederung der Mitgliedstaaten"; *ders.,* FS Everling I, S. 33 (34); *Epiney,* EuR 1994, S. 301 (307).

47 Dies erscheint jedenfalls dann konsequent, wenn man die kommunale Selbstverwaltungsgarantie des Art. 28 Abs. 2 S. 1 GG nicht zur „Identität der geltenden Verfassungsordnung" zählt, die nach der Rechtsprechung des BVerfG die Übertragungsermächtigung des vor Maastricht maßgeblichen Art. 24 Abs. 1 GG beschränkte. Skeptisch gegenüber einem Schutz der Selbstverwaltungsgarantie über Art. F Abs. 1 EUV auch *Heberlein,* DVBl. 1994, S. 1213 (1220f.).

b) Art. 5 EGV

Obwohl der Wortlaut des Art. 5 EGV ausschließlich die Mitgliedstaaten in die Pflicht nimmt, ist aus systematischen und teleologischen Erwägungen ganz überwiegend anerkannt, daß die Norm eine gegenseitige Loyalitätsverpflichtung begründet[48]. Über den Grundsatz der Gemeinschaftstreue gem. Art. 5 EGV ist die Gemeinschaft daher verpflichtet, bei der Ausübung ihrer Kompetenzen auf die Mitgliedstaaten Rücksicht zu nehmen und diese zu schonen, soweit dies mit den Zielen der Gemeinschaft vereinbar ist[49]. Daraus wird vielfach eine Verpflichtung abgeleitet, auf das Verfassungsrecht[50] oder zumindest grundlegende Bestandteile der Verfassung[51] der Mitgliedstaaten Rücksicht zu nehmen. Damit scheint Art. F Abs. 1 EUV für den Bereich der EG hinter dem Gewährleistungsgehalt des Art. 5 EGV zurückzubleiben, zumal die Rechtspflichten des Art. 5 EGV justitiabel sind[52].

In Art. 5 EGV ist jedoch das Gebot *wechselseitiger* Rücksichtnahme normiert. Damit ist die offene Flanke eines wirksamen Schutzes nationaler Verfassungsgrundsätze markiert. Kraft der Gemeinschaftstreue müssen die

---

[48] Zur Loyalitätsverpflichtung auch der EG EuGH, Urt. v. 10.2.1983, Rs. 230/81 (Luxemburg/Parlament), Slg. 1983, S. 255 (287 Tz. 37); *Epiney,* EuR 1994, S. 301 (310ff. mit FN 42); zum wechselseitigen Verpflichtungsgehalt des Art. 5 E(W)GV auch *Due,* Zentrum für Europäisches Wirtschaftsrecht, Vorträge und Berichte Nr. 9, 1992, S. 13ff.

[49] Siehe (in bezug auf die EG) EuGH, Urt. v. 10.2.1983, Rs. 230/81 (Luxemburg/Parlament), Slg. 1983, S. 255 (287 Tz. 37); EuGH, Urt. v. 15.1.1986, Rs. 52/84 (Kommission/Belgien), Slg. 1986, S. 89 (105); *Bleckmann,* EuropaR, Rdnr. 413ff.; *Bleckmann/Pieper,* RIW 1993, S. 969 (974).

[50] Vgl. *Hilf,* GS Grabitz, S. 157 (167): „Dies [Bestehen einer Rücksichtnahmeverpflichtung] gilt insbesondere im Hinblick auf das Verfassungsrecht der Mitgliedstaaten und insoweit nahezu unüberwindbar im Hinblick auf ihre Verfassungsidentität." Für eine Pflicht zur Rücksichtnahme auf föderale Verfassungsstrukturen z.B. *Callies,* AöR 121 (1996), S. 509 (532ff.); *Epiney,* EuR 1994, S. 301 (310ff., 318); *Hailbronner,* JZ 1990, S. 149 (152f.); *H. P. Ipsen,* FS Dürig, S. 159 (177); *Isensee,* in: Isensee/Kirchhof, HdbStR IV, § 98 Rdnr. 290; *Pernice,* DVBl. 1993, S. 909 (916); für eine Neuformulierung des Art. 5 EGV in Richtung auf eine Verpflichtung der Gemeinschaft zur „Rücksichtnahme auf die Mitgliedstaaten und deren innere Struktur" *Schwarze,* DVBl. 1995, S. 1265 (1269).

[51] Für diese Beschränkung zu Recht *v. Bogdandy,* in: Grabitz/Hilf, Art. 5 EGV Rdnr. 82; vgl. auch *Geiger,* EGV, Art. 5 Rdnr. 5: „grundlegenden Verfassungsprinzipien"; vgl. zum Rücksichtnahmegebot seitens der EG auch BVerfGE 92, 203 (237); insgesamt kritisch zur Berücksichtigungsfähigkeit nationaler Verfassungsstrukturen *Baumhof,* Bundesländer im europ. Einigungsprozeß, S. 47f.; *H.-J. Blanke,* DVBl. 1993, S. 819 (825f.); *Kössinger,* Durchführung des Gemeinschaftsrechts, S. 89ff.

[52] *Epiney,* EuR 1994, S. 301 (324); *Kraußer,* Prinzip begrenzter Ermächtigung, S. 149ff.

Mitgliedstaaten alle geeigneten Maßnahmen zur Erfüllung der vertraglichen oder sekundärrechtlichen Verpflichtungen treffen (Art. 5 Abs. 1 S. 1 EGV) und alle Maßnahmen unterlassen, welche die Verwirklichung der Vertragsziele gefährden könnten (Art. 5 Abs. 2 EGV). Auf diese Komponente des Art. 5 EGV hat der EuGH eine Vielzahl von Instrumenten oder Anforderungen an die Mitgliedstaaten gestützt, welche die grundsätzliche Rücksichtnahme gerade durchbrechen und die unter dem Gesichtspunkt zentralismusfördernder Einwirkungen noch zu behandeln sein werden. Zum Teil wird aus Art. 5 EGV sogar die Verpflichtung hergeleitet, erforderliche Verfassungsänderungen herbeizuführen. Ein mittelbarer Zwang, die Verfassungslage an gemeinschaftsrechtlichen Anforderungen auszurichten, besteht ohnehin, weil sich die Mitgliedstaaten nicht auf verfassungsrechtliche Hindernisse berufen können, um die Nichterfüllung gemeinschaftsrechtlicher Verpflichtungen zu rechtfertigen[53]. Mit der Verpflichtung für die Gemeinschaft, auf Verfassungsstrukturen möglichst Rücksicht zu nehmen, einerseits, der Pflicht, das Verfassungsrecht ggf. zu ändern, andererseits, wird das Gebot wechselseitiger Gemeinschaftstreue zu einem Optimierungsgebot aus zwei verschiedenen Richtungen, das verläßliche Ergebnisse in der konkreten Rechtsanwendung daher nicht erwarten läßt[54]. Im übrigen wird das an die Gemeinschaft gerichtete Gebot durch die Beschränkung relativiert, auf die Mitgliedstaaten „möglichst" Rücksicht zu nehmen. Diese Möglichkeit entfällt, soweit die effiziente Verwirklichung der Gemeinschaftsziele es nicht zuläßt. Dementsprechend stehen in der bisherigen Judikatur zu Art. 5 EGV die im Hinblick auf die effiziente Durchsetzung des Gemeinschaftsrechts bestehenden Pflichten der Mitgliedstaaten im Vordergrund. Als Beleg einer Neutralitätsverpflichtung der Gemeinschaft ist Art. 5 EGV daher nur bedingt geeignet.

c) Der Grundsatz der Autonomie der Mitgliedstaaten als Folge des Prinzips der begrenzten Ermächtigung

Die als Ausgangspunkt neutrale Haltung des Gemeinschaftsrechts zu Fragen der nationalen Kompetenzverteilung wird vom EuGH häufig durch den Hinweis auf den Grundsatz der Autonomie der Mitgliedstaaten zum Ausdruck gebracht[55]. Soweit diese Autonomie der Mitgliedstaaten reicht, sind gemeinschaftsrechtliche Regelungen ausgeschlossen. Daß der EuGH

---

[53] EuGH, Urt. v. 20.9.1989, Rs. C-5/89 (Kommission/Deutschland), Slg. 1990-I, S. 3437 (3458 Tz. 18); EuGH, Urt. v. 13.12.1991, Rs. C-33/90 (Kommission/Italien), Slg. 1991-I, S. 5987 (6008 Tz. 24); EuGH, Urt. v. 12.12.1990, Rs. C-263/88 (Kommission/Frankreich, Slg. 1990-I, S. 4611 (4623 Tz. 7).

[54] Vgl. *Brenner,* DÖV 1992, S. 903 (909).

[55] Vgl. *Pache/Burmeister,* NVwZ 1996, S. 979 (981 f.).

weitgehend eine institutionelle und verfahrensmäßige Autonomie konstatiert[56], ist eine zwangsläufige Folge der nach dem Grundsatz der begrenzten Ermächtigung erfolgenden Kompetenzausstattung der Gemeinschaft.

Danach sind die Gemeinschaften für den Verwaltungsvollzug im Regelfall mangels einer Ermächtigung nicht zuständig[57]. Insoweit verbleibt es bei der ursprünglichen Verwaltungshoheit der Mitgliedstaaten. Soweit es an Kompetenzen für die Übernahme des Vollzugs durch Gemeinschaftsorgane fehlt und daher das Gemeinschaftsrecht im mitgliedstaatlichen Vollzug durchzuführen ist, sind auch Ermächtigungen zu Eingriffen durch Organisations- oder Verfahrensregelungen selten. Liegen derartige Regelungen nicht vor, gilt die Feststellung des EuGH, es stehe „jedem Mitgliedstaat frei, die Kompetenzen innerstaatlich so zu verteilen, wie der es für zweckmäßig hält, ..."[58].

2. Dezentralismusfördernde Ansatzpunkte des Gemeinschaftsrechts

Die grundsätzliche Autonomie der Mitgliedstaaten im Bereich des Verwaltungsvollzugs durch nationale Stellen könnte bis zu den Grenzen des Vorrangs des Gemeinschaftsrechts beschränkt werden. Wie bereits eine kurze Überprüfung der in Betracht kommenden Regelungen belegt, enthält das Europarecht hingegen keine Vorgaben, die auf die grundgesetzliche Kompetenzverteilung in dezentralisierender Weise einwirken könnten.

Bereits in der Diskussion um die europäischen Perspektiven der kommunalen Selbstverwaltung, deren Gewährleistung aus den dargelegten Gründen[59] von Verfassungs wegen nicht europafest ist, ist versucht worden, gemeinschaftsrechtliche Regelungen und Prinzipien aufzuzeigen, welche auf die Anerkennung dezentraler Verfassungsstrukturen schließen lassen[60]. Im Ergebnis vermitteln die insoweit in Betracht gezogenen Gesichtspunkte

---

[56] Vgl. EuGH, Urt. v. 15.12.1971, Verb. Rs. 51 - 54/71 (International Fruit Company u.a./Produktschap voor groenten en fruit), Slg. 1971, S. 1107 (1116); zum Verfahrensrecht EuGH, Urt. v. 21.9.1983, Verb. Rs. 205 - 215/82 (Deutsche Milchkontor/Deutschland), Slg. 1983, S. 2633 (2665 Tz. 17).

[57] Siehe zu den Ausnahmen oben § 4 II.

[58] EuGH, Urt. v. 25.5.1982, Rs. 96/81 (Kommission/Niederlande), Slg. 1982, S. 1791 (1804 Tz. 12); insoweit wortgleich EuGH, Urt. v. 25.5.1982, Rs. 97/81 (Kommission/Niederlande), Slg. 1982, S. 1819 (1833 Tz. 12); bestätigt in EuGH, Urt. v. 14.1.1988, Verb. Rs. 227 bis 230/85 (Kommission/Belgien), Slg. 1988, S. 1 (11 Tz. 9).

[59] Siehe oben § 3 I. 2. b) dd) (3) (c).

[60] Zur Frage eines gemeinschaftsrechtlichen Schutzes der kommunalen Selbstverwaltungsgarantie *Faber*, DVBl. 1991, S. 1126 (1127ff.); *Heberlein*, BayVBl. 1993, S. 676 (677ff.); *ders.*, DVBl. 1994, S. 1213ff.; *Rengeling*, DVBl. 1990, S. 893 (898ff.); *Stern*, FS Friauf, S. 75 (83ff.); *Zuleeg*, FG v. Unruh, S. 91ff.

– Demokratieprinzip, Subsidiaritätsprinzip, Europäische Charta der Kommunalen Selbstverwaltung, allgemeiner Rechtsgrundsatz der kommunalen Selbstverwaltung, Einführung eines Ausschusses der Regionen – hingegen nach überwiegender Auffassung keinen gemeinschaftsrechtlichen Schutz der kommunalen Selbstverwaltung[61]. Geht es dort nur darum, inwieweit das Gemeinschaftsrecht bestimmte dezentrale Organisationsformen hinsichtlich der Verfaßtheit der Mitgliedstaaten respektiert, nimmt es nicht wunder, daß die weitergehende Frage, ob das Gemeinschaftsrecht dezentrale Vollzugsformen *fordert,* aus den nachstehenden Erwägungen zu verneinen ist.

a) Demokratieprinzip

Gem. Art. F Abs. 1 EUV achtet die Union die nationale Identität ihrer Mitgliedstaaten, deren Regierungssysteme auf demokratischen Grundsätzen beruhen. Durch die erstmals[62] in das Vertragsrecht aufgenommene Verpflichtung auf demokratische Grundsätze wird die Freiheit der Mitgliedstaaten, die nationale (Verfassungs-)Identität selbst zu bestimmen, beschränkt und einem wenn auch äußerst begrenzten Homogenitätsgebot unterworfen. Damit sichert die Union zugleich ihre eigene mittelbare demokratische Legitimation über die Mitgliedstaaten ab[63], die für die EU und ihre Gemeinschaften angesichts der geringen unmittelbaren Legitimationsgrundlagen nach wie vor unerläßlich ist[64], wie das BVerfG im Maastricht-Urteil nachdrücklich hervorgehoben hat[65].

Gemeinschaftsrechtliche Vorgaben hinsichtlich der Verteilung der Verwaltungsvollzugskompetenzen lassen sich aus der Verpflichtung gem. Art. F Abs. 1, 2. HS EUV hingegen nicht herleiten. Zum einen ist zu berücksichtigen, daß die Exekutive in Bund und Ländern umfassend, wenn auch mehrfach mediatisiert demokratisch legitimiert ist[66]. Zum anderen liegt Art. F

61 Vgl. *Heberlein,* BayVBl. 1993, S. 676 (677ff., 680); *ders.,* BayVBl. 1992, S. 417 (422ff.); für einen Schutz über einen allgemeinen Rechtsgrundsatz der kommunalen Selbstverwaltung *Martini/Müller,* BayVBl. 1993, S. 161 (165ff.).

62 Vgl. aber bereits die Präambel zur EEA sowie das Bekenntnis zu den Grundsätzen der Demokratie im 3. Erwägungsgrund der Präambel zum EUV.

63 *Hilf,* in: Grabitz/Hilf, Art. F EUV Rdnr. 12.

64 Siehe hierzu auch oben § 3 I. 2. b) dd) (1) (c).

65 Vgl. besonders BVerfGE 89, 155 (184): Nimmt die EU als Verbund demokratischer Staaten „hoheitliche Aufgaben wahr und übt dazu hoheitliche Befugnisse aus, sind es zuvörderst die Staatsvölker der Mitgliedstaaten, die dies über die nationalen Parlamente demokratisch zu legitimieren haben"; siehe auch ebd. S. 185: „Im Staatenverbund der Europäischen Union erfolgt mithin demokratische Legitimation notwendig durch die Rückkoppelung des Handelns europäischer Organe an die Parlamente der Mitgliedstaaten".

66 Vgl. grundlegend *Quaritsch,* Das parlamentslose Parlamentsgesetz, S. 7: „doppelt mediatisiert"; *Ossenbühl,* Verwaltungsvorschriften und GG, S. 198ff.; zur

Abs. 1 EUV kein bestimmtes Demokratieverständnis zugrunde. In Anbetracht der verschiedenartigen Ausformungen demokratischer Verfaßtheit der Mitgliedstaaten ist die Verpflichtung auf demokratische *Grundsätze* beschränkt, die den gemeinsamen Verfassungsvorstellungen aller Mitgliedstaaten zu entnehmen sind[67]. Zu Recht ist daher bereits der in der Vergangenheit unternommene Versuch, spezifisch nationale Verfassungsinstitute wie die deutsche Garantie der kommunalen Selbstverwaltung als eine gemeinschaftsrechtlich über die Anerkennung eines entsprechenden allgemeinen Rechtsgrundsatzes geschützte Ausprägung des Demokratieprinzips anzusehen[68], auf Ablehnung gestoßen[69]. Erst recht enthält die nunmehr durch Art. F Abs. 1 EUV begründete Verpflichtung auf demokratische Grundsätze keine Ausrichtung auf bestimmte Ausformungen demokratischer Organisation.

b) Subsidiaritätsprinzip und Bürgernähe

aa) Subsidiaritätsprinzip

Seit dem Inkrafttreten des Unionsvertrages enthält der EG-Vertrag in Art. 3b erstmals[70] eine generelle Subsidiaritätsregelung[71], die über Art. B Abs. 2 EUV für die gesamte Europäische Union gilt. Nach Art. 3b EGV,

---

demokratischen Legitimation der Exekutive auch BVerfGE 49, 89 (125); 68, 1 (87f.).

[67] *Hilf,* in: Grabitz/Hilf, Art. F EUV Rdnr. 12.

[68] Vgl. die These *Zuleegs,* FG v. Unruh, S. 91 (93), der Kern der Selbstverwaltung müsse von der europäischen Rechtsordnung geschützt sein, weil die kommunale Selbstverwaltung im demokratischen Gedanken wurzele; daran anknüpfend *Rengeling,* ZG 1994, S. 277 (287).

[69] *Erichsen,* KommunalR NW, § 18 B2a; *Faber,* DVBl. 1991, S. 1126 (1127f.); *Heberlein,* BayVBl. 1993, S. 676 (677); *Martini/Müller,* BayVBl. 1993, S. 161 (165); *Siedentopf,* DÖV 1988, S. 981 (983f.); *Waechter,* KommunalR, Rdnr. 013.

[70] Für den Bereich des Umweltschutzes bestand in Art. 130r Abs. 4 S. 1 EWGV eine spezielle Subsidiaritätsregelung.

[71] Aus dem umfangreichen Schrifttum siehe insbesondere *H.-J. Blanke,* ZG 1995, S. 193ff.; *Blumenwitz,* GS Grabitz, S. 1ff.; *Goppel,* EuZW 1993, S. 367ff.; *Gutknecht,* FS Schambeck, S. 921ff.; *Hailbronner,* in: ders., Europa der Zukunft, S. 49ff.; *Jarass,* EuGRZ 1994, S. 209ff.; *W. Kahl,* AöR 118 (1993), S. 414ff.; *Konow,* DÖV 1993, S. 405ff.; *Lambers,* EuR 1993, S. 229ff.; *Lecheler,* Subsidiaritätsprinzip, 1993; *Merten,* in: ders., Subsidiarität, S. 77ff.; *Möschel,* NJW 1993, S. 3025ff.; *Pieper,* Subsidiarität, 1993; *ders.,* DVBl. 1993, S. 705ff.; *Pipkorn,* EuZW 1992, S. 697ff.; *Rotter,* FS Schambeck, S. 981ff.; *Schmidhuber,* DVBl. 1993, S. 417ff.; *Schmidhuber/Hitzler,* NVwZ 1992, S. 720ff.; *dies.,* EuZW 1993, S. 8ff.; *Schnabel,* BayVBl. 1993, S. 393ff.; *Scholz,* FS Schambeck, S. 411ff.; *Stein,* in: Merten, Subsidiarität, S. 23ff.; *Stewing,* Subsidiarität; *ders.,* DVBl. 1992, S. 1516ff.; vor Abschluß des Maastrichter Vertrages *H.-J. Blanke,* ZG 1991, S. 133ff.; *Heintzen,* JZ 1991, S. 317ff.; *Hochbaum,* DÖV 1992, S. 285ff.

der nach seiner systematischen Stellung eine durch den EuGH justitiable[72] Rechtspflicht normiert, darf die Gemeinschaft in den Bereichen, die nicht in ihre ausschließliche Zuständigkeit fallen, nur tätig werden, sofern und soweit die Ziele der in Betracht gezogenen Maßnahmen auf Ebene der Mitgliedstaaten nicht ausreichend erreicht werden können und daher wegen ihres Umfangs oder ihrer Wirkungen besser auf Gemeinschaftsebene erreicht werden können. Danach darf die Gemeinschaft außerhalb ihrer ausschließlichen Zuständigkeiten nur unter zwei Voraussetzungen tätig werden, die kumulativ[73] vorliegen müssen:

Erstens muß das Ziel der in Betracht gezogenen Maßnahmen auf mitgliedstaatlicher Ebene nicht ausreichend erreicht werden können. Das Vorliegen dieser Voraussetzung wird zum Teil bereits bejaht, wenn eine gemeinschaftsrechtliche Regelung eines Mindeststandards ein insgesamt höheres Schutzniveau verspricht als die divergierenden Regelungen der Mitgliedstaaten[74]. Nach dem Wortlaut des Art. 3b EGV, der auf die *Möglichkeit* der Zielerreichung abstellt, ist hingegen eine strengere Auslegung geboten, nach der es auf die potentielle Leistungsfähigkeit der nationalen Ebene ankommt. Ein gemeinschaftsrechtliches Tätigwerden ist demnach nur zulässig, sofern die Mitgliedstaaten infolge ihrer begrenzten Verbandszuständigkeit, insbesondere bei transnationalen Aufgabenstellungen, zur Zielerreichung nicht in der Lage sind[75]. Diese Auslegung erklärt auch die Formulierung der folgenden Voraussetzung, die die Ineffizienz mitgliedstaatlichen Handelns zu Umfang und Wirkung des Tätigwerdens in Beziehung setzt.

Zweitens sind die in Betracht gezogenen Maßnahmen nämlich nur sofern und soweit zulässig, als sie „daher", also infolge des Vorliegens der ersten Voraussetzung, „wegen ihres Umfangs oder ihrer Wirkungen besser auf Gemeinschaftsebene erreicht werden können". Hierdurch wird eine eigen-

---

[72] *v. Bogdandy/Nettesheim,* in: Grabitz/Hilf, Art. 3b EGV Rdnr. 41; *Gulmann,* in: Hailbronner, Europa der Zukunft, S. 45 (47); *Huber,* Europ. Integration, § 10 Rdnr. 31; *Jarass,* EG-Recht, S. 21; *W. Kahl,* AöR 118 (1993), S. 414 (440); *Lambers,* EuR 1993, S. 229 (240); *Pieper,* DVBl. 1993. S. 705 (711); *Pipkorn,* EuZW 1992, S. 697 (700); *Schmidhuber/Hitzler,* NVwZ 1992, S. 720 (724f.); *Stein,* in: Merten, Subsidiarität, S. 23 (36ff.); ablehnend *Hrbek,* FS Börner, S. 125 (138).

[73] *Geiger,* EGV, Art. 3b Rdnr. 8; *Langguth,* in: Lenz, EGV, Art. 3b Rdnr. 12ff.; *Erichsen,* KommunalR NW, § 18 B2cbb; anders hingegen *Stewing,* DVBl. 1992, S. 1516 (1518): „Vielmehr stellt der Begriff ‚ausreichend' eine Konkretisierung von ‚besser' dar – ebenso wie Umfang und Wirkungen. Da jedoch die beiden letztgenannten Begriffe jedenfalls Prüfungskriterien sind, entfällt eine eigenständige Bedeutung der Umschreibung ‚ausreichend'.

[74] Vgl. *Lambers,* EuR 1993, S. 229 (236): „Man wird eine Lücke nur dadurch vermeiden können, daß man eine Handlungsmöglichkeit der Gemeinschaft schon dann bejaht, wenn die Mitgliedstaaten *de facto* nicht in ausreichender Weise handeln."

[75] Ebenso *Jarass,* EG-Recht, S. 18; *Pieper,* DVBl. 1993, S. 705 (709).

ständige Voraussetzung normiert[76], weil mit der Feststellung der Ineffektivität mitgliedstaatlicher Regelung nicht zwangsläufig feststeht, daß eine bessere Zielverwirklichung auf Gemeinschaftsebene möglich ist[77]. Insoweit wird man mit dem Europäischen Rat[78] verlangen, daß die gemeinschaftsrechtlichen Maßnahmen nicht nur überhaupt wirksam sind, sondern darüber hinaus „deutliche Vorteile" erbringen.

Ergänzt werden diese beiden Voraussetzungen nach dem Subsidiaritätsprinzip des Art. 3b Abs. 2 EGV durch den in Abs. 3 verankerten Verhältnismäßigkeitsgrundsatz.

Dieser kurze Überblick über Wortlaut und Inhalt des in Art. 3b Abs. 2 EGV verankerten Subsidiaritätsprinzips belegt bereits, daß dieser ausschließlich das Verhältnis zwischen Union/Gemeinschaften und den Mitgliedstaaten betrifft[79]. Dies wird intrasystematisch bestätigt durch die Stellung der Regelung, die sich unmittelbar an die Verankerung des Grundsatzes der begrenzten Ermächtigung in Art. 3b Abs. 1 EGV anschließt, dem grundlegenden Kompetenzverteilungsprinzip im Verhältnis Gemeinschaft – Mitgliedstaaten. Das Subsidiaritätsprinzip normiert demnach lediglich eine Schranke für die Ausübung[80] – konkurrierender – Zuständigkeiten der Gemeinschaft gegenüber den Mitgliedstaaten. Dagegen ist Art. 3b Abs. 2 EGV kein allgemeiner Grundsatz zu entnehmen, daß Entscheidungen auf der jeweils untersten Organisationsebene, auf der ein effektives Handeln möglich erscheint, zu erfolgen haben[81]. Die Länder, erst recht die Kommu-

---

[76] *Europäischer Rat* (Edinburgh 11./12.12.1992), in: Presse- und Informationsamt der Bundesregierung (Hrsg.), Bulletin, 1992, S. 1281; *Goppel,* EuZW 1993, S. 367 (367f.); *Jarass,* EG-Recht, S. 19; *W. Kahl,* AöR 118 (1993), S. 414 (435); *Merten,* in: ders., Subsidiarität, S. 83.

[77] So aber *Pieper,* DVBl. 1993, S. 705 (709).

[78] *Europäischer Rat* (Edinburgh 11./12.12.1992), in: Presse- und Informationsamt der Bundesregierung (Hrsg.), Bulletin, 1992, S. 1281; zustimmend *Jarass,* EG-Recht, S. 19.

[79] Vgl. *Gern,* NVwZ 1996, S. 532 (533); *Heberlein,* BayVBl. 1996, S. 1 (2, 7); *ders.,* NVwZ 1995, S. 1052 (1056); *Huber,* Europ. Integration, § 10 Rdnr. 27; *Jarass,* EG-Recht, S. 26f.; *A. Weber,* FS Heymanns, S. 681 (691); vgl. auch *Lambers,* EuR 1993, S. 229 (235).

[80] Über die Funktion als Kompetenzausübungsschranke wird das Subsidiaritätsprinzip zum Teil als Kompetenzverteilungsregelung angesehen – vgl. z.B. den Titel „Das Subsidiaritätsprinzip als Kompetenzverteilungsregel im Europäischen Recht" des frühen Beitrags von *Stewing,* DVBl. 1992, S. 1516ff. Dem ist hingegen zumindest im engeren Sinne des Wortes nicht zu folgen. Liegen die Voraussetzungen nach Art. 3b Abs. 2 EGV nicht vor, wird nicht der Wegfall der Gemeinschaftskompetenz als Rechtsfolge angeordnet, sondern lediglich die Unzulässigkeit des Tätigwerdens, also der Ausübung der fortbestehenden Kompetenz. Art. 3b EGV knüpft daher an anderweitige Kompetenzzuweisungen an. Zutreffend *v. Bogdandy/Nettesheim,* in: Grabitz/Hilf, Art. 3b EGV Rdnr. 19; für eine Einordnung als Kompetenzausübungsschranke ferner *Brenner,* Gestaltungsauftrag, S. 106.

nen, profitieren von der Verankerung des Subsidiaritätsprinzips im Gemeinschaftsrecht daher nur als Rechtsreflex[82].

Demnach sind Art. 3b Abs. 2 EGV keine Regelungsaussagen zu entnehmen, die außerhalb des Verhältnisses EU bzw. Gemeinschaften zu den Mitgliedstaaten stehen. Einwirkungen auf die binnenstaatliche Verteilung der Verwaltungskompetenzen können aus der Norm nicht resultieren.

bb) Bürgernähe

Aus den gleichen Erwägungen scheidet auch das Gebot möglichst bürgernaher Entscheidung nach Art. A Abs. 2 EUV als Grundlage einer unionsrechtlichen Einwirkung auf die nationalen Vollzugskompetenzen aus. Hieraus kann insbesondere nicht das Gebot abgeleitet werden, daß Entscheidungen grundsätzlich der Ebene der Länder und der Gemeinden vorzubehalten sind[83]. Auch das Gebot möglichst bürgernaher Entscheidung regelt nur das Verhältnis der Union zu den Mitgliedstaaten, wie der Wortlaut des Art. A Abs. 2 EUV („in der Union") sowie die Identitätsachtungsverpflichtung nach Art. F Abs. 1 EUV bereits nahelegen[84]. Bestätigt wird dies dadurch, daß die Verwirklichung des Gebots möglichst bürgernaher Entscheidung in der Union gerade durch das Subsidiaritätsprinzip erfolgen soll[85], das, wie dargelegt, ausschließlich das Verhältnis der EU bzw. der Gemeinschaften zu den Mitgliedstaaten regelt. Einwirkungen auf die nationale Kompetenzverteilung über Art. A Abs. 2 EUV scheiden daher ebenfalls aus.

---

[81] Vgl. Ausschuß für Fragen der Europäischen Gemeinschaften, BR-Drs. 810/1/92 v. 11.12.1992, S. 4 (Nr. 10); zustimmend *Jarass,* EG-Recht, S. 27.

[82] Ebenso *Huber,* Europ. Integration, § 10 Rdnr. 27; vgl. im Hinblick auf die Kommunen *Heberlein,* BayVBl. 1996, S. 1 (2); gegen einen unmittelbaren Schutz der Kommunen durch Art. 3b EGV jetzt auch *Stern,* FS Friauf, S. 75 (87). Siehe auch *Badura,* StaatsR, D Rdnr. 155: „Es [das Subsidiaritätsprinzip gem. Art. 3b EGV] betrifft jedoch nicht die Binnengliederung der Mitgliedstaaten, weder im Hinblick auf eine bundesstaatliche Ordnung, noch im Hinblick auf die kommunale Selbstverwaltung." Einen „Grundsatz der größtmöglichen Berücksichtigung der Regionen" entnimmt dem Subsidiaritätsprinzip hingegen *Callies,* AöR 121 (1996), S. 509ff.; *ders.,* Subsidiaritätsprinzip, S. 139ff.

[83] So aber *Bleckmann,* DVBl. 1992, S. 335 (336): „Das läßt darauf schließen, daß der Unionsvertrag letztlich davon ausgeht, daß die Entscheidungen grundsätzlich schon auf der Ebene der Gemeinden oder der Länder gefällt werden müssen." Wie hier dagegen *Hilf,* in: Grabitz/Hilf, Art. A EUV Rdnr. 14.

[84] Vgl. ebenso *Hilf,* in: Grabitz/Hilf, Art. A EUV Rdnr. 14.

[85] Siehe den 11. Erwägungsgrund der Präambel zum EUV: „ENTSCHLOSSEN, den Prozeß der Schaffung einer immer engeren Union der Völker Europas, in der die Entscheidungen entsprechend dem Subsidiaritätsprinzip möglichst bürgernah getroffen werden, weiterzuführen".

c) Europa der Regionen: Ausschuß der Regionen und Europäische Charta der Kommunalen Selbstverwaltung

Schließlich können auch unter den mit dem Schlagwort von einem „Europa der Regionen“ zu verbindenden rechtlichen Gesichtspunkten keine dezentralisierenden Einwirkungen auf die nationale Kompetenzverteilung hergeleitet werden. Durch den Unionsvertrag[86] ist in Art. 198a - c EGV zwar ein Ausschuß der Regionen[87] eingeführt[88] worden, der als Hilfsorgan[89] (vgl. Art. 4 Abs. 2 EGV) mit auschließlich beratender Funktion ohne eigene Entscheidungskompetenzen konzipiert ist. Hinsichtlich der Organisationsstruktur der Mitgliedstaaten können aus der Existenz des Ausschusses (oder aus dem Konzept eines Europas der Regionen[90]) – schon deshalb keinerlei Vorgaben entnommen werden, weil es bereits an einem konsistenten Begriff der Region[91] im Unionsrecht fehlt[92]. Als Regionen i. S. v. Art. 198a - c EGV werden daher so heterogene Organisationsformen wie Gebietskörperschaften mit Staatsqualität, die nur in Belgien, Österreich und Deutschland[93] existieren, bis hin zu Verwaltungseinheiten[94] ohne eigene

---

86 Art. G Nr. 67 EUV.

87 Dazu *J. Böhm,* BayVBl. 1993, S. 545 (550); *H. G. Fischer,* NWVBl. 1994, S. 161 ff.; *Hrbek,* FS Börner, S. 125 (134 ff.); *Heberlein,* DVBl. 1994, S. 1213 (1213 ff.); *Huber,* Europ. Integration, § 18; *Neßler,* EuR 1994, S. 216 (226); *Pernice,* DVBl. 1993, S. 909 ff.; *Strohmeier,* BayVBl. 1993, S. 417 ff.; *Wuermeling,* EuR 1993, S. 196 ff.

88 Zuvor bestand lediglich seit 1988 der durch Beschluß der Kommission geschaffene „Beirat der regionalen und kommunalen Gebietskörperschaften (ABl. 1988 Nr. L 247, S. 23 ff.), der als beratendes Gremium der Kommission konzipiert war.

89 *Geiger,* EGV, Art. 198a Rdnr. 2; *Huber,* Europ. Integration, § 18 Rdnr. 18; *H. G. Fischer,* NWVBl. 1994, S. 161 (162): „Einrichtung eigener Art“; *Neßler,* EuR 1994, S. 216 (226): „Institution eigener Art“; *Streinz,* EuropaR, Rdnr. 340 ff., behandelt den Ausschuß unter der Überschrift „Nebenorgane“; ebenso *Heberlein,* DVBl. 1994, S. 1213 (1214); *ders.,* BayVBl. 1996, S. 1 (4).

90 Zu verfassungsrechtlichen, integrationsrechtlichen und integrationspolitischen Bedenken gegen das Konzept eines Europas der Regionen *Huber,* Europ. Integration, § 5 Rdnr. 39 ff.

91 Nach dem soziologischen Definitionsversuch des Art. 1.1 der Gemeinschaftscharta der Regionalisierung des Europäischen Parlaments (ABl. EG Nr. C 326, S. 296 ff.) ist als Region anzusehen ein Gebiet, „... das aus geographischer Sicht eine deutliche Einheit bildet, oder aber ein gleichartiger Komplex von Gebieten, die ein in sich geschlossenes Gefüge darstellen und deren Bevölkerung durch bestimmte gemeinsame Elemente gekennzeichnet ist, die die daraus resultierenden Eigenheiten bewahren und weiter entwickeln möchte, um den kulturellen, sozialen und wirtschaftlichen Fortschritt voranzutreiben“.

92 Vgl. *Huber,* Europ. Integration, § 18 Rdnr. 1 ff.

93 Die 24 deutschen Vertreter im Ausschuß der Regionen werden gem. § 14 ZEUBLG von den Ländern benannt, die dabei allerdings sicherzustellen haben, daß

Rechtspersönlichkeit behandelt. Einwirkungen auf die Kompetenzverteilung beim mitgliedstaatlichen Verwaltungsvollzug durch Art. 198a - c EGV scheiden daher von vornherein aus.

Einwirkungen auf die nationale Kompetenzverteilung über die Europäische Charta der Kommunalen Selbstverwaltung[95], deren Anforderungen in Deutschland im übrigen bereits erfüllt sind, steht neben den genannten Gründen entgegen, daß diese nicht als Teil des Gemeinschaftsrechts gilt. Es handelt sich vielmehr um einen völkerrechtlichen Vertrag zwischen den Mitgliedstaaten des Europarates[96]. Die EU bzw. ihre Gemeinschaften könnten dem mitunter gemachten Vorschlag[97], der EKC beizutreten, derzeit von Rechts wegen nicht einmal folgen, weil der Beitritt gem. Art. 15 Abs. 1 EKC auf die Mitgliedstaaten des Europarates beschränkt ist[98]. Angesichts der angesprochenen heterogenen Ausgestaltung der unteren Verwaltungsebenen in den Mitgliedstaaten lassen sich schließlich die Rechtsinhalte der EKC auch nicht über die Anerkennung eines allgemeinen Rechtsgrundsatzes in den Rang des Gemeinschaftsrechts erheben[99].

3. Zentralismusfördernde Ansatzpunkte des Gemeinschaftsrechts

Auch dort wo gemeinschaftsrechtliche Kompetenzen fehlen und daher grundsätzlich von der Autonomie der Mitgliedstaaten auszugehen ist, besteht diese nicht schrankenlos[100].

Gemeinden und Gemeindeverbände drei gewählte Vertreter in den Ausschuß entsenden können.

[94] Die Heterogenität der erfaßten Organisationseinheiten verdeutlicht das Zitat von *Badura,* FS Lerche, S. 369 (383): „‚Regionen‘ sind Verwaltungseinheiten, also gerade nicht das, was die deutschen Länder sind und bleiben wollen, nämlich Staaten als Teil eines Bundesstaates mit einer selbstbestimmten politischen Herrschaftsgewalt. Es ist ein Pyrrhus-Sieg für die Länder, sich im Maastrichter Ausschuß der Regionen als ‚regionale Gebietskörperschaften‘ neben den lokalen Gebietskörperschaften wiederzufinden.“

[95] Europäische Charta der kommunalen Selbstverwaltung (Europäische Kommunalcharta – EKC), BGBl. 1987 II S. 66; hierzu *Knemeyer,* DÖV 1988, S. 997ff.

[96] Die EKC ist bisher nicht einmal von allen Staaten, die Mitglied in Europarat und EU sind, ratifiziert, siehe dazu *Martini/Müller,* BayVBl. 1993, S. 161 (167 mit FN 84); *Heberlein,* DVBl. 1994, S. 1213 (1218); *ders.,* BayVBl. 1993, S. 676 (678).

[97] So z.B. *H.-J. Blanke,* DVBl. 1993, S. 819 (830); *Rengeling,* DVBl. 1990, S. 893 (900).

[98] Vgl. zuletzt *Heberlein,* BayVBl. 1996, S. 1 (3).

[99] *H.-J. Blanke,* DVBl. 1993, S. 819 (825); *Erichsen,* KommunalR NW, § 18 B 2a, b; *Faber,* DVBl. 1991, S. 1126 (1129); *Heberlein,* BayVBl. 1993, S. 676 (678); *ders.,* BayVBl. 1992, S. 417 (423); für einen allgemeinen Rechtsgrundsatz der kommunalen Selbstverwaltung dagegen *Martini/Müller,* BayVBl. 1993, S. 161 (164ff.); vgl. auch *Rengeling,* ZG 1994, S. 277 (287).

[100] Vgl. *Huber,* Europ. Integration, § 25 Rdnr. 4f.

Die Autonomie der Mitgliedstaaten wird beschränkt durch das Effizienzgebot und das Diskriminierungsverbot[101]. Diesen kommt im Hinblick auf den Anwendungsvorrang, der dem Gemeinschaftsrecht maximal bis zur Grenze seiner verfassungsrechtlichen Grundlage (Art. 23 Abs. 1 S. 3, 79 Abs. 3 GG) beizumessen ist, eine potentiell zentralisierende Wirkung zu. Die Institute könnten die grundgesetzliche Kompetenzverteilung verdrängen, überlagern oder im Falle der Interpretationsfähigkeit eine gemeinschaftsrechtskonforme Auslegung gebieten, sofern die Einhaltung der Rechtsinstitute eine bestimmte Kompetenzverteilungsstruktur zwingend voraussetzt.

a) *Effizienzgebot*

aa) Inhalt des Effizienzgebotes

Als Grundlage einer gemeinschaftsrechtlichen Einwirkung auf die grundgesetzliche Kompetenzverteilung hinsichtlich des Vollzugs von Gemeinschaftsrecht kommt in erster Linie das Effizienzgebot in Betracht.

Der EuGH hat die hier unter der Bezeichnung Effizienzgebot[102] behandelte Argumentationsfigur in einer Reihe von Anwendungsfällen herangezogen und entwickelt[103]. Gesichtspunkte des Effizienzgebotes werden dabei vom EuGH unter verschiedenen Stichworten erörtert, die im wesentlichen synonymisch, häufig auch parallel in ein und derselben Entscheidung[104] verwandt werden (effet utile[105]; praktische Wirksamkeit[106]; einheitliche Anwendung[107]; nützliche Wirkung[108]). Durch das Effizienzgebot den Mit-

---

[101] *Jarass,* EG-Recht, S. 98f.; *Nettesheim,* GS Grabitz, S. 447 (459ff. mit FN 36); *Brenner,* Gestaltungsauftrag, S. 150ff., speziell zum Verwaltungsverfahrensrecht ferner ebd., S. 93f.

[102] Ebenso *Streinz,* EuropaR, Rdnr. 483; *ders.,* FS Everling II, S. 1491 (1501); *Rengeling/Middeke/Gellermann,* Rechtsschutz, Rdnr. 973f.; *Erichsen/Buchwald,* Jura 1995, S. 84 (87ff.); *Koenig,* DVBl. 1997, S. 581 (583); vgl. auch *Brenner,* Gestaltungsauftrag, S. 93: „Effektivitäts- und Optimierungsgebot".

[103] Zu den zum effet utile entwickelten Fallgruppen siehe *Streinz,* FS Everling II, S. 1491 (1496ff.).

[104] So z.B. EuGH, Urt. v. 4.12.1974, Rs. 41/74 (van Duyn/Home Office), Slg. 1974, S. 1337 (1348 Tz. 12), bzgl. der unmittelbaren Wirkung von Richtlinien: „Insbesondere in den Fällen, in denen etwa die Gemeinschaftsbehörden die Mitgliedstaaten durch Richtlinie zu einem bestimmten Verhalten verpflichten, würde die nützliche Wirkung (‚effet utile') einer solchen Maßnahme abgeschwächt, wenn die einzelnen sich vor Gericht hierauf nicht berufen und die staatlichen Gerichte sie nicht als Bestandteil des Gemeinschaftsrechts berücksichtigen könnten."

[105] Siehe z.B. EuGH, ebd.

[106] Siehe z.B. EuGH, Urt. v. 13.2.1969, Rs. 14/68 (Walt Wilhelm u.a./Bundeskartellamt), Slg. 1969, S. 1 (14 Tz. 6).

gliedstaaten auferlegte Pflichten finden ihre vertragliche Grundlage in Art. 5 EGV[109]. Es handelt sich demnach bei dem Effizienzgebot um ein primärrechtlich verankertes Prinzip.

Der EuGH hat den Gedanken der Effektuierung des Gemeinschaftsrechts zunächst als Argumentationstopos herangezogen, um die Pflicht zur Beachtung des Vorrangs des Gemeinschaftsrechts[110], die unmittelbare Anwendbarkeit bestimmter Primärrechtsnormen[111] und die ausnahmsweise unmittelbare Wirkung von Richtlinien[112] und staatengerichteten Entscheidungen[113] zu begründen. Als eine spezielle Ausprägung der Rechtsprechung zum Vorrang des Gemeinschaftsrechts lassen sich die das Effizienzgebot betonenden Entscheidungen zum Wettbewerbsrecht verstehen. Sie heben die aus dem Gebot der Gemeinschaftstreue i.V.m. den einschlägigen Wettbewerbsnormen abgeleitete Loyalitätspflicht der Mitgliedstaaten hervor, nach der diese „keine Maßnahmen ergreifen oder aufrechterhalten dürfen, durch die die praktische Wirksamkeit (‚effet utile‘) der Wettbewerbsregeln beeinträchtigt werden könnte“[114].

Von besonderer Bedeutung für die vorliegende Untersuchung sind die Anwendungsfälle des effet utile, die die Verpflichtung der Mitgliedstaaten zu einem effizienten Verwaltungsvollzug des Gemeinschaftsrechts betref-

---

107 Siehe z.B. EuGH, Urt. v. 21.9.1983, Verb. Rs. 205 - 215/82 (Deutsche Milchkontor/Deutschland), Slg. 1983, S. 2633 (2665 Tz. 17); EuGH, Urt. v. 27.5.1993, Rs. C-290/91 (Peter/HZA Regensburg), Slg. 1993-I, S. 2981 (3005 Tz. 8).

108 Siehe die in FN 104 zitierte van Duyn-Entscheidung.

109 Ausdrücklich genannt wird Art. 5 E(W)GV z.B. in EuGH, Urt. v. 21.9.1983, Verb. Rs. 205 - 215/82 (Deutsche Milchkontor/Deutschland), Slg. 1983, S. 2633 (2665 Tz. 17); EuGH, Urt. v. 27.5.1993, Rs. C-290/91 (Peter/HZA Regensburg), Slg. 1993-I, S. 2981 (3005 Tz. 8).

110 EuGH, Urt. v. 9.3.1978, Rs. 106/77 (Staatliche Finanzverwaltung/Simmenthal), Slg. 1978, S. 629 (644f. Tz. 19ff.): „Die praktische Wirksamkeit dieser Bestimmung [Art. 177 EWGV] würde geschmälert, wenn es dem Gericht verwehrt wäre, das Gemeinschaftsrecht nach Maßgabe der Entscheidung oder der Rechtsprechung des Gerichtshofes unmittelbar anzuwenden. Aus alledem folgt, daß jeder im Rahmen seiner Zuständigkeit angerufene staatliche Richter verpflichtet ist, das Gemeinschaftsrecht uneingeschränkt anzuwenden und die Rechte, die es den einzelnen verleiht, zu schützen, indem er jede möglicherweise entgegenstehende Bestimmung des nationalen Rechts, gleichgültig, ob sie früher oder später als die Gemeinschaftsnorm ergangen ist, unangewendet läßt.“

111 Siehe das vorstehende Zitat; weitere Nachw. bei *Streinz,* FS Everling II, S. 1491 (1499f.).

112 EuGH, Urt. v. 4.12.1974, Rs. 41/74 (van Duyn/Home Office), Slg. 1974, S. 1337 (1348 Tz. 12).

113 EuGH, Urt. v. 6.10.1970, Rs. 9/70 (Grad/Finanzamt Traunstein), Slg. 1970, S. 825 (838).

114 Seit EuGH, Urt. v. 13.2.1969, Rs. 14/68 (Walt Wilhelm u.a./Bundeskartellamt), Slg. 1969, S. 1 (14 bes. Tz. 6).

fen. Das Effizienzgebot ist insoweit zunächst im Hinblick auf das nationale Verwaltungsverfahrensrecht konturiert worden[115]. Diese Rechtsprechung wird ergänzt und fortentwickelt durch die Entscheidungen zur Europäisierung des vorläufigen Rechtsschutzes[116] und der Staatshaftung[117], die ebenfalls maßgeblich auf den Gedanken des effet utile gestützt werden.

Die Bedeutung des Effizienzgebotes für den Vollzug des Gemeinschaftsrechts liegt in der Struktur der Kompetenzverteilung begründet. Wie im einzelnen dargelegt, besitzen die Gemeinschaften nur ausnahmsweise eigene Vollzugskompetenzen[118]; im übrigen sind sie auf einen Vollzug durch die Mitgliedstaaten angewiesen. Daher gehört es zu den Loyalitätspflichten der Mitgliedstaaten gem. Art. 5 EGV, für einen effizienten Vollzug des Gemeinschaftsrechts Sorge zu tragen[119]. Dies gilt sowohl für den unmittelbaren als auch den mittelbaren mitgliedstaatlichen Vollzug[120]. Die vom EuGH vornehmlich für den Bereich des Verwaltungsverfahrensrechts entwickelten Anforderungen lassen sich demnach auf die Ausgestaltung der mitgliedstaatlichen Verwaltungsorganisation übertragen. Nach dem Effizienzgebot muß der mitgliedstaatliche Vollzug in einer Weise organisiert sein, daß die Tragweite und die Wirksamkeit des Gemeinschaftsrechts nicht beeinträchtigt werden[121]. In keinem Fall darf die Verwirklichung des Gemeinschaftsrechts praktisch unmöglich werden[122].

---

[115] Grundlegend EuGH, Urt. v. 21.9.1983, Verb. Rs. 205 - 215/82 (Deutsche Milchkontor/Deutschland), Slg. 1983, S. 2633 (2665ff. Tz. 19ff.); vgl. ferner EuGH, Urt. v. 6.5.1983, Rs. 54/81 (Fromme/Balm), Slg. 1982, S. 1449 (1463 Tz. 6).

[116] Siehe vor allem EuGH, Urt. v. 19.6.1990, Rs. C-213/89 (The Queen/Secretary of State for Transport, ex parte: Factortame Ltd. u.a.), Slg. 1990-I, S. 2433ff.; EuGH, Urt. v. 21.2.1991, Verb. Rs. C-143/88 u. C-92/89 (Zuckerfabrik Süderdithmarschen/HZA Itzehoe u.a.), Slg. 1991-I, S. 415ff.

[117] EuGH, Urt. v. 19.11.1991, Verb. Rs. C-6/90 und 9/90 (Francovich u.a./Italien), Slg. 1991-I, S. 5357 (5416 Tz. 33ff.); EuGH, Urt. v. 5.3.1996, Verb. Rs. C-46/93 u. 48/93 (Brasserie du pêcheur/Deutschland u.a.), Slg. 1996-I, S. 1029ff. (bes. 1142 Tz. 20); EuGH, Urt. v. 26.3.1996, Rs. C-392/93 (The Queen/H. M. Treasury, ex parte: British Telecommunications), Slg. 1996-I, S. 1631 (1667f. Tz. 38ff.); EuGH, Urt. v. 23.5.1996, Rs. C-5/94 (The Queen/Ministry of Agriculture, Fisheries and Food, ex parte: Hedley Lomas), Slg. 1996-I, S. 2553 (2612f. Tz. 24ff.); EuGH, Urt. v. 8.10.1996, Verb. Rs. C-178, 179 u. 188 - 190/94 (Dillenkofer u.a./Deutschland), NJW 1996, S. 3141 (3142 Tz. 21, 29).

[118] Siehe oben § 4.

[119] EuGH, Urt. v. 21.9.1983, Verb. Rs. 205 - 215/82 (Deutsche Milchkontor/Deutschland), Slg. 1983, S. 2633 (2665 Tz. 17); *Streinz,* EuropaR, Rdnr. 470; *Koenig,* DVBl. 1997, S. 581 (584).

[120] *Streinz,* FS Everling II, S. 1491 (1501).

[121] *Schwarze,* Deutscher Landesbericht, in: ders., VerwR unter europ. Einfluß, S. 123 (149); *Ress,* in: Burmeister, Verfassungsrechtliche Stellung der Verwaltung, S. 199 (205).

Das Gebot, die Tragweite und die Wirksamkeit des Gemeinschaftsrechts nicht zu beeinträchtigen, insbesondere die Verwirklichung des Gemeinschaftsrechts nicht praktisch unmöglich zu machen, setzt der grundsätzlichen Autonomie der Mitgliedstaaten außerhalb der gemeinschaftlichen Ermächtigungen negative Schranken. Dagegen taucht in den Entscheidungen zur Europäisierung des vorläufigen Rechtsschutzes die Forderung auf, bei der Anwendung des Gemeinschaftsrechts „dessen volle Wirkung"[123] sicherzustellen. Zur Vermeidung einer Abschwächung der vollen Wirksamkeit des Gemeinschaftsrechts dürfe ein mit einem nach Gemeinschaftsrecht zu beurteilenden Rechtsstreit befaßtes Gericht daher nicht durch eine Vorschrift des nationalen Rechts daran gehindert werden, durch eine einstweilige Anordnung die volle Wirksamkeit der gerichtlichen Entscheidung sicherzustellen[124]. Diese Entscheidungen setzen damit der mitgliedstaatlichen Autonomie für den Bereich des vorläufigen Rechtsschutzes engere Grenzen und weichen insoweit von der ganz überwiegend anerkannten[125] Rechtsprechung des EuGH ab[126]. Sie werfen die Frage nach Wirkung und Reichweite des Effektivitätsgebotes auf. Insbesondere stellt sich die Frage, ob in Bereichen, die grundsätzlich der alleinigen Regelung durch die Mitgliedstaaten unterliegen, dem Gemeinschaftsrecht stets in der Weise Vorrang zu verschaffen ist, daß jeweils nur die rigideste denkbare Regelung dem gebotenen effektiven Vollzug genügt.

---

[122] Vgl. zum Verfahrensrecht EuGH, Urt. v. 21.3.1990, Rs. C-142/87 (Belgien/Kommission) – Tubemeuse –, Slg. 1990-I, S. 959 (1019 Tz. 61).

[123] EuGH, Urt. v. 21.2.1991, Verb. Rs. C-143/88 u. C-92/89 (Zuckerfabrik Süderdithmarschen/HZA Itzehoe u.a.), Slg. 1991-I, S. 415 (543 Tz. 30).

[124] EuGH, Urt. v. 19.6.1990, Rs. C-213/89 (The Queen/Secretary of State for Transport, ex parte: Factortame Ltd. u.a.), Slg. 1990-I, S. 2433 (2474 Tz. 21); ebenfalls für die Begründung eines Schadenersatzanspruchs auf die volle Wirksamkeit abstellend EuGH, Urt. v. 19.11.1991, Verb. Rs. C-6/90 und 9/90 (Francovich u.a./Italien), Slg. 1991-I, S. 5357 (5416 Tz. 33ff.); EuGH, Urt. v. 8.10.1996, Verb. Rs. C-178, 179 u. 188 - 190/94 (Dillenkofer u.a./Deutschland), NJW 1996, S. 3141 (3142 Tz. 22).

[125] Vgl. *Ehlers,* DVBl. 1991, S. 605 (611f.); *Götz,* EuR 1986, S. 29 (46f.); *Rengeling,* VVDStRL 53 (1994), S. 202 (214); *ders.,* EuR 1984, S. 331 (352f.); *ders./Middeke/Gellermann,* Rechtsschutz, Rdnr. 964ff.; *Streinz,* in: Schweitzer, Europ. VerwR, S. 241 (267ff.).

[126] Dagegen stellt EuGH, Urt. v. 6.12.1994, Rs. C-410/92 (Johnson/Chief Adjudication Officer), EuZW 1995, S. 92 (93 Tz. 21ff.), wieder darauf ab, ob das nationale Erfordernis eines fristgemäßen Antrags die Ausübung des Gemeinschaftsrechts praktisch unmöglich mache oder die Modalitäten ungünstiger als in rein innerstaatlichen Verfahren ausgestalte.

bb) Wirkung und Reichweite des Effizienzgebotes bei indirekten Kollisionen

Das Einwirkungspotential des Gemeinschaftsrechts basiert auf dessen Vorrang gegenüber nationalem Recht. Die Auswirkungen des Vorrangs des Gemeinschaftsrechts sind im wesentlichen vorhersehbar, soweit es um die Lösung direkter Kollisionen geht. Eine direkte Kollision liegt vor, wenn gemeinschaftsrechtliche und nationale Regelung identische oder teilidentische Sachverhalte erfassen und für diese unterschiedliche Rechtsfolgen anordnen[127]. Inwieweit dem Gemeinschaftsrecht auf der Grundlage der verfassungsrechtlichen Ermächtigung auf diesem direkten Wege Vorrang beizumessen ist, ergibt sich aus einer Gesamtschau der gemeinschaftsrechtlichen Ermächtigungen.

Über das Effizienzgebot verschafft der EuGH dem Gemeinschaftsrecht aber auch bei indirekten Kollisionen[128] Vorrang, bei denen die betreffende nationale Norm einen anderen Sachverhalt regelt, die Effektivität der Gemeinschaftsrechtsnorm durch die Anwendung der nationalen Regelung aber im Ergebnis beeinträchtigt würde[129]. Dies führt dazu, daß nationale Regelungen partiell außer Anwendung bleiben und durch Gemeinschaftsrecht, das in der Regel mangels ausdrücklicher Regelung erst durch den Rückgriff auf allgemeine Rechtsgrundsätze ermittelt werden muß, überlagert werden. Diese Einwirkungen bei indirekten Kollisionen sind schon mangels Kodifizierung des gemeinschaftlichen „Ersatzrechts“[130], welches das nationale Recht überlagert, kaum vorhersehbar. Vor allem aber ist es nicht angängig, über das Effizienzgebot des Gemeinschaftsrechts den mitgliedstaatlichen Regelungen auch dort vollständig die Anwendung zu versagen, wo die Mitgliedstaaten grundsätzlich zuständig geblieben sind[131].

---

[127] Vgl. grundlegend zu der begrifflichen Unterscheidung direkter und indirekter Kollisionen *Huthmacher,* Vorrang des Gemeinschaftsrechts, bes. S. 134f.; daran anknüpfend *A. Weber,* EuR 1986, S. 1 (3); *Rengeling/Middeke/Gellermann,* Rechtsschutz, Rdnr. 954.

[128] Zum Begriff *Huthmacher,* Vorrang des Gemeinschaftsrechts, bes. S. 137; *A. Weber,* EuR 1986, S. 1 (3); *Rengeling/Middeke/Gellermann,* Rechtsschutz, Rdnr. 955.

[129] EuGH, Urt. v. 6.5.1982, Rs. 54/81 (Fromme/BALM), Slg. 1982, S. 1449 (1463 Tz. 6).

[130] Vgl. im Hinblick auf das Verwaltungsverfahrensrecht ebenfalls kritisch *E. Klein,* in: Starck, Rechtsvereinheitlichung, S. 117 (136): „Der Hinweis auf Art. 5 EWGV vermag zwar ggf. die Feststellung einer Vertragsverletzung zu tragen, eine schlüssige Erklärung für die Einschränkung der Anwendbarkeit des nationalen Verwaltungsrechts enthält er nicht, solange nicht die Rechtssätze angegeben werden, auf deren Grundlage der nationale Rechtsanwender prozedieren und entscheiden soll.“

Man wird daher bei indirekten Kollisionen den Vorrang des Gemeinschaftsrechts begrenzen müssen[132]. Mit der Wahlfreiheit der Mitgliedstaaten, wie sie ihre Zuständigkeiten zur Verwirklichung der Gemeinschaftsziele im Rahmen ihrer Verpflichtung aus Art. 5 EGV einsetzen, ist es daher unvereinbar, sie stets und ohne Rücksicht auf die Eigenheiten der nationalen Rechtsordnung zu der Regelung der Verwaltungsorganisation, des Verwaltungsverfahrens, des Schadenersatzes oder des Rechtsschutzes verpflichtet anzusehen, welche das Gemeinschaftsrecht am rigidesten durchsetzen[133]. Jedenfalls wenn die indirekt konfligierende Norm auch auf rein nationale Sachverhalte Anwendung findet[134], kann daher nicht jede Effizienzminderung eine gemeinschaftsrechtliche Überlagerung rechtfertigen[135].

Umgekehrt muß sich der Vorrang des Gemeinschaftsrechts zumindest dann auch bei indirekten Kollisionen durchsetzen, wenn die Anwendung der nationalen Vorschriften den wirksamen Vollzug des Gemeinschaftsrechts erheblich herabmindert oder ganz ausschließt. Außer Anwendung bleiben muß nationales Recht auch dann, wenn es als gezielter Versuch anzusehen ist, das Gemeinschaftsrecht zu konterkarieren. Insoweit kann wiederum als Indiz dienen, ob sich der Mitgliedstaat auch beim Vollzug seiner eigenen Gesetze der gleichen Organisations-, Verfahrens-, Rechtsschutz- oder Schadenersatzregelungen bedient. Einer kompetenzwidrigen Überbetonung des Effizienzgebotes läßt sich daher durch einen Vergleich mit innerstaatlichen Vollzugsregimen begegnen, der zugleich das Diskrimi-

---

[131] Kritisch im Hinblick auf die kompetentielle Frage bzgl. der Europäisierung der Staatshaftung jetzt auch *v. Danwitz,* DVBl. 1997, S. 1 (5f.): „Der effet utile, aber auch die aus Art. 5 EGV resultierende Pflicht der Mitgliedstaaten zum effektiven Rechtsschutz bei Verstößen gegen das EG-Recht vermögen namentlich die fehlende Gemeinschaftskompetenz für das mitgliedstaatliche Haftungsrecht und das Fehlen von normativen Anknüpfungspunkten im Gemeinschaftsrecht nicht zu kompensieren." Kritisch bzgl. des vorläufigen Rechtsschutzes auch *Schoch,* DVBl. 1997, S. 289 (295 m.w.Nachw.): „Mit der Kreation eines Entscheidungsprogramms für das Aussetzungsverfahren und das einstweilige Anordnungsverfahren nationaler Gerichte hat der EuGH seine Kompetenzen überschritten und unzulässigerweise Rechtspolitik betrieben."

[132] Dafür auch *Jarass,* DVBl. 1995, S. 954 (960).

[133] Vgl. auch das Plädoyer *Nettesheims,* GS Grabitz, S. 447 (454ff., bes. 463), für die Beibehaltung des zum Verwaltungsverfahrensrecht entwickelten Prüfungsrasters bzgl. der Grenzen mitgliedschaftlicher Autonomie (Verbot der praktischen Unmöglichkeit; Diskriminierungsverbot).

[134] Vgl. auch *v. Danwitz,* DVBl. 1997, S. 1 (5f.), der kritisch auf die Absicht des EuGH hinweist, „unter Rückgriff auf den effet utile neue Sanktionsinstrumente zu entwickeln, die die Mittel des staatlichen Rechts deutlich an Effektivität übertreffen".

[135] In diese Richtung gehend auch EuGH, Urt. v. 6.12.1994, Rs. C-410/92 (Johnson/Chief Adjudication Officer), EuZW 1995, S. 92 (bes. 93 Tz. 21 - 23).

nierungsverbot[136] gegenüber dem Effizienzgebot stärker zur Geltung bringt[137].

cc) Effizienzgebot und grundgesetzliche Verwaltungszuständigkeit

Das Effizienzgebot mit seinen dargelegten Anforderungen kann auf die Verteilung der nationalen Vollzugszuständigkeiten nur dann über den dem Gemeinschaftsrecht bis zu den Grenzen der verfassungsrechtlichen Ermächtigung zukommenden Vorrang einwirken, wenn die Effizienz durch diese mitgliedstaatliche Kompetenzverteilung beeinträchtigt wird.

Eine zentralistische Einwirkung des Gemeinschaftsrechts auf das System der Verwaltungskompetenzen könnte daher anzunehmen sein, sofern bei einem Verwaltungsvollzug durch die Länder die Verwirklichung des Gemeinschaftsrechts nicht oder in erheblich geringerem Maße als bei einem Vollzug durch Bundesbehörden gewährleistet wäre.

Inwieweit der mitgliedstaatliche Vollzug von Gemeinschaftsrecht durch die Länder dessen Effizienz sicherstellt, ist unter vier Gesichtspunkten zu untersuchen:

- Besteht eine gemeinschaftsrechtliche Bindung und Vollzugsverpflichtung der Länder?
- Besteht eine verfassungsrechtliche Vollzugsverpflichtung der Länder?
- Steht den Gemeinschaften ein ausreichendes Instrumentarium zur Verfügung, um die Verwirklichung des Gemeinschaftsrechts sicherzustellen?
- Welche verfassungsrechtlichen Einwirkungsmöglichkeiten stehen dem Bund zu, um im Falle der Länderzuständigkeit einen ordnungsgemäßen Verwaltungsvollzug zu gewährleisten?

(1) Gemeinschaftsrechtliche Bindung und Vollzugsverpflichtung der Länder

(a) Bindung der Länder

Eine gemeinschaftsrechtliche Selbstverständlichkeit ist zunächst, daß nicht nur der Mitgliedstaat als solcher, sondern alle staatlichen Stellen unmittelbar an das Gemeinschaftsrecht gebunden sind. Dazu zählen auch Untergliederungen, die wie die Länder selbst Staatsqualität besitzen, und deren Behörden. Diese umfassende und unmittelbare Bindung ist Teil des beschriebenen Durchgriffseffekts, der das Gemeinschaftsrecht vom traditionellen, zur binnenstaatlichen Verbindlichkeit transformationsbedürftigen Völkerrecht unterscheidet.

---

[136] Siehe dazu unten sub b).

[137] Dafür ebenso *Jarass,* DVBl. 1995, S. 954 (960).

(b) Vollzugsverpflichtung der Länder

Dagegen wird eine im Gemeinschaftsrecht wurzelnde Verpflichtung der Länder, das Gemeinschaftsrecht, soweit erforderlich, rechtssatzmäßig umzusetzen oder verwaltungsmäßig zu vollziehen, zum Teil abgelehnt. Adressat einer Durchführungsverpflichtung seien nur die Mitgliedstaaten als solche. Eine entsprechende Verpflichtung könne sich nur im Verhältnis Bund/Länder nach Maßgabe des Verfassungsrechts ergeben[138].

In allen drei Gründungsverträgen fehlt zwar eine ausdrückliche Regelung der Frage, ob territoriale Untergliederungen und insbesondere solche mit Staatsqualität zur legislativen und administrativen Durchführung des Gemeinschaftsrechts verpflichtet sind. Eine Verpflichtung der Länder könnte sich aber aus Art. 5 EGV oder Art. 189 EGV ergeben. Nach Art. 5 EGV sind die Mitgliedstaaten zur Gemeinschaftstreue verpflichtet und müssen daher einerseits alle zur Erfüllung der Vertragspflichten geeigneten Maßnahmen vornehmen (Abs. 1) und anderseits alle die Vertragsziele gefährdenden Maßnahmen unterlassen (Abs. 2). Wenn auch Art. 5 EGV wegen des mitgliedstaatlichen Ermessens hinsichtlich der Wahl der anzuwendenden Mittel im Verhältnis zum Bürger nicht unmittelbar anwendbar ist[139], treffen die Rechtspflichten aus Art. 5 EGV unmittelbar alle zuständigen staatlichen Stellen[140]. Auch im Bereich der mitgliedstaatlichen Pflichten unterscheidet sich das Gemeinschaftsrecht damit gegenüber völkerrechtlichen Verpflichtungen durch seine Durchgriffswirkung.

Neben diesen unmittelbar im Primärrecht verankerten Pflichten können sich aufgrund der in Art. 189 EGV vorgesehenen Rechtsakte der Gemeinschaft Verpflichtungen der Mitgliedstaaten aus dem Sekundärrecht ergeben. Insoweit kommt vor allem der Erlaß von Richtlinien nach Art. 189 Abs. 3 und von (mitgliedstaatlichen) Entscheidungen nach Art. 189 Abs. 4 EGV in Betracht. Adressat dieser Verpflichtungen sind nach dem Wortlaut des Art. 189 Abs. 3, 4 EGV jeweils die „Mitgliedstaaten". Auch in diesem Bereich werden hierdurch alle zuständigen staatlichen Stellen in die Pflicht genommen[141]. Die Anerkennung dieser Durchgriffswirkung auf alle staat-

---

[138] Vgl. etwa *Zuleeg,* KSE 9, S. 320: verfassungs-, nicht völkerrechtliche Pflicht.

[139] *Geiger,* EGV, Art. 5 Rdnr. 7; *Zuleeg,* in: GTE, EWGV, Art. 5 Rdnr. 4.

[140] *Geiger,* EGV, Art. 5 Rdnr. 14f.; vgl. auch *Lenz,* in: ders., EGV, Art. 5 Rdnr. 4; *Teske,* EuR 1992, S. 265 (274): „schließlich sind auch die nationalen Behörden an die Gemeinschaftstreuepflicht des Art. 5 EWGV gebunden und müssen das EG-Recht tunlichst so anwenden, daß überall das vom Gemeinschaftsgesetzgeber gewollte Ergebnis erzielt wird". Siehe auch die in den beiden folgenden FN nachgewiesenen Urteile des EuGH.

[141] Vgl. EuGH, Urt. v. 12.6.1990, Rs. C-8/88 (Deutschland/Kommission), Slg. 1990-I, S. 2321 (2359 Tz. 13): „Hierzu ist festzustellen, daß es Sache aller mitgliedstaatlichen Behörden ist, seien es solche der staatlichen Zentralgewalt, eines Glied-

lichen Stellen ist im übrigen auch Voraussetzung des Grundsatzes der richtlinienkonformen Auslegung. Diese umfassende Bindung aller zuständigen staatlichen Stellen des Mitgliedstaates hat der EuGH in der Rechtssache Costanzo sogar auf die Fälle ausgedehnt, in denen Richtlinienbestimmungen ausnahmsweise unmittelbare Wirkung zukommt. Dort hat der EuGH eine Verpflichtung für „alle Träger der Verwaltung einschließlich der Gemeinden und der sonstigen Gebietskörperschaften“[142] angenommen, eine Richtlinie anzuwenden, soweit die Voraussetzungen der ausnahmsweisen unmittelbaren Wirkung erfüllt sind.

Es besteht mithin bereits eine gemeinschaftsrechtlich begründete Verpflichtung der Länder, das Gemeinschaftsrecht erforderlichenfalls legislativ umzusetzen und im Falle seiner unmittelbaren Geltung bzw. Anwendbarkeit zu vollziehen[143]

(c) Einbeziehung der fünf neuen Bundesländer

Auch für die fünf neuen Bundesländer ist mit ihrem Beitritt eine grundsätzlich umfassende Bindung an das Gemeinschaftsrecht eingetreten. An dieser Bindung teil hat die Verpflichtung der neuen Länder, das Gemeinschaftsrecht legislativ umzusetzen und verwaltungsmäßig zu vollziehen.

Die unmittelbar mit dem Beitritt eingetretene Geltung des Gemeinschaftsrechts belegen auch Art. 10 Abs. 1 und 2 EV. Indessen kommt diesen Regelungen eine konstitutive Bedeutung nicht zu, weil die automatische Geltung des gesamten ‚acquis communautaire‘ mit Wirksamkeit des Beitritts jedenfalls bei dem gewählten Vereinigungsweg[144] über Art. 23 GG a.F. bereits aus dem Prinzip der beweglichen Vertragsgrenzen[145] folgt. Danach lassen Gebietsveränderungen eines Vertragspartners den Bestand

---

staats oder sonstiger Gebietskörperschaften, im Rahmen ihrer jeweiligen Zuständigkeiten die Einhaltung der gemeinschaftsrechtlichen Vorschriften zu gewährleisten.“ Einen innerstaatlich wirksamen Umsetzungsbefehl bei Richtlinien nimmt an *Langenfeld,* DÖV 1992, S. 955 (956); siehe auch *Geiger,* EGV, Art. 5 Rdnr. 15, mit dem Hinweis, daß auch ein an die Mitgliedstaaten gerichteter Rechtsetzungsauftrag innerstaatliche Geltung besitze und sich daher an die nach der nationalen Kompetenzverteilung zuständigen Stellen wende.

[142] EuGH, Urt. v. 22.6.1989, Rs. 103/88 (Costanzo/Stadt Mailand), Slg. 1989, S. 1839 (1871 Tz. 31).

[143] *Geiger,* EGV, Art. 5 Rdnr. 15; vgl. auch *Rengeling,* DVBl. 1995, S. 945 (950), und *Bleckmann,* EuropaR, Rdnr. 893; ebenso bzgl. der Pflicht zur Richtlinienumsetzung *Trüe,* EuR 1996, S. 179 (191); für eine gemeinschaftsrechtliche Verpflichtung ausschließlich des Bundes *Streinz,* in: Isensee/Kirchhof, HdbStR VII, § 182 Rdnr. 44.

[144] Nach *Oppermann,* EuropaR, Rdnr. 174, wäre dieses Ergebnis – nach den Regeln über die Staatensukzession – auch bei einer Vereinigung über Art. 146 GG eingetreten.

völkerrechtlicher Verträge unberührt, verringern bzw. erweitern jedoch automatisch dessen Anwendungsbereich[146], sofern nicht etwas anderes vereinbart wird. Die Geltung des Grundsatzes der beweglichen Vertragsgrenzen für die Gemeinschaftsverträge wird teils aus Art. 227 EGV, teils aus einem Rückgriff auf allgemeines Völkerrecht hergeleitet[147]. Nach Art. 227 Abs. 1 EGV gilt der Vertrag für die dort enumerierten Mitgliedstaaten, ohne daß für deren Gebietsbestand ein bestimmter Stichtag genannt wird. Da der Grundsatz der beweglichen Vertragsgrenzen schon bei Abschluß der Gemeinschaftsverträge bekannt war[148], kann der Wortlaut des Art. 227 Abs. 1 EGV also nur dahingehend verstanden werden[149], daß der Geltungsbereich des Vertrages die Mitgliedstaaten in ihrem jeweiligen Gebietsbestand umfaßt[150].

Die Geltung des Prinzips der beweglichen Vertragsgrenzen hinsichtlich des Beitritts der DDR ist mit dem Argument in Frage gestellt worden, Art. 15 der Wiener Konvention über die Staatennachfolge in Verträge vom

---

145 Dazu siehe *Verdross/Simma,* VölkerR, §§ 976, 982; daß die Geltung dieses Grundsatzes jedenfalls bis zur Wiener Konvention von 1978 nicht nur für die Zession, sondern auch die Inkorporation dem Völkergewohnheitsrecht entspricht, zeigen *Dahm/Delbrück/Wolfrum,* VölkerR I/1, § 16 III 2 (S. 163): „Auch dann (sc. im Fall der Einverleibung) erloschen die Verträge des untergehenden Staates und erstreckten sich die des einverleibenden Staates auf das neue Gebiet."

146 *M. Schröder,* in: GTE, EWGV, Art. 227 Rdnr. 13; vgl. auch *Frowein,* EA 1990, S. 233 (234).

147 Vgl. *Geiger,* EGV, Art. 227 Rdnr. 10: Erstreckung des EGV auf Beitrittsgebiet „folgt aus dem Grundsatz der ‚beweglichen Vertragsgrenzen'".

148 Vgl. dazu z.B. das bereits 1937 erschienene Völkerrecht von *v. Verdross,* S. 240 mit Nachweisen aus der Rechtsprechung, und *Ross,* Lehrbuch des Völkerrechts, 1951, S. 124. Bei *v. Verdross,* S. 240, wird auch deutlich, daß der Grundsatz der beweglichen Vertragsgrenzen für die Verpflichtungen des Zessionars auch für den Sonderfall gilt, daß das gesamte Staatsgebiet zediert wird und der Zedent damit untergeht. Besonderheiten gegenüber dem Regelfall der Zession bestehen nur hinsichtlich der Frage, inwieweit der aufnehmende Staat an die Verträge des einverleibten Staates gebunden ist.

149 Wie hier *Pernice,* in: Isensee/Kirchhof, HdbStR VIII, § 191 Rdnr. 9 mit FN 65; nicht für eindeutig halten den Wortlaut demgegenüber *Giegerich,* JuS 1991, S. 996 (997), *ders.,* ZaöRV 51 (1991), S. 384 (420), und *Grabitz,* EWS 1991, S. 89 (90), kommen aber mit anderer Begründung zum gleichen Ergebnis; anders dagegen *Jacqué,* Revue Générale de Droit International Public 1990, S. 997 (1002): maßgeblich Gebietsbestand bei Vertragsschluß.

150 So im Ergebnis auch *Everling,* in: Zentrum für Europäisches Wirtschaftsrecht, Vorträge und Berichte Nr. 5, 1991, S. 6; *Glaesner,* RevMC 1990, S. 647 (648); *Hailbronner,* DtZ 1991, S. 321 (321); *ders.,* JZ 1990, S. 449 (455f.); *Priebe,* EuZW 1991, S. 113 (113); *Rauschning/Hach,* EuZW 1990, S. 344 (344); *Rengeling,* DVBl. 1990, S. 1307 (1308); *Scherer,* DDR-Rechtsentwicklungen Folge 5/1990, Beilage 6 zu RIW 4/1990, S. 11 (13); *M. Schröder,* in: GTE, EWGV, Art. 227 Rdnr. 13; *Sedemund,* EuZW 1990, S. 11 (12); *Tomuschat,* CMLRev 27 (1990), S. 415 (422); vgl. auch *Ehlermann,* EuR 1984, S. 113 (118f.).

23. 8. 1978[151] sehe jenen Grundsatz nur für die Gebietszession, nicht aber für die Inkorporation eines gesamten Staates vor[152]. Dieser Ansicht steht jedoch schon entgegen, daß die Wiener Konvention bekanntlich nach wie vor nicht in Kraft getreten ist[153], so daß sie methodisch zulässig nur dann herangezogen werden könnte, wenn sie bereits geltendes Völkergewohnheitsrecht – lediglich deklaratorisch – kodifizierte[154]. Dies ist hingegen nicht der Fall[155]. Weiterhin liegt auch ein Fall der in Art. 31 ff. der Konvention[156] geregelten Fusion wegen des Fortbestands des aufnehmenden Staates nicht vor[157]. Folglich hält die Wiener Konvention keine Lösung bereit, so daß die Vertreter der vorgenannten Auffassung mit unterschiedlichen Begründungen (sui generis-Anwendung des Grundsatzes der beweglichen Vertragsgrenzen[158], Völkergewohnheitsrecht[159]) zu keinem anderen Ergebnis gelangen.

Die Anwendung des Grundsatzes der beweglichen Vertragsgrenzen, dessen Geltung sich nach der hier vertretenen Auffassung jedenfalls gemeinschaftsrechtlich aus Art. 227 Abs. 1 E(W)GV ergibt[160], entspricht im übrigen dem gewählten Vereinigungsmodus gemäß Art. 23 GG a. F.

---

151 International Legal Materials 1978, S. 1488 ff.; ausführlich dazu *v. Heinegg,* in: K. Ipsen, VölkerR, § 12 Rdnr. 6 ff.

152 Vgl. *Randelzhofer,* VVDStRL 49 (1990), S. 101 (109 f.); gegen die Geltung des Grundsatzes der beweglichen Vertragsgrenzen auch *E. Klein,* NJW 1990, S. 1065 (1072), allerdings ohne Erwähnung des Art. 15.

153 *Frowein,* VVDStRL 49 (1990), S. 7 (27); zu der geringen Aussicht des Inkrafttretens mangels Ratifizierung durch die erforderliche Zahl von Staaten siehe *v. Heinegg,* in: K. Ipsen, VölkerR, § 12 Rdnr. 6 f.; *Tomuschat,* VVDStRL 49 (1990), S. 70 (82).

154 Zutreffend *v. Heinegg,* DDR-Rechtsentwicklungen, Folge 9/1990, Beilage 12 zu RIW 7/1990, S. 9 (13 f.).

155 Siehe dazu *Randelzhofer,* VVDStRL 49 (1990), S. 101 (110); *Rauschning,* DVBl. 1990, S. 393 (403); *Pernice,* in: Isensee/Kirchhof, HdbStR VIII, § 191 Rdnr. 10.

156 Zeitlich werden außerdem gem. Art. 7 Abs. 1 grundsätzlich nur Fälle nach Inkrafttreten der Konvention erfaßt, der im übrigen die Verträge internationaler Organisationen vorgehen (Art. 4).

157 Dies ergibt sich aus dem Wortlaut des Art. 15, der nur von dem Nachfolgestaat „successor state“, nicht aber – zumindest auch – von dem aufnehmenden Staat spricht. Ebenso *Everling,* in: Zentrum für Europäisches Wirtschaftsrecht, Vorträge und Berichte Nr. 5, 1991, S. 5; grundsätzlich auch *v. Heinegg,* DDR-Rechtsentwicklungen, Folge 9/1990, Beilage 12 zu RIW 7/1990, S. 9 (11): Untergang eines der sich vereinigenden Staaten nicht ausreichend; anders unter Berufung auf die Entstehungsgeschichte *Randelzhofer,* VVDStRL 49 (1990), S. 101 (110).

158 *Timmermanns,* CMLRev 27 (1990), S. 437 (440): „sui generis application of the moving frontiers principle“.

159 *Randelzhofer,* VVDStRL 49 (1990), S. 101 (111); dies noch einmal klarstellend *ders.,* Diskussionsbeitrag, VVDStRL 49 (1990), S. 145 (145); *Stern,* in: Stern/Schmidt-Bleibtreu, Staatsvertrag I, S. 39 f.

und dem bundesverfassungsgerichtlichen[161] Verständnis der Rechtslage Deutschlands[162].

Hieraus folgt, daß primäres und sekundäres Gemeinschaftsrecht vorbehaltlich ausdrücklicher Ausnahmeregelungen[163] automatisch mit Wirksamkeit des Beitritts in dem Gebiet der ehemaligen DDR in Geltung getreten sind[164]. Gemeinschaftsrechtlich ist also mit der Staatseinheit auch Rechtseinheit eingetreten, so daß Art. 10 Abs. 1 und Abs. 2 EV nur deklaratorische Bedeutung zukommt[165].

Es besteht somit eine gemeinschaftsrechtliche Verpflichtung für alle staatlichen Stellen, insbesondere die alten und neuen Länder und ihre Behörden, das Gemeinschaftsrecht durchzuführen.

(2) Verfassungsrechtliche Vollzugsverpflichtung der Länder

Neben der gemeinschaftsrechtlichen könnte auch eine verfassungsrechtliche Verpflichtung der Länder gegenüber dem Bund bestehen, das Gemeinschaftsrecht ordnungsgemäß zu vollziehen. Das Bestehen einer verfassungsrechtlichen Vollzugsverpflichtung der Länder hat nicht nur insoweit Bedeutung, als der gemeinschaftsrechtliche Durchgriff mitgliedstaatlicher Verpflichtungen auf den innerstaatlichen Bereich, wie dargelegt, nicht ganz unumstritten ist. Die Existenz einer zusätzlichen verfassungsrechtlichen

---

160 Ebenso z. B. *Pernice,* in: Isensee/Kirchhof, HdbStR VIII, § 191 Rdnr. 9, 11; *Bleckmann,* EuropaR, Rdnr. 2124; grundsätzlich auch *Grabitz/v. Bogdandy,* NJW 1990, S. 1073 (1076).

161 Grundlegend BVerfGE 36, 1 (Grundlagenvertrag); 77, 137 (Teso).

162 *Everling,* in: Zentrum für Europäisches Wirtschaftsrecht, Vorträge und Berichte Nr. 5, 1991, S. 5; vgl. auch die Argumentation von *Hailbronner,* JZ 1990, S. 449 (456).

163 Zu den von den Gemeinschaftsorganen erlassenen Übergangsregelungen siehe *Carl,* EuZW 1990, S. 561 ff.; *Grabitz,* EWS 1991, S. 89 (91 ff.); *Hailbronner,* DtZ 1991, S. 321 ff.; *Priebe,* EuZW 1991, S. 113 ff.; *Rengeling,* DVBl. 1990, S. 1307 (1312 ff.).

164 *Bleckmann,* EuropaR, Rdnr. 2127; *Ehlers,* in: Erichsen, Allg. VerwR, § 3 Rdnr. 35; *Everling,* FAZ v. 15. 3. 1990, S. 13 (13 f.); *H. G. Fischer,* EuropaR, S. 108; *Glaesner,* RevMC 1990, S. 647 (648); *Scherer,* DDR-Rechtsentwicklungen Folge 5/1990, Beilage 6 zu RIW 4/1990, S. 11 (13); hinsichtlich des EWGV auch *Randelzhofer,* VVDStRL 49 (1990), S. 101 (111 u. LS 3).

165 *Everling,* in: Zentrum für Europäisches Wirtschaftsrecht, Vorträge und Berichte Nr. 5, 1991, S. 13; *H. G. Fischer,* EuropaR, S. 108; *Priebe,* EuZW 1991, S. 113 (113 FN 3); *Schnapauff,* DVBl. 1990, S. 1249 (1254); davon ausgehend auch die Denkschrift der Bundesregierung zum Einigungsvertrag, BT-Drucks. 11/7760/90, S. 361; BR-Drucks. 600/90; vgl. auch *Geiger,* EGV, Art. 227 Rdnr. 10: „Art. 10 Einigungsvertrag bekräftigt diesen Grundsatz“ [automatische Erstreckung des Gemeinschaftsrechts auf Beitrittsgebiet über den Grundsatz der beweglichen Vertragsgrenzen].

Verpflichtung hat vor allem deshalb erhebliche Relevanz, weil die grundgesetzlichen Sanktionsmechanismen, die eine Durchführung des Gemeinschaftsrechts gewährleisten könnten, an eine Verletzung verfassungsrechtlicher Pflichten anknüpfen.

Als Grundlage einer verfassungsrechtlichen Vollzugsverpflichtung der Länder werden erwogen die Integrationsermächtigung des Art. 24 Abs. 1 GG (nunmehr Art. 23 Abs. 1 S. 2 GG), eine Mutation der grundgesetzlichen Kompetenzordnung, ein Einverständnis der Länder durch Mitwirkung im Bundesrat, die Regelungen der Art. 83ff. GG und der Grundsatz der Bundestreue.

(a) Verfassungsrechtliche Vollzugsverpflichtung aufgrund der Integrationsermächtigung (Art. 24 Abs. 1 GG / Art. 23 Abs. 1 GG n.F.)

Vereinzelt wird jedenfalls für den Bereich der Durchführung von Gemeinschaftsrecht durch Legislativakte eine Verpflichtung der Länder aus Art. 24 Abs. 1 GG abgeleitet, sofern diesen innerstaatlich die Gesetzgebungskompetenz zusteht[166]. Erlaube Art. 24 Abs. 1 GG auch Einwirkungen der zwischenstaatlichen Einrichtung in die Länderstaatlichkeit, müsse damit zwangsläufig eine Befolgungspflicht der Länder einhergehen[167]. Da Art. 24 Abs. 1 GG hinsichtlich der Übertragung nicht zwischen Hoheitsrechten auf dem Gebiet der Gesetzgebung und dem der Verwaltung differenziert, müßte bei Zugrundelegung jener Auslegung konsequenterweise auch eine Pflicht zur Vollziehung des Gemeinschaftsrechts bereits aus Art. 24 Abs. 1 GG resultieren.

Die beschriebene Ansicht überdehnt jedoch den Regelungsgehalt des Art. 24 Abs. 1 GG (Art. 23 Abs. 1 S. 2 GG n.F.). Regelungsgegenstand ist ausschließlich eine Ermächtigung zur Übertragung von Hoheitsrechten auf zwischenstaatliche Einrichtungen bzw. die Europäische Union und ihre Gemeinschaften. Die Übertragungsermächtigungen enthalten dagegen keine Aussage dazu, in welcher Weise die verbliebenen Hoheitsrechte durch Bund oder Länder auszuüben sind. Im Gegensatz zu den Verfassungen einiger anderer Staaten[168] fehlt vielmehr im Grundgesetz eine *ausdrückliche*

---

[166] So *Scheuing,* EuR 1985, S. 229 (242), unter Berufung auf *Vorwerk,* Ausführung von Gemeinschaftsakten, S. 263ff., siehe bes. S. 265ff. und S. 371, Thesen 21 und 22.

[167] *Scheuing,* EuR 1985, S. 229 (242).

[168] Z.B. ergibt sich die Pflicht der (privilegierten) Regionen zur Erfüllung völkerrechtlicher Verpflichtungen der Republik aus Art. 116 der Verfassung der Republik Italien vom 27.12.1947 in Verbindung mit den dort in Bezug genommen verfassungsgesetzlichen Sonderstatuten; für die Regionen ohne Sonderstatus wird die Ver-

Regelung, die unter Berücksichtigung der innerstaatlichen Kompetenzverteilung eine Verpflichtung zur legislativen bzw. administrativen Durchführung von Gemeinschaftsrecht (oder allgemein die Transformation völkerrechtlicher Verpflichtungen) anordnet.

Eine Durchführungsverpflichtung der Länder könnte man daher aus Art. 24 Abs. 1 GG bzw. Art. 23 Abs. 1 S. 2 GG n.F. nur herleiten, wenn diese Teil der in jenen Normen vorgesehenen Rechtsfolge der Übertragung wäre. Die Übertragung von Hoheitsrechten bewirkt, wie im einzelnen dargelegt[169], daß die Träger der Hoheitsgewalt in der Bundesrepublik ihren Ausschließlichkeitsanspruch zugunsten des Übertragungsadressaten zurücknehmen. Diese Öffnung des nationalen Herrschaftsbereichs ermöglicht dem Übertragungsempfänger, unmittelbar geltende, nicht der Transformation bedürfende Rechtsakte in der Bundesrepublik vorzunehmen (vgl. insbesondere Art. 189 Abs. 2 EGV). Diesem Recht des Übertragungsempfängers, unmittelbar geltendes Recht zu setzen, korrespondiert die Verpflichtung der Adressaten, den durch die Übertragung der Hoheitsrechte ermöglichten Rechtsakt zu beachten. Diese aus der unmittelbaren Geltung des Gemeinschaftsrechts resultierende Pflicht zur Beachtung[170], deren Grundlage der durch das Zustimmungs- und Übertragungsgesetz i.S.v. Art. 24 Abs. 1/ Art. 23 Abs. 1 S. 2 GG n.F. erteilte Rechtsanwendungsbefehl ist, trifft dabei Bürger ebenso wie alle Träger von Hoheitsmacht einschließlich der Länder.

Eine verfassungsrechtliche Verpflichtung zur Durchführung des Gemeinschaftsrechts könnte man daher allenfalls *mittelbar* aufgrund des jeweiligen Übertragungstatbestandes annehmen. Auch wenn man jedoch mit der hier vertretenen Auffassung eine gemeinschaftsrechtliche Verpflichtung zur Durchführung des Gemeinschaftsrechts mit der durch Art. 24 Abs. 1 GG (Art. 23 Abs. 1 S. 2 GG n.F.) ermöglichten unmittelbaren Wirkung annimmt, schließt hingegen der autonome Charakter des Gemeinschaftsrechts es aus, diese gemeinschaftsrechtlichen Verpflichtungen zu solchen des nationalen Rechts zu machen.

Die Annahme einer Verpflichtung der Länder zur Durchführung des Gemeinschaftsrechts aufgrund des jeweiligen Übertragungstatbestandes vermengt somit die Unterscheidung zwischen grundgesetzlichem Geltungs-

---

pflichtung im Wege eines Erst-recht-Schlusses hergeleitet, vgl. dazu *Zuleeg,* KSE 9, S. 315 FN 72 mit Hinweisen auf die italienische Literatur und Rechtsprechung.

169 Siehe oben § 3 I. 2. b) bb) (2).

170 Ungenau ist es daher, wenn *v. Welck,* Bundesländer und EEA, S. 27ff., die Frage, ob eine Verpflichtung der Länder zur Durchführung des Gemeinschaftsrechts (siehe bes. S. 27, 29) besteht, unter der Überschrift „Die Bindung der Bundesländer an die Rechtsakte der EG" behandelt und eine „Bindung der Bundesländer" an Gemeinschaftsrechtsakte aus Art. 24 Abs. 1 GG verneint (S. 28).

grund des Gemeinschaftsrechts und Verpflichtungen, die erst aus dem – dadurch ermöglichten – Gemeinschaftsrecht resultieren[171]. Aus Art. 24 Abs. 1 GG bzw. Art. 23 Abs. 1 S. 2 GG n.F. kann daher keine Verpflichtung der Länder zur Durchführung des Gemeinschaftsrechts hergeleitet werden[172].

Zumindest im Hinblick auf den Übertragungstatbestand des Art. 23 Abs. 1 S. 2 GG kann demnach eine – verfassungsrechtliche – Verpflichtung zur Durchführung des Gemeinschaftsrechts auch nicht aus den „Binnenwirkungen des Art. 23 Abs. 1 GG“[173] hergeleitet werden. Als Anknüpfungspunkt verbliebe allenfalls der in Art. 23 Abs. 1 S. 1 GG normierte Verfassungsauftrag, zur Verwirklichung eines vereinten Europas bei der Verwirklichung der Europäischen Union, die den dort genannten Strukturanforderungen genügt, mitzuwirken. Dieser Verfassungsauftrag[174] richtet sich an die Bundesrepublik Deutschland und schließt damit Bund und Länder ein[175]. Nach Wortlaut und Struktur der an den Gesamtstaat adressierten Norm werden jedoch konkrete Pflichten der Länder im Verhältnis zum Bund nicht begründet[176].

Auch Art. 23 Abs. 1 GG n.F. ist daher nicht taugliche Grundlage einer verfassungsrechtlichen Vollzugsverpflichtung[177].

---

171 Dies übersieht auch die Argumentation von *Vorwerk,* Ausführung von Gemeinschaftsakten, S. 371, These 21, der die Vollzugsverpflichtung der Länder aus der durch Art. 24 GG ermöglichten „Öffnung ihrer traditionell geschlossenen Verfassungsräume“, dem Wesen des Ausschließlichkeitsverzichts, der über die Begründung einer völkerrechtlichen Verbindlichkeit hinausgehe, herleitet.

172 Ebenso *Schwan,* Bundesländer, S. 158; davon ausgehend auch Enquete-Kommission Verfassungsreform, Beratungen und Empfehlungen zur Verfassungsreform (II). Bund und Länder, Zur Sache 2/77, S. 92: (nur) mittelbare Verpflichtung der Länder über Bundestreue; wegen der oben genannten Einwände nur im Ergebnis ebenso *v. Welck,* Bundesländer und EEA, S. 28.

173 Vgl. *Streinz,* EuropaR, Rdnr. 472, der allerdings die Verpflichtung der Länder gegenüber dem Bund zur ordnungsgemäßen Durchführung des Gemeinschaftsrechts aufgrund „Bundestreue i.V.m. Binnenwirkungen des Art. 23 Abs. 1 GG“ annimmt.

174 Siehe dazu oben § 3 I. 2. a).

175 *Rojahn,* in: v. Münch/Kunig, GG, Art. 23 Rdnr. 3.

176 Dies zugrunde legend auch die nachfolgenden Autoren, die auch nach der Einfügung des Art. 23 GG n.F. für eine Durchführungsverpflichtung der Länder gegenüber dem Bund auf die Bundestreue abstellen: *Huber,* Europ. Integration, § 22 Rdnr. 8; bzgl. des Teilbereichs der Richtlinienumsetzung auch *Rengeling,* DVBl. 1995, S. 945 (950).

177 Auch *Streinz,* EuropaR, Rdnr. 472, stellt nicht allein auf die „Binnenwirkungen des Art. 23 Abs. 1 GG“ ab, sondern auf die „Bundestreue i.V.m. Binnenwirkungen des Art. 23 Abs. 1 GG“. Wie aus den vorhergegangenen Ausführungen *Streinz'*, in: Isensee/Kirchhof, HdbStR VII, § 182 Rdnr. 45, zu entnehmen ist, soll die Hinzuziehung der „binnengerichteten Folgen“ der Integrationsnorm offenbar sei-

(b) Mutation der Kompetenzordnung durch Art. 24 Abs. 1 GG (H. P. Ipsen)

Hans Peter Ipsen hat vorgeschlagen, eine Verpflichtung der Länder zur Durchführung des Gemeinschaftsrechts aus der auf Art. 24 Abs. 1 GG basierenden „Vergemeinschaftung" des Gesamtstaates[178] herzuleiten. Dadurch sei eine „Mutation" der grundgesetzlichen Kompetenzverteilung eingetreten, die zwar keine Umwandlung von Länder- in Bundeszuständigkeiten bewirke, jedoch eine Verpflichtung der Länder begründe, ihre Kompetenzen erforderlichenfalls zum Vollzug der Gemeinschaftsverträge auszuüben[179].

Dem ist zunächst entgegenzuhalten, daß selbst die Annahme einer „Mutation" – jedenfalls wenn man den Begriff beim Wort nimmt – zur Begründung einer Verpflichtung nicht ausreichen würde, da das Bestehen einer, auch verwandelten, Zuständigkeit nichts darüber aussagt, ob eine Verpflichtung zu deren Ausschöpfung besteht.

Für eine Mutation der innerstaatlichen Kompetenzordnung durch Vergemeinschaftung des Gesamtstaates fehlt jedoch vor allem sowohl im Grundgesetz als auch im Gemeinschaftsrecht ein dogmatischer Ansatz. Verfassungsrechtliche Grundlage einer solchen Mutation könnte nur die jeweilige Integrationsermächtigung sein. Mit Blick auf Art. 24 Abs. 1 GG bzw. Art. 23 Abs. 1 S. 2 GG n.F., die lediglich die Übertragung einzelner Hoheitsrechte des Bundes und der Länder vorsehen, ist bereits das Vorliegen einer „Vergemeinschaftung des Gesamtstaates" abzulehnen. Jedenfalls aber enthält Art. 23 Abs. 1 S. 2 GG n.F. ebenso wie die vormalige Integrationsermächtigung des Art. 24 Abs. 1 GG keine Regelungsaussagen über den Bereich der nicht auf die Europäische Union bzw. ihre Gemeinschaften übertragenen Residualkompetenzen und scheidet damit als Grundlage einer Pflicht der Länder zur Kompetenzausübung aus. In Ermangelung einer

---

nem Bedenken Rechnung tragen, der Grundsatz der Bundestreue vermöge keine „selbständigen" Pflichten zu begründen (siehe ebd. mit FN 150, 151).

[178] Zur Gesamtaktstheorie allgemein *H. P. Ipsen,* EG-Recht, § 2 Rdnr. 21 ff.; zur Kritik grundlegend *Köck,* Gesamtakt.

[179] *H. P. Ipsen,* FS Hallstein, S. 248 (248 ff.); bestätigt in der Entscheidungsrezension zu Corte Costituzionale Italiana, Urt. v. 14./22.7.1976, Nr. 182, EuR 1977, S. 174 ff. Entgegen der Wertung von *Kössinger,* Durchführung des Gemeinschaftsrechts, S. 78 FN 107 („ähnlich *Oetting*"), vertritt *Oetting,* Bundestag und Bundesrat, S. 20 ff., nicht den Ansatz *Ipsens,* da er nur im Ergebnis eine Modifikation der föderalen Struktur, eine Verschiebung der Gewichte im Bund-Länder-Verhältnis aufgrund der Übertragung von Hoheitsrechten konstatiert, die sich aber gerade aus der – unveränderten – Anwendung der innerstaatlichen Kompetenzverteilung ergibt; vgl. auch die Abgrenzung gegenüber *Ipsen* bei *Oetting,* ebd., S. 21 FN 11 a.E.

anderen Verfassungsvorschrift, die den Gedanken einer Mutation der Kompetenzordnung tragen könnte, stehen dem Ansatz *Ipsens* daher die gegen eine Vollzugsverpflichtung aus Art. 23 Abs. 1 S. 2 GG n.F. bzw. Art. 24 Abs. 1 GG genannten Einwände entgegen. Aus einer Mutation der Kompetenzordnung durch Vergemeinschaftung des Gesamtstaates lassen sich Pflichten der Länder somit nicht rechtfertigen[180].

(c) Einverständnis der Länder durch Mitwirkung im Bundesrat

Verschiedentlich ist erwogen worden, ob die Mitwirkung der Länder im Bundesrat als Anknüpfungspunkt für eine Durchführungsverpflichtung dienen kann[181].

Zwar sind auch die noch auf der Grundlage des Art. 24 Abs. 1 GG erlassenen Gesetze, deren Gegenstand eine Hoheitsrechtsübertragung auf die Europäischen Gemeinschaften war, als zustimmungsbedürftig behandelt worden[182]. Seit Inkrafttreten des Art. 23 GG n.F. ist die Zustimmung des Bundesrats, wie dargelegt[183], stets, also nicht nur bei Übertragung von Hoheitsrechten der Länder, erforderlich; unter den Voraussetzungen des Art. 23 Abs. 1 S. 3 GG ist dieses Erfordernis gem. Art. 79 Abs. 2 GG qualifiziert.

Die damit verbundene Mitwirkung der Länder scheidet jedoch von vornherein als tauglicher Ansatz für eine Verpflichtung der Länder zur Durchführung des Gemeinschaftsrechts – etwa unter dem Gesichtspunkt des venire contra factum proprium oder eines Vertrauenstatbestandes – aus[184].

---

180 Ablehnend gegenüber dem Ansatz *Ipsens* auch *Kössinger,* Durchführung des Gemeinschaftsrechts, S. 78f.

181 Vgl. *Schwan,* Bundesländer, S. 159f.; *v. Welck,* Bundesländer und EEA, S. 29; ob allgemein hinsichtlich der Erfüllung völkerrechtlicher Verträge auf die Zustimmung des Landes zum Vertragsschluß abgestellt werden kann, wird bereits erwogen bei *Mosler,* ZaöRV 16 (1955/56), S. 1 (25ff.).

182 Einfachgesetzlich ist eine Zustimmungspflicht durch Art. 2 des Gesetzes zur Einheitlichen Europäischen Akte vom 28.2.1986 (BGBl. II S. 1102) begründet worden; zu diesem alten Mitwirkungsverfahren *Baumhof,* Bundesländer, S. 124ff.; *v. Welck,* Bundesländer und EEA, S. 134ff.

183 Siehe oben § 3 I. 2. b) cc).

184 So im Ergebnis auch *Schwan,* Bundesländer, S. 160; *v. Welck,* Bundesländer und EEA, S. 29; *H. P. Ipsen,* FS Hallstein, S. 248 (263f.). Hingegen wird *Zuleeg,* KSE 9, S. 319, zum Teil als Vertreter eines gegenteiligen Standpunktes zitiert (vgl. *Scheuing,* EuR 1985, S. 229 [242 FN 75]). Das dürfte hingegen unzutreffend sein, da *Zuleeg* ebenda lediglich aufzeigt, daß das vom BVerfG im Konkordatsurteil (BVerfGE 6, 309ff.) festgestellte Fehlen einer Verpflichtung der Länder wegen der im Grundgesetz vorgesehenen Mitwirkung im Bundesrat nicht auf nachkonstitutionelle völkerrechtliche Verträge zu übertragen sei. Dem entspricht es, daß im folgenden eine Verpflichtung der Länder aus dem Grundsatz der Bundestreue hergeleitet

Einer Anknüpfung an eine erteilte Zustimmung steht bereits entgegen, daß der Bundesrat ein Bundesorgan ist, durch das die Länder gem. Art. 50 GG an der Gesetzgebung und Verwaltung des Bundes sowie in den Angelegenheiten der Europäischen Union[185] mitwirken[186]. Vor allem würde eine Pflicht zur Durchführung von Gemeinschaftsrecht jedes *einzelne* Land treffen, so daß außer in dem Sonderfall einer einstimmigen Bundesratsentscheidung eine aus dem Stimmverhalten abzuleitende Verpflichtung nicht, wie jedoch für eine wirksame Durchführung notwendig, alle Bundesländer treffen würde. Aus der Beteiligung des Bundesrates kann also eine Verpflichtung der Länder zur legislativen und administrativen Durchführung des Gemeinschaftsrechts nicht hergeleitet werden.

(d) Art. 83 ff. GG

Eine Vollzugsverpflichtung der Länder könnte jedoch aus den Vorschriften des Achten Abschnitts des Grundgesetzes, insbesondere aus Art. 83 GG, resultieren.

Allerdings kann sich hieraus eine Verpflichtung der Bundesländer zum Verwaltungsvollzug des Gemeinschaftsrechts selbstverständlich nur insoweit ergeben, als die Art. 83 ff. GG überhaupt anzuwenden sind. Da die Frage, nach welchen Vorschriften sich die Kompetenzverteilung beim Verwaltungsvollzug des Europäischen Gemeinschaftsrechts richtet, erst im weiteren Verlauf der Untersuchung zu klären ist[187], geben die folgenden Ausführungen zunächst nur darüber Aufschluß, ob die Vorschriften eine Vollzugsverpflichtung der Länder statuieren, soweit ihre Anwendbarkeit reicht.

---

wird (ebd., S. 320; für den Bereich des Verwaltungsvollzugs schon vorher S. 212); siehe später auch *Zuleeg,* in: AK-GG, Art. 24 Abs. 1 Rdnr. 33: Verpflichtung der Länder aus Bundestreue, verstärkt durch Integrationsbereitschaft (dort in bezug auf die legislative Durchführung des Gemeinschaftsrechts).

185 Dieser dritte Mitwirkungsbereich wurde in Art. 50 GG eingefügt durch das Gesetz zur Änderung des GG vom 21. 12. 1992 (BGBl. I S. 2086).

186 Insoweit ist auch auf die verfassungsrechtlichen Bedenken gegen das umstrittene Länderbeteiligungsverfahren gem. Art. 2 des Gesetzes zur Einheitlichen Europäischen Akte vom 28. 2. 1986 (BGBl. II S. 1102) hinzuweisen, siehe beispielhaft *Rudolf,* FS Partsch, S. 357 (365 ff.). Dieses Verfahren hat erst durch die Einfügung des sog. Europa-Artikels in das Grundgesetz eine verfassungsrechtliche Absicherung erfahren. Zu Art. 2 EEAG (vor Inkrafttreten der GG-Änderungen) siehe ausführlich *Baumhof,* Bundesländer, S. 124 ff.; *v. Welck,* Bundesländer und EEA, Bundesländer und EEA, S. 134 ff. Zum Anspruch des einzelnen Landes auf Einhaltung und bundestreuegemäße Handhabung des Verfahrens gem. Art. 2 EEAG BVerfGE 92, 203 (234 f.) – Fernsehrichtlinie –.

187 Siehe unten § 7.

Nach Art. 83 GG führen die Länder die Bundesgesetze als eigene Angelegenheit aus, sofern das Grundgesetz nichts anderes bestimmt oder zuläßt. Soweit es an einer Ausnahmevorschrift i.S.d. Art. 83 GG a.E. fehlt, ist der Bund für den Vollzug der von ihm erlassenen Gesetze auf ein Tätigwerden der Länder angewiesen. Ein bundesstaatliches Kompetenzmodell wie das durch Art. 83 GG grundsätzlich errichtete, in dem die Verwaltungszuständigkeiten des Bundes hinter dessen Gesetzgebungszuständigkeiten zurückbleiben, ist nur funktionsfähig, wenn auch in Bereichen, in denen für Legislative und Exekutive unterschiedliche Verbandszuständigkeiten begründet sind, ein effektiver Vollzug der Gesetze sichergestellt ist. Daher erscheint es nur folgerichtig, daß einhellig nicht nur eine Berechtigung, sondern auch eine Verpflichtung der Länder angenommen wird, die Bundesgesetze in ihrem Zuständigkeitsbereich zu vollziehen[188].

Zweifelhaft ist hingegen, ob eine Verpflichtung der Länder zur Ausführung der Bundesgesetze bereits unmittelbar aus Art. 83 GG resultiert oder sich möglicherweise erst aus einem Rückgriff auf den Grundsatz der Bundestreue ergibt[189].

Zunächst ist der Wortlaut des Art. 83 GG hinsichtlich der Begründung einer Vollzugsverpflichtung der Länder nicht eindeutig. Während das Grundgesetz an zahlreichen Stellen Hilfsverben als Vollverben verwendet, um das Bestehen einer Berechtigung oder Verpflichtung des Normadressaten klarzustellen[190], wird die auch in Art. 83 GG gebrauchte Form eines Vollverbs („führen ... aus") zwar häufig als Ausdruck einer Verpflichtung ausgelegt. Zum Teil wird die gleiche Konstruktion aber auch in Vorschriften verwandt, die unstreitig keine Pflicht zur Wahrnehmung einer eingeräumten Kompetenz begründen, wie z.B. Art. 76 Abs. 1 GG bezüglich der Zuständigkeit zur Bundesgesetzgebungsinitiative. Ein das gesamte Grundgesetz durchziehender, verläßlicher Sprachgebrauch läßt sich daher insoweit nicht nachweisen.

Aufschluß über den Regelungsgehalt des Art. 83 GG ergibt jedoch ein Vergleich mit den Art. 70ff. GG. Ebenso wie Art. 83 GG für die Ausfüh-

---

[188] BVerfGE 37, 363 (385); 55, 274 (318); 75, 108 (150); *Lerche,* in: Maunz/Dürig, GG, Art. 83 Rdnr. 54; *Broß,* in: v. Münch/Kunig, GG, Art. 83 Rdnr. 3; *Dittmann,* in: Sachs, GG, Art. 83 Rdnr. 8; *Pieroth,* in: Jarass/Pieroth, GG, Art. 83 Rdnr. 8; *Schmidt-Bleibtreu,* in: Schmidt-Bleibtreu/Klein, GG, Art. 83 Rdnr. 1; *Blümel,* in: Isensee/Kirchhof, HdbStR IV, § 101 Rdnr. 1.

[189] Eine ganz eindeutige Differenzierung nach dem Verpflichtungsgrund findet sich bei *Lerche,* in: Maunz/Dürig, GG, Art. 83 Rdnr. 54 mit FN 210, und in BVerfGE 37, 363 (385).

[190] Vgl. z.B. Art. 32 Abs. 2 GG: „Vor dem Abschlusse eines Vertrages, der die besonderen Verhältnisse eines Landes berührt, *ist* das Land rechtzeitig *zu hören.*" (Hervorhebung hinzugefügt). Ferner siehe Art. 33 Abs. 4, 5 GG.

rung von Bundesgesetzen bestätigt Art. 70 GG die durch Art. 30 GG für alle Staatsgewalt begründete Regelzuständigkeit der Länder für den Bereich der Legislative. Die Artikel 70 und 83 erfüllen also für die beiden unmittelbar aufeinander folgenden Abschnitte VII und VIII des Grundgesetzes, denen sie jeweils vorangestellt sind, entsprechende Funktionen, so daß sich bei identischem Regelungsgehalt eine auch sprachliche Anlehnung aufgedrängt hätte. Statt „Die Länder erlassen die Gesetze, soweit ... nicht..." verwendet Art. 70 Abs. 1 GG[191] hingegen mit „haben das Recht zur Gesetzgebung" eine Formulierung, die unzweideutig klarstellt, daß der Berechtigung der Länder keine Verpflichtung[192] korrespondiert[193].

Hingegen räumt Art. 83 GG nicht ein Recht oder eine Befugnis zur Ausführung der Bundesgesetze ein, sondern zeigt mit dem Passus „führen ... aus", daß es die Ausführung zwangsläufig erwartet. Aus dem Vergleich mit Art. 70 GG und der oben festgestellten Angewiesenheit des Bundes auf einen effizienten Vollzug folgt daher, daß Art. 83 GG eine Verpflichtung der Länder zur Ausführung der Bundesgesetze anordnet. Im Rahmen seines Anwendungsbereiches enthält somit Art. 83 GG selbst eine Vollzugsverpflichtung der Länder, ohne daß es des Rückgriffs auf andere Verfassungsnormen oder den Grundsatz der Bundestreue bedarf[194].

Soweit auf den Vollzug des Gemeinschaftsrechts die Art. 83ff. GG Anwendung finden, ergibt sich daher eine Vollzugsverpflichtung der Bundesländer aus Art. 83 GG.

(e) Verpflichtung aufgrund Bundestreue

(aa) Grundsatz der Bundestreue als Grundlage einer umfassenden Vollzugsverpflichtung des Gemeinschaftsrechts

Eine über den Anwendungsbereich des Art. 83 GG hinausgehende, die gesamte legislative und administrative Durchführung des Gemeinschaftsrechts umfassende Verpflichtung der Länder könnte sich hingegen nur aus dem Grundsatz der Bundestreue ergeben.

Der Bundestreuegrundsatz (auch Pflicht zu bundes- respektive länderfreundlichem Verhalten[195]) wird vom BVerfG in ständiger, auf Entschei-

---

191 Dieser Sprachgebrauch wird in den Art. 70ff. GG konsequent durchgehalten (Recht zur Gesetzgebung, Befugnis zur Gesetzgebung, Gesetzgebungsrecht).

192 Vorbehaltlich der Verpflichtung aus *anderen* grundgesetzlichen Vorschriften (z.B. Gesetzgebungsauftrag in Art. 6 Abs. 5 GG).

193 *Maunz,* in: Maunz/Dürig, GG, Art. 70 Rdnr. 14; *Bothe,* in: AK-GG, Art. 70 Rdnr. 25; *Pieroth,* in: Jarass/Pieroth, GG, Art. 70 Rdnr. 13.

194 Vgl. BVerfGE 37, 363 (385); *Lerche,* in: Maunz/Dürig, GG, Art. 83 Rdnr. 54.

dungen im 1. Band zurückgehender Rechtsprechung[196] in Übereinstimmung mit der großen Mehrheit des Schrifttums[197] anerkannt. Dabei wird der Grundsatz nicht selten als ein solcher des „ungeschriebenen Verfassungsrechts“[198] oder gar Verfassungsgewohnheitsrechts bezeichnet. Dem ist nur insoweit zuzustimmen, als das Grundgesetz eine ausdrückliche Formulierung der aus der Bundestreue resultierenden Rechte und Pflichten bekanntlich vermissen läßt. Der Grundsatz der Bundestreue ist jedoch Ausdruck des bündischen Prinzips und beinhaltet damit eine Konkretisierung des in Art. 20, 28 GG verankerten Bundesstaatsprinzips[199]. Seine Geltung ergibt sich daher mittelbar aus dem Grundgesetz selbst.

Die Tauglichkeit der Bundestreue, die Erfüllung völkerrechtlicher Verbindlichkeiten oder speziell die Durchführung des Gemeinschaftsrechts durch die Länder sicherzustellen, wird zum Teil mit dem Argument in Zweifel gezogen, der Grundsatz vermöge keine selbständigen Pflichten der Bundesländer zu begründen[200]. Dem entspricht es, daß nicht selten die Bedeutung der Bundestreue als Kompetenzausübungsschranke in den Vordergrund gestellt wird, die jedenfalls bei einem offenbaren Mißbrauch[201] die Verfassungswidrigkeit des Aktes nach sich zieht.

Die Skepsis bezüglich der Annahme zusätzlicher Handlungspflichten, die im übrigen eine Parallele in der frühen Rechtsprechung des EuGH zur

---

195 Zu der Vielzahl der meist synonymisch verwandten Bezeichnungen *Isensee,* in: Isensee/Kirchhof, HdbStR IV, § 98 Rdnr. 151.

196 BVerfGE 1, 117 (131); 1, 299 (315); 3, 52 (57); 4, 115 (140f.); 6, 309 (361); 8, 122 (131ff.); 12, 205 (254ff.); 34, 9 (44); 39, 96 (119); 41, 291 (308); 42, 103 (117f.); 55, 274 (346); 56, 298 (322); 61, 149 (205); 73, 118 (197); 81, 310 (337f.); 92, 203 (230ff.).

197 *Bothe,* in: AK-GG, Art. 20 Abs. 1 Rdnr. 39; *Herzog,* in: Maunz/Dürig, GG, Art. 20 IV Rdnr. 61ff.; *Pieroth,* in: Jarass/Pieroth, GG, Art. 20 Rdnr. 12; *Schnapp,* in: v. Münch/Kunig, GG, Art. 20 Rdnr. 9; *Seifert,* in: Seifert/Hömig, GG, Art. 20 Rdnr. 6; *Degenhart,* StaatsR I, Rdnr. 154ff.; *Stern,* StaatsR I, S. 699ff.; *v. Welck,* Bundesländer und EEA, S. 30; grundsätzlich auch, aber vor einer Überdehnung warnend *Hesse,* VerfR, Rdnr. 268ff.

198 Vgl. *Pieroth,* in: Jarass/Pieroth, GG, Art. 20 Rdnr. 12.

199 *Degenhart,* StaatsR I, Rdnr. 158: „unmittelbar aus dem Bundesstaatsprinzip hergeleitete(r) Verfassungsgrundsatz“; *Grabitz,* AöR 111 (1986), S. 1 (30); *Stern,* StaatsR I, S. 699; in BVerfGE 34, 9 (20 und LS 2), bezeichnet es das BVerfG als seine „ständige Rechtsprechung“, daß die Bundestreue dem Bundesstaat entspringe. Da auch das BVerfG teilweise von einem ungeschriebenen Grundsatz gesprochen hat (vgl. z.B. BVerfGE 4, 115 [140]), kann dies also nur im Sinne des Fehlens einer ausdrücklichen Regelung dieser bundesstaatlichen Konkretisierung verstanden werden und bestätigt somit das zuvor Ausgeführte.

200 *Schwan,* Bundesländer, S. 161; *Spelten,* Gemeinschaftsrecht und Bundesländerkompetenzen, S. 55ff.; *Streinz,* in: Isensee/Kirchhof, HdbStR VII, § 182 Rdnr. 45 mit FN 150.

201 BVerfGE 4, 115 (140 und LS 4c).

Gemeinschaftstreue gem. Art. 5 EWGV findet[202], ist nur insoweit begründet, als auch der Grundsatz der Bundestreue nicht geeignet ist, außerhalb der bestehenden Kompetenzen neue Zuständigkeiten zugunsten oder zu Lasten der Länder zu begründen[203]. Dies scheidet schon deshalb aus, weil das Prinzip der Bundestreue wegen seiner Generalklauselartigkeit nur subsidiäre Anwendung findet[204] und daher hinter den Zuständigkeitsvorschriften, die das Bund/Länder-Verhältnis für ihren jeweiligen Geltungsbereich abschließend regeln, zurücktritt.

Der Gehalt der Bundestreue erschöpft sich hingegen nicht in der Begründung von Unterlassungspflichten[205]. Zweck des Bundestreuegrundsatzes ist es, dort als Regulativ zu dienen, wo durch die föderale Kompetenzverteilung auf Bund und Länder die Funktionsfähigkeit des Gesamtstaates gefährdet erscheint[206]. Eine solche Gefährdung des gesamtstaatlichen Wohls kann aber nicht nur durch ein schädigendes Gebrauchmachen von einer Kompetenz, sondern auch durch dessen Unterlassen eintreten. Dabei drohen „gemeinwohlschädliche Reibungsverluste"[207], die es durch positive Handlungspflichten aufgrund des Bundestreuegrundsatzes zu verhindern gilt, besonders in Bereichen, in denen weder Bund noch Länder allein die Staatsinteressen zu wahren imstande sind und daher gegenseitig auf ein Tätigwerden angewiesen sind. Das BVerfG hat die besondere Bedeutung der Bundestreue für den Bereich der auswärtigen Angelegenheiten deshalb zu Recht hervorgehoben[208], da durch das mögliche Ausein-

---

202 So hat der EuGH Art. 5 EWGV zunächst zur Auslegung und Verstärkung von Verpflichtungen herangezogen, die bereits in anderen Vorschriften begründet sind. Siehe dazu die Formulierung in EuGH, Urt. v. 8.6.1971, Rs. 78/70 (Deutsche Grammophon), Slg. 1971, S. 487: Art. 5 Abs. 2 EWGV begründe „eine allgemeine Verpflichtung der Mitgliedstaaten, deren konkreter Inhalt im Einzelfall von den Vertragsvorschriften oder den sich aus dem allgemeinen System des Vertrages ergebenden Rechtsnormen abhängt". Rechtsprechungsnachweise zu Entscheidungen, in denen „Artikel 5 als selbständige Grundlage für Verpflichtungen der Mitgliedstaaten" herangezogen wird, bei *Due,* Zentrum für Europäischen Wirtschaftsrecht, Vorträge und Berichte Nr. 9, 1992, S. 8ff. Zu Art. 5 EGV als selbständige Grundlage für Verpflichtungen auch *Lenz,* in: ders., EGV, Art. 5 Rdnr. 6.

203 BVerfGE 34, 9 (44), bestätigt in E 76, 1 (77); *Grawert,* Verwaltungsabkommen, S. 140; *Isensee,* in: Isensee/Kirchhof, HdbStR IV, § 98 Rdnr. 157; zur Akzessorietät der Bundestreue BVerfGE 13, 54 (75); 21, 312 (326); 42, 103 (117); *Sachs,* in: ders., GG, Art. 20 Rdnr. 46; *Stern,* StaatsR I, S. 702; *Vogel,* in: Benda/Maihofer/Vogel, HdbVerfR, § 22 Rdnr. 48.

204 *Sachs,* in: ders., GG, Art. 20 Rdnr. 46; *Bauer,* Bundestreue, S. 371ff.; *Hesse,* VerfR, Rdnr. 270; *Isensee,* in: Isensee/Kirchhof, HdbStR IV, § 98 Rdnr. 157.

205 BVerfGE 8, 122 (138); *Grabitz,* AöR 111 (1986), S. 1 (30); *Stern,* StaatsR I, S. 702.

206 Siehe dazu plastisch *Isensee,* in: Isensee/Kirchhof, HdbStR IV, § 98 Rdnr. 154.

207 *Isensee,* in: Isensee/Kirchhof, HdbStR IV, § 98 Rdnr. 154.

anderfallen der Kompetenzen im Außen- und Innenverhältnis der Bund verstärkt auf die Länder angewiesen ist und das gesamtstaatliche Interesse daher nur durch die Annahme entsprechender Handlungspflichten aufgrund der Bundestreue gesichert werden kann. Umgekehrt resultieren aus dem Bundestreuegrundsatz und Art. 24 Abs. 1 GG i.V.m. Art. 70 Abs. 1 GG aber auch zugunsten der Länder prozedurale Pflichten des Bundes, wenn er nach außen gegenüber den Gemeinschaften und ihren Organen als Sachwalter der Länder auftritt, weil die Gemeinschaft einen Gegenstand zu regeln beabsichtigt, der innerstaatlich durch das Grundgesetz den Ländern zugewiesen ist[209].

Die Länder sind daher zur rechtsetzenden und administrativen Durchführung des Gemeinschaftsrechts[210] (ebenso wie zur Erfüllung zulässigerweise geschlossener völkerrechtlicher Verträge[211] im allgemeinen) kraft des Grundsatzes der Bundestreue verpflichtet, sofern und soweit sie innerstaatlich zuständig sind.

Wegen seiner subsidiären Geltung tritt der Bundestreuegrundsatz jedoch zurück, wenn sich eine entsprechende Verpflichtung der Länder bereits aus Spezialregelungen, etwa den Art. 83ff. GG im Bereich ihrer Anwendbarkeit, ergibt.

(bb) Verhältnis des Art. 10 Abs. 3 EV zum Bundestreuegrundsatz

Auf diese aus den Art. 83ff. GG bzw. dem Grundsatz der Bundestreue resultierende Verpflichtung der Länder, das Recht der Europäischen Gemeinschaften erforderlichenfalls durch Legislativakte umzusetzen bzw. verwaltungsmäßig zu vollziehen, hat sich der Einigungsvertrag nicht verlassen. Nach Art. 10 Abs. 3 EV sind Rechtsakte der Europäischen Gemeinschaften, deren Umsetzung oder Ausführung in die Zuständigkeit der Länder fällt, von diesen durch landesrechtliche Vorschriften umzusetzen oder auszuführen.

---

208 BVerfGE 6, 309 (328, 362), bestätigt in E 12, 205 (254f.); zustimmend *Hailbronner,* JZ 1990, S. 149 (157); *Leibholz/Rinck,* GG, Art. 20 Rdnr. 120.

209 So BVerfGE 92, 203 (230ff., 235ff.), zu dem noch nicht nach Maßgabe des Art. 23 GG n.F. zu beurteilenden Streit um die EG-Fernsehrichtlinie.

210 *Grabitz,* AöR 111 (1986), S. 1 (30f.); *Grewe,* VVDStRL 12 (1954), S. 129 (172); *Hailbronner,* JZ 1990, S. 149 (157); *Koenig,* DVBl. 1997, S. 581 (581); *A. Weber,* Durchführung des Gemeinschaftsrechts, S. 31; *N. Weber,* Richtlinie, S. 86f.; *Wohlfahrt,* in: WEGS, EWGV, Art. 189 Anm. 9; vorsichtig ebenso *Bleckmann,* EuropaR, Rdnr. 893: Länder „dürften" dem Bund gegenüber aus Bundestreue zum ordnungsgemäßen Vollzug des Gemeinschaftsrechts verpflichtet sein.

211 *Rojahn,* in: v. Münch/Kunig, GG, Art. 32 Rdnr. 45; *Bayer,* Bundestreue, S. 63, 71; *Grewe,* VVDStRL 12 (1954), S. 129 (172); *Mosler,* ZaöRV 16 (1955/56), S. 1 (33); *Schweitzer,* StaatsR III, Rdnr. 344; a.A. *Reichel,* Auswärtige Gewalt, S. 233f.

Fraglich ist, welche Bedeutung der Vorschrift für die an dieser Stelle zu untersuchende Verpflichtung der Länder zur Durchführung des Gemeinschaftsrechts zukommt. Art. 10 Abs. 3 EV könnte einerseits eine bloße Klarstellung für die Länder des Beitrittsgebiets darstellen, daß auch jene mit Wirksamkeit des Beitritts die oben festgestellte, aus Art. 83 GG bzw. aus dem Grundsatz der Bundestreue folgende Verpflichtung zur Durchführung des Gemeinschaftsrechts trifft. Andererseits könnte Art. 10 Abs. 3 EV jedoch auch als konstitutive Regelung zu verstehen sein, die eine Verpflichtung zur Durchführung des Gemeinschaftsrechts jedenfalls für die neuen Länder erst begründet.

Über diese zweite Auslegungsvariante geht *J. Ukrow*[212] noch hinaus, indem er aus semantischer, systematischer und teleologischer Auslegung des Art. 10 Abs. 3 EV folgert, die Vorschrift regele auch die Verpflichtung der alten Bundesländer. Schließlich wird aus dieser ausdrücklichen Durchführungsverpflichtung für alle Bundesländer nicht nur die Überflüssigkeit, sondern, insbesondere aus Gründen der Rechtssicherheit, die Unzulässigkeit des Rückgriffs auf die Bundestreue postuliert.

Zunächst ist zu klären, ob Art. 10 Abs. 3 EV über das Beitrittsgebiet hinaus auch Regelungen für die Altbundesländer trifft. Dem Wortlaut nach nimmt Art. 10 Abs. 3 EV über ein Demonstrativpronomen ohne weitere Einschränkung die Länder in die Pflicht und schließt damit eine derartige weitere Auslegung nicht von vornherein aus. Für eine Erstreckung des Normbefehls auf die alten Bundesländer könnte systematisch sprechen, daß der Einigungsvertrag im übrigen[213] Beschränkungen auf das Beitrittsgebiet durch entsprechende Formulierungen deutlich macht[214].

Bei jener Argumentation bleibt jedoch der unmittelbare Normkontext unbeachtet. Die in Art. 10 Abs. 3 EV ausgesprochene Verpflichtung der Länder zur Durchführung des Gemeinschaftsrechts steht nicht isoliert, sondern knüpft an die vorhergehenden Regelungen zur Rechtsangleichung im allgemeinen und zum EG-Recht im besonderen an. Gemäß Art. 10 Abs. 1,

---

[212] *Ukrow,* in: Siedentopf, Europäische Integration, S. 231 (234f.).

[213] Art. 4 Nr. 5, 6, Art. 7 Abs. 1 - 4, 6, Art. 8, Art. 9 Abs. 1, Art. 10 Abs. 1, 2, Art. 11, Art. 13 Abs. 1, Art. 21 Abs. 4, Art. 22 Abs. 1, Art. 25 Abs. 3, Art. 28 Abs. 1, 2, 3, Art. 30 Abs. 2, 3, 5, 6, Art. 31 Abs. 3, 4, Art. 32, Art. 33 Abs. 1, 2, Art. 34 Abs. 2, Art. 35 Abs. 2, 6, 7, Art. 36 Abs. 1 S. 2, Abs. 5, 6, Art. 37 Abs, 1, 4, Art. 38 Abs. 1, 2, 5, 6, Art. 39 Abs. 1, 2 EV verweisen auf das Gebiet des Art. 3 EV, während Art. 9 Abs. 5, Art. 14 Abs. 1, Art. 15 Abs. 1, 3, Art. 22 Abs. 1 S. 3, Art. 23 Abs. 4, Abs. 6 S. 2, Abs. 7 S. 1, Art. 25 Abs. 2 S. 1, Art. 35 Abs. 6 S. 3, Art. 36 Abs. 1 S. 1, Abs. 3 S. 2, Abs. 4 S. 2, Abs. 6 S. 1, 3, Art. 37 Abs. 4 S. 1, Art. 38 Abs. 2 S. 4 HS 2, Art. 43 und Art. 44 die neuen Länder über Art. 1 EV in Bezug nehmen; unvollständig die Zusammenstellungen bei *Ukrow,* in: Siedentopf, Europäische Integration, S. 231 (234 FN 21, 22).

[214] *Ukrow,* in: Siedentopf, Europäische Integration, S. 231 (234).

2 EV gilt der gesamte Bestand des primären und – sofern nicht übergangsweise Ausnahmeregelungen von der EG erlassen werden – sekundären Gemeinschaftsrechts mit Wirksamkeit des Beitritts. In beiden Absätzen der Vorschrift wird ausdrücklich auf das Beitrittsgebiet gemäß Art. 3 EV Bezug genommen.

Erst aus der in den Absätzen 1 und 2 des Art. 10 EV festgestellten[215] Geltung des Gemeinschaftsrechts im Beitrittsgebiet ergibt sich die Notwendigkeit, jenes dort erforderlichenfalls von den Ländern durchführen zu lassen. Der äußeren Normstruktur entsprechend, enthält Art. 10 EV drei logisch aufeinander aufbauende Regelungen (Geltung des primären Gemeinschaftsrechts im Beitrittsgebiet – Geltung des sekundären Gemeinschaftsrechts im Beitrittsgebiet – Verpflichtung zur rechtsetzenden oder verwaltungsmäßigen Durchführung des Gemeinschaftsrechts). Da Art. 10 Abs. 3 EV also sachlich unmittelbar an die Regelungen der Art. 10 Abs. 1, 2 EV anknüpft, folgt hieraus, daß sich auch die Verpflichtung zur Ausführung und Umsetzung des Gemeinschaftsrechts nur auf das zuvor ausdrücklich genannte Beitrittsgebiet bezieht.

Neben der intrasystematischen Auslegung steht auch der weitere Normkontext einer Geltung des Art. 10 Abs. 3 EV für die Altbundesländer entgegen. Denn auch die vorangehenden Vorschriften der Art. 8 und 9 EV, die mit Art. 10 EV das Kapitel III zur Rechtsangleichung ausmachen, beziehen sich ausdrücklich auf das Beitrittsgebiet. Somit wendet sich Art. 10 Abs. 3 EV allein an die fünf neuen Länder[216].

Konstitutive Bedeutung hätte Art. 10 Abs. 3 EV auch für die neuen Bundesländer nur, wenn sich die Verpflichtung der Länder, Gemeinschaftsrecht ggf. durchzuführen, nicht bereits aus anderen Vorschriften oder Rechtsgrundsätzen ergäbe. Was die festgestellte *gemeinschaftsrechtliche* Verpflichtung zur Durchführung des EG-Rechts betrifft, ergibt sich deren automatische Erstreckung mit dem Beitritt bereits aus dem dargelegten Grundsatz der beweglichen Vertragsgrenzen[217] i.S.v. Art. 227 EGV.

Eigenständige Bedeutung könnte Art. 10 Abs. 3 EV demnach allenfalls hinsichtlich einer nationalen Durchführungsverpflichtung zukommen. Für die Altbundesländer ergibt sich die Verpflichtung, Gemeinschaftsrecht umzusetzen und zu vollziehen – außerhalb des Anwendungsbereichs des

---

[215] Daß es sich insoweit um eine deklaratorische Regelung handelt, ergibt sich aus der zuvor dargelegten Geltung des Prinzips der beweglichen Vertragsgrenzen i.S.v. Art. 227 EGV.

[216] Ebenso *Schnapauff,* DVBl. 1990, S. 1249 (1254); *Stern,* in: ders./Schmidt-Bleibtreu, Verträge und Rechtsakte zur Deutschen Einheit, Bd. 2, S. 69; aus kompetentiellen Erwägungen auch *Streinz,* in: Isensee/Kirchhof, HdbStR VII, § 182 Rdnr. 45.

[217] Siehe oben § 6 II. 3. a) cc) (1) (c).

Art. 83 GG – aus dem Grundsatz der Bundestreue[218]. Dieser wiederum stellt eine Ausprägung des in Art. 20, 28 GG verankerten Bundesstaatsprinzips dar. Die nach Maßgabe des Ländereinführungsgesetzes vom 22.7.1990[219] wieder gebildeten Länder auf dem Gebiet der ehemaligen DDR sind gemäß Art. 1 Abs. 1 EV mit Wirksamkeit des Beitritts Länder der Bundesrepublik Deutschland geworden. Für diese neuen Bundesländer hat Art. 3 EV das Grundgesetz – einschließlich der das Bundesstaatsprinzip tragenden Normen – in Kraft gesetzt. Da insoweit auch über Art. 143 GG keine Ausnahme formuliert ist, sind auch die neuen Bundesländer aufgrund des dem Bundesstaatsprinzip inhärenten Grundsatzes der Bundestreue verpflichtet, das Gemeinschaftsrecht legislativ umzusetzen bzw. verwaltungsmäßig zu vollziehen. Die Bedeutung des Art. 10 Abs. 3 EV erschöpft sich also darin, diese verfassungsrechtliche Verpflichtung für alle Bundesländer hinsichtlich der neuen Länder noch einmal festzustellen. Mehr als dieser deklaratorische Gehalt kommt der Vorschrift nicht zu.

Gegen einen Rückgriff auf den Grundsatz der Bundestreue ist jedoch eingewandt worden, daß mit Art. 10 Abs. 3 EV nunmehr eine bundesrechtliche Kodifizierung der Durchführungsverpflichtung für die neuen Länder existiere. Diese müsse aber schon wegen der Stellung des Art. 10 EV im Rahmen der Vorschriften zum Zwecke der Rechtsangleichung einheitlich für alle Länder gelten, da sich andernfalls für die Altländer eine Durchführungsverpflichtung „– wenn überhaupt – nur kraft ungeschriebenen Rechts" ergäbe[220].

Zunächst ist nach dem zuvor Ausgeführten nicht, wie jene Formulierung andeutet, zweifelhaft, daß die Länder zur Durchführung des EG-Rechts vorbehaltlich der Anwendbarkeit der Art. 83 ff. GG aufgrund der Bundestreue verpflichtet sind. Der Bundestreue mangelt es auch nicht an einer Grundlage im geschriebenem Recht, da sie, wie bereits festgestellt, eine Konkretisierung des in Art. 20, 28 GG normierten Bundesstaatsprinzips darstellt[221].

Vor allem steht einer Verdrängung des Bundestreuegrundsatzes durch Art. 10 Abs. 3 EV bezüglich der Durchführungspflicht jedoch entgegen, daß der Einigungsvertrag gem. dessen Art. 45 Abs. 2[222] mit dem Rang ein-

---

[218] Siehe oben § 6 II. 3. a) cc) (2) (e).

[219] Verfassungsgesetz zur Bildung von Ländern in der Deutschen Demokratischen Republik vom 22. Juli 1990 – Ländereinführungsgesetz – (GBl. DDR I Nr. 51 S. 955). Der dort in §§ 1 Abs. 1, 25 Abs. 1 zunächst vorgesehene Termin 14.10.1990 wird durch Art. 1 Abs. 1 a.E. i.V.m. Anlage II, Kapitel II, Sachgebiet A, Abschnitt II durch den 3.10.1990 ersetzt.

[220] *Ukrow,* in: Siedentopf, Europäische Integration, S. 231 (235).

[221] Siehe oben im Text bei FN 199 und die Nachw. ebd.

[222] Auf diesen Gesichtspunkt weist *Ukrow,* in: Siedentopf, Europäische Integration, S. 231 (235 mit FN 24), selbst hin.

fachen Bundesrechts fortgilt. Zwar greift das generalklauselartige Prinzip der Bundestreue nicht ein, sofern konkrete Sonderregelungen das Bundesstaatsverhältnis regeln[223]. Da der Grundsatz der Bundestreue aber kraft Verfassungsrechts gilt, kann seine Subsidiarität nur zugunsten einer *im Grundgesetz* ausdrücklich geschriebenen Sonderregelung eintreten[224]. Die Regelung des Art. 10 Abs. 3 EV macht daher weder für die neuen noch erst recht für die alten Bundesländer den Rückgriff auf die Bundestreue entbehrlich. Vielmehr müßte ein derartiges Verständnis des Art. 10 Abs. 3 EV zur Annahme der Verfassungswidrigkeit der Bestimmung führen, weil die Begründung neuer Pflichten der Länder durch Bundesgesetz im verfassungsrechtlich geregelten Bund-Länder-Verhältnis nur zulässig ist, soweit ein entsprechender Kompetenztitel im Grundgesetz vorhanden ist.

(f) Gesamtbewertung zur verfassungsrechtlichen Vollzugsverpflichtung

Insgesamt betrachtet, besteht demnach neben der gemeinschaftsrechtlichen auch eine umfassende verfassungsrechtliche Verpflichtung der Länder, das Gemeinschaftsrecht ordnungsgemäß zu vollziehen. Diese folgt aus Art. 83 ff. GG, soweit deren noch zu klärende Anwendbarkeit hinsichtlich des Gemeinschaftsrechtsvollzugs reicht, im übrigen aus dem Grundsatz der Bundestreue.

(3) Gemeinschaftsrechtliche Instrumentarien zur Sicherung des Gemeinschaftsrechtsvollzugs

(a) Vertragsverletzungsverfahren, Art. 169 EGV

Ein zentrales Instrument, das der Kommission[225] als „Hüterin des Vertrages" (und den anderen Mitgliedstaaten, Art. 170 Abs. 1 EGV[226]) zur Verfügung steht, ist das Vertragsverletzungsverfahren nach Art. 169 ff. EGV. Das zweistufige Vertragsverletzungsverfahren beginnt mit einem Vorverfahren, das die Kommission gem. Art. 169 Abs. 1 EGV einleitet, sofern ein Mit-

---

[223] *Hesse,* VerfR, Rdnr. 270; *Isensee,* in: HdbStR IV, § 98 Rdnr. 157.

[224] Vgl. *Isensee,* in: HdbStR IV, § 98 Rdnr. 157: „Wo geschriebene *Verfassungs*normen vorhanden sind, ist der Rückgriff auf das ungeschriebene Prinzip entbehrlich." (Hervorhebung hinzugefügt).

[225] Eine entsprechende Zuständigkeit ist dem Verwaltungsrat der Europäischen Investitionsbank (EIB) gem. Art. 180 lit. a EGV bzgl. der Verletzung der Satzung der EIB durch die Mitgliedstaaten zugewiesen.

[226] Vertragsverletzungsverfahren der Mitgliedstaaten haben in der Praxis kaum Bedeutung, siehe *Huber,* Europ. Integration, § 19 Rdnr. 16.

gliedstaat nach ihrer Auffassung gegen eine Verpflichtung aus dem Vertrag verstoßen hat. Zu den Verpflichtungen aus dem Vertrag gehört nach inzwischen allgemeiner Ansicht auch die Beachtung des sekundären Gemeinschaftsrechts[227]. Nach Anhörung des Mitgliedstaats gibt die Kommission eine Stellungnahme ab und setzt eine Frist zur Behebung der Mängel. Kommt der Mitgliedstaat dieser Fristsetzung nicht nach, kann[228] die Kommission gem. Art. 169 Abs. 2 EGV Klage erheben und damit das gerichtliche Vertragsverletzungsverfahren beim EuGH einleiten. Nur in 10 - 20% der Fälle kommt es zur Anrufung des EuGH. Das gerichtliche Verfahren endet ggf. mit einem Feststellungsurteil, hinsichtlich dessen der Mitgliedstaat von Vertrags wegen verpflichtet ist, die zur Abhilfe erforderlichen Maßnahmen zu ergreifen (Art. 171 Abs. 1 EGV). Kommt der Mitgliedstaat dieser Verpflichtung nicht nach, stellt dieses eine neuerliche Vertragsverletzung dar.

Beklagter des Vertragsverletzungsverfahrens ist immer der Mitgliedstaat, nicht eine staatliche Untergliederung, selbst wenn diese selbst Rechtsfähigkeit oder – im Falle der deutschen Bundesländer – sogar Staatsqualität besitzt. Insoweit besteht im Rahmen des Vertragsverletzungsverfahrens die von *Ipsen* allgemein konstatierte Landesblindheit[229] des Gemeinschaftsrechts fort.

Dadurch wird die Schlagkräftigkeit des Vertragsverletzungsverfahrens hingegen nicht beeinträchtigt, sondern im Gegenteil gestärkt. Denn dem

---

[227] *Borchardt,* in: Lenz, EGV, Art. 169 Rdnr. 5; *Geiger,* EGV, Art. 169 Rdnr. 3; *Ehlers,* in: Erichsen, Allg. VerwR, § 3 Rdnr. 47; *Jarass,* EG-Recht, S. 111; *Oppermann,* EuropaR, Rdnr. 629; vgl. für die Richtlinienumsetzung EuGH, Urt. v. 1.3.1983, Rs. 301/81 (Kommission/Belgien), Slg. 1983, S. 467 ff.

[228] Wie sich aus dem Vergleich mit Art. 169 Abs. 1 EGV ergibt, weist das „kann" in Abs. 2 der Kommission nicht nur eine Befugnis, sondern bzgl. der Klageerhebung ein Ermessen ein. Da spezielle Regelungen des Vertragsrechts nicht im Hinblick auf allgemeine Funktionsbeschreibungen, deren Richtigkeit sich nach den Vertragsbestimmungen bemißt, überspielt werden können, führt die anerkannte Funktion der Kommission als „Hüterin des Vertrages" jedenfalls nicht stets zu einer Ermessensreduzierung in Richtung auf eine Klageerhebungspflicht (str.); ebenso grds. *Karpenstein,* in: Grabitz/Hilf, Art. 169 EWGV Rdnr. 32; *Huber,* Europ. Integration, § 19 Rdnr. 9 ff.; *Streil,* in: BBPS, EU, 7.4.1.1, S. 263; *Streinz,* EuropaR, Rdnr. 296 a. E.; von einem Ermessen ausgehend auch *Klösters,* EG-Kommission, S. 95; *Scherer,* EuR 1986, S. 52 (60); vgl. auch EuGH, Urt. v. 14.2.1989, Rs. 247/87 (Star Fruit Company/Kommission), Slg. 1989, S. 291 (301 Tz. 11), in der das Gericht einen Anspruch Privater auf Durchführung eines Vertragsverletzungsverfahrens durch die Kommission mit folgender Begründung verneint: „Aus Sinn und Wesen des Artikels 169 EWG-Vertrag ergibt sich jedoch, daß die Kommission nicht verpflichtet ist, ein Verfahren nach dieser Vorschrift einzuleiten, sondern vielmehr insoweit über ein Ermessen verfügt, das ein Recht einzelner, von ihr eine Stellungnahme in einem bestimmten Sinne zu verlangen, ausschließt."

[229] *H. P. Ipsen,* FS Hallstein, S. 248 (256); *ders.,* DÖV 1968, S. 441 (443).

Mitgliedstaat werden alle Gemeinschaftsrechtsverletzungen zugerechnet, die von staatlichen Stellen ungeachtet ihrer organisationsrechtlichen Einordnung verursacht werden. Der Umfang der Zurechnung von Verletzungen korrespondiert der umfassenden Bindung staatlicher Stellen an das Gemeinschaftsrecht[230]. Als Vertragsverletzungen des Mitgliedstaats i. S. d. Art. 169 EGV kommen daher nicht nur Akte der gesetzgebenden[231], vollziehenden und rechtsprechenden[232] Gewalt in Betracht, sondern im Bundesstaat neben Akten der Gerichte, Behörden und Legislativorgane des Bundes auch solche der Gliedstaaten[233] sowie der mittelbaren Staatsverwaltung[234].

Für die Begründetheit der Klage ist maßgeblich, ob eine Vertragsverletzung des Mitgliedstaats tatsächlich vorliegt. Auf ein Verschulden kommt es nicht an[235]. Dementsprechend gilt auch hier der vom EuGH in ständiger Rechtsprechung hervorgehobene Grundsatz, daß ein Mitgliedstaat sich nicht auf Bestimmungen, Übungen oder Umstände seiner internen Rechtsordnung berufen kann, um die Nichtbeachtung seiner Verpflichtungen aus dem Gemeinschaftsrecht zu rechtfertigen[236]. Der Einwand der Unmöglichkeit wegen fehlender Ingerenzmöglichkeiten ist den Mitgliedstaaten demnach verwehrt. Selbst gegenüber Sondersituationen hat der EuGH sich wenig nachgiebig gezeigt, wie die Verurteilung Belgiens belegt, das eine Vertragsverletzung mit den Schwierigkeiten bei der Einführung föderativer Strukturen zu rechtfertigen versucht hatte[237]. Eine Rücksichtnahme auf die durch das nationale Verfassungsrecht vorgegebene Organisationsstruktur der Mit-

---

[230] Siehe oben § 6 II. 3. a) cc) (1). Vgl. ferner EuGH, Urt. v. 22.6.1989, Rs. 103/88 (Fratelli Costanzo/Stadt Mailand), Slg. 1989, S. 1839 (1870f. Tz. 28ff.).

[231] EuGH, Urt. v. 18.11.1970, Rs. 8/70 (Kommission/Italien), Slg. 1970, S. 961 (966 Tz. 8 und bes. 9): Verantwortlichkeit des Mitgliedstaates sei „unabhängig davon, welches Staatsorgan den Verstoß verursacht hat, selbst wenn es sich um ein verfassungsmäßig unabhängiges Organ handelt“; *Geiger,* EGV, Art. 169 Rdnr. 4; *Streil,* in: BBPS, EU, 7.4.1.3, S. 264.

[232] Vgl. *Geiger,* EGV, Art. 169 Rdnr. 4; *Karpenstein,* in: Grabitz/Hilf, Art. 169 EWGV Rdnr. 12, 15ff.; überwiegend wird wegen der Unabhängigkeit der Gerichte der Mitgliedstaaten jedoch Zurückhaltung gefordert, die von der Kommission auch praktiziert wird.

[233] EuGH, Urt. v. 3.7.1974, Rs. 9/74 (Donato Casagrande/Landeshauptstadt München), Slg. 1974, S. 773 (779f. Tz. 6); *Geiger,* EGV, Art. 169 Rdnr. 4.

[234] EuGH, Urt. v. 22.6.1989, Rs. 103/88 (Fratelli Costanzo/Stadt Mailand), Slg. 1989, S. 1839 (1870f. Tz. 28ff.); *Geiger,* EGV, Art. 169 Rdnr. 4.

[235] *Streil,* in: BBPS, EU, 7.4.1.3, S. 264; *Pieper/Schollmeier,* EuropaR, S. 26.

[236] EuGH, Urt. v. 20.9.1989, Rs. C-5/89 (Kommission/Deutschland), Slg. 1990-I, S. 3437 (3458 Tz. 18); EuGH, Urt. v. 13.12.1991, Rs. C-33/90 (Kommission/Italien), Slg. 1991-I, S. 5987 (6008 Tz. 24); EuGH, Urt. v. 12.12.1990, Rs. C-263/88 (Kommission/Frankreich), Slg. 1990-I, S. 4611 (4623 Tz. 7); zustimmend *Karpenstein,* in: Grabitz/Hilf, Art. 169 EWGV Rdnr. 12, 69.

[237] Siehe EuGH, Urt. v. 2.2.1982, Rs. 68/81 (Kommission/Belgien), Slg. 1982, S. 153ff.

gliedstaaten ist daher auch im Hinblick auf die Verpflichtungen aus Art. 5 EGV seitens des EuGH nicht zu erwarten.

Die konsequent strenge Rechtsprechung im Rahmen des Vertragsverletzungsverfahrens scheint auf den ersten Blick wenig mitgliedstaatsfreundlich. Die Unbeachtlichkeit von internen Durchführungshemmnissen ist hingegen nur ein notwendiges Korrelat der institutionellen Autonomie der Mitgliedstaaten[238]. Steht der Kommission mit dem Vertragsverletzungsverfahren ein Sanktionsmechanismus zur Verfügung, der die Staatsgewalt auf allen Ebenen bei Verstößen gegen das Gemeinschaftsrecht zu disziplinieren in der Lage ist, besteht im Hinblick auf das Effizienzgebot kein Bedürfnis, auf die mitgliedstaatlichen Kompetenzregelungen zentralisierend einzuwirken.

Auch die Praxis des Vertragsverletzungsverfahrens zeigt erstens dessen Wirksamkeit als Mittel zur Sicherung der Befolgung des Gemeinschaftsrechts. So erledigt sich gut ein Drittel der Verfahren durch Rücknahme der Klage seitens der Kommission nach einer entsprechenden Selbstverpflichtung der Mitgliedstaaten[239]. Die sich aus den Feststellungsurteilen des EuGH ergebenden Maßnahmen werden von den Mitgliedstaaten entgegen Art. 171 Abs. 1 EGV zwar in einer beachtlichen Zahl von Fällen nicht umfassend vorgenommen[240]; Totalverweigerungen sind hingegen die Ausnahme[241]. Der gestiegenen Zahl von Doppelverurteilungen wirkt im übrigen die durch den Unionsvertrag eingeführte Möglichkeit, auf Antrag der Kommission ein Zwangsgeld zu verhängen (Art. 171 Abs. 2 UAbs. 3 EGV) entgegen.

Die Statistik der Vertragsverletzungsverfahren deutet zweitens darauf hin, daß die gebotene effiziente Durchsetzung des Gemeinschaftsrechts eine über den Vorrang des EG-Rechts mögliche Veränderung der mitgliedstaatlichen Zuständigkeitsordnung nicht erfordert.

Die folgende Tabelle gibt eine nach Mitgliedstaaten untergliederte Übersicht über die Vertragsverletzungsverfahren, die in den Jahren 1987 bis 1990 anhängig waren[242].

---

238 Vgl. *Magiera,* in: Grupp/Ronnellenfitsch, Kommunale Selbstverwaltung in Deutschland und Europa, S. 13 (23).

239 Nicht zur Verurteilung kam es 1987 in 22 von 64, 1988 in 29 von 73, 1989 in 37 von 99 und 1990 in 26 von 66 Fällen; vgl. Gesamtberichte 1987 - 1990, Kapitel IV. Siehe auch die Angaben von *Everling,* EuR 1983, S. 101 (108f.).

240 Zur Zunahme zweiter Verurteilungen siehe *Borchardt,* in: Lenz, EGV, Art. 171 Rdnr. 9 a.E., 10.

241 Vgl. z.B. den Sachverhalt, welcher der Schaffleisch II-Entscheidung des EuGH zugrunde lag, EuGH, Beschluß v. 28.3.1980, Verb. Rs. 24 u. 97/80 (Kommission/Frankreich), Slg. 1980, S. 1319ff.

242 Quelle der Angaben: Gesamtberichte 1987 - 1990, Kapitel IV.

Aufsichtsklagen, aufgeschlüsselt nach Mitgliedstaaten (in Klammern Verfahren wegen mangelhafter Umsetzung von Richtlinien)

	1987	1988	1989	1990	insges.
Belgien	12 (5)	17 (7)	24 (10)	17 (6)	70 (28)
Dänemark	– (–)	5 (2)	1 (0)	5 (2)	11 (4)
Deutschland	2 (–)	13 (5)	7 (3)	7 (2)	29 (10)
Frankreich	13 (5)	15 (5)	11 (3)	10 (4)	49 (17)
Griechenland	14 (3)	21 (7)	15 (5)	12 (4)	62 (19)
Großbritannien	4 (2)	– (–)	7 (2)	3 (1)	14 (5)
Irland	4 (1)	14 (6)	4 (2)	4 (2)	26 (11)
Italien	35 (14)	23 (9)	62 (26)	31 (14)	151 (63)
Luxemburg	4 (2)	4 (2)	11 (5)	5 (2)	24 (11)
Niederlande	6 (2)	5 (2)	7 (2)	3 (1)	21 (7)
Portugal	– (–)	– (–)	1 (–)	2 (–)	3 (–)
Spanien	2 (1)	2 (1)	8 (3)	6 (3)	18 (8)
Insgesamt	96 (35)	119 (46)	158 (61)	105 (41)	478 (183)

Danach richteten sich 31,6% der Vertragsverletzungsverfahren gegen Italien, 13,0% gegen Griechenland, 10,3% gegen Frankreich, 6,1% gegen Deutschland. Betrachtet man nur die Verstöße wegen nicht rechtzeitiger oder nicht ordnungsgemäßer Umsetzung von Richtlinien liegt der Prozentsatz deutscher Beteiligung sogar bei nur 5,5%, obwohl gerade in jenem Bereich im Fall der Länderzuständigkeit[243] wegen der Vielzahl durchzuführender Gesetzgebungsverfahren Umsetzungsdefizite nachvollziehbar wären.

Zwar wird man diese Angaben hinsichtlich der tatsächlichen Gemeinschaftsrechtstreue der Mitgliedstaaten mit Vorsicht zu interpretieren haben, weil die Anzahl der Aufsichtsklagen von einer Vielzahl anderer Faktoren abhängt (Kenntniserlangung der Kommission von Vertragsverletzungen; Wahrnehmung und Auslegung der Aufgaben nach Art. 169 EGV durch die Kommission)[244]. Immerhin läßt die Verfahrensstatistik des EuGH aber doch erkennen, daß bundesstaatliche Verfaßtheit nicht zwangsläufig eine gesteigerte Vertragsverletzungshäufigkeit nach sich zieht.

243 Siehe zur Verteilung der Gesetzgebungskompetenzen hinsichtlich der Umsetzung unten § 7 III. 4. c).

244 Vgl. hierzu *Hummer/Simma/Vedder/Emmert,* EuropaR, S. 25.

(b) Gemeinschaftsaufsicht außerhalb des Vertragsverletzungsverfahrens

Zweifelhaft ist, ob und inwieweit neben der spezifisch gemeinschaftsrechtlichen Aufsicht, die das Vertragsverletzungsverfahren gem. Art. 169ff. EGV ermöglicht, eine Überwachung des mitgliedstaatlichen Vollzugs durch Gemeinschaftsorgane zulässig ist.

(aa) Auskunfts- und Nachprüfungsrechte

Der Gemeinschaft stehen zunächst unbedenklich die Auskunfts- und Nachprüfungsrechte zu, die ihr durch Art. 5 und 213 EGV zugewiesen werden. Bereits aus dem allgemeinen Gebot des Art. 5 Abs. 1 S. 2 EGV, die Gemeinschaft zu unterstützen und ihr die Aufgabenerfüllung zu erleichtern, sind die Mitgliedstaaten zur Auskunfterteilung verpflichtet[245]. Ferner kann die Kommission gem. Art. 213 EGV zur Erfüllung der ihr übertragenen Aufgaben alle erforderlichen Auskünfte einholen und alle erforderlichen Nachprüfungen vornehmen. Die allgemeine Loyalitätsverpflichtung des Art. 5 Abs. 1 S. 2 EGV behält neben Art. 213 EGV Bedeutung, weil sich die Kommission auf letztere Ermächtigung nur stützen kann, soweit der Rat die in Halbsatz 2 vorgesehenen Ausführungsbestimmungen erläßt[246].

Entgegen gelegentlich vertretener Auffassung ist Adressat der Auskunftsverpflichtung nicht nur der Mitgliedstaat als solcher[247] und damit im Bundesstaat der Gesamtstaat. Vielmehr bindet das Gemeinschaftsrecht wegen seiner Durchgriffswirkung alle staatlichen Stellen, seien es Behörden des Bundes, der Länder oder selbständiger Rechtsträger der mittelbaren Staatsverwaltung.

Diese allgemeinen Auskunfts- und Nachprüfungsrechte werden zudem durch zahlreiche spezielle Unterrichtungsverpflichtungen im Primärrecht (vgl. Art. 14 Abs. 6, Art. 15 Abs. 1 S. 2, Art. 31 Abs. 2 S. 2, Art. 93 Abs. 3 S. 1, Art. 109i Abs. 2 S. 1, Art. 115 Abs. 2 EGV) oder in dem aufgrund primärrechtlicher Ermächtigung erlassenen Sekundärrecht ergänzt bzw. konkretisiert.

---

245 *Geiger,* EGV, Art. 5 Rdnr. 4; *Hummer,* in: Grabitz/Hilf, Art. 213 EGV Rdnr. 3.

246 Vgl. *Hummer,* in: Grabitz/Hilf, Art. 213 EGV Rdnr. 3; *Röttinger,* in: Lenz, EGV, Art. 213 Rdnr. 1.

247 So aber *Kössinger,* Durchführung des Gemeinschaftsrechts, S. 144. Im Widerspruch zu seinem Ausgangspunkt läßt *Kössinger,* ebd., im Ergebnis ein Auskunftsersuchen direkt an die zuständige innerstaatliche Stelle dann hingegen mit der nicht überzeugenden Begründung zu, das Verfahren eines Auskunftsersuchens über die Bundesregierung könne sich als „sehr schwerfällig“ erweisen und ein unmittelbares Auskunftsersuchen stelle „noch keinen Eingriff in die innerstaatliche Autonomie oder in nationale Zuständigkeiten“ dar.

Der Gemeinschaft stehen somit umfangreiche Informationsrechte zu, die gem. Art. 155, 213 EGV der Kommission zugewiesen sind. Auf diese Weise wird sichergestellt, daß sich die Kommission Kenntnis von evtl. Gemeinschaftsrechtsverstößen verschaffen kann, um ihre Kompetenz zur Einleitung des Vertragsverletzungsverfahrens effizient ausüben zu können.

(bb) Zulässigkeit von Weisungen

Im übrigen ist die Kontrolle des mitgliedstaatlichen Vollzugs hingegen grundsätzlich Sache des jeweiligen Mitgliedstaates[248]. Soweit nicht ausnahmsweise eine wirksame Spezialvorschrift zu Aufsichtsmaßnahmen ermächtigt[249], sind nach überwiegender Auffassung sowohl allgemeine als auch besondere Weisungen durch Gemeinschaftsorgane unzulässig[250]. Nach zutreffender Auffassung ist mangels spezieller Ermächtigung auch eine allgemeine Weisung in Form einer an den Mitgliedstaat gerichteten Entscheidung unzulässig[251].

Gegen die Zulässigkeit des Erlasses von Verwaltungsvorschriften, die im Schrifttum zur Gemeinschaftsaufsicht meist unter der Bezeichnung allgemeine[252] oder generelle[253] Weisungen behandelt werden, wird eingewandt, daß die Kommission auf die förmlichen Handlungstypen des Art. 189 EGV beschränkt sei, von denen vor allem der Erlaß einer staatengerichteten Entscheidung in Betracht komme[254], sofern eine Ermächtigung hierzu vorhanden sei[255]. Erst recht seien Weisungen im Einzelfall als unzulässig anzusehen, weil sie einen noch gravierenderen Eingriff in die Verwaltungsautono-

---

248 Vgl. *Ehlers,* in: Erichsen, Allg. VerwR, § 3 Rdnr. 47.

249 Beispiele zu den seltenen Ansätzen zu Weisungsbefugnissen der Kommission bei *Scheuing,* in: Hoffmann-Riem/Schmidt-Aßmann, Innovation, S. 289 (335f.). Selbstverständlich bedürfen sekundärrechtlich vorgesehene Weisungsbefugnisse einer ausreichenden Ermächtigung im Primärrecht, siehe dazu im Text.

250 *Hailbronner,* JuS 1990, S. 439 (440); *Schiller,* RIW 1985, S. 36 (37); *Schweitzer/Hummer,* EuropaR, Rdnr. 439; *Streil,* in: BBPS, EU, 6.5.1, S. 224; *Streinz,* EuropaR, Rdnr. 472; siehe auch *Scheuing,* in: Hoffmann-Riem/Schmidt-Aßmann, Innovation, S. 289 (334); *W. Kahl,* Die Verwaltung 29 (1996), S. 341 (360f.); *Mögele,* BayVBl. 1993, S. 129 (137); nach *Teske,* EuR 1992, S. 265 (274), besteht kein Weisungsrecht im Einzelfall, während „generelle und nicht verbindliche Hinweise der Kommission zum einheitlichen Vollzug unproblematische und übliche Hilfen für die nationalen Behörden" seien; da die Verbindlichkeit für die nachgeordnete Stelle Begriffsmerkmal der Weisung ist, ist auch danach ein Weisungsrecht allgemein ausgeschlossen.

251 *Schiller,* RIW 1985, S. 36 (37); *ders.,* RIW 1984, S. 549.

252 *Rengeling,* Rechtsgrundsätze, S. 40ff.

253 *Zuleeg,* KSE 9, S. 219; *ders.,* in: AK-GG, Art. 24 Abs. 1 Rdnr. 34.

254 Vgl. *Zuleeg,* JöR n.F. 20 (1971), S. 1 (43f.); *H. P. Ipsen,* EG-Recht, § 9 Rdnr. 26.

mie der Mitgliedstaaten darstellten[256]. Gegen die Zulässigkeit von Weisungen unmittelbar gegenüber nationalen Behörden wird zudem eingewandt, daß die Gefahr widersprechender Weisungen durch die nationale bzw. die gemeinschaftliche Verwaltungsspitze begründet werde[257].

Dagegen hat *Klösters*[258] jüngst den Versuch unternommen, eine Befugnis der Kommission zu präventiven Maßnahmen verwaltungsrechtlicher Art darzutun, ohne daß es einer Änderung des Primärrechts bedürfe. Insbesondere soll danach der Kommission die Befugnis zustehen, beim unmittelbaren mitgliedstaatlichen Vollzug des Gemeinschaftsrechts norminterpretierende und ermessenslenkende Verwaltungsvorschriften zu erlassen[259]. Im mittelbaren mitgliedstaatlichen Vollzug seien Verwaltungsvorschriften grundsätzlich[260] nur zulässig, solange der Mitgliedstaat seiner Verpflichtung zur Umsetzung noch nicht nachgekommen sei[261].

In dem letztgenannten Bereich des mittelbaren mitgliedstaatlichen Vollzugs, in dem es um den Vollzug von nationalem Recht geht, das zur

---

255 Gegenüber einer allgemeinen Weisungskompetenz, etwa auf der Grundlage von implied powers, zu Recht skeptisch bereits *Rengeling,* Rechtsgrundsätze, S. 41, unter Hinweis auf die Gemeinschaftsrechtsnormen, die von der mitgliedstaatlichen Zuständigkeit zum Erlaß von Verwaltungsvorschriften ausgehen: „Wollte man gleichwohl aus bestimmten Kompetenznormen des Gemeinschaftsrechts die Befugnisse zur allgemeinen Weisung entnehmen, fragt sich vor allem, in welcher Form und an wen sich solche Weisungen richten können." Zurückhaltend jetzt auch *Zuleeg,* in: AK-GG, Art. 24 Abs. 1 Rdnr. 33: „Ein generelles Weisungsrecht im eigentlichen Sinne besteht allenfalls in Ausnahmefällen, die Gemeinschaft kann aber *bei entsprechender Kompetenz* die Weisung in die Gestalt einer Entscheidung an den jeweiligen Mitgliedstaat kleiden" (Hervorhebung hinzugefügt).

256 Vgl. *Rengeling,* Rechtsgrundsätze, S. 42; *ders.,* EuR 1974, S. 216 (234ff.); *A. Weber,* Durchführung des Gemeinschaftsrechts, S. 66f.; *Zuleeg,* KSE 9, S. 219; *ders.,* in: AK-GG, Art. 24 Abs. 1 Rdnr. 34; im Ergebnis auch *Teske,* EuR 1992, S. 265 (274).

257 *Rengeling,* EuR 1974, S. 216 (235); *Schiller,* RIW 1985, S. 36 (37); gegen „durchgreifende Weisungsbefugnisse" auch bereits *H. P. Ipsen,* EG-Recht, § 9 Rdnr. 26; ebenso *ders.,* in: Isensee/Kirchhof, HdbStR VII, § 181 Rdnr. 72.

258 *Klösters,* EG-Kommission, besonders Zweiter Teil (S. 47 - 98); vgl. ebd., S. 98: „Zusammenfassend kann daher die der Kommission in Art. 155 UAbs. 1 EWGV zugewiesene Aufgabe, über die Einhaltung des EG-Rechts zu wachen, unter Berücksichtigung des in Art. 155 UAbs. 3 EWGV geregelten Initiativrechts dahingehend interpretiert werden, daß die Kommission nicht auf die nachträgliche Erhebung von Vertragsverletzungsverfahren beschränkt ist, sondern präventiv Maßnahmen verwaltungsrechtlicher Art ergreifen darf, die eine einheitliche und effektive Anwendung des Gemeinschaftsrechts gewährleisten."

259 *Klösters,* EG-Kommission, S. 156f.

260 Nach *Klösters,* EG-Kommission, S. 162, ausnahmsweise auch dann, wenn eine Umsetzung nicht durch den Gesetzgeber erfolgt ist.

261 *Klösters,* EG-Kommission, S. 159ff., zusammenfassend S. 162.

Umsetzung von Gemeinschaftsrecht erlassen worden ist, scheidet die Zulässigkeit von Verwaltungsvorschriften bereits von vornherein aus. Wenn die Mitgliedstaaten Gemeinschaftsrecht, insbesondere Richtlinien, erst umsetzen müssen, bevor es taugliche Vollzugsgrundlage ist, kommt ihnen dabei ein Spielraum hinsichtlich der Wahl des Mittels zu. In diesen der Gemeinschaft entzogenen Bereich würde jedoch eingegriffen, wenn die Kommission durch die nationalen Behörden bindende Verwaltungsvorschriften den Umsetzungsspielraum beschränken könnte. Daß aber außerhalb des der Gemeinschaft entzogenen Bereichs noch Raum und Bedarf sein soll, „den Mitgliedstaaten die mit der Richtlinie verfolgten Zwecke zu verdeutlichen“[262], ist angesichts der vielfach beklagten zunehmenden Detailliertheit von Richtlinien[263] kaum nachvollziehbar. Aus der gleichen Erwägung sind aber auch Verwaltungsvorschriften unzulässig, die im Hinblick auf eine noch nicht ordnungsgemäß umgesetzte Richtlinie ergehen: Wenn eine Richtlinienbestimmung – ausnahmsweise – ohne eine Durchführungsnorm des Mitgliedstaates vollzugsfähig ist, kann dieser unter den dargelegten Voraussetzungen unmittelbare Wirksamkeit zukommen. Diese ist nach der Entscheidung des EuGH in der Rechtssache Costanzo[264] von allen mitgliedstaatlichen Behörden zu beachten, so daß es einer Steuerung durch Verwaltungsvorschriften nicht bedarf. Fehlt es aber an einer der Voraussetzungen für die unmittelbare Anwendbarkeit von Richtlinien, kann dies nicht durch die Anerkennung von Verwaltungsvorschriften umgangen werden. Daß sich der einzelne zu seinen Gunsten auf die unmittelbare Anwendbarkeit berufen kann, beruht maßgeblich auf dem Gesichtspunkt des dolo agit[265], das dem säumigen Mitgliedstaat die Möglichkeit abschneidet, aus seiner bloßen Untätigkeit Vorteil zu ziehen. Die Kausalität der bloßen Untätigkeit entfällt jedoch, soweit den Mitgliedstaaten ein inhaltlicher Gestaltungsspielraum verbleibt, den es national auszufüllen gilt und der daher eine unmittelbare Anwendbarkeit des Gemeinschaftsrechts ausschließt.

Die Zulässigkeit von Verwaltungsvorschriften ist aber nicht nur im Bereich des mittelbaren mitgliedstaatlichen Vollzugs, sondern insgesamt abzulehnen. Die Zulässigkeit präventiver Steuerungsinstrumente kann nicht auf eine „erweiternde Auslegung des Art. 155 UAbs. 1 EWGV auf der Grundlage der implied-powers Lehre“[266] gestützt werden. Ebensowenig können Präventivbefugnisse der Kommission aus der Aufgabe nach Art. 155

---

[262] So *Klösters,* EG-Kommission, S. 161.

[263] Kritisch *Geiger,* EGV, Art. 180 Rdnr. 10; *Pieper,* Subsidiarität, S. 191.

[264] EuGH, Urt. v. 22.6.1989, Rs. 103/88 (Fratelli Costanzo/Stadt Mailand), Slg. 1989, S. 1839 (1870f. Tz. 28ff.).

[265] Siehe oben § 5 III. 2. a) cc).

[266] Vgl. zu diesem Ansatz *Klösters,* EG-Kommission, S. 91ff. *Klösters,* ebd., S. 97, hält den Rückgriff auf die Implied-powers-Lehre aber nicht einmal für not-

UAbs. 1 EGV, für die Einhaltung des primären und sekundären Gemeinschaftsrechts „Sorge zu tragen", i.V.m. dem Initiativrecht nach Art. 155 UAbs. 3 EGV hergeleitet werden[267].

Wegen der umfassenden Geltung des Prinzips der begrenzten Ermächtigung sind nicht nur die Verwaltungskompetenzen, sondern ist auch die diesbezügliche Organisationsgewalt bei den Mitgliedstaaten verblieben, soweit nicht eine vertragliche Zuweisung an die Gemeinschaften vorliegt. Da durch verbindliche Weisungen generell-abstrakter oder individuell-konkreter Art in die Organisationsgewalt eingegriffen wird[268], bedarf es auch einer vertraglichen Ermächtigungsgrundlage. Dementsprechend besteht Einigkeit, daß der grundgesetzlichen Nomenklatur entlehnte Bezeichnungen des mitgliedstaatlichen Vollzugs als Auftragsverwaltung oder Vollzug als eigene Angelegenheiten rein deskriptiver Art sind. Für die Beantwortung der Frage, welche Ingerenzmöglichkeiten den Gemeinschaftsorganen beim mitgliedstaatlichen Vollzug zustehen, ist dieser Vergleich mit den Art. 83 ff. GG ohne Wert[269]. Da sich die Befugnisse im Verhältnis Gemeinschaft/Mitgliedstaaten vielmehr nach Maßgabe des Vertragsrechts beurteilen, dessen Gesamtschau das „Wesen" der Gemeinschaft erst erschließen läßt, gilt auch eine Auffassung zu Recht als überholt[270], nach der eine Aufsichtsbefugnis als begriffsnotwendige Folge des überstaatlichen Charakters der Gemeinschaften[271] postuliert wurde. Insoweit belegen die Art. 83 ff. GG, daß selbst im Bundesstaat dem Gesamtstaat Eingriffe in die Organisationsgewalt der Gliedstaaten nur zustehen, wenn die Verfassung hierzu ermächtigt, wobei diese Eingriffe im Grundgesetz prozedural durch das Zustimmungserfordernis des Bundesrates noch erschwert werden.

Die Zuweisung einer allgemeinen Befugnis im Primärrecht, deren es nach dem Prinzip der begrenzten Ermächtigung bedürfte, um in die Organisationsgewalt der Mitgliedstaaten durch Weisungsrechte im Bereich des mitgliedstaatlichen Vollzugs einzugreifen, sieht das Gemeinschaftsrecht

---

wendig, weil er entsprechende Befugnisse bereits Art. 155 UAbs. 1, 3 EWGV entnimmt.

[267] So aber *Klösters,* EG-Kommission, S. 94 - 98.

[268] Unzutreffend *Klösters,* EG-Kommission, S. 59: „die Ausübung von verwaltungsrechtlichen Kontrollmechanismen berührt die durch die Gründungsverträge eingeräumten Verwaltungskompetenzen der Mitgliedstaaten nicht". Darüber hinaus ist es sowohl mit dem gemeinschaftsrechtlichen Prinzip der begrenzten Ermächtigung als auch mit der verfassungsrechtlichen Grundlage des Gemeinschaftsrechts unvereinbar, die nicht übertragenen und daher bei den Mitgliedstaaten verbliebenen Verwaltungszuständigkeiten als durch das Primärrecht „eingeräumt" zu verstehen.

[269] Vgl. *H. P. Ipsen,* EG-Recht, § 9 Rdnr. 26; *Streil,* in: BBPS, EU, 6.5.2, S. 226.

[270] Dagegen *Kössinger,* Durchführung des Gemeinschaftsrechts, S. 146 f.

[271] So *Bandell,* Aufsicht der EG, S. 12 f.

nicht vor. Sie läßt sich auch nicht unter Rückgriff auf den Implied-powers-Gedanken oder eine extensive Auslegung des Art. 155 EGV begründen.

Organisationsbefugnisse der Gemeinschaften lassen sich nicht implizit aus der Autonomie des Gemeinschaftsrechts herleiten. Mit den gemeinschaftsrechtlichen Rechtsetzungskompetenzen geht nicht eine „Kompetenz zur Regelung einer wirkungsvollen Anwendung des EG-Rechts" einher. Fehl geht daher auch die Folgerung, „daß nicht die Begründung der Organisationsgewalt der EG in den Gründungsverträgen hätte vorgesehen sein müssen, sondern umgekehrt die Geltendmachung von Vorbehaltsrechten der Mitgliedstaaten in diesem Bereich"[272].

Wie bereits das Ende des Zitats andeutet, führt der beschriebene Ansatz zu einer Pervertierung des Prinzips der begrenzten Ermächtigung, indem er den Schluß von Rechtsetzungskompetenzen auf die Organisationsgewalt und letztlich die Vollzugskompetenz insgesamt unter Berufung auf das Gebot eines effizienten Vollzugs des Gemeinschaftsrechts ermöglicht.

Die behauptete „Kompetenz zur Regelung einer wirkungsvollen Anwendung des EG-Rechts"[273] als Grundlage von Organisationseingriffen besteht hingegen nicht, weil es sich bei dem Gebot, das vollzugsbedürftige Primär- bzw. vertragsgemäß erlassene Sekundärrecht wirksam zu vollziehen, nicht um eine verdeckte Kompetenzgeneralklausel handelt. Vielmehr ist das Effizienzgebot Ausfluß des Geltungsanspruchs des Gemeinschaftsrechts, den zu respektieren und dem zur Wirksamkeit zu verhelfen die Mitgliedstaaten gem. Art. 5 EGV verpflichtet sind. Dies gilt in besonderem Maße dort, wo die Gemeinschaften mangels eigener Zuständigkeiten – also vor allem im Bereich des Verwaltungsvollzugs, des Verwaltungsverfahrensrechts, der (Verwaltungs-) Sanktionen[274] bis hin zum Verwaltungsrechtsschutz – auf das Tätigwerden der Mitgliedstaaten angewiesen sind. Insoweit kann, wie sich vornehmlich im Bereich der Europäisierung des Verwaltungsverfahrensrechts[275] gezeigt hat, das materielle Gemeinschaftsrecht auf das nationale Recht durch eine partielle Überlagerung einwirken, wenn die Lösung indirekter Kollisionen dies zwingend erfordert. Auch soweit also eine Kollision zwischen materiellem Gemeinschaftsrecht und nationalem Organisations-, Verfahrens-, Schadenersatz- oder Prozeßrecht besteht, wächst den

---

[272] *Klösters,* EG-Kommission, S. 67.

[273] *Klösters,* EG-Kommission, S. 67.

[274] Nach EuGH, Urt. v. 21.9.1989, Rs. 68/88 (griechischer Mais), Slg. 1989, S. 2965 ff., folgt aus Art. 5 EWGV die Verpflichtung der Mitgliedstaaten, daß „Verstöße gegen das Gemeinschaftsrecht nach ähnlichen sachlichen und verfahrensrechtlichen Regeln geahndet werden wie nach Art und Schwere gleichartige Verstöße gegen nationales Recht, wobei die Sanktion jedenfalls wirksam, verhältnismäßig und abschreckend sein muß" (ebd., Tz. 24).

[275] Grundlegend EuGH, Urt. v. 21.9.1983, Verb. Rs. 205 - 215/82 (Deutsche Milchkontor/Deutschland), Slg. 1983, S. 2633 ff.

Gemeinschaften aber nicht etwa eine Kompetenz zu, sondern verbleibt es bei der Zuständigkeit der Mitgliedstaaten.

Eine Zuständigkeit der Gemeinschaft unter Rückgriff auf die Theorie von den implied powers ist dagegen nur anzuerkennen, wenn die Auslegung vorhandener Zuständigkeiten ergibt, daß von diesen nicht oder nicht in sinnvoller Weise Gebrauch gemacht werden kann, sofern den Gemeinschaften nicht bestimmte eng umrissene Zuständigkeiten zu Bereichen konzediert werden, die sich als Annex der ausdrücklich zugewiesenen Materien darstellen oder mit diesen in engem Sachzusammenhang stehen.

Im Gemeinschaftsrecht nicht ausdrücklich geregelte Aufsichtsbefugnisse hinsichtlich des mitgliedstaatlichen Verwaltungsvollzugs wären demnach nur anzuerkennen, sofern die Exekution durch die Mitgliedstaaten sich nachweislich als insgesamt untauglich erwiesen hätte, das Gemeinschaftsrecht ordnungsgemäß zu vollziehen. Implizite Aufsichtsbefugnisse setzen daher nicht nur einzelne Vollzugsdefizite voraus, sondern eine systembedingte Unzulänglichkeit, welche die effiziente Anwendung des Gemeinschaftsrechts in Frage stellt[276]. Eine derartige grundsätzliche Untauglichkeit des mitgliedstaatlichen Vollzugs, einen ordnungsgemäßen Vollzug bei Fehlen zusätzlicher, vertraglich nicht vorgesehener Aufsichtsbefugnisse zu gewährleisten, läßt sich hingegen nicht feststellen.

Darüber hinaus ist zu berücksichtigen, daß mit dem Vertragsverletzungsverfahren gem. Art. 169ff. EGV eine besondere Form der Gemeinschaftsaufsicht vertraglich vorgesehen ist[277]. Die Ausgestaltung dieses Verfahrens zeigt in mehrfacher Hinsicht, etwa durch die Möglichkeit einer Selbstkorrektur im Rahmen des Vorverfahrens sowie den bloß feststellenden Tenor im Falle einer Verurteilung, den Willen, in die Souveränität der Mitgliedstaaten nicht über Gebühr einzugreifen[278]. Diese Regelungen würden hingegen überspielt, wenn man den Gemeinschaften durch eine die Voraussetzungen der implied powers mißachtende extensive Auslegung neue Aufsichtszuständigkeiten konzedierte.

Fehlt es an den Voraussetzungen für die Anerkennung einer impliziten Gemeinschaftszuständigkeit, ist auch der extensiven Auslegung des Art. 155 EGV auf der Grundlage der Implied-powers-Theorie der Boden entzogen. Im übrigen vermag Art. 155 EGV keine Zuständigkeiten zu rechtsverbind-

---

[276] Vgl. *Hilf,* Organisationsstruktur, S. 203 mit FN 148, mit dem zutreffenden Hinweis, daß ein Einzeleingriff in die Verwaltungsorganisation der Mitgliedstaaten ausgeschlossen sei, weil die Kommission über Art. 169 EGV die fehlerhafte Rechtsanwendung angreifen könne.

[277] Eine grundsätzliche Beschränkung der Sanktionsmöglichkeiten der Kommission auf das Vertragsverletzungsverfahren nehmen an: *Oppermann,* EuropaR, Rdnr. 323ff.; *Schiller,* RIW 1985, S. 36 (37); *ders.,* RIW 1984, S. 549 (551).

[278] Zu dieser Funktion des Vorverfahrens *Huber,* Europ. Integration, § 19 Rdnr. 8.

lichen Handlungen im Verhältnis zu den Mitgliedstaaten zu begründen, die nicht anderweitig im Vertrag vorgesehen sind. Art. 155 UAbs. 1 EGV umschreibt lediglich allgemein die Aufgabe der Kommission als Hüterin des Vertrages; welche Befugnisse ihr zur Aufgabenerfüllung zur Verfügung stehen, ist durch Zusammenstellung der vertraglichen Ermächtigungen zu ermitteln[279].

Art. 155 UAbs. 2 EGV bezieht sich ausschließlich auf Empfehlungen und Stellungnahmen, die gem. Art. 189 Abs. 5 EGV nicht verbindlich sind. Nur für unverbindliche Handlungen der Kommission stellt UAbs. 2 daher klar, daß diese einer speziellen Ermächtigung nicht bedürfen[280]. Wird dies aber selbst für die nicht verbindlichen Empfehlungen und Stellungnahmen noch einmal hervorgehoben, wird e contrario deutlich, daß jedwedes rechtsverbindliche Handeln einer vertraglichen Ermächtigung bedarf.

Nach Art. 155 UAbs. 3 EGV sind Entscheidungen der Kommission und Mitwirkungsbefugnisse bei Handlungen des Rates und des Europäischen Parlaments nur „nach Maßgabe des Vertrages" zulässig. Indem damit auf die Erforderlichkeit einer anderweitig begründeten Befugnis hingewiesen wird[281], bestätigt die Norm ausdrücklich den Grundsatz der begrenzten Ermächtigung, dessen Geltung in Art. 3b Abs. 1 EGV seit den durch Art. G EUV bewirkten Änderungen eine allgemeine Bestätigung gefunden hat. Für die Umdeutung des Art. 155 UAbs. 1 EGV von einer Aufgaben- zu einer Befugnisnorm gibt UAbs. 3 daher nichts her.

Schließlich setzen vom Rat delegierte Rechtsetzungsbefugnisse der Kommission gem. Art. 155 UAbs. 4 i.V.m. 145 UAbs. 3 EGV voraus, daß die zu übertragenden Rechtsetzungskompetenzen andernorts im Primärrecht zugunsten der Gemeinschaft begründet sind. Auch über die Figur des „ersatzorganschaftlichen Handelns"[282] können daher Befugnisse der Kommission gegenüber den Mitgliedstaaten, zu denen nicht außerhalb des Art. 155 EGV ermächtigt wird, nicht begründet werden.

Mangels einer Ermächtigung steht der Gemeinschaft eine allgemeine Aufsichtskompetenz nicht zu. Aufsichtsmaßnahmen im Bereich des mittelbaren und des unmittelbaren mitgliedstaatlichen Vollzugs sind daher unzulässig. Dies gilt sowohl für Einzelweisungen als auch für allgemeine Wei-

---

279 Vgl. *Breier,* in: Lenz, EGV, Art. 155 Rdnr. 4f.; dies zugrunde legend auch *Geiger,* EGV, Art. 155 Rdnr. 6ff. Überblick über die Aufgaben und Befugnisse der Kommission bei *Hummer,* in: Grabitz/Hilf, Art. 155 EWGV Rdnr. 4.

280 Vgl. *Geiger,* EGV, Art. 155 Rdnr. 9.

281 *Geiger,* EGV, Art. 155 Rdnr. 10ff.

282 Dies betrifft die Frage, ob die Kommission für den an sich handlungspflichtigen Rat tätig werden kann; vgl. dazu *Hailbronner,* JuS 1990, S. 439 (441).

sungen, die weder gegenüber den Mitgliedstaaten, noch erst recht im Durchgriff gegenüber nationalen Verwaltungsstellen zulässig sind. In Ermangelung einer Ermächtigung sind auch allgemeine Weisungen in der Form einer an den Mitgliedstaat gerichteten Entscheidung unzulässig.

Von den genannten Ausnahmen abgesehen, beschränkt sich die Gemeinschaftsaufsicht daher grundsätzlich auf die nachträgliche Kontrolle durch das Vertragsverletzungsverfahren gem. Art. 169 ff. EGV.

(c) Rechnungsabschlußverfahren im Rahmen des Europäischen Ausrichtungs- und Garantiefonds für die Landwirtschaft

Ein spezifisch gemeinschaftsrechtliches Mittel, den ordnungsgemäßen Vollzug des Gemeinschaftsrechts sicherzustellen, steht im Bereich des Agrarrechts mit dem sog. Rechnungsabschlußverfahren[283] zur Verfügung, das die Finanzierung bestimmter Ausgaben von der Einhaltung gemeinschaftsrechtlicher Vorgaben abhängig macht. Zu vergleichbaren Steuerungsmöglichkeiten über das Finanzierungsgebaren wird in einzelnen Bereichen des Gemeinschaftsrechts ermächtigt[284]. Bei dem Rechnungsabschlußverfahren im Agrarsektor handelt es sich dabei um ein Instrument von erheblicher Bedeutung, weil im Bereich des Gemeinsamen Agrarmarkts jährlich rund 50% des EU-Haushaltes aufgewandt werden[285].

Das Rechnungsabschlußverfahren wird gem. der Verordnung (EWG) Nr. 729/70 des Rates vom 21. April 1970 über die Finanzierung der Gemeinsamen Agrarpolitik[286] durchgeführt. Danach verweigert[287] die Kommission im Rahmen des Rechnungsabschlusses die Übernahme von Ausgaben durch den Europäischen Ausrichtungs- und Garantiefonds für die Landwirtschaft (EAGFL)[288] und lastet diese dem jeweiligen Mitglied-

---

[283] Dazu *Streinz,* EuropaR, Rdnr. 476, 481, 488.

[284] Art. 7 VO 2052/88 (EWG) über die Reform des Gemeinschaftsstrukturfonds (ABl. 1988 Nr. L 185/11) bestimmt, daß Mittel aus dem Fonds nicht für Aktivitäten gewährt werden dürfen, die nicht in vollem Umfang gemeinschaftsrechtsgemäß sind. Als Sanktionsmechanismus auch genannt bei *Jarass,* EG-Recht, S. 112.

[285] Vgl. *Häde,* EuZW 1993, S. 401 (402); *Huber,* Europ. Integration, § 11 Rdnr. 14; *Schweitzer/Hummer,* EuropaR, Rdnr. 1358.

[286] ABl. 1970 Nr. L 94, S. 13.

[287] Es besteht (nach deutscher Terminologie) kein Ermessen der Kommission, vgl. EuGH, Urt. v. 7.2.1979, Verb. Rs. 15 und 16/76 (Frankreich/Kommission), Slg. 1979, S. 321 (339 Tz. 28): Das Rechnungsabschlußverfahren läßt der Kommission keinen „Beurteilungsspielraum..., der es ihr erlauben würde, von den Vorschriften über die Aufteilung (der finanziellen) Belastungen abzuweichen".

[288] Auf der Kompetenzgrundlage des Art. 40 Abs. 4 EWGV/EGV errichtet, siehe VO Nr. 25/62 (ABl. 1962, S. 991), ergänzt durch VO Nr. 4256/88 (ABl. 1988, Nr.

staat[289] an, sofern die Ausgaben wegen eines Verstoßes gegen das Gemeinschaftsrecht[290] nicht anzuerkennen sind. Im Hinblick auf diese Rechtsfolgen bewirkt das Verfahren „eine Art Gemeinschaftsaufsicht kraft Kostenüberwälzung“[291]. Die Feststellung der Kommission, inwieweit die Ausgaben zu Lasten des Fonds übernommen bzw. dem Mitgliedstaat angelastet werden, ergeht in der Rechtsform einer Entscheidung gem. Art. 189 Abs. 4 EGV[292], die von dem betroffenen Mitgliedstaat mit der Nichtigkeitsklage nach Art. 173 Abs. 1 EGV vor dem EuGH angegriffen werden kann[293]. Neben der Sanktionierung durch die Nichtanerkennung von Ausgaben ist die Durchführung eines Vertragsverletzungsverfahrens möglich[294], nicht aber Voraussetzung einer Anlastung[295].

Der von dieser Anlastungspraxis ausgehende „faktische Harmonisierungsdruck“[296] ist hinsichtlich des Verwaltungsverfahrens bereits früh erkannt worden[297]. Das Rechnungsabschlußverfahren sichert die Effektivität des Gemeinschaftsrechts in seinem Anwendungsbereich aber auch gegenüber Vollzugsdefiziten, die aus der Verteilung der Verwaltungskompetenzen

---

L 374, S. 25); der EAGFL hat keine eigene Rechtspersönlichkeit, sondern ist der Kommission eingegliedert; der Fonds wird aus dem allgemeinen Haushalt der Gemeinschaft finanziert; siehe zur Rechtsstellung des EAGFL *Gilsdorf/Priebe,* in: Grabitz/Hilf, Art. 40 EGV Rdnr. 98ff.; *Kummer,* in: GTE, EWGV, Art. 40 Rdnr. 52f.; *Oppermann,* EuropaR, Rdnr. 1259ff.

289 Wer mitgliedstaatsintern letztlich die angelasteten Beträge zu tragen hat, richtet sich nach nationalem Recht. Dazu für die Bundesrepublik *Carl,* NVwZ 1994, S. 947 (948f.).

290 Für die Anlastung kommt es nicht auf ein evtl. Verschulden (siehe EuGH, Urt. v. 7.2.1979, Rs. 18/76 [Deutschland/Kommission], Slg. 1979, S. 343 [384 Tz. 7]; *Mögele,* NJW 1987, S. 1118 [1120]), sondern allein die Gemeinschaftsrechtswidrigkeit an; diesen Prüfungsmaßstab entnimmt der EuGH Art. 2, 3 der oben zit. VO, siehe EuGH, Urt. v. 7.2.1979, Rs. 11/76 (Niederlande/Kommission), Slg. 1979, S. 245 (279 Tz. 8): „Diese Bestimmungen erlauben es der Kommission nur, zu Lasten des EAGFL die *gemäß den geltenden Vorschriften* in den verschiedenen Agrarsektoren gezahlten Beträge zu übernehmen“ (Hervorhebung hinzugefügt).

291 *Ehlers,* in: Erichsen, Allg. VerwR, § 3 Rdnr. 47 FN 196.

292 *Geiger,* EGV, Art. 40 Rdnr. 31, 34; *Gilsdorf/Priebe,* in: Grabitz/Hilf, Art. 40 EGV Rdnr. 105; *Scherer,* EuR 1986, S. 52 (58).

293 *Borchardt,* in: Lenz, EGV, Art. 40 Rdnr. 53; *Geiger,* EGV, Art. 40 Rdnr. 34; *Scherer,* EuR 1986, S. 52 (58).

294 *Borchardt,* in: Lenz, EGV, Art. 40 Rdnr. 50; *Kummer,* in: GTE, EWGV, Art. 40 Rdnr. 58 mit FN 68 a.E.; *Scherer,* EuR 1986, S. 52 (60).

295 EuGH, Urt. v. 7.2.1979, Verb. Rs. 15 und 16/76 (Frankreich/Kommission), Slg. 1979, S. 321 (339f. Tz. 25ff.); *Kummer,* in: GTE, EWGV, Art. 40 Rdnr. 58 mit FN 68 a.E.

296 *Streinz,* EuropaR, Rdnr. 476.

297 Grundlegend *Scherer,* EuR 1986, S. 52ff.; zu dem Verfahren als Sanktions- bzw. Aufsichtsinstrument siehe ferner *Jarass,* EG-Recht, S. 112; *Mögele,* NJW 1987, S. 1118ff.; *ders.,* BayVBl. 1993, S. 552 (554); *Teske,* EuR 1992, S. 265 (270).

oder sonstigen Organisationshemmnissen resultieren. So hat der EuGH in seinem Urteil vom 24. Juni 1990 klargestellt, daß Mängel[298], die in der föderativen Verfaßtheit eines Mitgliedstaates begründet sind, diesen nicht vor einer Anlastung schützen[299].

Ist demnach mit dem Rechnungsabschlußverfahren ein wirksames Instrument[300] vorhanden, um die Einhaltung des Gemeinschaftsrechts unabhängig von der internen Aufteilung der staatlichen Gewalt sicherzustellen, besteht um so weniger Anlaß, in diese nationale Kompetenzverteilung unter Berufung auf den Effet-utile-Gedanken einzugreifen.

(d) Gemeinschaftsrechtliche Verwerfungsbefugnis und Verwerfungspflicht nationaler Behörden

Die Verpflichtung nationaler Behörden, das Gemeinschaftsrecht zu beachten und zu vollziehen, wird durch eine Verwerfungsbefugnis und Verwerfungspflicht ergänzt.

Gerichte wie Behörden sind aufgrund Art. 5 Abs. 1 EGV verpflichtet, nationales Recht bei der Rechtsanwendung auf seine Vereinbarkeit mit Gemeinschaftsrecht zu überprüfen[301]. Wie das BVerfG hinsichtlich der gerichtlichen Prüfungspflicht entschieden hat, indem es die Unzulässigkeit einer konkreten Normenkontrolle gem. Art. 100 GG angenommen hat[302], gilt dies selbst für förmliche Bundesgesetze.

---

298 In der Bundesrepublik fehlte es in bezug auf die angelasteten Ausgaben an dem durch Art. 8 VO (EWG) Nr. 729/70 des Rates vom 21.4.1970 über die Finanzierung der Gemeinsamen Agrarpolitik (ABl. L 94, S. 13) gebotenen Kontrollsystem, das in die Zuständigkeit der Länder fällt.

299 EuGH, Urt. v. 12.6.1990, Rs. C-8/88 (Deutschland/Kommission), Slg. 1990-I, S. 2321 (2359 Tz. 13): „Hierzu ist festzustellen, daß es Sache aller mitgliedstaatlichen Behörden ist, seien es solche der staatlichen Zentralgewalt, eines Gliedstaats oder sonstiger Gebietskörperschaften, im Rahmen ihrer jeweiligen Zuständigkeiten die Einhaltung der gemeinschaftsrechtlichen Vorschriften zu gewährleisten. Dagegen ist es nicht Aufgabe der Kommission, sich zur Verteilung der Zuständigkeiten aufgrund der organisationsrechtlichen Vorschriften der einzelnen Mitgliedstaaten und zu den jeweiligen Pflichten der Bundes- und der Landesbehörden zu äußern. Sie kann nur nachprüfen, ob das gemäß den Bedingungen der nationalen Rechtsordnung errichtete System von Überwachungs- und Kontrollmaßnahmen so wirksam ist, daß es eine richtige Anwendung der gemeinschaftsrechtlichen Vorschriften erlaubt."

300 Vgl. auch die zusammenfassende Bewertung von *Mögele,* NJW 1987, S. 1118 (1124): Kommission halte „ein vergleichsweise scharfes Schwert in Händen, das ihr über die bloße Abwälzung fehlerhafter Agrarausgaben hinaus eine nicht uneffektive Einflußnahme auf den mitgliedstaatlichen Vollzug des Marktordnungsrechts gestattet".

301 *Jarass,* EG-Recht, S. 100ff.

302 BVerfGE 31, 145 (174f.); 82, 159 (191).

Ergibt die Prüfung, daß eine nationale Bestimmung gegen unmittelbar geltendes bzw. wirkendes Gemeinschaftsrecht verstößt, muß diese „verworfen" werden, d.h. unangewandt bleiben[303]. Folgt man der Rechtsprechung des EuGH, nach der jeder einfache und nicht nur ein durch Evidenz qualifizierter Gemeinschaftsrechtsverstoß die Unanwendbarkeit nationalen Rechts zwingend nach sich zieht, hat dies eine nicht unerhebliche Diskriminierung nationalen Rechts zur Folge[304]. Denn der EuGH verweigert den mitgliedstaatlichen Behörden[305] eine Prüfungs- und Verwerfungsbefugnis hinsichtlich des sekundären Gemeinschaftsrechts bekanntlich selbst in Fällen einer evidenten Unvereinbarkeit mit dem Primärrecht[306]. Da die Primärrechtswidrigkeit zugleich bedeutet, daß das Sekundärrecht nicht von dem deutschen Rechtsanwendungsbefehl gem. Art. 23 Abs. 1 S. 2 GG i.V.m. dem Zustimmungsgesetz gedeckt ist, steht dies im Widerspruch zu der Aussage des BVerfG im Maastricht-Urteil, daß deutsche Organe verfassungsrechtlich daran gehindert seien, kompetenzwidrige Gemeinschaftsrechtsakte anzuwenden[307].

---

303 EuGH, Urt. v. 9.3.1978, Rs. 106/77 (Staatliche Finanzverwaltung/Simmenthal), Slg. 1978, S. 629 (630); EuGH, Urt. v. 22.6.1989, Rs. 103/88 (Fratelli Costanzo/Stadt Mailand), Slg. 1989, S. 1839 (1871 Tz. 31, 33); *Teske,* EuR 1992, S. 265 (268).

304 Kritisch auch *Jarass,* EG-Recht, S. 22, 102f.

305 Auch ein mitgliedstaatliches Gericht kann die Sekundärrechtsnorm nicht als unwirksam behandeln, sondern muß die Frage gem. Art. 177 EGV vorlegen, siehe EuGH, Urt. v. 22.10.1987, Rs. 314/85 (Foto-Frost/HZA Lübeck-Ost), Slg. 1987, S. 4199 (4231f., bes. Tz. 15): „Sie [die nationalen Gerichte] sind dagegen nicht befugt, Handlungen der Gemeinschaftsorgane für ungültig zu erklären. Wie der Gerichtshof in seinem Urteil vom 13. Mai 1981 [in der Rs. 66/80, International Chemical Corporation, Slg. 1981, S. 1191] hervorgehoben hat, soll nämlich durch die Befugnisse, die Artikel 177 dem Gerichtshof einräumt, im wesentlichen gewährleistet werden, daß das Gemeinschaftsrecht von den nationalen Gerichten einheitlich angewandt wird. Dieses Erfordernis der Einheitlichkeit ist besonders zwingend, wenn die Gültigkeit einer Gemeinschaftshandlung in Frage steht...." – Lediglich im Bereich des einstweiligen Rechtsschutzes konzediert der EuGH einen begrenzten Spielraum, siehe zunächst für die Vollzugsaussetzung gem. § 80 Abs. 5 VwGO EuGH, Urt. v. 21.2.1991, Verb. Rs. C-143/88 u. C-92/89 (Zuckerfabrik Süderdithmarschen u. Zukkerfabrik Soest/HZA Itzehoe), Slg. 1991-I, S. 415 (540ff.). Erforderlich sind aber „erhebliche Zweifel" an der Rechtmäßigkeit der Verordnung; die Frage der Gültigkeit muß von dem nationalen Gericht dem EuGH vorgelegt werden, sofern dies noch nicht geschehen ist; die Entscheidung muß dringlich sein, weil dem Antragsteller ein schwerer und nicht wiedergutzumachender Schaden droht; das – insbesondere finanzielle – Interesse der Gemeinschaft muß angemessen berücksichtigt werden (EuGH, ebd., Tz. 22ff., zusammenfassend Tz. 33). Diese Grundsätze hat der EuGH auf die Zulässigkeit einer einstweiligen Anordnung gem. § 123 VwGO übertragen, siehe EuGH, Urt. v. 9.11.1995, Rs. C-465/93 (Atlanta Fruchthandelsgesellschaft mbH u.a./Bundesamt für Ernährung und Forstwirtschaft), NJW 1996, S. 1333ff.; dazu *Brinker,* NJW 1996, S. 2851f.

306 EuGH, Urt. v. 13.2.1979, Rs. 101/78 (Granaria BV/Hoofdproduktschap), Slg. 1979, S. 623 (637 Tz. 5f.); vgl. *Ehlers,* in: Erichsen, Allg. VerwR, § 3 Rdnr. 27.

Der Divergenz bei der Behandlung nationalen Rechts und sekundären Gemeinschaftsrechts hinsichtlich einer Überprüfbarkeit und Verwerfbarkeit durch die Verwaltung läßt sich von zwei Seiten her begegnen.

Erstens könnte man den nationalen Behörden das Recht einräumen, sekundäres Gemeinschaftsrecht am Maßstab des Primärrechts zu überprüfen und dieses bei evidenter Unvereinbarkeit zu verwerfen[308]. Durch das Evidenzerfordernis einerseits, drohende haftungsrechtliche Folgen bei unberechtigter Verwerfung andererseits wäre der Vorrang des Gemeinschaftsrechts hinreichend geschützt. Vor dem Hintergrund des BVerfG-Diktums im Maastricht-Urteil zur Unbeachtlichkeit kompetenzwidriger Gemeinschaftsrechtsakte wäre ferner eine Prüfungs- und Verwerfungskompetenz der Behörden denkbar, ob unmittelbar wirkende Vorschriften des Primärrechts evident die Schranken der verfassungsrechtlichen Ermächtigung überschreiten.

Zweitens könnte die Verwerfungspflicht gemeinschaftsrechtswidrigen nationalen Rechts bis zu einer Entscheidung des EuGH auf evidente Verstöße beschränkt werden, um einen einheitlichen Prüfungsstandard zu erreichen. Damit würde auch dem Umstand Rechnung getragen, daß die Verwaltungsbehörden anders als die Gerichte nicht die Möglichkeit haben, über eine Vorlage nach Art. 177 EGV Zweifel bei der Auslegung und Anwendung von Gemeinschaftsrecht durch den EuGH klären zu lassen[309].

---

[307] BVerfGE 89, 155 (188): „Würden etwa europäische Einrichtungen oder Organe den Unions-Vertrag in einer Weise handhaben oder fortbilden, die von dem Vertrag, wie er dem deutschen Zustimmungsgesetz zugrundeliegt, nicht mehr gedeckt wäre, so wären die daraus hervorgehenden Rechtsakte im deutschen Hoheitsbereich nicht verbindlich. Die deutschen Staatsorgane wären aus verfassungsrechtlichen Gründen gehindert, diese Rechtsakte in Deutschland anzuwenden."

[308] *Jarass,* EG-Recht, S. 103; *Rengeling,* Rechtsgrundsätze, S. 22f.; vgl. auch *Zuleeg,* KSE 9, S. 215ff.: Prüfungs- und Verwerfungspflicht nur bei offenkundigen Verstößen; für eine umfassende Prüfungskompetenz *Kössinger,* Durchführung des Gemeinschaftsrechts, S. 79ff.; kritisch zur bisherigen Versagung einer Verwerfungskompetenz bei offenkundigen Verstößen gegen primäres Gemeinschaftsrecht auch *Scheuing,* EuR 1982, S. 229 (254); *ders.,* in: Hoffmann-Riem/Schmidt-Aßmann, Innovation, S. 289 (319): „ebenso inkonsequent wie verständlich"; *Streinz,* Die Verwaltung 23 (1990), S. 153 (164); *ders.,* in: Schweitzer, Europ. VerwR, S. 241 (286); prononciert *Koenig,* DVBl. 1997, S. 581 (586): „Die Monopolisierung des Verwerfungsrechts zwingt die Exekutive zur einheitlichen Anwendung des Gemeinschafts*un*rechts." (Hervorhebung im Original).

[309] Vgl. auch die Schlußanträge des Generalanwalts *Lenz* in der Rechtssache Costanzo, der seine Bedenken gegen eine unmittelbare Wirkung einer nicht ordnungsgemäß umgesetzten Richtlinie für alle Verwaltungsbehörden mit dem Argument begründet hatte, diese hätten keine Möglichkeit, die komplexe Frage der unmittelbaren Wirkung gerichtlich klären zu lassen, siehe EuGH, Urt. v. 22.6.1989, Rs. 103/88 (Fratelli Costanzo/Stadt Mailand), Slg. 1989, S. 1839 (1851ff.); für eine Beschränkung der Verwerfungspflicht auch *Pietzcker,* FS Everling II, S. 1095 (1109).

Auch wenn man die Verwerfungsbefugnis und Verwerfungspflicht der mitgliedstaatlichen Behörden bzgl. gemeinschaftsrechtswidrigen nationalen Rechts beschränkt, stellt dies ein wesentliches Instrument dar, um die wirksame Durchsetzung des Vorrangs von Gemeinschaftsrecht auch im mitgliedstaatlichen Vollzug sicherzustellen. Angesichts dessen und im Vergleich zu den übrigen Prüfungsmaßstäben erscheint die weitergehende Rechtsprechung des EuGH nicht geboten. Hält der EuGH aber an ihr fest, stellt die Verwerfungspflicht ein noch wirksameres Instrument dar, um das Effizienzgebot zu verwirklichen.

(4) Verfassungsrechtliche Instrumentarien zur Sicherung des Gemeinschaftsrechtsvollzugs

Den Gemeinschaften gegenüber hat der Mitgliedstaat als solcher, wie nicht zuletzt die Zurechnung im Vertragsverletzungsverfahren belegt, für die Erfüllung gemeinschaftsrechtlicher Verpflichtungen einzustehen. Für die umfassende Sicherung des Effizienzgebotes ist es daher wegen der Bundesstaatlichkeit Deutschlands erforderlich, daß die Länder nicht nur zur Durchführung des Gemeinschaftsrechts verpflichtet sind, sondern der Bund im äußersten Fall für die Einhaltung dieser Verpflichtung staatsintern auch Sorge tragen kann.

Spezielle Aufsichts- oder Sanktionsmechanismen, die eine ordnungsgemäße innerstaatliche Durchführung des Gemeinschaftsrechts und insbesondere dessen wirksamen Verwaltungsvollzug sicherstellen können, sieht das Grundgesetz nicht vor[310]. Es steht jedoch das Instrumentarium zur Verfügung, das das Grundgesetz allgemein im Bund/Länder-Verhältnis vorsieht, um die Erfüllung verfassungsrechtlicher und bundesgesetzlicher Pflichten durch die Länder zu garantieren. Die Existenz dieser nach Tatbestand und Rechtsfolgen jeweils beschränkten Regelungen schließt es aus, im Hinblick auf integrationspolitische Zweckmäßigkeitserwägungen zusätzliche Ingerenzmöglichkeiten zu konstruieren[311].

Es kommen demnach folgende drei Instrumente in Betracht, mit deren Hilfe der Bund die Erfüllung der den Ländern obliegenden gemeinschaftsrechtlichen Verpflichtungen sicherstellen kann: die Bundesaufsicht, der Bundeszwang sowie die Einleitung einer Bund-Länder-Streitigkeit vor dem BVerfG.

---

[310] De lege ferenda erwägt nun *Koenig,* DVBl. 1997, S. 581 (585), die Einführung einer besonderen Fachaufsicht für den Gemeinschaftsrechtsvollzug durch die Länder, deren Intensität unterhalb der Weisungs- und Kontrollbefugnisse der Aufsicht nach Art. 85 GG liegen könne.

[311] So *Spelten,* Gemeinschaftsrecht und Bundesländerkompetenzen, S. 95, 107, 120; dagegen wie hier *Kössinger,* Durchführung des Gemeinschaftsrechts, S. 150.

(a) Bundesaufsicht

Als Instrument zur Sicherstellung des ordnungsgemäßen Vollzugs des Gemeinschaftsrechts durch die Länder kann die Bundesaufsicht gem. Art. 83ff. GG dienen[312]. Ob und in welchem Umfang Aufsichtsbefugnisse des Bundes nach diesen Vorschriften bestehen, hängt jedoch damit von der erst noch zu klärenden Frage ab, wie der Vollzug des Gemeinschaftsrechts unter Beachtung eventueller gemeinschaftsrechtlicher Einwirkungen in das grundgesetzliche Kompetenzgefüge einzuordnen ist.

Soll die Frage der grundgesetzlichen Kompetenzverteilung der Vollzugszuständigkeiten daher nicht von den gemeinschaftsrechtlich gebotenen Rechtsfolgen her determiniert sein, muß dem Effizienzgebot unabhängig von der Lösung der innerstaatlichen Kompetenzfrage genügt werden.

Um zu klären, ob das gemeinschaftsrechtliche Effizienzgebot auf die grundgesetzliche Kompetenzverteilung einwirkt, sind Aufsichtsbefugnisse des Bundes, die an die unmittelbare oder analoge Anwendbarkeit der Art. 83ff. GG anknüpfen, zunächst außer Betracht zu lassen.

(b) Bundeszwang

Gem. Art. 37 Abs. 1 GG kann die Bundesregierung mit Zustimmung des Bundesrates im Wege des Bundeszwangs die notwendigen Maßnahmen treffen, sofern ein Land die ihm nach dem Grundgesetz oder einem anderen Bundesgesetz obliegenden Bundespflichten nicht erfüllt.

Zu den verfassungsrechtlichen Bundespflichten gehören auch diejenigen, die sich erst im Wege der Auslegung ergeben, wie der dem Bundesstaatsprinzip zu entnehmende Grundsatz bundesfreundlichen Verhaltens[313]. Unabhängig davon, ob man die verfassungsrechtliche Verpflichtung der Länder zur ordnungsgemäßen Vollziehung des Gemeinschaftsrechts Art. 23 bzw. 24 GG, Art. 83ff. oder dem Grundsatz der Bundestreue entnimmt, handelt es sich daher um eine Pflicht nach dem Grundgesetz i.S.d. Tatbestands des Art. 37 GG. Die erforderliche Ländermitwirkung in Gestalt des ordnungsgemäßen Verwaltungsvollzugs des Gemeinschaftsrechts kann demnach mit Mitteln des Bundeszwangs durchgesetzt werden[314]. Gegenüber Gemeinden,

---

312 Vgl. *Kössinger,* Durchführung des Gemeinschaftsrechts, S. 150ff.

313 *Bothe,* in: AK-GG, Art. 37 Rdnr. 12; *Maunz,* in: Maunz/Dürig, GG, Art. 37 Rdnr. 17.

314 *Ehlers,* in: Erichsen, Allg. VerwR, § 3 Rdnr. 48; *Kössinger,* Durchführung des Gemeinschaftsrechts, S. 154f.; *Streinz,* EuropaR, Rdnr. 472; *ders.,* in: Isensee/Kirchhof, HdbStR VII, § 182 Rdnr. 46; *Schwarze,* Deutscher Landesbericht, in: ders., VerwaltungsR unter europ. Einfluß, S. 150; *Teske,* EuR 1992, S. 265 (280);

Gemeindeverbänden oder sonstigen juristischen Personen des öffentlichen Rechts ist Art. 37 GG zwar nicht anwendbar. Auch insoweit ist Bundeszwang jedoch möglich, soweit das Land seine Aufsichtspflicht gegenüber einem der genannten Rechtsträger verletzt hat[315]. Eine schuldhafte Bundespflichtverletzung setzt Art. 37 Abs. 1 GG nicht voraus[316], so daß auch insoweit die Wirksamkeit des Bundeszwangs nicht abgemildert wird.

Auf der Rechtsfolgenseite räumt Art. 37 Abs. 1 GG der Bundesregierung ein Ermessen[317] ein („kann"), das an den allgemeinen Verhältnismäßigkeitsgrundsatz gebunden ist[318], wie die Beschränkung auf „notwendige" Maßnahmen belegt. Da Art. 37 Abs. 1 GG die vorherige Anrufung des BVerfG nicht zur Voraussetzung des Bundeszwangs erhebt, läßt sich ein derartiges Erfordernis[319] auch nicht allgemein aus dem Verhältnismäßigkeitsprinzip herleiten[320]. Entscheidet sich die Bundesregierung für die Anwendung von Bundeszwang, besteht indessen für das betroffene Land die Möglichkeit, dessen Verfassungsmäßigkeit im Bund-Länder-Streitverfahren gem. Art. 93 Abs. 1 Nr. 3 GG durch das BVerfG überprüfen zu lassen[321].

Aus dem Katalog der Maßnahmen, die im Rahmen des Bundeszwangs vorbehaltlich ihrer Notwendigkeit für zulässig erachtet werden[322], kommen zur Durchsetzung des ordnungsgemäßen Vollzugs des Gemeinschaftsrechts

---

A. Weber, Durchführung des Gemeinschaftsrechts, S. 31f.; vgl. auch *Zuleeg,* in: AK-GG, Art. 24 Abs. 1 Rdnr. 33, für die gesetzgeberische Durchführung.

315 *Erbguth,* in: Sachs, GG, Art. 37 Rdnr. 7; *Evers,* in: BK, GG, Art. 37 Rdnr. 19; *Gubelt,* in: v. Münch/Kunig, GG, Art. 37 Rdnr. 3; *Maunz,* in: Maunz/Dürig, GG, Art. 37 Rdnr. 12; vgl. auch den BVerfGE 8, 122ff. zugrunde liegenden Fall, in dem es allerdings zur Anwendung von Bundeszwang nicht gekommen ist.

316 *Erbguth,* in: Sachs, GG, Art. 37 Rdnr. 9; *Evers,* in: BK, GG, Art. 37 Rdnr. 31; *Gubelt,* in: v. Münch/Kunig, GG, Art. 37 Rdnr. 7; *Maunz,* in: Maunz/Dürig, GG, Art. 37 Rdnr. 25; *Pieroth,* in: Jarass/Pieroth, GG, Art. 37 Rdnr. 2.

317 *Bothe,* in: AK-GG, Art. 37 Rdnr. 16; *Gubelt,* in: v. Münch/Kunig, GG, Art. 37 Rdnr. 10; *Maunz,* in: Maunz/Dürig, GG, Art. 37 Rdnr. 44; *Pieroth,* in: Jarass/Pieroth, GG, Art. 37 Rdnr. 3.

318 *Erbguth,* in: Sachs, GG, Art. 37 Rdnr. 11; *Gubelt,* in: v. Münch/Kunig, GG, Art. 37 Rdnr. 10; *Klein,* in: Schmidt-Bleibtreu/Klein, GG, Art. 37 Rdnr. 5; *Maunz,* in: Maunz/Dürig, GG, Art. 37 Rdnr. 44; *Pieroth,* in: Jarass/Pieroth, GG, Art. 37 Rdnr. 3.

319 Dafür aber *Mombaur,* Bundeszwang und Bundestreue, Diss. Köln 1964, S. 64ff.

320 BVerfGE 7, 367 (372); *Gubelt,* in: v. Münch/Kunig, GG, Art. 37 Rdnr. 10; *Pieroth,* in: Jarass/Pieroth, GG, Art. 37 Rdnr. 3; vgl. auch *Evers,* in: BK, GG, Art. 37 Rdnr. 38f.

321 *Erbguth,* in: Sachs, GG, Art. 37 Rdnr. 5; *Gubelt,* in: v. Münch/Kunig, GG, Art. 37 Rdnr. 1, 10, 20; *Klein,* in: Schmidt-Bleibtreu/Klein, GG, Art. 37 Rdnr. 7.

322 Überblick bei *Erbguth,* in: Sachs, GG, Art. 37 Rdnr. 12; *Gubelt,* in: v. Münch/Kunig, GG, Art. 37 Rdnr. 13.

außer finanziellen und wirtschaftlichen Maßnahmen sowie der Entsendung eines Bundesbeauftragten und dessen Ausübung seines Weisungsrechts (Art. 37 Abs. 2 GG) vor allem die Ersatzvornahme und – als ultima ratio – die einstweilige Ausübung exekutiver und legislativer Gewalt durch den Bund in dem Land in Betracht.

Insgesamt betrachtet, sieht das Instrument des Bundeszwangs wegen seines Ausnahmecharakters und seiner Rechtsfolgenausrichtung auf einzelne Maßnahmen[323] zwar nicht eine allgemeine „Ersatzzuständigkeit" vor[324], die der Bund bei defizitärem Vollzug des Gemeinschaftsrechts durch die Länder einsetzen könnte; auch ist der Bundeszwang wegen seiner erheblichen Eingriffsintensität kein adäquates Mittel für die kontinuierliche Disziplinierung im Bund/Länder-Verhältnis. Eine tagtägliche Vollzugsverweigerung durch die Länder findet aber, wie nicht zuletzt die Praxis des Vertragsverletzungsverfahrens belegt, auch nicht statt. Bisher haben die Wirkungen einer Androhung des Bundeszwangs bzw. der Respekt vor einem entsprechenden Diktum des BVerfG[325] ausgereicht, um den tatsächlichen Bundeszwang in der Staatspraxis entbehrlich zu machen. Die Ausnahmehaftigkeit des Bundeszwangs mindert daher nicht seine Effektivität als Mittel zur Erzwingung von Bundespflichten der Länder zum Vollzug des Gemeinschaftsrechts.

(c) Bund-Länder-Streitigkeit vor dem BVerfG

Kommt ein Land seiner verfassungsrechtlichen Verpflichtung gegenüber dem Bund, das Gemeinschaftsrecht ordnungsgemäß zu vollziehen, nicht nach, kann der Bund das BVerfG anrufen. Statthafte Verfahrensart hierfür ist die Bund-Länder-Streitigkeit nach Art. 93 Abs. 1 Nr. 3 GG, § 13 Nr. 7, §§ 68 ff. BVerfGG[326]. Der Antrag ist gem. § 68 BVerfGG für den Bund durch die Bundesregierung und für das betroffene Land durch die jeweilige Landesregierung zu stellen. Streitgegenstand können gem. Art. 93 Abs. 1 Nr. 3 GG alle „Meinungsverschiedenheiten über Rechte und Pflichten des Bundes und der Länder, insbesondere bei der Ausführung von Bundesrecht

323 Vgl. *Grabitz,* AöR 111 (1986), S. 1 (31 f.).

324 So aber *Zuleeg,* KSE 9, S. 321 f.; dagegen *Kössinger,* Durchführung des Gemeinschaftsrechts, S. 155. *Zuleeg* hat seine ursprüngliche Auffassung nunmehr dahingehend modifiziert, daß dem Bund eine Ersatzkompetenz zur Ausführung zustehe, die „als Anwendungsfall des Bundeszwanges nach Art. 37 anzusehen" sei, siehe *dens.,* in: AK-GG, Art. 24 Abs. 1 Rdnr. 33, unter Teilaufgabe seiner vorherigen Auffassung in FN 143.

325 Vgl. hierzu in bezug auf den Bundeszwang *Bothe,* in: AK-GG, Art. 37 Rdnr. 10.

326 *Kössinger,* Durchführung des Gemeinschaftsrechts, S. 157 f.; *Rengeling,* DVBl. 1986, S. 306 (312); *ders.,* DVBl. 1995, S. 945 (950).

durch die Länder und der Ausübung der Bundesaufsicht" sein. Wie die „insbesondere"-Formulierung belegt, ist die Aufzählung der beiden genannten potentiellen Streitbereiche nicht abschließend. Die Statthaftigkeit einer Bund-Länder-Streitigkeit hängt also nicht von der Beantwortung der noch zu klärenden Frage ab, ob die Ausführung von Gemeinschaftsrecht durch die Länder der Ausführung von Bundesrecht durch eine direkte oder analoge Anwendung der Art. 83ff. GG gleichzustellen ist. Die Antragsbefugnis des Bundes liegt vor, wenn er geltend macht, das betroffene Land habe seine im Verhältnis zum Bund bestehende verfassungsrechtliche Pflicht zum ordnungsgemäßen Verwaltungsvollzug verletzt. Da insoweit auch die Verletzung der Verpflichtung zu bundesfreundlichem Verhalten gerügt werden kann, steht die Bund-Länder-Streitigkeit dem Bund als Mittel zur Gewährleistung eines ordnungsgemäßen Ländervollzugs unabhängig davon zur Verfügung, ob diese aus speziellen Verfassungsvorschriften oder dem Grundsatz der Bundestreue abgeleitet wird.

Ein vorheriger Beschluß des Bundesrates als Prozeßvoraussetzung der Bund-Länder-Streitigkeit ist nur in Art. 84 Abs. 4 GG (Ausführung von Bundesgesetzen durch die Länder als eigene Angelegenheit) vorgesehen und außerhalb seines Anwendungsbereiches nicht erforderlich[327].

Der Antrag ist begründet, wenn das Land seine verfassungsrechtliche Verpflichtung zum Vollzug des Gemeinschaftsrechts durch die beanstandete Maßnahme oder Unterlassung tatsächlich verletzt hat.

(5) Gesamtbewertung der gemeinschaftsrechtlichen und nationalen Vollzugssteuerungsinstrumentarien im Hinblick auf das Effizienzgebot

Die Gesamtschau der gemeinschaftsrechtlichen und verfassungsrechtlichen Instrumentarien, welche die gebotene Sicherstellung eines ordnungsgemäßen Verwaltungsvollzugs des Gemeinschaftsrechts gewährleisten können, ergibt demnach folgendes Bild. Wegen seines Durchgriffs in die innerstaatliche Rechtsordnung erfaßt die Geltungskraft des Gemeinschaftsrechts unmittelbar alle zuständigen mitgliedstaatlichen Stellen, insbesondere auch die Länder und deren Behörden. Damit sind diese auch an die gemeinschaftsrechtliche Verpflichtung zur ordnungsgemäßen Durchführung des Gemeinschaftsrechts gem. Art. 5, 189 EGV gebunden.

Zur Durchsetzung dieser Verpflichtung ist die Gemeinschaft grundsätzlich auf das vertraglich vorgesehene Vertragsverletzungsverfahren gem. Art. 169ff. EGV verwiesen. Soweit die Gemeinschaft nicht ausnahmsweise

---

[327] Vgl. *Maunz,* in: Maunz/Schmidt-Bleibtreu/Klein/Ulsamer, BVerfGG, § 68 Rdnr. 11.

zu Aufsichtsmaßnahmen ermächtigt ist, ist eine Gemeinschaftsaufsicht innerhalb und außerhalb der Rechtsformen des Art. 189 EGV unzulässig. Eine allgemeine Aufsichtsbefugnis kann insbesondere nicht aus dem Gedanken der implied powers oder aus den der Kommission durch Art. 155 EGV zugewiesenen Aufgaben hergeleitet werden.

Wegen der beschränkten rechtlichen Befugnisse der Gemeinschaften, die allerdings durch faktische Einwirkungsmöglichkeiten wie das Rechnungsabschlußverfahren ergänzt werden, sind im übrigen die Mitgliedstaaten berufen, innerstaatlich den ordnungsgemäßen Verwaltungsvollzug des Gemeinschaftsrechts sicherzustellen. Der gesamtstaatlichen Verantwortung des Bundes gegenüber der Gemeinschaft trägt die Verfassung durch die ihm gegenüber bestehende Verpflichtung der Länder zur Durchführung des Gemeinschaftsrechts Rechnung, die außerhalb des Anwendungsbereichs der Art. 83 ff. GG im Grundsatz der Bundestreue ressortiert. Vorbehaltlich der dem Bund im Bereich der Art. 83 ff. GG zustehenden Aufsichtsbefugnisse besteht die Möglichkeit, die verfassungsrechtliche Verpflichtung der Länder zum ordnungsgemäßen Gemeinschaftsrechtsvollzug mit Hilfe der Autorität des BVerfG in einer Bund-Länder-Streitigkeit gem. Art. 93 Abs. 1 Nr. 3 GG durchzusetzen. Daneben steht als bundesstaatliche ultima ratio der Bundeszwang zur Verfügung, der umfassend die Rechtspflichten der Länder im Verhältnis zum Bund absichert.

Unabhängig von der grundgesetzlichen Verteilung der Verwaltungskompetenzen erscheint das Gebot, den effizienten Vollzug des Gemeinschaftsrechts sicherzustellen, nicht gefährdet. Das Effizienzgebot bewirkt daher nicht im Wege einer indirekten Kollision eine Überlagerung der nationalen Kompetenzordnung, die bei der Auslegung der grundgesetzlichen Kompetenzvorschriften zu beachten wäre.

b) Diskriminierungsverbot

Die Autonomie hinsichtlich der Organisation im Bereich des mitgliedstaatlichen Vollzugs darf ferner nicht gegen das Diskriminierungsverbot[328] verstoßen. Danach ist es den Mitgliedstaaten untersagt, den Verwaltungsvollzug des Gemeinschaftsrechts organisatorisch weniger leistungsfähig zu gestalten als den Vollzug nationaler Regelungen[329].

---

328 Grundlegend EuGH, Urt. v. 21.9.1983, Verb. Rs. 205 - 215/82 (Deutsche Milchkontor/Deutschland), Slg. 1983, S. 2633 (2666 Tz. 23), für das nationale Verwaltungsverfahrensrecht: „Bei der Anwendung nationalen Rechts dürfen zweitens keine Unterschiede im Vergleich zu Verfahren gemacht werden, in denen über gleichartige, aber rein nationale Rechtsstreitigkeiten entschieden wird." Zum Diskriminierungsverbot siehe *Rengeling/Middeke/Gellermann,* Rechtsschutz, Rdnr. 975 ff.

Mit dem Diskriminierungsverbot drohen mögliche Kompetenzverteilungen, die sich aus der Anwendung der grundgesetzlichen Regelungen auf den Vollzug von Gemeinschaftsrecht ergeben könnten, hingegen ersichtlich nicht in Widerspruch zu geraten. Im nationalen Bereich liegt der Schwerpunkt der Vollzugszuständigkeiten nicht nur nach der Regelungssystematik der Art. 83ff., 30 GG, sondern auch in der Verfassungspraxis bei den Ländern[330]. Wenn aber der Bund sich grundsätzlich auf den dezentralen Vollzug verlassen muß, würde auch eine Anwendung der nationalen Kompetenzverteilungsregelungen, die zu eher dezentraler Vollzugszuständigkeiten bzgl. der Vollziehung des Gemeinschaftsrechts gelangt, nicht in Widerspruch zum Diskriminierungsverbot gelangen.

Unabhängig davon, welche Zuständigkeitsverteilung für den Vollzug des Gemeinschaftsrechts sich aus der Anwendung der grundgesetzlichen Kompetenzverteilungsregelungen ergibt, kollidieren diese nicht mit dem gemeinschaftsrechtlichen Verbot, die Ausführung des Gemeinschaftsrechts weniger leistungsfähig als die des nationalen Rechts zu organisieren. Gemeinschaftsrechtliche Vorgaben, die auf die Kompetenzvorschriften hinsichtlich des Verwaltungsvollzugs einwirken und diese überlagern können, sind daher aus dem Diskriminierungsverbot nicht abzuleiten.

---

[329] *Jarass,* EG-Recht, S. 98f.; *Streinz,* in: Isensee/Kirchhof, HdbStR VII, § 182 Rdnr. 25.

[330] Vgl. *Lerche,* in: Maunz/Dürig, GG, Art. 83 Rdnr. 4; *Pieroth,* in: Jarass/Pieroth, GG, Art. 83 Rdnr. 1; *Ossenbühl,* in: ders., Föderalismus und Regionalismus in Europa, S. 117 (135).

§ 7 Die grundgesetzliche Kompetenzverteilung beim Verwaltungsvollzug des Gemeinschaftsrechts

Ganz überwiegend erfolgt die Ausführung des Gemeinschaftsrechts im Wege des mitgliedstaatlichen Vollzugs. Wegen des Prinzips der begrenzten Ermächtigung sind für die nationale Kompetenzverteilung in jenem Bereich grundsätzlich allein die Mitgliedstaaten zuständig[1]. Die mit dem Wort „grundsätzlich" zum Ausdruck gebrachte Einschränkung trägt zum einen dem Umstand Rechnung, daß organisationsrechtliche Eingriffe durch die Gemeinschaften im Einzelfall möglich sind. Diese bedürfen allerdings einer Ermächtigung im Gemeinschaftsrecht[2], die nicht bereits allgemein aus dem Gedanken der implied powers abgeleitet werden kann[3]. Ermächtigungen zu Regelungen hinsichtlich der mitgliedstaatlichen Verwaltungsorganisation sind daher die Ausnahme und sektoriell begrenzt[4]. Dementsprechend lassen sich Eingriffe des sekundären Gemeinschaftsrechts in die Organisationsstruktur der Mitgliedstaaten bisher[5] in der Praxis nur vereinzelt feststellen[6].

---

[1] *Birke,* Bundesländer in den EG, S. 118; *Friauf,* Planung IV, S. 41 (55); *W. Kahl,* Die Verwaltung 29 (1996), S. 341 (346, 348); *Kössinger,* Durchführung des Gemeinschaftsrechts, S. 39; *Selmer,* GS Sasse I, S. 229 (232); in bezug auf die legislative Durchführung auch *Zuleeg,* KSE 9, S. 315; vgl. auch BVerwGE 99, 315 (329).

[2] *Rengeling,* Rechtsgrundsätze, S. 33; *Schwan,* Bundesländer, S. 168f.; *Zuleeg,* KSE 9, S. 211.

[3] *Rengeling,* Rechtsgrundsätze, S. 34; *Schwan,* Bundesländer, S. 169f.; *Zuleeg,* KSE 9, S. 211f.; zustimmend auch *Birke,* Bundesländer in den EG, S. 119.

[4] Ebenso *Schwarze,* Deutscher Landesbericht, in: ders., VerwaltungsR unter europ. Einfluß, S. 123 (148), im Anschluß an *Rengeling,* EuR 1974, S. 216 (227).

[5] Einen zunehmenden europarechtlichen Einfluß auf die Verwaltungsorganisation der Mitgliedstaaten prognostiziert *Schwarze,* Deutscher Landesbericht, in: ders., VerwaltungsR unter europ. Einfluß, S. 123 (225).

[6] Als Beispiele sind zu nennen die Schaffung von Gebietsausschüssen und mitgliedstaatlichen Kontrollstellen aufgrund der Einrichtung eines Informationsnetzes landwirtschaftlicher Buchführungen gem. der VO Nr. 79/65/EWG des Rates vom 15.6.1965, ABl. 1965 II, S. 1859; die Einrichtung von mitgliedstaatlichen Kontrollstellen im Rahmen der gemeinsamen Marktorganisation für Rohtabak, siehe VO Nr. 2075/92/EWG des Rates vom 30.6.1992, ABl. L 215, S. 70 (Art. 20); VO Nr. 85/93/EWG der Kommission vom 19.1.1993, ABl. L 12, S. 9. Weitere Beispiele bei *Schwarze,* Deutscher Landesbericht, in: ders., VerwaltungsR unter europ. Einfluß, S. 123 (151ff.).

Eine besondere Problematik schafft das durch die Zweite Bankrechtskoordinierungsrichtlinie eingeführte Prinzip der Sitzlandkontrolle, nach dem die Zuständigkeit für die gesamte Tätigkeit einer Bank in allen Ländern der Gemeinschaft bei der

Die grundsätzliche institutionelle Autonomie der Mitgliedstaaten[7] ist zum anderen beschränkt durch das Effizienzgebot und das Diskriminierungsverbot[8]. Im Hinblick auf das Effizienzgebot müssen die Mitgliedstaaten auch dort, wo gemeinschaftsrechtliche Zuständigkeiten fehlen, alle Handlungen unterlassen, die Tragweite und Wirksamkeit des Gemeinschaftsrechts beeinträchtigen könnten[9]. Sie müssen einen Verwaltungsapparat bereitstellen und diesen in einer Weise organisieren, daß eine effiziente Ausführung des Gemeinschaftsrechts gewährleistet ist[10]. Aus dem Diskriminierungsverbot folgt, daß die Mitgliedstaaten den Vollzug des Gemeinschaftsrechts nicht weniger effizient organisieren dürfen, als dies bei rein nationalen Vollzugsbereichen üblich ist. Wie die Überlegungen in § 6 gezeigt haben, gerät aber sowohl ein Verwaltungsvollzug durch den Bund als auch ein solcher durch die Länder nicht allgemein in Konflikt mit den aus dem Effizienzgebot und dem Diskriminierungsverbot herzuleitenden Anforderungen. Vielmehr besteht unabhängig von zusätzlichen Ingerenzmöglichkeiten im Sinne der Art. 83 ff. GG[11] ein ausreichendes gemeinschaftsrechtliches und verfassungsrechtliches Instrumentarium, um einen ordnungsgemäßen Vollzug des Gemeinschaftsrechts sicherzustellen. Selbst bei Annahme eines landeseigenen Vollzugs würde die Wirksamkeit des Gemeinschaftsrechts daher nicht allgemein beeinträchtigt. Damit ist aus gemeinschaftsrechtlicher Sicht die nationale Kompetenzverteilung in Deutschland nicht grundsätzlich in die eine oder die andere Richtung festgelegt.

Die Kompetenzverteilung beim Verwaltungsvollzug des Gemeinschaftsrechts stellt sich daher vorbehaltlich der genannten Einschränkungen als ein verfassungsrechtliches Problem dar, das es anhand der zur Verfügung stehenden grundgesetzlichen Regelungen zu lösen gilt.

Aufsichtsbehörde ihres Sitzstaates konzentriert wird. Hinsichtlich der Überprüfung von Zweigstellen wird damit eine hoheitliche Tätigkeit im Ausland vorgeschrieben. Siehe dazu *Th. Groß,* JZ 1994, S. 596 ff.

[7] *Streil,* in: BBPS, EU, 6.5.1, S. 224; *Oppermann,* EuropaR, Rdnr. 547; *Stettner,* in: Dauses, EG-WirtschaftsR, B III Rdnr. 44.

[8] *Huber,* Europ. Integration, § 25 Rdnr. 4 f.; bzgl. des Effektivitätsgebotes auch *Stettner,* in: Dauses, EG-WirtschaftsR, B III Rdnr. 44.

[9] Insoweit können sich aus materiell-rechtlichen Gemeinschaftsrechtsnormen wie den Grundfreiheiten indirekt Auswirkungen auf die mitgliedstaatliche Organisation ergeben. So folgt aus Art. 30 EGV die Notwendigkeit, die Verwaltungsorganisation in einer Weise zu organisieren, daß die ungehinderte Einfuhr ermöglicht wird; siehe dazu *Schwarze,* Deutscher Landesbericht, in: ders., VerwaltungsR unter europ. Einfluß, S. 123 (149).

[10] *Schwarze,* Deutscher Landesbericht, in: ders., VerwaltungsR unter europ. Einfluß, S. 123 (149); *Ress,* in Burmeister, Verfassungsrechtliche Stellung der Verwaltung, S. 199 (205).

[11] Siehe zu den im Rahmen der analogen Anwendung der Art. 83 ff. GG bestehenden Ingerenzrechte unten, § 7 IV. 5. b) cc) (2).

Zu diesem Zweck ist zunächst zu untersuchen, ob das Grundgesetz ausdrückliche Kompetenzregelungen im Bereich des Verwaltungsvollzugs von Gemeinschaftsrecht enthält. Soweit ausdrückliche Regelungen fehlen, stellt sich die Frage, ob das Grundgesetz überhaupt Lösungen für die aufgeworfenen Kompetenzverteilungsproblematiken bereithält. Ist dies der Fall, bedarf die Kompetenzverteilung im Bereich des mittelbaren mitgliedstaatlichen Vollzugs sowie des unmittelbaren mitgliedstaatlichen Vollzugs der Analyse.

I. Ausdrückliche Regelungen im Grundgesetz bzgl. des Verwaltungsvollzugs von Gemeinschaftsrecht

Von einer Ausnahme abgesehen enthält das Grundgesetz keinerlei Vorschriften, die sich expressis verbis mit den Verwaltungszuständigkeiten im Bereich des Gemeinschaftsrechts auseinandersetzen[12]. Diese einzige gemeinschaftsrechtsbezogene Regelung befindet sich in Art. 108 Abs. 1 S. 1 GG.

Dagegen hatte die Enquete-Kommission Verfassungsreform in ihrem Schlußbericht 1976 vorgeschlagen, das Grundgesetz um einen Art. 90a zu ergänzen. Der vorgeschlagene Art. 90a hatte folgenden Wortlaut[13]:

> „Für die Ausführung von Rechtsvorschriften einer zwischenstaatlichen Einrichtung, auf die der Bund gemäß Artikel 24 Hoheitsrechte übertragen hat, gelten die Regelungen für die Ausführung von Bundesgesetzen entsprechend. Sind die Vorschriften hiernach von den Ländern als eigene Angelegenheit auszuführen, so kann durch Gesetz mit Zustimmung des Bundesrates abweichend hiervon bestimmt werden, daß sie von den Ländern im Auftrag des Bundes ausgeführt werden."

Die Vorschläge zur Einfügung einer ausdrücklichen Regelung für die Ausführung des Europäischen Gemeinschaftsrechts sind hingegen nicht verwirklicht worden, so daß Art. 108 Abs. 1 S. 1 GG die einzige Vorschrift geblieben ist, die eine explizit gemeinschaftsrechtsbezogene Verteilung von Verwaltungskompetenzen vornimmt.

Nach Art. 108 Abs. 1 S. 1 GG werden die „Abgaben im Rahmen der Europäischen Gemeinschaften" durch Bundesfinanzbehörden verwaltet. Der Begriff der Abgaben der Europäischen Gemeinschaften wird ferner verwandt in Art. 106 Abs. 1 Nr. 7 GG, der dem Bund die diesbezügliche Ertragshoheit zuweist. Daß damit entgegen dem die Aufzählung des Art. 106 Abs. 1 GG einleitenden Wortlaut („folgenden Steuern") nicht nur

---

[12] *Everling,* DVBl. 1983, S. 649 (653); *Kössinger,* Durchführung des Gemeinschaftsrechts, S. 56.

[13] BT-Drucks. 7/5924, S. 144.

Steuern erfaßt werden[14], ergibt sich bereits daraus, daß der Terminus Abgaben als Oberbegriff Steuern, Gebühren und Beiträge umfaßt. Eine weite Auslegung des Begriffs wird durch die Entstehungsgeschichte belegt[15]. Die Regelungen hinsichtlich der Abgaben der Europäischen Gemeinschaften wurden durch das Finanzreformgesetz vom 12.5.1969[16] eingefügt, um die Zuckerproduktionsabgabe zu erfassen[17], bei der es sich nicht um eine Steuer, sondern eine wirtschaftslenkende Ergänzungsabgabe handelte[18]. Nicht mehr unter den Begriff der Abgaben subsumieren lassen sich indessen unabhängig von der Abgabenerhebung gewährte Vergünstigungen wie Währungsausgleich, Prämien und Beihilfen[19]. Soweit diese nach der Staatspraxis von den Finanzbehörden mitverwaltet werden, findet dies in Art. 108 Abs. 1 S. 1, 106 Abs. 1 Nr. 7 GG keine Grundlage[20].

Die bundesstaatsinterne Zuweisung der Ertragshoheit an den Bund hinsichtlich der Abgaben der EG ist allerdings praktisch bedeutungslos, seit der EG die Abgaben als Eigenmittel zugewiesen sind[21]. Es handelt sich damit um einen durchlaufenden Posten[22]. Lediglich 10% der Agarabschöpfungen und Zölle behalten die Mitgliedstaaten als Ausgleich für Erhebungskosten ein[23].

---

14 *Birk,* in: AK-GG, Art. 106 Rdnr. 20; *Maunz,* in: Maunz/Dürig, GG, Art. 106 Rdnr. 29; *Pieroth,* in: Jarass/Pieroth, Art. 106 Rdnr. 4; *Siekmann,* in: Sachs, GG, Art. 106 Rdnr. 4.

15 Siehe dazu *Maunz,* in: Maunz/Dürig, GG, Art. 106 Rdnr. 29.

16 BGBl. I S. 1608.

17 Vgl. BT-Drucks. V/3605.

18 *Maunz,* in: Maunz/Dürig, GG, Art. 106 Rdnr. 29.

19 Vgl. *H.-J. Blanke,* Föderalismus und Integrationsgewalt, S. 298.

20 Kritisch auch *Scheuing,* EuR 1985, S. 229 (250); *Streinz,* EuropaR, Rdnr. 471 a.E.; *Voss,* RIW/AWD 1979, S. 657 (660). Für eine Rechtfertigung dieser Praxis über Art. 87 Abs. 3 S. 2 GG *Voss,* ebd.; *A. Weber,* Durchführung des Gemeinschaftsrechts, S. 48.

21 Im Gegensatz zur EGKS (Montanumlage als Eigenmittel, Art. 49 EGKSV) wurden EWG und Euratom zunächst durch Finanzbeiträge der Mitgliedstaaten finanziert. Gem. Art. 201 Abs. 3 EWGV a.F. wurden aufgrund des Beschlusses des Rates 70/243/EGKS, EWG, Euratom vom 21.4.1970 (ABl. Nr. L 94, S. 19ff.) die Finanzbeiträge der Mitgliedstaaten schrittweise durch eigene Mittel der Gemeinschaften ersetzt. Rechtsgrundlage ist seit dem 1.1.1995 der Beschluß des Rates 94/728/EG, Euratom vom 31.10.1994 über das System der Eigenmittel der Gemeinschaften (ABl. 1994 Nr. L 293, S. 5f.). Zur Finanzverfassung der EG siehe *Häde,* EuZW 1993, S. 401ff.

22 Vgl. *Fischer-Menshausen,* in: v. Münch/Kunig, GG, Art. 106 Rdnr. 20: „..., fließt das Aufkommen formal dem Bund zu (Nr. 7); es handelt sich um durchlaufende Mittel, seitdem der Haushalt der EU aus eigenen Einnahmen finanziert wird"; zustimmend *Carl,* NVwZ 1994, S. 947 (948).

23 Art. 2 Abs. 3 Eigenmittelbeschluß.

Erhoben werden die Abgaben aber nach wie vor nicht im Wege des gemeinschaftseigenen Vollzugs, sondern durch die Mitgliedstaaten (vgl. Art. 8 Abs. 1 Eigenmittelbeschluß)[24], so daß Art. 108 Abs. 1 S. 1 GG weiterhin Anwendung findet. Vorgeschrieben ist damit eine unmittelbare obligatorische Bundesverwaltung[25]. Durch zustimmungsbedürftiges Bundesgesetz[26] kann gem. Art. 108 Abs. 4 S. 1 GG bei der Verwaltung von Steuern ein Zusammenwirken von Bundes- und Landesfinanzbehörden sowie für Steuern, die unter Absatz 1 fallen, die Verwaltung durch Landesfinanzbehörden und für andere Steuern die Verwaltung durch Bundesfinanzbehörden vorgesehen werden, wenn und soweit dadurch der Vollzug der Steuergesetze erheblich verbessert oder erleichtert wird. Wie in Art. 106 Abs. 1 GG umfaßt der Begriff der Steuern in Art. 108 Abs. 4 GG sonstige Abgaben im Rahmen der Europäischen Gemeinschaften, so daß sich die theoretische Möglichkeit geringfügiger Verwaltungskompetenzverschiebungen ergibt. Allerdings werden die Voraussetzungen der erheblichen Vollzugsverbesserung oder -erleichterung im Hinblick auf EG-Abgaben kaum einmal vorliegen. Im übrigen erlaubt Art. 108 Abs. 4 nur punktuelle Veränderungen der Kompetenzverteilung, nicht etwa eine Aufhebung der angelegten Systematik[27].

Besondere Bedeutung hat die Zuständigkeit der Bundesfinanzverwaltung nach Art. 108 Abs. 1 S. 1 GG in der Praxis vor allem hinsichtlich der Abgaben, die im Zusammenhang mit den gemeinsamen Marktorganisationen erhoben werden. Der verfassungsrechtlichen Verpflichtung aus Art. 108 Abs. 1 S. 1 GG folgend sieht das Gesetz zur Durchführung der Gemeinsamen Marktorganisationen (MOG)[28] in § 31 Abs. 1 S. 1 Nr. 1 i.V.m. § 12 Abs. 1 für Abgaben die zwingende Zuständigkeit der Bundesfinanzverwaltung vor[29], die durch die zu den jeweiligen Marktordnungen auf der Grundlage des MOG ergangenen Rechtsverordnungen bestätigt wird[30].

---

[24] *Bieber,* in: GTE, EWGV, Art. 201 Rdnr. 28; *Geiger,* EGV, Art. 201 Rdnr. 12ff.

[25] Vgl. *Pieroth,* in: Jarass/Pieroth, GG, Art. 108 Rdnr. 3.

[26] Da die Zuständigkeitsveränderungen nur durch den Bund vorgenommen werden können, wie es seiner Kompetenz-Kompetenz entspricht, ist nachfolgende Formulierung bei *Fischer-Menshausen,* in: v. Münch/Kunig, GG, Art. 108 Rdnr. 4, zurückzuweisen: „durch BundesG können Bund und Länder sich gegenseitig VerwBefugnisse übertragen (Abs. 4 S. 1)".

[27] Ebenso *Pieroth,* in: Jarass/Pieroth, GG, Art. 108 Rdnr. 10.

[28] I.d.F. der Bekanntmachung vom 27.8.1986, BGBl. I S. 1397.

[29] Vgl. dazu *Barnstedt,* Durchführung der Gemeinsamen Marktorganisationen, S. 132; siehe auch *dies.,* ebd., S. 129ff., zu den der Bundesfinanzverwaltung auf der Grundlage der §§ 31 Abs. 2 S. 1 Nr. 1, 40 Abs. 2 S. 2 MOG im übrigen zugewiesenen Zuständigkeiten.

[30] Siehe z.B. § 2 S. 1 der Verordnung über die Abgaben im Rahmen von Garantiemengen im Bereich der Marktorganisation für Milch und Milcherzeugnisse

II. Grundgesetzliche Lösbarkeit der nicht ausdrücklich geregelten Bereiche des Verwaltungsvollzugs von Gemeinschaftsrecht

Da mit Ausnahme des Art. 108 Abs. 1 S. 1 GG ausdrücklich gemeinschaftsrechtsbezogene Regelungen der Vollzugskompetenzen im Grundgesetz fehlen, stellt sich die Frage, ob die Verfassung überhaupt für die verbleibenden Bereiche Lösungen bereithält. Dies wäre zu bejahen, wenn eine allgemeine Kompetenz des Bundes zur Durchführung, hier speziell zum Verwaltungsvollzug des Gemeinschaftsrechts, bestünde. Eine generelle Bundeszuständigkeit könnte sich erstens aus der verfassungsrechtlichen Integrationsermächtigung, zweitens kraft Sachzusammenhangs ergeben. Sollte es an einer generellen Bundeszuständigkeit fehlen, hält das Grundgesetz eine Lösung jedenfalls bereit, sofern – vorbehaltlich des Eingreifens von Spezialvorschriften – zumindest der Rückgriff auf Art. 30 GG möglich ist.

1. Generelle Bundeszuständigkeit

Eine allgemeine Zuständigkeit des Bundes zur Durchführung des Gemeinschaftsrechts wird gemeinschaftsrechtlich nicht gefordert[31], weil sich das Gemeinschaftsrecht gegenüber dem Kompetenzbereich der Mitgliedstaaten grundsätzlich kompetenzneutral verhält. Die insoweit geltenden Einschränkungen greifen nicht, weil auch im Falle der Länderzuständigkeit, wie für den Bereich des Verwaltungsvollzugs im einzelnen dargelegt worden ist, die effiziente und diskriminierungsfreie Durchführung des Gemeinschaftsrechts nicht in Frage gestellt wird[32].

Indessen hat insbesondere *Birke* eine allgemeine Zuständigkeit des Bundes zur Durchführung des Gemeinschaftsrechts erwogen und für den Bereich der Rechtsetzung auch bejaht, die er aus der – damaligen – Integrationsermächtigung des Art. 24 Abs. 1 GG herleitet. Er geht von der Auffassung aus, „daß mit den Europäischen Gemeinschaften von der Intention des Grundgesetzes her eine Einrichtung geschaffen werden sollte, die auf eine möglichst umfangreiche Entfaltung originärer Strukturen angelegt ist, und daß dazu erforderliche innerstaatliche Anpassungsmaßnahmen in Ausübung

---

(Milch-Garantiemengen-Verordnung – MGV), BGBl. 1994 I S. 587: Zuständigkeit der Bundesfinanzverwaltung für die Durchführung der Verordnung und der in § 1 genannten [europäischen] Rechtsakte. Unberührt davon bleibt gem. § 2 S. 2 MGV die Zuständigkeit der Landesstellen für die Erteilung der in der Verordnung genannten Bescheinigungen, weil es sich nicht um die Verwaltung von Abgaben im Rahmen der EG i.S.v. Art. 108 Abs. 1 S. 1 GG handelt, siehe BVerwGE 79, 171 (172ff.); 79, 180 (181); 79, 192 (193).

[31] Ebenso *Kössinger,* Durchführung des Gemeinschaftsrechts, S. 45.

[32] Siehe oben § 6 II. 3. a), b).

der in Art. 24 Abs. 1 geregelten Integrationsgewalt erfolgen"[33]. Das Wesen der Übertragung von Hoheitsrechten liege in der Erklärung des Verzichts auf die Ausschließlichkeit der Staatsgewalt, für den der Bund umfassend – also auch im Bereich ausschließlicher Länderkompetenzen – zuständig sei. Dieser Verzicht werde „durch Ausführungsvorschriften zu Richtlinien und an Staaten gerichtete Entscheidungen jeweils konkretisiert, eine Aufgabe, die in der Bundesrepublik allein vom Bund wahrgenommen werden"[34] könne.

Von *Birke* wird somit die normative Durchführung des Gemeinschaftsrechts noch als Teil des Übertragungsvorgangs im Sinne von Art. 24 Abs. 1 GG (jetzt Art. 23 Abs. 1 S. 2, 3 GG) angesehen und daher der Zuständigkeit des Bundes als Übertragungsgesetzgeber unterworfen. Tatsächlich ist der Übertragungsvorgang hingegen abgeschlossen, bevor der nationale Durchführungsgesetzgeber tätig wird. Er ist sogar bereits beendet, bevor die Gemeinschaftsorgane die durchzuführende Richtlinie, staatengerichtete Entscheidung oder normativ zu ergänzende Verordnung erlassen. Denn jedwedes sekundärrechtliche Tätigwerden der Gemeinschaften setzt eine entsprechende Ermächtigung im Primärrecht voraus. Erforderlich ist insoweit wiederum im Rahmen des zweiaktigen Verfahrens der Hoheitsrechtsübertragungen neben dem Abschluß bzw. der Änderung eines völkerrechtlichen Vertrages der Erlaß des nationalen Übertragungsgesetzes nach Art. 24 Abs. 1 GG/Art. 23 Abs. 1 S. 2, 3 GG n.F., durch das der innerstaatliche Rechtsanwendungsbefehl erteilt wird[35].

Inwieweit ein „Ausschließlichkeitsverzicht" erklärt worden ist, richtet sich demnach allein nach der Reichweite der primärrechtlichen Ermächtigungen. Nationales Recht, das zur Durchführung des Gemeinschaftsrechts ergeht, kann den Umfang der Hoheitsrechtsübertragung dagegen nicht mehr durch eine „Konkretisierung des Verzichts auf die Ausschließlichkeit der Staatsgewalt"[36] verändern. Vielmehr hängt umgekehrt die Rechtmäßigkeit der nationalen Durchführungsmaßnahme davon ab, ob sie den gemeinschaftsrechtlichen Vorgaben genügt.

Eine Ausdehnung der Integrationskompetenz aus Art. 23 Abs. 1 S. 2, 3 GG/Art. 24 Abs. 1 GG auf interne Durchführungsmaßnahmen läßt sich demnach auf dem beschriebenen Wege nicht begründen.

Eine allgemeine Bundeszuständigkeit zur Durchführung des Gemeinschaftsrechts könnte man daher allenfalls als Annex der Übertragungskompetenz des Bundes herleiten. Voraussetzung einer derartigen impliziten

---

[33] *Birke,* Bundesländer in den EG, S. 121.

[34] *Birke,* Bundesländer in den EG, S. 125.

[35] Vgl. oben § 3 I. 2. b) bb) (2).

[36] *Birke,* Bundesländer in den EG, S. 125.

Bundeszuständigkeit wäre hingegen, daß die in Art. 24 Abs. 1/Art. 23 Abs. 1 S. 2, 3 GG vorgesehene Übertragungskompetenz nicht in sinnvoller Weise genutzt werden könnte, sofern man dem Bund nicht auch eine entsprechende Durchführungskompetenz konzedierte. Die Erfüllung gemeinschaftsrechtlicher Durchführungsverpflichtungen müßte also ohne umfassende Bundeskompetenz schlechthin unmöglich oder nicht in sinnvoller Weise zu bewerkstelligen sein.

Daß dies keineswegs der Fall ist, ist bereits hinsichtlich der Verpflichtung zum ordnungsgemäßen Verwaltungsvollzug des Gemeinschaftsrechts hinreichend deutlich geworden[37]. Insoweit sei nur an die verfassungsrechtliche Verpflichtung der Länder gegenüber dem Bund, das Gemeinschaftsrecht adäquat durchzuführen, erinnert, die vorbehaltlich spezieller Regelungen (Art. 83ff. GG) im Grundsatz der Bundestreue ressortiert[38].

Eine generelle Zuständigkeit des Bundes zur Durchführung des Gemeinschaftsrechts im allgemeinen oder zu dessen Verwaltungsvollzug im besonderen besteht daher nicht[39]. Dieses bestätigt der Einigungsvertrag. Gem. Art. 10 Abs. 3 EV[40] sind die Länder verpflichtet, Rechtsakte der Europäischen Gemeinschaften, deren Umsetzung oder Ausführung in ihre Zuständigkeit fällt, durch landesrechtliche Vorschriften umzusetzen oder auszuführen. Art. 10 Abs. 3 EV setzt damit zutreffend voraus, daß den Ländern mangels genereller Durchführungskompetenz des Bundes ein Bereich eigener Zuständigkeiten zur Umsetzung und Ausführung des Gemeinschaftsrechts verbleibt.

2. Anwendbarkeit des Art. 30 GG (vorbehaltlich des Eingreifens spezieller Regelungen)

Eine Lösung der Kompetenzfrage hinsichtlich des Verwaltungsvollzugs von Europäischem Gemeinschaftsrecht wäre dem Grundgesetz jedenfalls zu entnehmen, wenn zumindest Art. 30 GG – vorbehaltlich einer Verdrängung durch noch zu untersuchende Spezialvorschriften – Anwendung finden könnte.

Gem. Art. 30 GG ist die Ausübung der staatlichen Befugnisse und die Erfüllung der staatlichen Aufgaben Sache der Länder, soweit das Grundgesetz keine andere Regelung trifft oder zuläßt. Als „Grundlage des Bundesstaates“[41] regelt Art. 30 GG die Kompetenzverteilung zwischen Ländern

---

[37] § 6 II. 3. a) cc).

[38] Vgl. oben § 6 II. 3. a) cc) (2) (e).

[39] So bereits *Fuß,* NJW 1966, S. 1782 (1783).

[40] Zur – deklaratorischen – Bedeutung der Vorschrift siehe im einzelnen oben § 6 II. 3. a) cc) (2) (e) (bb).

und Bund grundlegend im Sinne eines Regel/Ausnahme-Verhältnisses[42]. Nur soweit das Grundgesetz obligatorische Zuständigkeiten anordnet („Regelung trifft") oder zu fakultativen Zuständigkeiten ermächtigt („zuläßt") kann der Bund tätig werden. Unbenannte Bereiche fallen in die Verbandszuständigkeit der Länder. Vielfach wird dieses Regelungssystem auch als Kompetenzvermutung zugunsten der Länder bezeichnet[43], obwohl Vermutungen die Darlegungs- und Beweislast für die ein Merkmal ausfüllenden Tatsachen betreffen[44].

Art. 30 GG erfaßt die innerstaatliche Durchführung des Gemeinschaftsrechts, wenn es sich dabei um die „Ausübung staatlicher Befugnisse und die Erfüllung der staatlichen Aufgaben" handelt. Bei der Formulierung des Art. 30 GG wurde diese Frage nicht thematisiert[45], zumal nicht vorausgesehen werden konnte, ob und in welchem Umfang die Erforderlichkeit innerstaatlicher Durchführungsmaßnahmen entstehen könnte. Mit der Schaffung der Regelung des Art. 24 Abs. 1 GG war diese Notwendigkeit aber immerhin im Grundgesetz von Anfang an potentiell angelegt.

Die Kompetenzen der Länder sind nicht wie die des Bundes enumerativ festgelegt, sondern ergeben sich gem. Art. 30 GG im Subtraktionsverfahren. Damit belegt Art. 30 GG, daß das Grundgesetz eine umfassende Kompetenzverteilung zwischen Bund und Ländern für die Ausübung staatlicher Befugnisse und die Erfüllung der staatlichen Aufgaben vorsieht[46]. Zu den staatlichen Aufgaben und Befugnissen gehört erforderlichenfalls auch die Durchführung des Gemeinschaftsrechts, da die Mitgliedstaaten, wie im einzelnen gezeigt[47], insoweit nicht als Delegatare sondern kraft der ihr verbliebenen öffentlichen Gewalt tätig werden[48]. Durch die Begründung von Hoheitsbefugnissen zugunsten der Gemeinschaften der Union oder anderer zwischen-

---

41 So bereits der Abg. Dr. Laforet anläßlich der Entstehung der Vorschrift, siehe *v. Doemming/Füßlein/Matz,* JöR n.F. 1 (1951), S. 297f.

42 *Pieroth,* in: Jarass/Pieroth, GG, Art. 30 Rdnr. 1.

43 BVerfGE 11, 6 (15); 26, 281 (297); 42, 20 (28); BVerwGE 85, 332 (342); *Maunz,* in: Maunz/Dürig, GG, Art. 30 Rdnr. 2; *Scholz,* ebd., Art. 23 Rdnr. 135; *Broß,* in: v. Münch/Kunig, GG, Art. 83 Rdnr. 2; *Klein,* in: Schmidt-Bleibtreu, GG, Art. 30 Rdnr. 1f.; *Stern,* StaatsR I, S. 672.

44 Kritisch daher *Bothe,* in: AK-GG, Art. 30 Rdnr. 11; *Pieroth,* in: Jarass/Pieroth, GG, Art. 30 Rdnr. 1; *Bullinger,* AöR 96 (1971), S. 237 (239f.).

45 Zur Entstehungsgeschichte des Art. 30 GG siehe *v. Doemming/Füßlein/Matz,* JöR n.F. 1 (1951), S. 295ff.

46 Vgl. *Kössinger,* Durchführung des Gemeinschaftsrechts, S. 40. Für den Bereich der Gesetzgebungskompetenzen *Scholz,* FG BVerfG II, S. 252 (256).

47 Siehe oben § 5 III. 1.

48 Nicht überzeugend daher insoweit die nicht begründete These *Maurers,* Allg. VerwR, § 22 Rdnr. 12, Art. 30 betreffe nur die Kompetenzverteilung beim Vollzug des nationalen Rechts.

staatlicher Einrichtungen im Sinne von Art. 24 Abs. 1 GG verlieren Aufgaben im Bereich der Durchführung nicht ihren staatlichen Charakter. Art. 30 GG gilt daher auch für die Durchführung von Europäischem Gemeinschaftsrecht[49].

Damit hält das Grundgesetz hinsichtlich der Frage der Kompetenzverteilung im Bereich des Verwaltungsvollzugs des Gemeinschaftsrechts eine umfassende Lösung bereit, da zumindest auf die allgemeine Regelung des Art. 30 GG zurückgegriffen werden kann.

Ob und ggf. in welchen Bereichen die Generalnorm des Art. 30 GG zur Anwendung gelangt, hängt davon ab, inwieweit dem Grundgesetz für den Verwaltungsvollzug von Gemeinschaftsrecht Bestimmungen zu entnehmen sind, die eine andere Regelung im Sinne von Art. 30 GG treffen oder zulassen. Diesbezüglich ist zwischen dem mittelbaren mitgliedstaatlichen und dem unmittelbaren mitgliedstaatlichen Vollzug zu differenzieren.

III. Kompetenzverteilung beim mittelbaren mitgliedstaatlichen Vollzug des Gemeinschaftsrechts

1. Anwendungsbereich

Der mittelbare mitgliedstaatliche Vollzug des Gemeinschaftsrechts ist dadurch gekennzeichnet, daß Grundlage der einzelnen Vollzugsmaßnahme nicht unmittelbar ein Gemeinschaftsrechtsakt ist, sondern die dazwischentretende normative Durchführungsmaßnahme der Mitgliedstaaten. Gemeinschaftsrechtlicher Paradefall ist die Richtlinie gem. Art. 189 Abs. 3 EGV, die grundsätzlich[50] der mitgliedstaatlichen Umsetzung bedarf. Grundlage des Vollzugs ist dann nicht die gemeinschaftsrechtliche Richtlinie, sondern die nationale Regelung, die zu deren Umsetzung ergeht.

Bei der Darstellung der Systematik des Verwaltungsvollzugs des Gemeinschaftsrechts ist jedoch bereits darauf hingewiesen worden, daß die Handlungsformen des Art. 189 EGV nicht immer typenrein nach dem vertragli-

---

[49] *Lerche,* in: Maunz/Dürig, GG, Art. 83 Rdnr. 51; *Maunz,* in: Maunz/Dürig, GG, Art. 30 Rdnr. 7; *Pieroth,* in: Jarass/Pieroth, GG, Art. 30 Rdnr. 3 a.E.; *Streinz,* in: Isensee/Kirchhof, HdbStR VII, § 182 Rdnr. 58; *Barnstedt,* Durchführung der Gemeinsamen Marktorganisationen, S. 269; vgl. auch *Bull,* in: AK-GG, Art. 83 Rdnr. 28: „Zu bedenken sind auch die Rechtssätze der Europäischen Gemeinschaften, die in den Mitgliedstaaten unmittelbar gelten,... Die Kompetenz für die verwaltungsmäßige Ausführung liegt nach der Regel des Art. 30 auch hier grundsätzlich bei den Ländern und nur für bestimmte Bereiche beim Bund."

[50] Ausnahmsweise werden Richtlinienbestimmungen im Wege des unmittelbaren mitgliedstaatlichen Vollzugs ausgeführt, sofern ihnen unter den dargelegten Voraussetzungen Direktwirkung zukommt.

chen Leitbild verwirklicht werden. So sind auch Verordnungen zum Teil nicht ohne normative Ergänzung durch mitgliedstaatliche Regelungen vollzugsfähig. Die Verpflichtung zum Erlaß von Durchführungsbestimmungen kann eine Verordnung selbst vorsehen[51]; im übrigen folgt die Verpflichtung der Mitgliedstaaten, die Vollzugsfähigkeit einer Verordnung erforderlichenfalls herbeizuführen, aus dem Grundsatz der Gemeinschaftstreue (Art. 5 EGV). Insoweit stellt sich die Frage, ob die Kompetenzverteilungsregeln für den unmittelbaren oder den mittelbaren mitgliedstaatlichen Vollzug anzuwenden sind.

Elke Luise Barnstedt wendet die Regeln für den mittelbaren mitgliedstaatlichen Vollzug nicht nur in den Fällen an, in denen Richtlinien durch nationales Recht umgesetzt werden. Diese Regeln seien vielmehr auch dann umfassend anzuwenden, sofern unmittelbar geltende gemeinschaftsrechtliche Regelungen in irgendeiner Weise der legislativen Ergänzung oder Ausführung bedürften[52]. Es sei „weder praktikabel noch sinnvoll", hinsichtlich der anzuwendenden Kompetenzbestimmungen zwischen den unmittelbar anwendbaren Normen des Gemeinschaftsrechtes sowie den deutschen Ausführungsvorschriften zu differenzieren[53].

Diese Auffassung vermag nicht zu überzeugen. Ihr ist zunächst entgegenzuhalten, daß eventuell in Einzelfällen auftretende Abgrenzungsschwierigkeiten die Notwendigkeit einer von Rechts wegen vorgeschriebenen Differenzierung nicht in Frage zu stellen vermögen[54]. Soweit die Verteilung der Verwaltungskompetenzen von der Qualität der zu vollziehenden Rechtsnorm abhängt, ist daher jeweils zu bestimmen, ob sich eine Vollzugsmaßnahme unmittelbar als Vollzug des Gemeinschaftsrechts darstellt oder ob sie ihre Vollzugsgrundlage im nationalen Recht findet. Wenn aber eine Verordnung einer legislativen Ergänzung bedarf, bedeutet dies nicht, daß sämtliche Vollzugsmaßnahmen als Vollzug der nationalen Durchführungsnorm zu qualifizieren sind. Es wäre vielmehr mit der Qualität des Gemeinschaftsrechts als Recht einer autonomen Rechtsquelle unvereinbar, wenn auch Maßnahmen als Vollzug nationalen Rechts angesehen würden, die nicht auf der mitgliedstaatlichen legislativen Ergänzung beruhen, sondern ihre Grundlage in einer unmittelbar geltenden Gemeinschaftsrechtsnorm finden. Wendete man bei einer legislativen Ergänzungsbedürftigkeit unmittelbar geltenden Gemeinschaftsrechts umfassend die Regelungen des mittelbaren mitgliedstaatlichen Vollzugs an, implizierte dies das Vorliegen einer

[51] EuGH, Urt. v. 27.9.1979, Rs. 230/78 (Eridania/Minister für Landwirtschaft und Forsten), Slg. 1979, S. 2749 (2771 Tz. 34 und LS 8); *Daig/Schmidt,* in: GTE, EWGV, Art. 189 Rdnr. 30.

[52] *Barnstedt,* Durchführung der Gemeinsamen Marktorganisationen, S. 266f.

[53] *Barnstedt,* Durchführung der Gemeinsamen Marktorganisationen, S. 267.

[54] Vgl. *Dürig,* in: Maunz/Dürig, GG, Art. 3 I Rdnr. 483.

nationalen Regelung auch in den Bereichen, die von der gemeinschaftsrechtlichen Regelung erfaßt werden. Eine solche Parallelgesetzgebung, die den Anschein einer Transformationsbedürftigkeit des Gemeinschaftsrechts erweckt, ist jedoch mit der in den nationalen Rechtsraum durchgreifenden Geltungskraft des Gemeinschaftsrechts, wie sie insbesondere in Art. 189 Abs. 2 EGV zum Ausdruck kommt, unvereinbar[55].

Es ist im übrigen kein Spezifikum des Gemeinschaftsrechtsvollzugs, daß die in einer Verordnung bzw. einem Gesetz zusammengefaßten Bestimmungen Normen enthalten, deren Vollziehung sich nach unterschiedlichen Kompetenzverteilungsregelungen richtet. Diese Problematik findet im rein innerstaatlichen Bereich eine Entsprechung beim Vollzug von Bundesrahmengesetzen gem. Art. 75 GG. Dort gelten nach zutreffender überwiegender Auffassung für die Bestimmungen, die als Vollregelungen unmittelbar anwendbar und vollzugsfähig sind, die Art. 83 ff. GG[56], weil insoweit Bundesgesetze ausgeführt werden. Soweit hingegen das eine bundesgesetzliche Rahmenregelung ausfüllende Landesrecht ausgeführt wird, folgt die Verwaltungskompetenz der Länder aus Art. 30 GG[57].

Bedürfen Verordnungen einer legislativen Ergänzung, ist daher für die Anwendbarkeit der Kompetenzverteilungsregelungen zu differenzieren. Bedarf gerade die nationale Durchführungsnorm des verwaltungsmäßigen Vollzugs, gelten die Regeln des mittelbaren mitgliedstaatlichen Vollzugs. Soweit es unmittelbar wirkende Bestimmungen des Gemeinschaftsrechts zu vollziehen gilt, sind dagegen die Regeln des mittelbaren mitgliedstaatlichen Vollzugs einschlägig.

2. Lösungsmöglichkeiten

Für die Verteilung der Vollzugskompetenzen beim mittelbaren mitgliedstaatlichen Vollzug könnten die Art. 83 ff. GG in direkter Anwendung heranzuziehen sein. Zum Teil wird auch eine analoge Anwendung der Vorschriften angenommen[58]. Soweit Spezialregelungen fehlen, steht die Generalklausel des Art. 30 GG zur Verfügung.

---

[55] *Hetmeier,* in: Lenz, EGV, Art. 189 Rdnr. 7; vgl. auch *Daig/Schmidt,* in: GTE, EWGV, Art. 189 Rdnr. 30; *Oppermann,* EuropaR, Rdnr. 552. Bindende nationale Auslegungsregeln zu Verordnungen sind daher unzulässig, siehe EuGH, Urt. v. 31.1.1978, Rs. 94/77 (Fratelli Zerbone Amministrazione delle Finanze dello Stato), Slg. 1978, S. 99 ff. (LS 1).

[56] Vgl. BVerfGE 21, 312 (326); *Bull,* in: AK-GG, Art. 83 Rdnr. 27; *Lerche,* in: Maunz/Dürig, GG, Art. 83 Rdnr. 72; *Blümel,* in: Isensee/Kirchhof, HdbStR IV, § 101 Rdnr. 22; anders noch *Broß,* in: v. Münch, GG, 2. Aufl., Art. 83 Rdnr. 8, Art. 84 Rdnr. 3; nunmehr aufgegeben in der 3. Aufl., siehe *Broß,* in: v. Münch/Kunig, Art. 84 Rdnr. 6.

[57] BVerfGE 21, 312 (325 f.); *Blümel,* in: Isensee/Kirchhof, HdbStR IV, § 101 Rdnr. 22.

3. Unmittelbare oder entsprechende Anwendung der Art. 83ff. GG?

Wegen der Spezialität der Art. 83ff. GG im Verhältnis zu Art. 30 GG gilt es zu bestimmen, ob die Art. 83ff. GG im Bereich des mittelbaren mitgliedstaatlichen Vollzugs Anwendung finden und damit eine andere grundgesetzliche Regelung im Sinne der Generalnorm treffen bzw. zulassen.

Der mittelbare mitgliedstaatliche Vollzug ist dadurch gekennzeichnet, daß das Gemeinschaftsrecht selbst noch nicht vollzugsfähig und -bedürftig ist. Es bedarf zunächst der Umsetzung, Ergänzung oder Konkretisierung durch nationale Bestimmungen, die sodann im Einzelfall vollzogen werden. Verwaltungsmäßig ausgeführt im Sinne der anzuwendenden Kompetenzvorschriften wird daher nationales Recht[59], das lediglich inhaltlich durch das Gemeinschaftsrecht vorbestimmt ist. Das Gemeinschaftsrecht gewinnt beim Vollzug des nationalen Rechts nur mittelbar Bedeutung, indem jenes auf seine Vereinbarkeit mit Gemeinschaftsrecht geprüft und ggf. gemeinschaftsrechtskonform ausgelegt werden muß.

Wird demnach beim mittelbaren mitgliedstaatlichen Vollzug nationales Recht vollzogen, sind zunächst die Art. 83ff. GG unmittelbar anzuwenden[60]. Soweit dort eine abweichende Regelung nicht getroffen bzw. zugelassen ist, also insbesondere im Hinblick auf die Ausführung von Landesrecht, das Gemeinschaftsrecht umsetzt, folgt die Zuständigkeit der Länder aus Art. 30 GG[61].

---

[58] Vgl. dazu *H.-J. Blanke,* Föderalismus und Integrationsgewalt, S. 299 mit Nachw. in FN 43, die sich allerdings zum Teil nur auf den Vollzug von – unmittelbar geltendem – Gemeinschaftsrecht beziehen und daher für eine bloß analoge Anwendung der Art. 83ff. GG bei einer Umsetzung durch den nationalen Gesetzgeber nichts hergeben.

[59] Vgl. *Maurer,* Allg. VerwR, § 22 Rdnr. 12.

[60] Ebenso *H.-J. Blanke,* Föderalismus und Integrationsgewalt, S. 299; *Ehlers,* in: Erichsen, Allg. VerwR, § 3 Rdnr. 45; *W. Kahl,* Die Verwaltung 29 (1996), S. 341 (346); *Maurer,* Allg. VerwR, § 22 Rdnr. 12; *Papier,* in: Kloepfer/Merten/Papier/Skouris, Bettermann-Seminar, S. 51 (60); *Ress,* in: Burmeister, Verfassungsrechtliche Stellung der Verwaltung, S. 199 (202); *Scheuing,* EuR 1985, S. 229 (249); *Stettner,* in: Dauses, EG-WirtschaftsR, B III Rdnr. 45; *Streinz,* in: Isensee/Kirchhof, HdbStR VII, § 182 Rdnr. 58; *ders.,* in: Schweitzer, Europ. VerwR, S. 241 (255ff.); *Trüe,* EuR 1996, S. 179 (196); *Vogel,* FS Stern, S. 819 (826); *A. Weber,* Durchführung des Gemeinschaftsrechts, S. 47.

[61] Vgl. *Streinz,* in: Isensee/Kirchhof, HdbStR VII, § 182 Rdnr. 58. Wegen der Nichterwähnung von Art. 30 GG nicht ganz eindeutig *Ress,* in: Burmeister, Verfassungsrechtliche Stellung der Verwaltung, S. 199 (202): „Bei mittelbarem Vollzug, d.h. dem Vollzug von EG-Recht nach dessen normativer Umsetzung in Bundes- oder Landesrecht, sind die Art. 83ff. GG unmittelbar anwendbar." Ebenso *Brenner,* Gestaltungsauftrag, S. 150f.

4. Kompetenzverteilung beim mittelbaren mitgliedstaatlichen Vollzug im einzelnen

a) Verwaltungstypen

Finden die Art. 83ff., 30 GG somit auf den mittelbaren mitgliedstaatlichen Vollzug direkt Anwendung, stehen die sich aus diesen Normen ergebenden vier grundlegenden Verwaltungstypen zur Verfügung[62]:

- Landesvollzug von Landesgesetzen;
- Landesvollzug von Bundesgesetzen als eigene Angelegenheit;
- Landesvollzug von Bundesgesetzen im Auftrag des Bundes;
- Bundesverwaltung.

b) Bundesverwaltung

Die durch Art. 83ff., 30 GG begründete Regelzuständigkeit der Länder zum Verwaltungsvollzug wird durchbrochen, sofern das Grundgesetz etwas anderes anordnet oder zuläßt. Wegen der im Bereich des mittelbaren mitgliedstaatlichen Vollzugs erfolgenden unmittelbaren Anwendbarkeit der Art. 83ff. GG ergeben sich daher in bezug auf die dort vorgesehenen Bundeszuständigkeiten keine Besonderheiten.

Subsumtionsprobleme bei der Anwendung der Normen, die Bundesverwaltungskompetenzen begründen, können daher allenfalls im Bereich des unmittelbaren mitgliedstaatlichen Vollzugs bestehen. Die für den Gemeinschaftsrechtsvollzug relevanten Bundeszuständigkeiten werden daher dort erörtert[63].

c) Bestimmung der Gesetzgebungskompetenz für die normative Durchführung von Gemeinschaftsrecht als Voraussetzung der Verwaltungskompetenzverteilung

Außerhalb der grundgesetzlich vorgesehenen Ausnahmen zugunsten des Bundes sind die Länder für den Verwaltungsvollzug zuständig. In welcher Form die Länder den Vollzug zu bewerkstelligen haben, richtet sich nach den Art. 83ff., 30 GG.

Soweit im Bereich der gesetzesakzessorischen Verwaltung diese Kompetenzverteilungsbestimmungen auf den Normgeber der auszuführenden Rechtsnorm abstellen, ist für die Bestimmung der Verwaltungskompetenz

---

[62] Dazu *Blümel,* in: Isensee/Kirchhof, HdbStR IV, § 101 Rdnr. 4, 9ff.; *H. H. Klein,* FG BVerfG II, S. 277 (286).

[63] Siehe unten § 7 IV. 4.

daher zunächst zu ermitteln, wem die Gesetzgebungskompetenz hinsichtlich der Durchführung des Gemeinschaftsrechts zusteht.

Eine generelle Durchführungskompetenz des Bundes besteht aus den dargelegten Gründen nicht[64]. Eine derartige Zuständigkeit ergibt sich weder aus der verfassungsrechtlichen Integrationsermächtigung zur Übertragung von Hoheitsrechten, noch läßt sie sich aus dieser als implizite Zuständigkeit herleiten. Auch der Umstand, daß Regelungen inhaltlichen Vorgaben des Gemeinschaftsrechts genügen müssen, macht die zu normierenden Gegenstände nicht zu auswärtigen Angelegenheiten im Sinne von Art. 73 Nr. 1 GG[65].

Die Kompetenzen zur legislativen Durchführung des Gemeinschaftsrechts sind mangels genereller Bundeszuständigkeit demnach zwischen Bund und Länder aufgeteilt. Dies bestätigt auch die Regelung in Art. 10 Abs. 3 des Einigungsvertrags, nach der die Länder die Gesetze zu erlassen haben, soweit sie für die Umsetzung des Gemeinschaftsrechts zuständig sind.

Die Kompetenzverteilung zwischen Bund und Ländern richtet sich demzufolge nach den allgemeinen Regeln der Art. 70ff. GG für die Verteilung der Gesetzgebungszuständigkeiten[66]. Nach verbreiteter Ansicht sollen die Art. 70ff. GG allerdings lediglich eine entsprechende Anwendung finden[67]. Vorzugswürdig ist hingegen auch hier eine direkte Heranziehung der Vorschriften. Die Mitgliedstaaten werden bei der legislativen Durchführung von Gemeinschaftsrecht kraft der ihnen verbliebenen originären Hoheitsgewalt tätig. Allein der Umstand, daß eine gemeinschaftsrechtliche Verpflichtung zur Umsetzung oder legislativen Ergänzung von EG-Recht besteht, stellt die Qualität der Gesetzgebung als Emanation deutscher Staatsgewalt nicht in Frage[68]. Dies wird erhellt durch die bundesstaatliche Parallele, da auch dort die ggf. bestehende Bindung des Landesgesetzgebers an (Bundes-)Verfassungsrecht und kompetenzgemäß erlassenes einfaches Bundesrecht

---

[64] Siehe oben § 7 II. 1.

[65] Siehe grundlegend zur Verteilung der Gesetzgebungskompetenzen hinsichtlich der Umsetzung von Gemeinschaftsrecht *Grabitz,* AöR 111 (1986), S. 1ff., unter der gebotenen Zurückweisung aller auf eine generelle Bundeszuständigkeit gerichteten Auffassungen.

[66] *H. P. Ipsen,* FS Hallstein, S. 248 (264); *Tomuschat,* in: BK, GG, Art. 24 Rdnr. 85; *Vogel,* FS Stern, S. 819 (826); *Zuleeg,* KSE 9, S. 315ff.; *ders.,* JöR n.F. 20 (1971), S. 1 (33). Ferner – über eine entsprechende Anwendung der Art. 70ff. GG – die in der nachfolgenden FN Genannten.

[67] *Kössinger,* Durchführung des Gemeinschaftsrechts, S. 40, 46; *Rengeling,* DVBl. 1995, S. 945 (950); *Stettner,* in: Dauses, EG-WirtschaftsR, B III Rdnr. 17; *Trüe,* EuR 1996, S. 179 (190); *Ehlers,* DVBl. 1991, S. 605 (610); vgl. auch *dens.,* in: Erichsen, Allg. VerwR, § 3 Rdnr. 36.

[68] *Everling,* FS Doehring, S. 179 (189), der dies als Ausdruck der föderalen Gliederung der EG bewertet.

Landesgesetzen nicht die Zurechenbarkeit zur Hoheitsgewalt der Länder nimmt.

Eine entsprechende Anwendung der Art. 70ff. GG könnte daher nur gerechtfertigt sein, wenn deren Wortlaut zwingend auf nationale Bindungen abstellte, so daß gemeinschaftsrechtliche Durchführungs- und Beachtungspflichten sich nicht unmittelbar in den Wortlaut einfügen würden. Dies ist indes nicht der Fall, weil die Art. 70ff. GG eine sachgebietsbezogene Kompetenzzuweisung vornehmen. An die Frage, ob und inwieweit der Kompetenzträger dabei an höherrangige Vorgaben gebunden ist, wird dagegen in den Art. 70ff. GG in keiner Form tatbestandlich angeknüpft. Das Bestehen einer gemeinschaftsrechtlichen Pflicht zum legislativen Tätigwerden und zur inhaltlichen Beachtung der Vorgaben steht daher einer direkten Anwendung der Art. 70ff. GG nicht entgegen.

d) Anwendung der Art. 83ff., 30 GG auf den mittelbaren mitgliedstaatlichen Vollzug

aa) Vollzug von Landesgesetzen, die Gemeinschaftsrecht umsetzen

Soweit dem Bund eine Gesetzgebungskompetenz nicht zusteht oder er von einer konkurrierenden Kompetenz keinen Gebrauch gemacht hat, sind die Länder gem. Art. 70 GG für die Umsetzung und sonstige legislative Durchführung des Gemeinschaftsrechts zuständig. Neben der gemeinschaftsrechtlichen Verpflichtung besteht die verfassungsrechtliche Pflicht der Länder aus dem Grundsatz der Bundestreue, ihre Gesetzgebungskompetenzen erforderlichenfalls zur ordnungsgemäßen Durchführung des Gemeinschaftsrechts auszuüben[69]. Als ultima ratio steht auch hier der Bundeszwang offen[70].

Für die Ausführung dieser Landesgesetze sind die Länder gem. Art. 30 GG zuständig, weil eine andere Regelung in den Art. 83ff. GG nicht getroffen oder zugelassen ist.

---

[69] *Tomuschat,* in: BK, GG, Art. 24 Rdnr. 85; *Ehlers,* in: Erichsen, Allg. VerwR, § 3 Rdnr. 36; *Grabitz,* AöR 111 (1986), S. 1 (30f.); *Rengeling,* DVBl. 1995, S. 945 (950); *Schweitzer,* BayVBl. 1992, S. 609 (610); *Trüe,* EuR 1996, S. 179 (192); *A. Weber,* Durchführung des Gemeinschaftsrechts, S. 31.

[70] *Tomuschat,* in: BK, GG, Art. 24 Rdnr. 85; *Zuleeg,* KSE 9, S. 320; *Schweitzer,* BayVBl. 1992, S. 609 (610); *Trüe,* EuR 1996, S. 179 (193).

bb) Vollzug von Bundesgesetzen, die Gemeinschaftsrecht umsetzen

Sind zur legislativen Durchführung von Gemeinschaftsrecht nach Maßgabe der Art. 70ff. GG vollzugsfähige Bundesgesetze erlassen worden, finden die Art. 83ff. GG unmittelbare Anwendung. Damit gilt als Regelfall der Vollzugstypus der Ausführung durch die Länder als eigene Angelegenheit.

Unter den Begriff der Bundesgesetze i. S. d. Art. 83ff. GG fallen neben förmlichen Gesetzen auch Rechtsverordnungen[71]. Andernfalls wäre die verwaltungsmäßige Ausführung von Rechtsverordnungen des Bundes als in den Art. 83ff. GG nicht geregelt anzusehen. Konsequenterweise müßte auf Art. 30 GG zurückgegriffen werden, so daß Aufsichtsrechte des Bundes nicht bestünden. Um sich die Aufsichtsrechte über den Verwaltungsvollzug durch die Länder gem. Art. 84 bzw. 85 GG zu erhalten, müßte der Bundesgesetzgeber von der Erteilung einer Verordnungsermächtigung absehen. Damit würde die Entlastungsfunktion des Art. 80 GG weitgehend leerlaufen.

Ist als Bundesgesetz i. S. v. Art. 83ff. GG demnach auch eine Rechtsverordnung des Bundes anzusehen, steht damit zugleich fest, daß die Verteilung der Verwaltungskompetenz davon unbeeinflußt bleibt, ob eine Gemeinschaftsrechtsnorm durch Parlamentsgesetz oder Rechtsverordnung umgesetzt wird. Die Entscheidung, eine Richtlinie im Falle der Gesetzgebungszuständigkeit des Bundes durch formelles Gesetz oder durch Rechtsverordnung umzusetzen, verhält sich hinsichtlich der Verteilung der Verwaltungszuständigkeit kompetenzneutral.

IV. Kompetenzverteilung beim unmittelbaren mitgliedstaatlichen Vollzug des Gemeinschaftsrechts

1. Anwendungsbereich

Beim unmittelbaren mitgliedstaatlichen Vollzug werden unmittelbar wirkende Normen des Gemeinschaftsrechts durch Stellen der Mitgliedstaaten vollzogen. Als Gegenstand der Vollziehung kommen vor allem Verordnungen (Art. 189 Abs. 2 EGV), daneben Primärrecht, Entscheidungen und Richtlinienbestimmungen, soweit diesen unter den dargelegten Voraussetzungen unmittelbare Wirkung beizumessen ist, in Betracht.

---

[71] *Dittmann,* in: Sachs, GG, Art. 83 Rdnr. 19; *Pieroth,* in: Jarass/Pieroth, GG, Art. 83 Rdnr. 5.

2. Lösungsmöglichkeiten

Der unmittelbare mitgliedstaatliche Vollzug ist dadurch charakterisiert, daß eine Gemeinschaftsrechtsnorm vollzogen wird, ohne daß eine nationale Regelung durch den Gesetz- oder Verordnunggeber dazwischentritt. Soweit die grundgesetzlichen Kompetenzvorschriften die Verwaltungszuständigkeiten davon abhängig machen, ob Gesetze des Bundes oder der Länder vollzogen werden, fehlt damit für den Verwaltungsvollzug des unmittelbar geltenden Gemeinschaftsrechts ein eindeutiger Anknüpfungspunkt.

Damit bieten sich für die Lösung dieser Kompetenzproblematik verschiedene Varianten an.

Zunächst ist die erste theoretische Möglichkeit, das Bestehen einer umfassenden Bundeskompetenz für den gesamten Verwaltungsvollzug von Gemeinschaftsrecht, bereits ausgeschlossen worden[72], weil diese den mittelbaren und den unmittelbaren mitgliedstaatlichen Vollzug beträfe. Eine derartige generelle Durchführungskompetenz ergibt sich, wie gesehen, insbesondere weder aus der verfassungsrechtlichen Integrationsermächtigung noch als Annex oder kraft Sachzusammenhangs zu der Kompetenz des Bundes für ein Übertragungsgesetz gem. Art. 24 Abs. 1/23 Abs. 1 S. 2, 3 GG. Im übrigen müßte man bei Anerkennung einer generellen Bundeskompetenz für die Durchführung gemeinschaftsrechtlicher Verpflichtungen aufgrund der zusätzlichen erheblichen Kompetenzverluste der Länder den Rubikon des Art. 79 Abs. 3 GG als überschritten ansehen.

Dieser bereits verworfenen Variante diametral entgegengesetzt ist die Annahme einer generellen Länderzuständigkeit gem. Art. 30 GG. Diese kommt anders als beim mittelbaren mitgliedstaatlichen Vollzug grundsätzlich in Frage, weil es im Bereich der unmittelbar vollzugsfähigen und vollzugsbedürftigen Gemeinschaftsrechtsnormen an Raum für gesetzgeberische Regelungen fehlt. Für eine allgemeine Länderzuständigkeit könnte daher der Grundsatz ins Feld zu führen sein, daß die Gesetzgebungskompetenzen des Bundes die äußerste Grenze seiner Verwaltungskompetenzen markieren.

Schließlich sind differenzierende Lösungen möglich. In Betracht zu ziehen ist eine direkte, hilfsweise eine entsprechende Anwendung der Art. 83ff. GG. Je nach dem, in welcher Weise diese vorgenommen wird, bleibt noch Raum für Verwaltungszuständigkeiten nach Art. 30 GG.

---

[72] Siehe oben § 7 II. 1.

3. Gesetzgebungskompetenzen des Bundes als äußerste Grenze seiner Verwaltungskompetenzen

Nach der Feststellung des BVerfG[73] im ersten Fernseh-Urteil bilden die dem Bund zugewiesenen Gesetzgebungsbefugnisse die äußerste Grenze seiner Verwaltungskompetenzen. Dementsprechend ist eine Ausführung von Landesgesetzen durch den Bund unzulässig[74]. Auch Bundesbehörden sind allerdings verpflichtet, bei ihrer Tätigkeit ggf. kompetenzgemäß erlassenes Landesrecht zu *beachten*[75]. Der Vollzug des Landesrechts obliegt indessen uneingeschränkt den Ländern[76].

Würde dieser vom BVerfG aufgestellte Grundsatz zur Verteilung der Verwaltungskompetenzen auch für den Vollzug unmittelbar wirkenden Gemeinschaftsrechts Geltung beanspruchen können, könnte man daraus eine generelle Zuständigkeit der Länder ableiten. Soweit unmittelbar geltendes Gemeinschaftsrecht zu vollziehen ist, kommt eine bundesgesetzliche Regelung nicht mehr in Betracht[77].

Fände jener Grundsatz auch für den Vollzug unmittelbar wirkenden Gemeinschaftsrechts Anwendung, würden dem Bund also Zuständigkeiten in erheblichem Umfang entzogen: Soweit innerstaatlich statt der gemeinschaftsrechtlichen Norm eine bundesgesetzliche Regelung hätte erlassen werden können, verlöre der Bund seine Ingerenzmöglichkeiten nach Art. 84, 85 GG, weil der Vollzug statt im Wege der Bundesauftragsverwaltung bzw. der Ausführung der Bundesgesetze durch die Länder als eigene Angelegenheit gem. Art. 83 GG in die allgemeine Länderzuständigkeit nach Art. 30 GG wanderte, in welchem dem Bund keinerlei Einwirkungsrechte zustehen. Soweit eigene Verwaltungszuständigkeiten des Bundes obligatorisch oder fakultativ im Grundgesetz vorgesehen sind, gingen diese vollständig auf die Länder über.

Gegen die Übertragung der bundesverfassungsgerichtlichen Aussage zur Grenze der Verwaltungskompetenzen auf den Vollzug des Gemeinschaftsrechts wendet *Kössinger* ein, es sei nicht plausibel, daß das BVerfG „bei seiner Entscheidung diese Tragweite beabsichtigt oder auch nur bedacht" habe, und schlägt daher vor: „Dementsprechend ist seine Aussage eher dahingehend auszulegen, daß die Übertragung von Rechtsetzungskompeten-

---

[73] BVerfGE 12, 205 (229 und LS 5); 15, 1 (16); 78, 374 (386).

[74] BVerfGE 21, 312 (325); *Broß,* in: v. Münch/Kunig, GG, Art. 83 Rdnr. 6.

[75] *Kössinger,* Durchführung des Gemeinschaftsrechts, S. 52.

[76] BVerfGE 21, 312 (325); *Maurer,* Allg. VerwR, § 22 Rdnr. 10.

[77] Dies würde unabhängig davon gelten, ob eine ausschließliche oder konkurrierende Gemeinschaftskompetenz einschlägig ist, da bei Vorliegen einer unmittelbar geltenden Gemeinschaftsrechtsnorm insoweit von der Zuständigkeit Gebrauch gemacht worden ist.

zen auf zwischenstaatliche Einrichtungen als solche im Fall des nationalen Verwaltungsvollzuges nicht zu einer innerstaatlichen Kompetenzverschiebung führt“[78].

Dieser Versuch der Neuinterpretation steht zu der Ausgangsüberlegung in ersichtlichem Widerspruch. Wenn das BVerfG die These, daß die Verwaltungskompetenzen des Bundes in seinen Gesetzgebungskompetenzen ihre äußerste Grenze finden, ausschließlich im Hinblick auf rein nationale Vollzugsbereiche formuliert hat, kann dem Gericht schwerlich eine ganz bestimmte Aussage hinsichtlich des nicht bedachten Regelungsbereiches unterstellt werden. Ferner können auch der Sache nach Lösungen, die zu Kompetenzverschiebungen führen, nicht a priori ausgeschlossen werden. Die Möglichkeit von Kompetenzverlagerungen kann vielmehr von Verfassungs wegen angelegt sein. Dies belegen die Kompetenzverschiebungen im Verhältnis Bund/Länder und Bundesregierung/Bundestag, die als Teil der in Art. 24 Abs. 1 GG getroffenen Verfassungsentscheidung eingetreten sind und die durch die dargelegten Verfassungsänderungen in Art. 23 GG n.F. für die Zukunft abgemildert werden sollen. Veränderungen des Zuständigkeitsgefüges im Bereich der europäischen Integration können demnach verfassungssystematisch gewollt oder jedenfalls bewußt in Kauf genommen sein, wenn dies aus den anzuwendenden verfassungsrechtlichen Bestimmungen hervorgeht. Nur sofern dies nicht der Fall ist, die Verfassung also in Ermangelung einer eindeutigen Regelung mehrere Interpretationsvarianten eröffnet, wird man die Vermeidung von Kompetenzverschiebungen als einen Topos zu berücksichtigen haben. Hat der Verfassunggeber eine Spezialregelung für den Vollzug von Gemeinschaftsrecht nicht getroffen, so spricht dies dafür, die allgemeinen Regelungen in einer Weise auszulegen, daß die Kompetenzsystematik möglichst unbeeinträchtigt bleibt.

Der vom BVerfG formulierte Grundsatz, nach dem die Verwaltungsbefugnisse des Bundes durch dessen Gesetzgebungskompetenzen begrenzt sind, ist für die Verteilung der Vollzugskompetenzen hinsichtlich des Gemeinschaftsrechts unergiebig. Für diesen Befund ist allerdings nicht maßgeblich, daß der Grundsatz vom BVerfG[79] und den dem Gericht Zustimmenden ausschließlich im Hinblick auf die Vollzugskompetenzen hinsichtlich rein nationaler Konstellationen angeführt wird. Entscheidend ist vielmehr, daß der genannte Grundsatz rein deskriptiver Natur ist. Er ist richtig, weil und soweit die Exegese der einschlägigen Verfassungsbestimmungen dies ergibt. Außerhalb des Vollzugs von Gemeinschaftsrecht beschreibt er dementsprechend die Kompetenzlage zutreffend, weil erstens

[78] *Kössinger,* Durchführung des Gemeinschaftsrechts, S. 53.

[79] Dem BVerfG ging es darum nachzuweisen, daß der Begriff der „Bundespost“ in Art. 87 Abs. 1 GG nicht weiter ausgelegt werden könne als das „Post- und Fernmeldewesen“ in Art. 73 Nr. 7 GG, siehe BVerfGE 12, 205 (LS 2).

eine Ausführung von Bundesgesetzen durch die Länder nicht im Grundgesetz vorgesehen ist und daher die Länder wegen Art. 30 GG zuständig sind. Er gilt zweitens auch im Bereich der nichtgesetzesakzessorischen Verwaltung[80], weil auch dort – jedenfalls nach überwiegender Auslegung – Befugnisse nur in Bereichen vorgesehen sind, in denen dem Bund auch Gesetzgebungskompetenzen zugewiesen sind. Im übrigen findet Art. 30 GG Anwendung, der auch die nichtgesetzesakzessorische Verwaltung erfaßt[81] und damit der grundsätzlichen Länderzuständigkeit unterwirft.

Ob die Verwaltungsbefugnisse des Bundes auch im Hinblick auf den Verwaltungsvollzug unmittelbar geltenden Gemeinschaftsrechts nicht weiter reichen als dessen Gesetzgebungsbefugnisse, ist somit anhand der zur Verfügung stehenden Verfassungsnormen zu ermitteln. Als Grundlage einer generellen Länderzuständigkeit kommt der „Grundsatz“ mangels eigenständiger Geltungskraft nicht in Betracht.

Vielmehr ist die Kompetenzverteilung danach zu ermitteln, inwieweit das Grundgesetz spezielle Regelungen enthält, die etwas anderes im Sinne von Art. 30 GG anordnen oder zulassen. Nur soweit die Verfassungsexegese ergibt, daß derartige Sonderregelungen weder direkt noch entsprechend auf den Vollzug unmittelbar wirkender Gemeinschaftsrechtsnormen anzuwenden sind, besteht eine allgemeine Befugnis der Länder, das Gemeinschaftsrecht selbst und ohne die spezifischen Einwirkungsbefugnisse, die dem Bund beim Vollzug seiner Gesetze durch die Länder zugewiesen sind, zu vollziehen.

4. Verwaltungszuständigkeiten des Bundes

Die Regelzuständigkeit der Länder zur Ausübung der staatlichen Befugnisse und Erfüllung der staatlichen Aufgaben wird durchbrochen, soweit das Grundgesetz in den Art. 83 ff. GG durch die Begründung einer obligatorischen oder fakultativen Bundesverwaltung eine abweichende Regelung trifft bzw. zuläßt.

a) Unmittelbare Anwendbarkeit der Grundgesetznormen, die Bundesverwaltungszuständigkeiten vorsehen

Eine ausdrücklich gemeinschaftsrechtsbezogene Bundeszuständigkeit begründet allein Art. 108 Abs. 1 S. 1 GG. Daneben könnten jedoch die sonstigen Grundgesetznormen, die Bundesverwaltungszuständigkeiten obligatorisch oder fakultativ vorsehen, auch im Hinblick auf den Gemein-

[80] BVerfGE 12, 205 (248).

[81] BVerfGE 12, 205 (246), gegen die ebd., 246, referierte Rechtsauffassung der Bundesregierung.

schaftsrechtsvollzug unmittelbar anzuwenden sein, sofern der Wortlaut der Normen dies nicht ausschließt. Wie sich noch im einzelnen außerhalb der Bundesverwaltungszuständigkeiten zeigen wird, bereitet die Anwendung der grundgesetzlichen Kompetenzvorschriften Schwierigkeiten, sofern diese die Verwaltungskompetenzen gesetzesakzessorisch in Abhängigkeit von einem bestimmten nationalen Normgeber – Bund oder Länder – verteilen.

Soweit das Grundgesetz in den Art. 83 ff. GG Zuständigkeiten der Bundesverwaltung vorsieht, werden diese indessen jeweils sachgebietsbezogen begründet. Sie erfassen innerhalb des der Bundesverwaltung zugewiesenen Gegenstands sowohl die gesetzesakzessorische[82] als auch die nichtgesetzesakzessorische Verwaltung[83]. Ergeht in einem dieser Bereiche neben oder statt einer bundesgesetzlichen Regelung unmittelbar wirkendes Gemeinschaftsrecht, bleibt die grundgesetzliche Zuweisung der Verwaltungskompetenz für das jeweilige Sachgebiet hiervon unberührt und erfaßt daher bereits dem Wortlaut der Bestimmungen nach auch den Gemeinschaftsrechtsvollzug.

Die grundgesetzlichen Vorschriften, die Bundesverwaltungszuständigkeiten fakultativ bzw. obligatorisch vorsehen, sind demnach unmittelbar anwendbar, soweit ein dem Bund zum Vollzug zugewiesener Gegenstand ganz oder teilweise gemeinschaftsrechtlich geregelt ist und diese Gemeinschaftsrechtsbestimmungen wie üblich von den Mitgliedstaaten zu vollziehen sind.

b) Erweiterung der Bundesverwaltung gem. Art. 87 Abs. 3 S. 1 GG

Der Bund kann seine Verwaltungszuständigkeiten unter den Voraussetzungen des Art. 87 Abs. 3 GG ausdehnen. Gem. Art. 87 Abs. 3 S. 1 GG können für Angelegenheiten, für die dem Bunde die Gesetzgebung zusteht, selbständige Bundesoberbehörden und neue bundesunmittelbare Körperschaften und Anstalten des öffentlichen Rechts durch Bundesgesetz errichtet werden.

Dabei findet Art. 87 Abs. 3 S. 1 GG auch dann unmittelbare Anwendung, wenn die Errichtung ganz oder teilweise dem Vollzug von unmittelbar wirkenden Gemeinschaftsrechtsnormen dient, für die innerstaatlich der Bund gesetzgebungskompetent ist. Denn der Bund „verliert" schon im Hinblick auf den lediglich bestehenden Anwendungsvorrang seine Kompetenz

[82] Dabei kann es sich beim Vollzug nationaler Regelungen wegen des Zurückbleibens der Verwaltungskompetenzen des Bundes hinter dessen Gesetzgebungskompetenzen nur um die Ausführung von Bundesgesetzen handeln.

[83] *Degenhart,* StaatsR I, Rdnr. 113.

nicht, so daß Art. 87 Abs. 3 S. 1 GG auch bei engherziger Auslegung direkt und nicht bloß analog anzuwenden ist[84].

Auf der Grundlage des Art. 87 Abs. 3 S. 1 GG hat der Bund[85] die Bundesanstalt für Landwirtschaft und Ernährung[86] errichtet, welche die Aufgaben der Bundesanstalt für landwirtschaftliche Marktordnung und des Bundesamtes für Ernährung und Forstwirtschaft übernommen hat, die ebenfalls gem. Art. 87 Abs. 3 S. 1 GG geschaffen worden waren. Damit erfolgt der Vollzug der Gemeinsamen Marktordnungen[87] des Agrarrechts, in der die Mehrzahl der Verordnungen nach Art. 189 Abs. 2 EGV ergeht, weitgehend im Wege der Bundesverwaltung.

Aufgrund der großzügigen Handhabung des Art. 108 Abs. 1 S. 1 GG und des Art. 87 Abs. 3 GG liegen demnach erhebliche Vollzugszuständigkeiten im Bereich des unmittelbaren mitgliedstaatlichen Vollzugs beim Bund[88].

5. Verwaltungsvollzug unmittelbar wirkenden Gemeinschaftsrechts bei nicht bestehender Bundeszuständigkeit

Soweit Verwaltungszuständigkeiten des Bundes in Bereichen, in denen die zu vollziehenden unmittelbar wirkenden Gemeinschaftsrechtsnormen ergehen, weder obligatorisch noch fakultativ vorgesehen sind bzw. soweit und solange der Bund von einer fakultativen Zuständigkeitsermächtigung keinen Gebrauch gemacht hat, stellt sich die Frage, nach welcher Kompetenzvorschrift sich der Vollzug des Gemeinschaftsrechts richtet.

In Betracht zu ziehen ist eine direkte, hilfsweise eine analoge Anwendung der Art. 83 ff. GG. Soweit die Normen nicht gänzlich unanwendbar sein sollten, gilt es ferner zu klären, inwieweit Raum für einen Vollzug nach Art. 30 GG bleibt.

---

[84] Dies zugrunde legend *Stettner,* in: Dauses, EG-WirtschaftsR, B III Rdnr. 46.

[85] Gesetz über die Errichtung einer Bundesanstalt für Landwirtschaft und Ernährung (BLEG) und zur Änderung von Vorschriften auf den Gebieten der Land- und Ernährungswirtschaft vom 2. 8. 1994, BGBl. I S. 2018.

[86] Gem. § 1 BLEG bundesunmittelbare rechtsfähige Anstalt des öffentlichen Rechts.

[87] Vgl. dazu das Gesetz zur Durchführung der Gemeinsamen Marktorganisationen (MOG) i.d.F. v. 27.8.1986, BGBl. I S. 1389ff. Umfassend dazu *Barnstedt,* Durchführung der Gemeinsamen Marktorganisationen.

[88] Vgl. auch die Bewertungen bei *Scheuing,* EuR 1985, S. 229 (249): Schwergewicht beim Bund; ebenso *W. Kahl,* Die Verwaltung 29 (1996), S. 341 (348f.); *H.-J. Blanke,* Föderalismus und Integrationsgewalt, S. 298: zunehmende Vollzugskonzentration beim Bund; *Stettner,* in: Dauses, EG-WirtschaftsR, B III Rdnr. 46.

a) Direkte Anwendung der Art. 83ff. GG

Die Art. 83ff. GG könnten zunächst auch insoweit, als ihre Regelungen nicht eigene Vollzugszuständigkeiten des Bundes begründen, unmittelbar anzuwenden sein[89]. Dies setzt voraus, daß der Wortlaut der Normen einer Heranziehung für die Kompetenzverteilung hinsichtlich des Vollzugs unmittelbar wirkender Gemeinschaftsrechtsnormen nicht entgegensteht.

Indessen gelten die Art. 83 - 85 GG nach ihrem ausdrücklichen Wortlaut nur für die Ausführung von *Bundesgesetzen*. Normen der Europäischen Gemeinschaften sind weder Bundesgesetze[90] noch sonstige nationale Rechtsetzungsakte. Lediglich der Rechtsanwendungsbefehl wird im Rahmen des zweiaktigen Verfahrens einer Hoheitsrechtsübertragung durch das nach Art. 23 Abs. 1 S. 2, 3 GG erforderliche Bundesgesetz erteilt. Wie dargelegt, handelt es sich bei dem auf dieser verfassungsrechtlichen Grundlage geschaffenen Gemeinschaftsrecht um Normen einer autonomen Rechtsordnung. Eine direkte Anwendung der in den Art. 83ff. GG getroffenen Regelungen hinsichtlich der Ausführung der Bundesgesetze auf unmittelbar wirkende Gemeinschaftsrechtsnormen scheidet demnach aus[91].

b) Analoge Anwendung der Art. 83ff., hilfsweise Anwendung des Art. 30 GG

Die Art. 83ff. GG könnten auf unmittelbar wirkende Normen des Gemeinschaftsrechts eine analoge Anwendung finden. Insoweit ist zunächst zu beantworten, ob die Voraussetzungen für eine analoge Anwendung der Normen vorliegen. Sofern eine Analogie zulässig ist, bedarf der Klärung, ob auf der Voraussetzungsseite der Vorschriften der Begriff „Bundesgesetze" stets durch „unmittelbar wirkendes Gemeinschaftsrecht" zu ersetzen oder eine differenzierende Lösung geboten ist.

---

[89] *Zuleeg,* KSE 9, S. 212, 223; *H. P. Ipsen,* EG-Recht, § 9 Rdnr. 26; so scheinbar auch die nachfolgend vollständig zitierte Kommentierung bei *v. Mangoldt/ Klein,* GG, Vor Art. 83 Anm. II. 11.: „Die Zuständigkeitsverteilungsnormen des VIII. Abschnitts gelten auch dann, wenn es um die Ausführung von europäischem Gemeinschaftsrecht geht." *Grabitz,* EuR 1987, S. 310 (312), will nur Art. 83 GG anwenden.

[90] Vgl. dazu im Hinblick auf die Frage der unmittelbaren Anwendbarkeit der Art. 83ff. GG *Bull,* in: AK-GG, Vor Art. 83 Rdnr. 105.

[91] Ebenso *Ehlers,* in: Erichsen, Allg. VerwR, § 3 Rdnr. 45; *W. Kahl,* Die Verwaltung 29 (1996), S. 341 (347); *Koenig,* DVBl. 1997, S. 581 (585); *Ress,* in: Burmeister, Verfassungsrechtliche Stellung der Verwaltung, S. 199 (202); ebenso für den Sonderfall ausnahmsweise unmittelbar wirkender Richtlinienbestimmungen *Trüe,* EuR 1996, S. 179 (197).

aa) Vorliegen einer Regelungslücke als Voraussetzung der Analogie

Nach ganz überwiegender Auffassung[92] sollen die Art. 83 ff. GG auf den Vollzug unmittelbar geltenden Gemeinschaftsrechts analoge Anwendung finden. Dem ist insoweit zuzustimmen, als eine direkte Heranziehung der Normen anders als beim mittelbaren mitgliedstaatlichen Vollzug in bezug auf unmittelbar geltendes Gemeinschaftsrecht aus den genannten Gründen ausscheidet. Regelmäßig[93] wird jedoch von den Befürwortern einer analogen Anwendung der Art. 83 ff. GG in keiner Weise thematisiert, ob die Voraussetzungen einer Analogie überhaupt vorliegen.

Die Zulässigkeit eines Analogieschlusses setzt insbesondere das Bestehen einer *Lücke* voraus. Eine derartige Lücke kann nicht bereits immer dann angenommen werden, wenn das Recht für eine bestimmte Fallkonstellation eine Regelung nicht enthält. Denn die Nichtaufnahme einer Bestimmung in ein Gesetz kann gerade Ausdruck des Regelungswillens des Gesetzgebers sein[94]. Maßgeblich für die Anerkennung der erforderlichen Lücke ist daher, daß die getroffene Regelung unvollständig ist, also eine bestimmte Fallgestaltung nicht erfaßt, obwohl eine grundsätzlich umfassende Normierung des Regelungsbereiches angestrebt war[95].

Betrachtet man zunächst die Art. 83 ff. GG, liegt dort ein Fall des beredten Schweigens, das eine Analogie ausschließen würde, nicht vor. Es war keine bewußte Entscheidung des Verfassunggebers, dort eine Regelung über die Ausführung unmittelbar wirkender Normen des Rechts einer zwischenstaatlichen Einrichtung nicht zu treffen. Es war zwar die Problematik

---

[92] *Broß,* in: v. Münch/Kunig, GG, Art. 83 Rdnr. 21; *Bull,* in: AK-GG, Vor Art. 83 Rdnr. 105; *Dittmann,* in: Sachs, GG, Art. 83 Rdnr. 20; *Lerche,* in: Maunz/Dürig, GG, Art. 83 Rdnr. 51; *Pieroth,* in: Jarass/Pieroth, GG, Art. 83 Rdnr. 5; *Schmidt-Bleibtreu,* in: Schmidt-Bleibtreu/Klein, GG, Vor Art. 83 Rdnr. 17; *Tomuschat,* in: BK, GG, Art. 24 Rdnr. 86; *Arndt,* EuropaR, S. 129; *Birke,* Bundesländer in den EG, S. 125 f.; *Brenner,* Gestaltungsauftrag, S. 151; *Everling,* FS Ophüls, S. 33 (36 mit FN 14); *H. G. Fischer,* EuropaR, S. 118; *Koenig,* DVBl. 1997, S. 581 (585); *Papier,* in: Kloepfer/Merten/Papier/Skouris, Bettermann-Seminar, S. 51 (60); *Riegel,* DVBl. 1979, S. 245 (251); *Stettner,* in: Dauses, EG-WirtschaftsR, B III Rdnr. 45 a.E.; *Streinz,* in: Isensee/Kirchhof, HdbStR VII, § 182 Rdnr. 59; *ders.,* in: Schweitzer, Europ. VerwR, S. 241 (260); *Schwan,* Bundesländer, S. 174 ff.; *A. Weber,* Durchführung des Gemeinschaftsrechts, S. 47 f.

[93] Eine Ausnahme macht insoweit *Schwan,* Bundesländer, S. 174 f.

[94] *Larenz,* Methodenlehre, S. 355, nennt als zivilrechtliches Beispiel für ein derart „beredtes Schweigen" die Nichtaufnahme von Bestimmungen über das Wohnungseigentum in die zunächst geltende Fassung des BGB, da ein dingliches Sonderrecht an einer Wohnung nicht habe zugelassen werden sollen. Die Zulassung des Wohnungseigentums bedurfte daher der erfolgten (sonder-)gesetzlichen Neuregelung.

[95] Vgl. *Larenz,* Methodenlehre, S. 355.

potentiell im Grundgesetz mit der Verankerung des Art. 24 Abs. 1 GG angelegt. Angesichts des Umstands, daß Fragen des Vollzugs unmittelbar wirkenden Gemeinschaftsrechts erst mit der Gründung der Gemeinschaften und der fortschreitenden Integration aktuell geworden sind, nimmt es jedoch nicht wunder, daß der Verfassunggeber bei der Abfassung des Achten Abschnitts des Grundgesetzes jene Fallgestaltung ersichtlich nicht bedacht hat.

Auch strebt das Grundgesetz gewiß eine umfassende Kompetenzverteilung an. Dies verdeutlicht vor allem die Regelungstechnik der Regel/Ausnahmeverhältnisse zwischen Bund- und Länderzuständigkeiten, die die Gefahr einer reinen Enumerationslösung, bestimmte Bereiche nicht zu erfassen, vermeidet.

Zweifel am Vorliegen einer Regelungslücke könnten aber bestehen, weil das Grundgesetz mit Art. 30 GG eine Generalnorm bereitstellt, auf die bei Fehlen anderweitiger Regelungen zurückgegriffen werden kann. Diese erfaßte auch den Vollzug unmittelbar wirkenden Gemeinschaftsrechts, weil auch insoweit im Sinne von Art. 30 GG staatliche Aufgaben erfüllt und staatliche Befugnisse ausgeübt werden[96].

Wird im Hinblick auf Art. 30 GG das Bestehen einer Regelungslücke negiert und die analoge Anwendung der Art. 83 ff. GG damit ausgeschlossen, verliert der Bund seine Einwirkungsrechte beim Vollzug des unmittelbar wirkenden Gemeinschaftsrechts durch die Länder auch dort, wo bei einer innerstaatlichen Regelung Bundesgesetze zu vollziehen gewesen wären.

Zuständigkeitsverluste des Bundes werden zum Teil bereits von vornherein mit dem Argument ausgeschlossen, es liefe dem Zweck der Integrationsermächtigung zuwider, wenn zwangsläufige Konsequenz einer Vergemeinschaftung sei, daß den Ländern innerstaatliche Durchführungszuständigkeiten zuwüchsen[97]. Die dabei zugrunde gelegte „Intention des Grundgesetzes, dem Bunde auch nach innen soweit als erforderlich die rechtlichen Möglichkeiten zu geben, um trotz der internen bundesstaatlichen Gliederung nach außen als einheitliches Völkerrechtssubjekt auftreten zu können“[98], wird hingegen auch bei einem Kompetenzverlust des Bundes, erst recht einem Verlust lediglich seiner Einwirkungsrechte nach Art. 84, 85 GG nicht zwangsläufig konterkariert. Denn entsprechende Befugnisse des Bundes sind nicht unabdingbar erforderlich, um eine ord-

[96] Siehe oben sub II. 2.

[97] Vgl. z.B. die Argumentation bei *Kössinger,* Durchführung des Gemeinschaftsrechts, S. 42f., gegen die Annahme einer generellen Länderzuständigkeit zur Durchführung des Gemeinschaftsrechts.

[98] *Kössinger,* Durchführung des Gemeinschaftsrechts, S. 42.

nungsgemäße Durchführung des Gemeinschaftsrechts zu gewährleisten, wie die bisherigen Überlegungen[99] gezeigt haben. Zuständigkeitsverlagerungen zugunsten der Länder, welche die Nichtannahme der für die analoge Anwendung der Art. 83ff. GG erforderlichen Lücke nach sich zöge, lassen sich daher nicht a priori ausschließen. Die Möglichkeit eines Rückgriffs auf Art. 30 GG zur Vermeidung einer Regelungslücke kann daher nicht bereits mit der dargelegten Argumentation abgelehnt werden.

Dennoch ist die Existenz der notwendigen Regelungslücke hinsichtlich der Ausführung unmittelbar geltenden Gemeinschaftsrechts zu bejahen. Würde man im Hinblick auf Art. 30 GG das Vorliegen einer Lücke verneinen, müßten konsequenterweise jedwede Analogien im Bereich der Kompetenzvorschriften ausscheiden. Allgemein wären Analogien dort unzulässig, wo Generalklauseln zur Verfügung stehen, auch wenn über eine entsprechende Anwendung einer Spezialnorm eine sachgerechtere Lösung erzielt wird.

Ob eine Lücke im Sinne einer „planwidrigen Unvollständigkeit"[100] des Gesetzes vorliegt, ist indessen aus dem konkreten Regelungszusammenhang zu beurteilen. Die danach zu untersuchenden Art. 83ff. GG wären nicht lückenhaft, sofern der Verfassunggeber dort bewußt von einer Regelung des Vollzugs des Gemeinschaftsrechts abgesehen hätte, um die Anwendung der Generalnorm des Art. 30 GG herbeizuführen. Dies ist hingegen, wie dargelegt, nicht der Fall, weil die Ausführung unmittelbar wirkenden Gemeinschaftsrechts unbedacht geblieben ist. Auch fehlen Anhaltspunkte dafür, daß der Verfassunggeber die Kompetenzen beim Verwaltungsvollzug des Gemeinschaftsrechts abweichend von innerstaatlichen Vollzugsfällen von den Einflußmöglichkeiten des Bundes freihalten wollte. Eine planwidrige Unvollständigkeit der Verfassung hinsichtlich des Vollzugs unmittelbar wirkenden Gemeinschaftsrechts liegt demnach vor. Die von der überwiegenden Ansicht praktizierte analoge Anwendung der Art. 83ff. GG scheitert also nicht am Fehlen der erforderlichen Lücke.

bb) Umfang der analogen Anwendung nach Maßgabe der Interessenlage

Steht das Fehlen einer planwidrigen Regelungslücke also der überwiegend geforderten analogen Anwendung der Art. 83ff. GG auf unmittelbar wirkende Normen des Gemeinschaftsrecht nicht entgegen, gilt es zu untersuchen, in welchem Umfang und in welcher Form die Analogie zu erfolgen hat. Insoweit stellt sich die Frage, ob die Interessenlage beim Gemeinschaftsrechtsvollzug stets derjenigen entspricht, die den von den Art. 83ff.

---

[99] Siehe § 6, bes. II. 3. a), b).

[100] Grundlegend *Elze,* Lücken im Gesetz, 1916, S. 3ff.

GG ausdrücklich geregelten Fall trägt, in dem zugunsten des Bundes Steuerungsmöglichkeiten hinsichtlich des Vollzugs seiner Gesetze durch die Länder eröffnet werden sollen.

(1) Generelle Gleichstellung unmittelbar wirkenden Gemeinschaftsrechts mit Bundesrecht

Sofern Umfang oder Durchführung der analogen Anwendung der Art. 83 ff. GG überhaupt spezifiziert werden, soll die entsprechende Anwendung regelmäßig in der Weise erfolgen, daß unmittelbar wirkendes Gemeinschaftsrecht stets Bundesgesetzen gleichgestellt wird[101]. Die Rechtsfolgen werden dabei auch in den Bereichen den Art. 84 f. GG entnommen, in denen bei einer innerstaatlichen statt der gemeinschaftsrechtlichen Regelung ein Bundesgesetz mangels Gesetzgebungskompetenz des Bundes nicht hätte ergehen dürfen[102]. Hinsichtlich der Ausführung unmittelbar geltenden Gemeinschaftsrechts wird also eine reine Rechtsfolgen-Analogie praktiziert, insofern die Voraussetzung der Art. 83 ff. GG, daß es sich um die Ausführung von *Bundes*gesetzen handeln muß, bei der Analogie als eingrenzendes Tatbestandsmerkmal keine Berücksichtigung mehr findet.

In Konsequenz dieser Auffassung findet aufgrund des Integrationsprozesses zwangsläufig auch eine partielle innerstaatliche Zuständigkeitsverlagerung in bezug auf die Verwaltungskompetenzen statt. Diese Veränderung betrifft die Regelungsbereiche außerhalb der Gesetzgebungszuständigkeit des Bundes, da dort an die Stelle der Länderzuständigkeit nach Art. 30 GG bei analoger Anwendung der Art. 83 ff. GG die den Einwirkungsmöglichkeiten des Bundes unterworfene Zuständigkeit der Länder treten würde. Dagegen verhielten sich unmittelbar wirkende Gemeinschaftsrechtsnormen, die Bundesgesetze ersetzen, hinsichtlich des Verwaltungsvollzugs kompetenzneutral, weil lediglich die direkte Anwendung der Art. 83 ff. GG durch eine analoge ersetzt würde.

Für die Anwendung des Art. 30 GG bleibt danach wegen der umfassenden Gleichsetzung von Gemeinschaftsrecht mit Bundesrecht kein Anwendungsbereich.

---

[101] So *Streinz,* in: Isensee/Kirchhof, HdbStR VII, § 182 Rdnr. 59 mit FN 199, in der sich *Streinz* von einer differenzierenden Lösung abgrenzt; siehe auch ebd., Rdnr. 60 FN 204. Siehe auch *Ehlers,* DVBl. 1991, S. 605 (611): „Führen die Länder unmittelbar Gemeinschaftsrecht aus, wird man dem Bund in analoger Anwendung des Art. 84 Abs. 2 bis Abs. 5 GG die dort genannten Grenzbefugnisse [Druckfehler – richtig: Ingerenzbefugnisse] zugestehen müssen (sinngemäße Gleichsetzung von Gemeinschaftsrecht mit Bundesrecht)." Widersprüchlich *Bull,* in: AK-GG, Vor Art. 83 Rdnr. 105, der sich auf Art. 30 GG beruft, um die generelle Analogie zu Art. 83 ff. GG zu begründen; vgl. aber *dens.,* ebd., Art. 83 Rdnr. 28.

[102] *Streinz,* in: Isensee/Kirchhof, HdbStR VII, § 182 Rdnr. 60.

(2) Differenzierende Lösung nach der Gesetzgebungszuständigkeit

Geboten sein könnte hingegen eine Auslegung, die dem Merkmal der Ausführung von Bundesgesetzen auch bei der entsprechenden Anwendung auf unmittelbar geltendes Gemeinschaftsrecht Bedeutung verschafft und daher zu einer differenzierenden Lösung gelangt.

Statt einer pauschalen Gleichbehandlung von Gemeinschaftsrecht und Bundesrecht könnten die Art. 83ff. GG daher bei der entsprechenden Anwendung in einer Weise auszulegen sein, die an die innerstaatliche Kompetenzverteilung anknüpft[103]. An der Voraussetzung einer Ausführung von Bundesrecht fehlt es demzufolge bei der entsprechenden Heranziehung der Art. 83ff. GG, sofern statt der zu vollziehenden Gemeinschaftsrechtsnorm mangels Gesetzgebungskompetenz des Bundes nur eine landesrechtliche Regelung hätte ergehen können. Da die Art. 83ff. GG analog nicht eingreifen, folgt die Verwaltungszuständigkeit der Länder in jenem Bereich aus Art. 30 GG[104]. Dagegen ist die Voraussetzung der Ausführung von Bundesgesetzen bei der analogen Anwendung der Art. 83ff. GG auf unmittelbar wirkendes Gemeinschaftsrecht als erfüllt anzusehen, sofern bei einer innerstaatlichen Regelung der Bund die vollzugsbedürftige Norm hätte erlassen können.

Anhaltspunkte für die Annahme einer entsprechend differenzierenden analogen Anwendung der Art. 83ff. GG enthält auch die Begründung des Schlußberichts der Enquete-Kommission Verfassungsrecht zu dem von ihr vorgeschlagenen Art. 90a GG[105], obwohl dieser vielfach im Sinne einer pauschalen Gleichbehandlung von Gemeinschaftsrecht und Bundesrecht ausgelegt wird[106]. Denn die Begründung zitiert ausdrücklich auch Art. 30 GG[107], für den jedoch nur bei einer nach der internen Gesetzgebungszuständigkeit differenzierenden Lösung Raum bleibt.

---

103 Vgl. *Scheuing,* EuR 1985, S. 229 (249); *Kössinger,* Durchführung des Gemeinschaftsrechts, S. 53ff.

104 Ohne ausdrückliche Erwähnung des Art. 30 GG *Scheuing,* EuR 1985, S. 229 (249): „als Landesvollzug von Landesgesetzen" zu behandeln.

105 Zum Wortlaut siehe oben § 7 I., S. 211.

106 So z.B. *Kössinger,* Durchführung des Gemeinschaftsrechts, S. 53. Dessen Auslegung des vorgeschlagenen Art. 90a GG verkennt, daß auch dort in S. 1 eine *entsprechende* Anwendung der Regeln über die Ausführung von Bundesgesetzen vorgesehen ist. Ob dem Tatbestandsmerkmal „Bundesgesetz" dabei keinerlei Bedeutung mehr zukommen sollte, erscheint angesichts des Zitats in der folgenden FN zweifelhaft.

107 Vgl. BT-Drucks. 7/5924, S. 146f.: „Um die bundesstaatliche Ordnung soweit wie möglich aufrechtzuerhalten und aus Gründen der Verwaltungsvereinfachung und Effizienz sollte die Ausführung jeweils demjenigen obliegen, der zuständig wäre, wenn es sich um innerstaatliches Recht handelte. ... Dies bedeutet, daß die Regeln der Artikel 30, 83ff. GG entsprechend anzuwenden wären."

Soweit die Gleichsetzung von Gemeinschaftsrecht und Bundesrecht im Rahmen der analogen Anwendung der Art. 83ff. GG überhaupt ausdrücklich begründet wird, erfolgt die Rechtfertigung in der Regel von den Rechtsfolgen der Normen her[108]. Die generelle Behandlung von Gemeinschaftsrecht als Bundesrecht erfolgt, um dem Bund die Einwirkungsrechte gem. Art. 84 bzw. 85 GG zu verschaffen. Als zentrales Argument für die damit einhergehenden Kompetenzverwerfungen wird darauf verwiesen, daß der Bund gegenüber den Gemeinschaften für den ordnungsgemäßen Vollzug des Gemeinschaftsrechts verantwortlich sei[109].

Diese Argumentation könnte Veränderungen des grundgesetzlichen Kompetenzgefüges jedoch nur rechtfertigen, wenn ohne Anerkennung von Bundesingerenzrechten ein ordnungsgemäßer Verwaltungsvollzug des unmittelbar geltenden Gemeinschaftsrechts nicht sichergestellt werden könnte. Hinsichtlich der gemeinschaftsrechtlichen Verpflichtung der Bundesrepublik, einen effektiven und diskriminierungsfreien Gemeinschaftsrechtsvollzug zu gewährleisten, ist jedoch bereits im einzelnen dargelegt worden, daß ein Vollzug durch die Länder mit diesen Anforderungen nicht in Widerspruch gerät[110]. Auch ohne Berücksichtigung der spezifischen Rechte des Bundes aus Art. 84, 85 GG, also auch bei einem Landesvollzug gem. Art. 30 GG, genügt vielmehr das aufgezeigte gemeinschafts- und verfassungsrechtliche Instrumentarium, um einen ordnungsgemäßen Vollzug ebenso sicherzustellen, wie dies in rein nationalen Vollzugsbereichen der Fall ist. Insoweit sei nur an die verfassungsrechtliche Verpflichtung der Länder zum effizienten Vollzug des Gemeinschaftsrechts erinnert, die auch außerhalb des Anwendungsbereichs der Art. 83ff. GG aufgrund der Bundestreue besteht[111].

Im übrigen ist es kein Spezifikum des Verwaltungsvollzugs, daß im grundgesetzlich verfaßten Bundesstaat der Bund darauf angewiesen ist, daß auch die Länder zur Erfüllung gemeinschaftsrechtlicher Pflichten tätig

---

[108] So z.B. *Birke,* Bundesländer in den EG, S. 125f.

[109] Vgl. *Bleckmann,* EuropaR, Rdnr. 893 (insoweit unverändert jetzt 6. Aufl. 1997, Rdnr. 1240), der aus der Vollzugsverantwortung des Bundes folgert, daß diesem „auch die notwendigen Kontroll- und Zwangsmittel zur Durchsetzung des Gemeinschaftsrechts gegen die Länder zur Verfügung stehen" müßten, so daß eine Gleichstellung Bundesrecht/Gemeinschaftsrecht geboten sei; ähnlich *Oebbecke,* FS Heymanns, S. 607 (617); siehe auch die Nachw. in FN 101. Gegen eine solche durch eine Gleichsetzung vorgenommene analoge Anwendung des Art. 84 GG nun *Vogel,* FS Stern, S. 819 (828f.).

[110] § 6 II. 3. a), b).

[111] Vgl. jetzt auch *Vogel,* FS Stern, S. 819 (828f.), der es zur Wahrung der Vollzugsverantwortung des Bundes als ausreichend ansieht, daß dieser die Einhaltung der Verpflichtungen der Länder aus dem Grundsatz der Bundestreue ggf. über Art. 37 GG erzwingen könne, und der insoweit die (Wieder-)Verwendung des Begriffs der „selbständigen Bundesaufsicht" vorschlägt.

werden. Da sich hinsichtlich der gesetzgeberischen Durchführung von Gemeinschaftsrecht die innerstaatliche Kompetenz nach praktisch allgemeiner Ansicht nach den Art. 70ff. GG richtet, kann der gesamtstaatlichen Verpflichtung bei Fehlen einer Bundeszuständigkeit nur genügt werden, indem die Länder ihre Zuständigkeiten in der geforderten Weise ausüben. Dies zu tun sind sie dem Bund gegenüber aus dem Grundsatz der Bundestreue verpflichtet. Kommt ein Land seinen Pflichten nicht nach, steht das allgemeine Instrumentarium bis zur ultima ratio des Bundeszwangs nach Art. 37 GG offen.

Auch bei der legislativen Durchführung von Gemeinschaftsrecht werden demnach die sich aus der Anwendung der grundgesetzlichen Kompetenznormen ergebenden Zuständigkeiten nicht im Hinblick darauf korrigiert, daß die Erfüllung einer gemeinschaftsrechtlichen Verpflichtung eine ordnungsgemäße Kompetenzausübung durch die Länder verlangt.

Dementsprechend rechtfertigt das Bestehen einer gemeinschaftsrechtlichen Verpflichtung auch bei der analogen Anwendung der Art. 83ff. GG hinsichtlich der administrativen Durchführung des Gemeinschaftsrechts nicht zwangsläufig den Durchgriff auf die Rechtsfolgen der Art. 83ff. GG. Es fehlt daher an einem tragenden Grund dafür, dem Bund entgegen der sonstigen Kompetenzsystematik die Ingerenzmöglichkeiten nach Art. 84f. GG zu verleihen, obwohl diese bei einer innerstaatlichen Regelung mangels Zulässigkeit eines Bundesgesetzes nicht bestehen würden.

Demgegenüber hat eine differenzierende Lösung zunächst den Wortlaut der Art. 83ff. GG für sich, weil auch bei der analogen Anwendung dem Begriff der Bundesgesetze weiterhin eine eigenständige Funktion zukommt. Da im Fall einer unmittelbar wirkenden und vollzugsbedürftigen Gemeinschaftsrechtsnorm eine legislative Durchführung nicht erfolgt, ist statt auf den tatsächlichen Normgeber auf die Zuständigkeit abzustellen. Dies trägt dem analog anzuwendenden Normgehalt in größtmöglichem Umfang Rechnung, zumal ein auszuführendes Bundesgesetz selbstverständlich in verfassungsgemäßer Weise nur bei Bestehen einer entsprechenden Bundeskompetenz ergehen kann.

Dadurch daß unmittelbar wirkende Gemeinschaftsrechtsbestimmungen, die bei einer Regelung durch den nationalen Gesetzgeber nur von den Ländern hätten erlassen werden können, bei der analogen Anwendung der Art. 83ff. GG nicht dem Bundesrecht gleichgestellt werden, bleibt es insoweit bei Art. 30 GG[112].

---

112 Da Art. 30 GG nicht auf die Ausführung – nationaler – Rechtsnormen, sondern die Ausübung der staatlichen Befugnisse und die Erfüllung der staatlichen Aufgaben, abhebt, wozu aus den unter II. 2. dargelegten Gründen auch die Ausführung des Gemeinschaftsrechts zählt, ist die Norm unmittelbar, nicht etwa nur analog anwendbar. Insoweit unzutreffend *Trüe,* EuR 1996, S. 179 (197); ungenau insoweit

Diese Lösung vermeidet demnach Kompetenzverschiebungen. Soweit der Verfassunggeber Veränderungen des Kompetenzgefüges aufgrund der europäischen Integration nicht ausdrücklich zugelassen oder bewußt in Kauf genommen hat, dürfte dessen Willen von mehreren Auslegungsvarianten diejenige am ehesten entsprechen, welche die angelegte Systematik am wenigsten verändert.

Verfassungssystematisch läßt sich für eine differenzierende Übertragung der Art. 83ff. GG auf die Ausführung unmittelbar wirkenden Gemeinschaftsrechts anführen, daß der Vergleich mit der innerstaatlichen Kompetenzverteilung kein unübliches Mittel ist, um die mit der Übertragung von Hoheitsrechten entstehenden bundesstaatlichen Probleme zu lösen. So wird in dem neuen Art. 23 GG, wie im einzelnen dargelegt[113], die Einflußnahme der Länder über den Bundesrat nach Maßgabe der innerstaatlichen Kompetenzverteilung abgestuft.

Schließlich spricht gegen eine generelle Gleichsetzung von Bundesrecht und unmittelbar wirkendem Gemeinschaftsrecht bei der analogen Anwendung der Art. 83ff. GG der Vergleich zwischen mittelbarem und unmittelbarem mitgliedstaatlichen Vollzug. Bei der mittelbaren mitgliedstaatlichen Verwaltung erfolgt der Vollzug im Falle der Zwischenschaltung eines Bundesgesetzes gem. Art. 83ff. GG in direkter Anwendung[114]; bei Umsetzung durch ein Landesgesetz greift Art. 30 GG[115]. Nur bei einer analogen Anwendung der Art. 83ff. GG, die dem Merkmal „Bundesgesetz" hinsichtlich des auszuführenden Gemeinschaftsrechts noch durch die Rückanbindung an die innerstaatlichen Legislativkompetenzen Bedeutung verschafft, wird eine Divergenz gegenüber dem unmittelbaren mitgliedstaatlichen Vollzug vermieden.

Dem letztgenannten Argument könnte man entgegenhalten, daß es nicht ohne weiteres ersichtlich ist, aus welchem Grund unterschiedliche Zuständigkeitsregelungen für mittelbaren und unmittelbaren mitgliedstaatlichen Vollzug als mißlich zu betrachten sind. Gegen ein derartiges Auseinanderfallen ist angeführt worden, daß es eine eher technische Entscheidung darstelle, ob eine Gemeinschaftsrechtsnorm noch einer nationalen Ausführungsnorm bedürfe[116]. Das allein vermag allerdings die Vermeidungsbedürftigkeit unterschiedlicher Zuständigkeiten beim Gemeinschaftsrechtsvoll-

---

auch *W. Kahl,* Die Verwaltung 29 (1996), S. 341 (347): „Die Verteilung der Vollzugskompetenzen in der Bundesrepublik Deutschland richtet sich nach Art. 30, 83ff., 108 GG, die allerdings nur entsprechend zur Anwendung kommen, da es nicht um die Ausführung von Bundesrecht, sondern von Gemeinschaftsrecht geht."

[113] § 3 I. 2. b) dd) (3) (b).

[114] § 7 III. 4. d) bb).

[115] § 7 III. 4. d) aa).

[116] *Kössinger,* Durchführung des Gemeinschaftsrechts, S. 55.

zug nicht vollends zu begründen, weil entsprechend technisch oder formal anmutende Unterscheidungen auch bei rein nationalen Konstellationen mitunter zur Anwendung divergierender Zuständigkeitsregelungen führen.

Es ist vielmehr eine gemeinschaftsrechtliche Besonderheit, die auseinanderfallende Zuständigkeiten als vermeidungsbedürftig erscheinen läßt. Die Bereiche des mittelbaren und des unmittelbaren Vollzugs sind nicht ein für allemal voneinander geschieden, sondern es ist ein Übergang von der einen in die andere Vollzugsform hinsichtlich der gleichen Bestimmung denkbar. Dieses Phänomen wird durch die Rechtsprechung des EuGH zur Direktwirkung von Richtlinien möglich[117]. Im Normalfall der ordnungsgemäßen Umsetzung liegt ein Fall des mittelbaren mitgliedstaatlichen Vollzugs vor. Bei gesetzgeberischer Umsetzung folgen die Legislativkompetenzen den Regeln der Art. 70ff. GG. Ergeht danach ein Bundesgesetz, wird dieses gem. Art. 83ff. GG direkt vollzogen, während für Landesgesetze Art. 30 GG anzuwenden ist. Kommt einer Richtlinienbestimmung nun unter den dargelegten Voraussetzungen im Einzelfall unmittelbare Wirkung zu, liegt ein Fall des unmittelbaren mitgliedstaatlichen Vollzugs vor. Würde man auf diesen die Regeln der Art. 83ff. GG auch dann analog anwenden, wenn der Landesgesetzgeber für die Umsetzung ausschließlich zuständig ist, würde sich also eine Verlagerung von der Anwendung des Art. 30 GG zu Art. 83ff. GG analog ergeben. Diese müßte wieder rückgängig gemacht werden, wenn die unmittelbare Wirkung endet, sobald also die Richtlinie ordnungsgemäß umgesetzt worden ist.

Die Anwendung unterschiedlicher Zuständigkeitsregelungen hinsichtlich ein und derselben Richtlinienbestimmung und der damit – temporär – einhergehende Zuwachs an Ingerenzrechten des Bundes könnte allenfalls als Sanktion dafür begriffen werden, daß eine ordnungsgemäße Umsetzung durch den jeweiligen Landesgesetzgeber nicht erfolgt ist. Selbst wenn man einmal davon absieht, daß eine entsprechende Sanktionskategorie nicht zu den grundgesetzlich vorgesehenen gehört, würde dies aber nur die Länder betreffen, die eine ordnungsgemäße Umsetzung nicht vorgenommen haben. Der Verwaltungsvollzug würde sich also je nach Bundesland nach unterschiedlichen Verfassungsnormen richten. Dies aber entspricht weder dem gemeinschaftsrechtlichen Interesse an einem einheitlichen und effizienten Vollzug noch der für alle Gliedstaaten sowie den Bund einheitlich geltenden Kompetenzordnung des Grundgesetzes.

Um sachlich ungerechtfertigte Kompetenzverwerfungen zu vermeiden, verbietet sich demnach eine pauschale Gleichsetzung von Gemeinschaftsrecht mit Bundesrecht bei der analogen Anwendung der Art. 83ff. GG. Statt dessen ist eine Auslegung vorzunehmen, die dem Merkmal „Ausfüh-

[117] Siehe § 5 III. 2. a) cc).

rung von Bundesgesetzen“ durch Anknüpfung an die innerstaatliche Kompetenzverteilung auch bei der Subsumtion unter die Bestimmungen der Art. 83ff. GG Rechnung trägt. Jedenfalls soweit bei einer innerstaatlichen Regelung ein Bundesgesetz mangels Gesetzgebungskompetenz des Bundes nicht hätte ergehen können[118], also eine ausschließliche Landeszuständigkeit besteht, liegen die Voraussetzungen der Art. 83ff. GG analog nicht vor; es gilt Art. 30 GG.

Betrifft die unmittelbar geltende Gemeinschaftsrechtsnorm umgekehrt eine ausschließliche Gesetzgebungskompetenz des Bundes, ist die Gleichstellung mit der Ausführung von Bundesrecht und damit die analoge Anwendung der Art. 83ff. GG geboten.

Problematisch ist damit nur noch, wie die Anknüpfung an die innerstaatliche Kompetenzverteilung zu erfolgen hat, wenn bei einer nationalen gesetzgeberischen Regelung eine konkurrierende Gesetzgebungskompetenz gem. Art. 72, 74 GG vorgelegen hätte. Soweit ersichtlich, fehlen ausdrückliche Stellungnahmen zu dieser Frage bisher gänzlich[119]. Selbstverständlich ist auch bei der analogen Anwendung der Art. 83ff. GG zu berücksichtigen, daß eine konkurrierende Gesetzgebungszuständigkeit des Bundes nur besteht, wenn außer einem Kompetenztitel auch die Voraussetzungen des Art. 72 Abs. 2 GG vorliegen[120]. Da bis zu einem Gebrauchmachen des Bundes von einer konkurrierenden Gesetzgebungskompetenz auch den Ländern das Recht zur Gesetzgebung zusteht, stellt sich hinsichtlich der analogen Anwendung der Art. 83ff. GG die Frage, ob es auf die Ausübung der Bundeskompetenz ankommt oder das Bestehen einer konkurrierenden Zuständigkeit des Bundes bereits eine Gleichstellung mit der „Ausführung von Bundesgesetzen“ rechtfertigt und damit die Rechtsfolgen der Art. 83ff. GG eröffnet.

Läßt man die Existenz einer konkurrierenden Bundesgesetzgebungszuständigkeit nicht genügen, wäre der Bund gezwungen, trotz der vorliegenden unmittelbar wirkenden Gemeinschaftsrechtsnorm, die es zu vollziehen gilt, noch eine gesetzgeberische Regelung zu erlassen, um sich hinsichtlich des Verwaltungsvollzugs durch die Länder die Ingerenzrechte analog

---

118 Siehe *Scheuing,* EuR 1985, S. 229 (249): „Analog hierzu ist der Vollzug von unmittelbar anwendbarem Gemeinschaftsrecht auf Sachbereichen, die innerstaatlich durch Landesgesetze zu regeln wären, ebenfalls als 'Landesvollzug von Landesgesetzen‘ zu behandeln.“

119 Vgl. *Kössinger,* Durchführung des Gemeinschaftsrechts, S. 53ff., bes. S. 54: „zunächst ist festzustellen, ob die vollzugsbedürftige Regelung, rein innerstaatlich gedacht, hätte vom Bund oder von den Ländern erlassen werden können“. Mit dieser Alternative läßt sich wegen der Existenz der konkurrierenden Gesetzgebungsbefugnisse eine trennscharfe Abgrenzung nicht erreichen.

120 Siehe dazu im Hinblick auf Art. 23 Abs. 5 S. 1, 2. Alt. GG oben § 3 I. 2. b) dd) (3) (b).

Art. 83ff. GG zu erhalten. Dies erweckt bereits aus gemeinschaftsrechtlicher Sicht Bedenken. Liegt eine unmittelbar geltende Gemeinschaftsrechtsbestimmung vor, sind den Mitgliedstaaten Regelungen verwehrt, die den Anschein der Transformationsbedürftigkeit des EG-Rechts erwecken. Jedenfalls eine – sei es auch nur das Gemeinschaftsrecht wiederholende – Sachregelung wäre daher grundsätzlich unzulässig[121].

In verfassungssystematischer Hinsicht vermittelt die parallele Auslegungsproblematik zu Art. 23 Abs. 5 GG Aufschluß. Art. 23 Abs. 5 GG soll die Mitwirkung der Länder durch den Bundesrat in Angelegenheiten der Europäischen Union in Anknüpfung an die innerstaatliche Kompetenzverteilung abgestuft sicherstellen. Auch dort gilt es daher eine Auslegung zu finden, die die verfassungsrechtlich vorgesehenen Stufen der Berücksichtigungspflicht einerseits lückenlos, andererseits ohne Überschneidungen voneinander abgrenzt. Die Überlegungen zur Auslegung des Art. 23 Abs. 5 GG haben gezeigt, daß es im Bereich der konkurrierenden Gesetzgebungskompetenzen nicht darauf ankommt, ob der Bund von seiner Zuständigkeit Gebrauch gemacht hat. Andernfalls wäre er aus formalen Gründen gezwungen, zur Vermeidung einer qualifizierten Berücksichtigungspflicht hinsichtlich der Bundesratsstellungnahme gesetzgeberisch tätig zu werden. Dieses Argument trägt auch hinsichtlich der Auslegung der Art. 83ff. GG analog. Hier wie dort rühren die Schwierigkeiten in bezug auf die Zuordnung konkurrierender Kompetenzen daher, daß wegen der Regelung auf der Ebene der Europäischen Union bzw. ihrer Gemeinschaften der Vergleich mit den innerstaatlichen Legislativkompetenzen hypothetisch anzustellen ist. Ebenso wie es sich hinsichtlich Art. 23 Abs. 5 S. 1, 2. Alt. GG[122] und Art. 23 Abs. 5 S. 2 GG[123] als zutreffend erweist, kommt es bei der analogen Anwendung der Art. 83ff. GG auf ein Gebrauchmachen nicht an.

Bei der analogen Anwendung der Art. 83ff. GG auf unmittelbar wirkende Gemeinschaftsrechtsnormen sind diese der Ausführung von Bundesgesetzen demnach auch gleichzustellen, wenn im Fall einer innerstaatlichen Regelung der Bund konkurrierend gesetzgebungsbefugt gewesen wäre, weil ein Kompetenztitel eingreift sowie die Anforderungen gem. Art. 72 Abs. 2 GG erfüllt sind.

---

[121] *Hetmeier,* in: Lenz, EGV, Art. 189 Rdnr. 7; vgl. auch *Daig/Schmidt,* in: GTE, EWGV, Art. 189 Rdnr. 30; *Oppermann,* EuropaR, Rdnr. 552.

[122] Siehe dazu oben § 3 I. 2. b) dd) (3) (b); wie hier *Randelzhofer,* in: Maunz/Dürig, GG, Art. 24 I Rdnr. 207; *Rojahn,* in: v. Münch/Kunig, GG, Art. 23 Rdnr. 65; *W. Fischer,* ZParlR 1993, S. 32 (42f.); *Magiera,* Jura 1994, S. 1 (10).

[123] Siehe dazu oben § 3 I. 2. b) dd) (3) (b); wie hier *Randelzhofer,* in: Maunz/Dürig, GG, Art. 24 I Rdnr. 208 mit FN 666; *Rojahn,* in: v. Münch/Kunig, GG, Art. 23 Rdnr. 66; *W. Fischer,* ZParlR 1993, S. 32 (42f.); *Kunig,* FS Heymanns, S. 591 (601); *Magiera,* Jura 1994, S. 1 (10); *Scholz,* NVwZ 1993, S. 817 (823).

Insgesamt betrachtet, ist die Voraussetzung der „Ausführung von Bundesrecht“ bei der analogen Anwendung der Art. 83ff. GG auf unmittelbar wirkende Gemeinschaftsrechtsnormen anzunehmen, wenn dem Bund innerstaatlich eine Gesetzgebungsbefugnis zugestanden hätte. Dadurch wird erstens sichergestellt, daß einerseits dem Bund die Rechte erhalten bleiben, die ihm bei einer nationalen Regelung im Vollzugsbereich zugestanden hätten. Andererseits werden weitere Verluste in einem zentralen Gebiet der Eigenständigkeit der Länder vermieden, indem der ihnen nach Art. 30 GG zugewiesene von Einflußnahmen des Bundes freie Bereich nicht ohne sachlichen Grund infolge des Integrationsprozesses reduziert wird. Zweitens vermeidet die vorgenommene Auslegung der Art. 83ff. GG analog Widersprüche zur Kompetenzverteilung beim mittelbaren mitgliedstaatlichen Verwaltungsvollzug.

cc) Rechtsfolgen der Art. 83ff. GG beim Vollzug unmittelbar geltenden Gemeinschaftsrechts

Soweit das zu vollziehende unmittelbar wirkende Gemeinschaftsrecht Bundesgesetzen nach Maßgabe der innerstaatlichen Kompetenzlage entspricht, sind die Rechtsfolgen den Art. 83ff. GG zu entnehmen. Die Verpflichtung der Länder gegenüber dem Bund, das Gemeinschaftsrecht ordnungsgemäß zu vollziehen, läßt sich demzufolge im Bereich ihrer analogen Anwendung speziell aus Art. 83ff. GG herleiten[124]. Der Rückgriff auf den Grundsatz der Bundestreue, in dem die allgemeine Durchführungsverpflichtung der Länder ressortiert, ist insoweit entbehrlich[125].

(1) Vollzug des Gemeinschaftsrechts im Wege der Bundesauftragsverwaltung oder als eigene Angelegenheit

Welche Rechte dem Bund im übrigen konkret zustehen, hängt davon ab, ob der Vollzug der unmittelbar wirkenden Gemeinschaftsrechtsnorm entsprechend der Ausführung der Bundesgesetze durch die Länder als eigene Angelegenheit (Art. 83, 84 GG analog) oder im Auftrage des Bundes (Art. 85 GG analog) erfolgt.

Nach dem durch Art. 83 GG begründeten doppelten Regel/Ausnahmeverhältnis[126] erfolgt der Vollzug erstens grundsätzlich durch die Länder und

---

[124] Siehe dazu hinsichtlich der unmittelbaren Anwendung der Art. 83ff. GG oben § 6 II. 3. a) cc) (2) (d).

[125] Ebenso *Schwan,* Bundesländer, S. 175. *Schwan* stellt Gemeinschaftsrecht allerdings umfassend den Bundesgesetzen gleich.

[126] Vgl. *Dittmann,* in: Sachs, GG, Art. 83 Rdnr. 1, 23; *Pieroth,* in Jarass/Pieroth, GG, Art. 83 Rdnr. 1.

zweitens dort als eigene Angelegenheit. Der Vollzugstypus der Bundesauftragsverwaltung greift hinsichtlich der Ausführung unmittelbar wirkenden Gemeinschaftsrechts daher zum einen ein, wenn die zu vollziehende Gemeinschaftsrechtsnorm in einem grundgesetzlich der obligatorischen Bundesauftragsverwaltung[127] zugewiesenen Sachgebiet ergeht. Sieht das Grundgesetz die Bundesauftragsverwaltung lediglich fakultativ vor[128], bedarf es eines nach Maßgabe der jeweiligen Ermächtigung zustimmungsbedürftigen Bundesgesetzes. Hier kann auf das Erfordernis eines Bundesgesetzes nicht etwa entsprechend den zuvor vorgetragenen Erwägungen verzichtet werden, weil es nicht um eine konkurrierende Gesetzgebungskompetenz geht, deren Ausübung wegen der gemeinschaftsrechtlichen Regelung entbehrlich wird. Vielmehr ist die Notwendigkeit eines Bundesgesetzes von Verfassungs wegen auch für rein nationale Vollzugskonstellationen angeordnet. Im übrigen gilt es, die Zustimmungsbedürftigkeit durch den Bundesrat zu wahren.

(2) Einzelne Rechtsfolgen nach Art. 83ff. GG analog

Soweit das zu vollziehende unmittelbar wirkende Gemeinschaftsrecht Bundesgesetzen wegen der innerstaatlichen Gesetzgebungszuständigkeit des Bundes gleichsteht, werden dem Bund durch die analoge Anwendung der Art. 83ff. GG die dort vorgesehenen Zuständigkeiten und Einwirkungsrechte auf den Ländervollzug eröffnet.

Diese Rechte des Bundes werden bei der analogen Anwendung der Art. 83ff. GG hinsichtlich des Gemeinschaftsrechtsvollzugs nicht erweitert. Aus den im einzelnen dargelegten Erwägungen wird auch ein Vollzug durch die Länder ohne die spezifischen Rechte des Bundes aus den Art. 83ff. GG den gemeinschaftsrechtlichen Anforderungen zum effizienten und diskriminierungsfreien Verwaltungsvollzug des Gemeinschaftsrechts gerecht. Infolgedessen hat es sich als nicht gerechtfertigt erwiesen, Gemeinschaftsrecht entgegen der innerstaatlichen Kompetenzverteilung generell dem Bundesrecht gleichzustellen, nur um dem Bund stets zu den Rechtsfolgen der Art. 83ff. GG zu verhelfen. Ist aber eine generelle analoge Anwendung der Art. 83ff. GG statt einer dem Wortlaut der Art. 83ff. GG entsprechenden differenzierenden Auslegung nicht geboten, können erst recht in dem Bereich, in dem die analoge Anwendung erfolgt, die Ingerenzrechte der Art. 83ff. GG nicht auch noch erweitert werden.

Damit kann auf den zur Auslegung der Art. 83ff. GG in bezug auf die Ausführung nationalen Rechts erreichten Erkenntnisstand mutatis mutandis zurückgegriffen werden.

---

[127] Art. 90 Abs. 2; 104a Abs. 3 S. 2; 108 Abs. 3 GG.

[128] Art. 87b Abs. 2; 87c; 87d Abs. 2; 89 Abs. 2 S. 3, 4; 120a GG.

(a) Verwaltungsverfahren

Soweit spezielle gemeinschaftsrechtliche Verfahrensregelungen wie üblicherweise fehlen, richtet sich das Verfahren nach nationalem Recht, das ggf. durch das Gemeinschaftsrecht, insbesondere auf der Grundlage von Effizienzgebot und Diskriminierungsverbot, überlagert wird[129]. Insoweit steht auch bei der analogen Anwendung der Art. 83ff. GG beim Vollzug des unmittelbar wirkenden Gemeinschaftsrechts die Zuständigkeit der Länder zur Regelung des Verwaltungsverfahrens unter dem Vorbehalt einer abweichenden Regelung durch zustimmungsbedürftiges Bundesgesetz analog Art. 84 Abs. 1 GG. Wird das Gemeinschaftsrecht unter den dargelegten Voraussetzungen im Auftrage des Bundes vollzogen, bedarf es auch im Rahmen der analogen Anwendung des Art. 85 GG eines Erst-recht-Schlusses[130], um die dort fehlende Erwähnung des Verwaltungsverfahrens zu überwinden.

(b) Behördeneinrichtung

Gem. Art. 84 Abs. 1 bzw. Art. 85 Abs. 1 GG sind die Länder für die Einrichtung der Behörden zuständig, sofern nicht ein Bundesgesetz mit Zustimmung des Bundesrates anderes bestimmt. Auch bei der analogen Anwendung der Vorschriften auf unmittelbar wirkendes Gemeinschaftsrecht stellt sich damit insbesondere die Frage, ob die Befugnis des Bundes zur Einrichtung der Behörden ggf. auch zum Durchgriff auf kommunale Behörden berechtigt[131]. Das BVerfG hat zu Art. 84 Abs. 1 GG festgestellt, daß es sich „bei der Einschaltung der Gemeinden in den Vollzug der Bundesgesetze durch den Bundesgesetzgeber immer nur um punktuelle Annexregelungen zu einer zur Zuständigkeit des Bundesgesetzgebers gehörenden materiellen Regelung handeln" könne. „Wenn die Annexregelung für den wirksamen Vollzug der materiellen Bestimmungen des Gesetzes nicht notwendig ist, so liegt darin ein unzulässiger Eingriff in die Verwaltungskompetenz der Länder."[132]

Auch wenn man einen entsprechenden Durchgriff im Grundsatz ausnahmsweise zuläßt, sofern der Kernbereich der Selbstverwaltungsgarantie

---

[129] Siehe zur Europäisierung des Verwaltungsrechts die Schrifttumsnachweise in § 2 FN 51.

[130] Vgl. in bezug auf die unmittelbare Anwendung des Art. 85 GG bei der Ausführung von Bundesgesetzen BVerfGE 26, 338 (385); *Broß,* in: v. Münch/Kunig, GG, Art. 85 Rdnr. 7; *Bull,* in: AK-GG, Art. 85 Rdnr. 10; *Dittmann,* in: Sachs, GG, Art. 85 Rdnr. 10; *Pieroth,* in: Jarass/Pieroth, GG, Art. 85 Rdnr. 3; *J. Ipsen,* StaatsR I, Rdnr. 598.

[131] Dazu hinsichtlich des rein nationalen Vollzugs *Broß,* in: v. Münch/Kunig, GG, Art. 84 Rdnr. 14; kritisch *Lerche,* in: Maunz/Dürig, GG, Art. 84 Rdnr. 27, 59.

[132] BVerfGE 22, 180 (209f.); ähnlich BVerfGE 77, 288 (299).

nicht betroffen ist, liegen die vom BVerfG aufgestellten Voraussetzungen im Hinblick auf unmittelbar wirkende Gemeinschaftsrechtsbestimmungen nicht vor. Wegen der Existenz der unmittelbar geltenden Gemeinschaftsrechtsnorm, die es analog Art. 83ff. GG zu vollziehen gilt, fehlt es insoweit an einer bundesgesetzlichen Regelung, als deren punktueller Annex sich ein Zugriff auf die Kommunen darstellen könnte. Ein spezifisch gemeinschaftsrechtlicher Grund für die Zulassung eines derartigen Organisationseingriffs liegt nicht vor, weil unmittelbar wirkende Gemeinschaftsrechtsnormen einschließlich direkt wirkender Richtlinienbestimmungen ohne weiteres für alle Behörden der Mitgliedstaaten in gleicher Weise verbindlich sind[133].

(c) Verwaltungsvorschriften des Bundes

Finden die Art. 83ff. GG auf den Vollzug unmittelbar wirkenden Gemeinschaftsrechts analoge Anwendung, steht der Bundesregierung das Recht zu, mit Zustimmung des Bundesrates allgemeine Verwaltungsvorschriften zu erlassen (Art. 84 Abs. 2 bzw. Art. 85 Abs. 2 S. 1 GG analog). Allerdings kann der Erlaß von Verwaltungsvorschriften gemeinschaftsrechtlich unzulässig sein, sofern der Vorrang des Gemeinschaftsrechts beeinträchtigt würde.

Sofern Verwaltungsvorschriften nicht zu unmittelbar wirkenden Gemeinschaftsrechtsnormen ergehen, sondern eine legislative Umsetzung von Gemeinschaftsrecht – soweit zulässig – ersetzen sollen, wird auch insoweit die Frage nach der Kompetenzverteilung aktuell, auf die gesondert einzugehen ist (siehe unten sub V.).

(d) Aufsicht des Bundes

Soweit die Länder unmittelbar wirkendes Gemeinschaftsrecht nicht nach Art. 30 GG, sondern wegen der bei einer innerstaatlichen Regelung vorliegenden Gesetzgebungskompetenz analog Art. 83ff. GG vollziehen, stehen dem Bund die im Achten Abschnitt vorgesehenen Aufsichts- und insbesondere Weisungsrechte zu.

Vollziehen die Länder das Gemeinschaftsrecht danach als eigene Angelegenheit (Art. 83, 84 GG analog), richtet sich das Weisungsrecht des Bundes analog Art. 84 Abs. 3 - 5 GG[134]. Der Bund ist auf eine Rechtsaufsicht beschränkt (Art. 84 Abs. 3 S. 1 GG analog). Bei Mängeln ist vor einer

---

133 EuGH, Urt. v. 22.6.1989, Rs. 103/88 (Fratelli Costanzo/Stadt Mailand), Slg. 1989, S. 1839 (1870f. Tz. 28ff.).

134 Vgl. *Kössinger,* Durchführung des Gemeinschaftsrechts, S. 152f.

Anrufung des BVerfG das Verfahren analog Art. 84 Abs. 4 GG durchzuführen. Die Zulässigkeit von Einzelweisungen ist entsprechend den Kautelen des Art. 84 Abs. 5 GG beschränkt.

Soweit der Gemeinschaftsrechtsvollzug der Bundesauftragsverwaltung gleichzuachten ist, stehen dem Bund die erweiterten Aufsichts- und Weisungsbefugnisse nach Art. 85 Abs. 3, 4 GG analog zu. Damit steht dem Bund insbesondere eine Zweckmäßigkeitskontrolle hinsichtlich des Verwaltungsvollzugs durch die Länder zu.

Der von der Enquete-Kommission Verfassungsreform[135] vorgeschlagene Art. 90a GG[136] enthielt eine allgemeine Ermächtigung, nach der abweichend von der sonst vorliegenden Kompetenzregelung ein Vollzug der Rechtsvorschriften einer zwischenstaatlichen Einrichtung durch die Länder im Auftrag des Bundes angeordnet werden konnte. Dies hat die Kommission in erster Linie damit begründet, daß es zur Erfüllung gemeinschaftsrechtlicher Verpflichtungen empfehlenswert sein könne, dem Bund die Weisungs- und Fachaufsichtsrechte der Bundesauftragsverwaltung einzuräumen[137]. In zweiter Linie wurde auf die damit einhergehende Pflicht des Bundes zur Tragung der Zweckausgaben nach Art. 104 a Abs. 2 GG hingewiesen[138].

Ob eine derartige Grundgesetzänderung verfassungspolitisch sinnvoll wäre, erscheint mittlerweile zweifelhaft. Einem Bedürfnis für eine Erweiterung der Ingerenzrechte des Bundes steht jedenfalls zum einen die großzügige Handhabung der Bundesverwaltungskompetenzen im Bereich des Gemeinschaftsrechtsvollzugs entgegen[139]. Die Gefahr, daß der Bund von der Steuerung des Gemeinschaftsrechtsvollzuges ausgeschlossen zu werden droht[140], besteht daher nicht[141], zumal dem Bund mit der hier vertretenen Auffassung die Ingerenzrechte eingeräumt werden, die ihm bei einer innerstaatlichen Regelung zugestanden hätten. Zum anderen hat die Praxis[142] gezeigt, daß die bundesstaatliche Kompetenzsystematik nicht zwangsläufig

---

135 Enquete-Kommission Verfassungsreform, Schlußbericht, BT-Drucks. 7/5924, S. 144.

136 Siehe dessen Wortlaut oben unter I., S. 211.

137 BT-Drucks. 7/5924, S. 147.

138 BT-Drucks. 7/5924, S. 147. Zur Finanzverantwortung beim Gemeinschaftsrechtsvollzug, insbesondere bzgl. EG-Geldleistungsvorschriften, siehe *Funke,* ZfZ 1976, S. 336ff.; *Littwin,* DVBl. 1997, S. 151ff.; *Magiera,* FS Menzel, S. 621ff.; *Petersen,* DVBl. 1975, S. 291ff.; *Pruns,* DÖV 1976, S. 217ff.; *Seidel,* FS Carstens I, S. 273ff.; *Sasse,* WiR 1973, S. 308ff.; *Selmer,* GS Sasse I, S. 229ff.

139 Vgl. oben § 7 I., IV. 4.

140 So noch die Bedenken von *Lerche,* in: Maunz/Dürig, GG, Art. 83 Rdnr. 51, im Anschluß an *Loeser,* Mischverwaltung, S. 259.

141 Vgl. *H.-J. Blanke,* Föderalismus und Integrationsgewalt, S. 297f., bes. 298 mit FN 35.

besondere Defizite beim Verwaltungsvollzug des Gemeinschaftsrechts nach sich zieht.

V. Sonderproblem: Kompetenzverteilung bei Richtlinienumsetzung durch Verwaltungsvorschriften

Eine besondere kompetentielle Problematik wird aufgeworfen, sofern Richtlinien nicht durch Parlamentsgesetze oder Rechtsverordnungen, sondern durch Verwaltungsvorschriften umgesetzt werden. Dies wird trotz der restriktiven Rechtsprechung des EuGH[143] nicht prinzipiell ausgeschlossen[144]. Ein Fall des unmittelbaren mitgliedstaatlichen Vollzugs liegt insoweit nicht vor, weil die Gemeinschaftsrechtsnorm nicht unmittelbar wirkt, sondern der nationalen Umsetzung bedarf. Von dem Bereich des mittelbaren mitgliedstaatlichen Vollzugs unterscheidet sich die Konstellation, da in Ermangelung einer gesetzgeberischen Umsetzung nicht nationales Recht vollzogen wird und daher die direkte Anknüpfung an die Art. 83 ff., 30 GG ausscheidet.

Im Normalfall der Richtlinienumsetzung durch Gesetz oder eine aufgrund gesetzlicher Ermächtigung ergangene Rechtsverordnung stellt sich die Kompetenzlage, wie gesehen, folgendermaßen dar. Die Verteilung der Gesetzgebungskompetenzen für das Umsetzungsgesetz richtet sich nach den Art. 70 ff. GG. Ist danach ein Landesgesetz verwaltungsmäßig zu vollziehen, greift mangels abweichender Spezialregelung Art. 30 GG ein. EG-Recht durchführende Bundesgesetze werden nach Maßgabe der – unmittelbar anzuwendenden – Art. 83 ff. GG vollzogen.

Soll eine Richtlinienbestimmung durch Verwaltungsvorschrift umgesetzt werden, fehlt es an einem nationalen Gesetzgebungsakt, als dessen Ausführung sich der Erlaß der Verwaltungsvorschrift qualifizieren läßt. Die zweistufige Lösung der Kompetenzverteilungsfrage über erstens die Heranziehung der Art. 70 ff. GG hinsichtlich der Umsetzung und zweitens der

---

142 Vgl. auch die Bewertung von *Hauschild,* in: Siedentopf, Europäische Integration, S. 155 (165), auf der Grundlage der sog. Maastricht-Studie: „Das Ergebnis des Maastricht-Projekts, wonach in den Mitgliedstaaten Gemeinschaftsrecht in gleicher Weise wie nationales Recht angewandt wird, weder vollkommener, aber auch nicht mit spezifischen Vollzugsdefiziten, entspricht der angedeuteten Normalität des Vollzuges europäischer Rechtsetzung." Ebenso *Siedentopf/Hauschild,* DÖV 1990, S. 445 (452).

143 EuGH, Urt. v. 30.5.1991, Rs. C-361/88 (Kommission/Deutschland), Slg. 1991-I, S. 2567 (2599 ff. Tz. 10 ff.); EuGH, Urt. v. 30.5.1991, Rs. 59/89 (Kommission/Deutschland), Slg. 1991-I, S. 2607 (2629 ff. Tz. 9 ff.).

144 Dazu *Beyerlin,* EuR 1987, S. 126 ff.; *v. Danwitz,* VerwArch. 84 (1993), S. 73 ff.; *Langenfeld/Schlemmer-Schulte,* EuZW 1991, S. 622 ff.; *Steiling,* NVwZ 1992, S. 134 ff.; *Vedder,* EWS 1991, S. 293 ff.

Art. 83ff., 30 GG bzgl. der Ausführung scheidet daher aus. Denn die theoretisch denkbare Erwägung, ob auf außenwirksame gesetzesvertretende Verwaltungsvorschriften die Art. 70ff. GG anzuwenden sind, wird man alsbald verwerfen. Der Erlaß von Verwaltungsvorschriften unterfällt nicht den Regelungen über die Gesetzgebungs- sondern die Verwaltungskompetenzen. Dafür spricht bereits die Verortung der grundgesetzlichen Normen, die der Bundesregierung die Zuständigkeit zum Erlaß allgemeiner Verwaltungsvorschriften einräumen, im Achten Abschnitt des Grundgesetzes. Andernfalls würde aber auch die Konzeption der außenwirksamen Verwaltungsvorschrift als eines selbständigen, nicht von der gesetzgebenden Gewalt abgeleiteten Normsetzungsinstruments der Exekutive pervertiert. Dem entspricht schließlich auch die allgemeine Ansicht, daß zu der Ausführung im Sinne von Art. 83 GG der Erlaß von Verwaltungsvorschriften zu zählen ist[145].

Soweit in gemeinschaftsrechtlich und verfassungsrechtlich zulässiger Weise Richtlinien durch Verwaltungsvorschriften umgesetzt werden, die sich nicht mehr als Konkretisierung nationaler Umsetzungsnormen und damit deren Ausführung darstellen, stellt sich demnach kompetentiell eine vergleichbare Problematik wie beim unmittelbaren mitgliedstaatlichen Vollzug, in dem unmittelbar wirkende Normen des Gemeinschaftsrechts vollzogen werden müssen.

Hier wie dort resultieren die Schwierigkeiten hinsichtlich der Kompetenzverteilung daraus, daß die Art. 83ff., 30 GG eine gesetzesakzessorische Verwaltungszuständigkeit für den supranationalen Normvollzug nicht ausdrücklich regeln.

Damit besteht auch hinsichtlich der Zuständigkeit zum Erlaß von Verwaltungsvorschriften, die Gemeinschaftsrecht umsetzen, einerseits die Möglichkeit, den Begriff der Bundesgesetze in Art. 83ff. GG unterscheidungslos durch Gemeinschaftsrecht zu ersetzen und damit ungehindert auf die Rechtsfolgen der Art. 83ff. GG zuzugreifen. Dann bestünde gem. Art. 84 Abs. 2 bzw. 85 Abs. 2 S. 1 GG auch außerhalb der Bereiche der Bundesverwaltung eine umfassende Zuständigkeit der Bundesregierung, mit der Zustimmung des Bundesrates allgemeine Verwaltungsvorschriften zu erlassen. Andererseits könnte es geboten sein, die entsprechende Anwendung der Art. 83ff. GG an die innerstaatliche Kompetenzverteilung anzubinden und damit Kompetenzverwerfungen aufgrund der Integration zu vermeiden.

Die erste Lösungsmöglichkeit führt wegen der Gleichsetzung von Gemeinschaftsrecht und Bundesrecht zu einer flächendeckenden Zuständigkeit der Bundesregierung, mit Zustimmung des Bundesrates Verwaltungsvorschriften zu erlassen. Dies würde auch in den Bereichen gelten, in denen

---

[145] *Lerche,* in: Maunz/Dürig, GG, Art. 83 Rdnr. 66 FN 242; *Pieroth,* in: Jarass/Pieroth, GG, Art. 83 Rdnr. 4.

bei einer legislativen Umsetzung nach den Art. 70 ff. GG, die nach praktisch allgemeiner[146], durch Art. 10 Abs. 3 EV bestätigter Ansicht Anwendung finden, die Länder ausschließlich zuständig wären.

Dieses Ergebnis ist mit der Struktur der grundgesetzlichen Kompetenzverteilung unvereinbar. Bei einer pauschalen Gleichsetzung von Gemeinschaftsrecht und Bundesgesetzen i. S. v. Art. 83 ff. GG würden dem Bund die Zuständigkeiten zum Erlaß von allgemeinen Verwaltungsvorschriften gem. Art. 84 Abs. 2 bzw. 85 Abs. 2 S. 1 GG zustehen, auch wenn die legislative Durchführung gem. Art. 70 Abs. 1 GG Ländersache wäre. Dies würde einen weiteren Verlust der Länder nach sich ziehen, weil diese im Falle der gesetzgeberischen Umsetzung gem. Art. 30 GG zwangsläufig auch für den Erlaß aller Verwaltungsvorschriften zuständig sind, die in Ausführung des jeweiligen Landesgesetzes ergehen.

Eine Auslegung der Art. 83 ff. GG, die Gemeinschaftsrecht mit Bundesgesetzen gleichsetzt, führt demnach zu erheblichen Kompetenzverwerfungen, ohne daß Wortlaut, Systematik, Telos oder Entstehungsgeschichte der Normen dies in irgendeiner Form rechtfertigen. Im Gegenteil wäre die befremdliche Konsequenz jener Auslegungsvariante, daß für die Umsetzung von Gemeinschaftsrecht durch Verwaltungsvorschriften im Widerspruch zu der grundgesetzlichen Konzeption der Kompetenzverteilung die Zuständigkeiten des Bundes weiter reichen würden als bei einer Durchführung durch den Gesetzgeber. Eine undifferenzierte Gleichsetzung von Gemeinschaftsrecht und Bundesgesetzen bei der Anwendung der Art. 83 ff. GG verbietet sich daher.

Eine derartige Auslegung ist jedoch auch aus einem weiteren Grunde abzulehnen. Würde man im Falle einer zulässigen Umsetzung von Richtlinien durch Verwaltungsvorschriften die Kompetenzbestimmungen der Art. 83 ff. GG anwenden, indem der dort verwandte Begriff der Bundesgesetze als Gemeinschaftsrecht gelesen würde, bliebe den Ländern nur eine Möglichkeit, die sonst eintretenden Folgen, nämlich die Zuständigkeiten der Bundesregierung zum Erlaß allgemeiner Verwaltungsvorschriften aus Art. 84 Abs. 2 bzw. 85 Abs. 2 S. 1 GG auch in Bereichen, in denen bei einer Umsetzung durch den Gesetzgeber die Länder gem. Art. 70 Abs. 1 GG zuständig sind, abzuwehren. Sie müßten zumindest formal ein Landesgesetz zwischenschalten. Für den Erlaß von Verwaltungsvorschriften, die sich als Ausführung dieser landesrechtlichen Regelungen darstellten, wären dann gem. Art. 30 GG die Länder zuständig, weil die Art. 83 ff. GG auf die Umsetzung von Gemeinschaftsrecht durch Landesgesetze nach allgemeiner Ansicht keine Anwendung finden. Bereits bei der Analyse des Art. 23 Abs. 5 GG ist deutlich geworden, daß Auslegungen nicht zu überzeugen vermögen, die zu formalem

146 Siehe oben § 7 III. 4. c).

Tätigwerden zwingen, um die eigene Kompetenzausstattung zu wahren. Dies gilt in besonderem Maße für die Interpretation der Art. 83ff. GG hinsichtlich der zu untersuchenden Frage, weil der mittelbare Zwang für die Landesgesetzgeber, tätig zu werden, das Ziel einer Umsetzung des Gemeinschaftsrechts durch Verwaltungsvorschriften, das gesetzgeberische Handeln entbehrlich zu machen, gerade konterkarieren würde.

Auch im Hinblick auf die Umsetzung von Gemeinschaftsrecht durch Verwaltungsvorschriften verlangt die gebotene *entsprechende* Anwendung der Art. 83ff. GG, daß der Begriff der Bundesgesetze sinngemäß auf das Gemeinschaftsrecht übertragen wird. Zu diesem Zweck ist auch hier an die innerstaatliche Kompetenzverteilung anzuknüpfen. Eine Gleichsetzung von Gemeinschaftsrecht mit Bundesgesetzen scheidet zur Vermeidung der oben dargelegten Folgen jedenfalls aus, wenn für eine innerstaatliche statt der gemeinschaftsrechtlichen Regelung die Länder ausschließlich zuständig wären. Dies ist wiederum gem. Art. 70 Abs. 1 GG zu bejahen, wenn es entweder dem Bund bereits an einem Kompetenztitel fehlt oder wenn im Bereich der konkurrierenden Gesetzgebung die Voraussetzungen des Art. 72 Abs. 2 GG nicht vorliegen.

Dagegen ist Gemeinschaftsrecht Bundesgesetzen bei der entsprechenden Anwendung der Art. 83ff. GG zum einen gleichzusetzen, sofern innerstaatlich eine ausschließliche Gesetzgebungszuständigkeit des Bundes besteht. Andernfalls ergäben sich die dargelegten Kompetenzverschiebungen, weil der Bund von der Umsetzung von Gemeinschaftsrecht durch Verwaltungsvorschriften ausgeschlossen würde, sofern er von einer legislativen Durchführung des Gemeinschaftsrechts absieht.

Schwieriger gestaltet sich die entsprechende Anwendung der Art. 83ff. GG auf die Umsetzung von Gemeinschaftsrecht durch Verwaltungsvorschriften, wenn bei einer legislativen Umsetzung der Bereich der konkurrierenden Gesetzgebungszuständigkeiten betroffen wäre[147]. Dort sind Bund und Länder kompetent, soweit der Bund trotz bestehenden Kompetenztitels und Vorliegens der Voraussetzungen nach Art. 72 Abs. 2 GG von seiner Befugnis noch keinen Gebrauch gemacht und damit die Sperrwirkung nicht ausgelöst hat. Die bestehende Kompetenz des Bundes reicht indessen aus, um auch hier den Zugriff auf die Rechtsfolgen der Art. 83ff. GG zu eröffnen. Wollte man dieser Auslegungsvariante nicht folgen, wäre es in jenem Fall der Bund, der gezwungen wäre, legislativ tätig zu werden, um sich insbesondere die Rechte aus Art. 84 Abs. 2, Art. 85 Abs. 2 S. 1 GG zu erhalten. Damit würde die Möglichkeit, vorbehaltlich der gemeinschafts- und verfassungsrechtlichen Zulässigkeit Gemeinschaftsrecht durch Verwaltungsvorschriften umzusetzen, weitgehend vereitelt.

---

[147] Unklar insoweit *Kössinger,* Durchführung des Gemeinschaftsrechts, S. 47.

Die besondere Problematik, wie die Kompetenzen im Falle einer Umsetzung von Richtlinien durch Verwaltungsvorschriften, sofern dies gemeinschafts- und verfassungsrechtlich zulässig ist, zu verteilen sind, bestätigt also das für den mittelbaren mitgliedstaatlichen Vollzug gefundene Ergebnis. Eine sachgerechte Kompetenzverteilung läßt sich nur erreichen, wenn dem Begriff des Bundesrechts im Rahmen der analogen Anwendung durch eine Anknüpfung an die innerstaatliche Kompetenzverteilung Rechnung getragen wird. Der Durchgriff auf die Rechtsfolgen der Art. 83ff. GG ist lediglich gerechtfertigt, sofern bei einer nationalen statt der gemeinschaftsrechtlichen Regelung der Bund diese hätte treffen können.

VI. Überblick über die Kompetenzverteilung beim Vollzug des Gemeinschaftsrechts

Im Überblick stellt sich die Kompetenzlage hinsichtlich des Verwaltungsvollzugs von Gemeinschaftsrecht demnach wie folgt dar:

Es besteht weder eine generelle Bundes- noch eine generelle Landeszuständigkeit zum Vollzug des Gemeinschaftsrechts. Durch Bundesbehörden wird das Gemeinschaftsrecht nur vollzogen, soweit das Grundgesetz dies abweichend von der grundsätzlichen Länderzuständigkeit gem. Art. 83ff., 30 GG vorsieht. Eine ausdrücklich gemeinschaftsrechtsbezogene Zuständigkeit des Bundes enthält Art. 108 Abs. 1 S. 1 GG. Soweit das Grundgesetz sonstige Bundesverwaltungszuständigkeiten sachgebietsbezogen begründet, erfassen jene in unmittelbarer Anwendung auch den Vollzug in jenem Bereich ergehender Gemeinschaftsrechtsnormen. Zu einer beträchtlichen Erweiterung der Bundeszuständigkeiten im Bereich des Gemeinschaftsrechtsvollzugs hat die Anwendung des Art. 87 Abs. 3 GG geführt.

Außerhalb der Bundeszuständigkeiten sind die Länder zum Verwaltungsvollzug des Gemeinschaftsrechts zuständig.

Im mittelbaren mitgliedstaatlichen Vollzug finden die allgemeinen Regelungen der Art. 83ff., 30 GG unmittelbar Anwendung. Gemeinschaftsrecht umsetzende (ergänzende, konkretisierende) Bundesgesetze vollziehen die Länder grundsätzlich gem. Art. 83f. GG als eigene Angelegenheit, ausnahmsweise gem. Art. 85 GG im Auftrage des Bundes. Wird das Gemeinschaftsrecht durch Landesrecht umgesetzt, sind die Länder gem. Art. 30 GG zum Vollzug zuständig. Ob Bund oder Länder für den Erlaß der zu vollziehenden Umsetzungsnorm zuständig sind, richtet sich nach Art. 70ff. GG.

Hinsichtlich des unmittelbaren mitgliedstaatlichen Vollzugs finden außerhalb bestehender Bundeszuständigkeiten die Art. 83ff. GG analog, hilfsweise Art. 30 GG Anwendung. Bei der analogen Anwendung der Art. 83ff.

GG steht Gemeinschaftsrecht nicht stets Bundesrecht gleich. Die Eröffnung der in den Art. 83 ff. GG vorgesehenen Rechtsfolgen ist vielmehr nur gerechtfertigt, wenn die zu vollziehende unmittelbar wirkende Gemeinschaftsrechtsbestimmung bei einer innerstaatlichen Regelung vom Bund hätte erlassen werden können. Insoweit reicht es im Bereich der konkurrierenden Gesetzgebungsbefugnisse aus, daß bei bestehendem Kompetenztitel die Voraussetzungen nach Art. 72 Abs. 2 GG erfüllt sind; ein Gebrauchmachen von der Kompetenz ist nicht erforderlich.

§ 8 Zusammenfassung der Ergebnisse in Thesen

I. Einwirkungen des Gemeinschaftsrechts auf die grundgesetzlichen Verwaltungszuständigkeiten sowie deren verfassungrechtlichen Grundlagen und Grenzen

1. Die europäische Integration wirkt auf die Verteilung der Verwaltungskompetenzen nach dem Grundgesetz in verschiedener Weise ein.

   a) Kompetenzverschiebungen treten unmittelbar in Gestalt von Kompetenzverlusten ein, soweit nach Maßgabe des Art. 23 GG n.F. (bisher Art. 24 Abs. 1), ggf. i.V.m. Art. 88 S. 2 GG, wirksam Hoheitsrechte auf dem Gebiet der Verwaltung an die Europäische Union und ihre Gemeinschaften übertragen werden.

   b) Sind auf einem Gebiet Hoheitsrechte hinsichtlich der Rechtsetzung, nicht aber hinsichtlich des Vollzugs übertragen worden, kann das Gemeinschaftsrecht Regelungen hinsichtlich der mitgliedstaatlichen Verteilung der Verwaltungszuständigkeiten treffen, sofern – ausnahmsweise – entsprechende Ermächtigungen bestehen. Diese Vorgaben gehen wegen des Anwendungsvorrangs des Gemeinschaftsrechts den nationalen Kompetenzverteilungsnormen vor.

   Soweit entsprechende Ermächtigungen fehlen bzw. von ihnen kein Gebrauch gemacht worden ist, enthält das Gemeinschaftsrecht indirekt über das Effizienzgebot und das Diskriminierungsverbot Vorgaben, denen die nationalen Kompetenzverteilungsnormen und deren Auslegung genügen müssen.

   c) Mittelbare Kompetenzverschiebungen sind aufgrund der Übertragung von Rechtsetzungsbefugnissen möglich, insbesondere soweit die grundgesetzlichen Kompetenzverteilungsregelungen an die Urheberschaft der zu vollziehenden Rechtsnorm anknüpfen. Derartige Kompetenzverschiebungen werden jedoch bei sachgerechter Auslegung der Grundgesetzbestimmungen vermieden.

2. Die verfassungsrechtlichen Ermächtigungen für die Übertragung von Hoheitsrechten (Art. 23 GG n.F., Art. 24 Abs. 1, Art. 88 S. 2 GG) als Grundlagen der gemeinschaftsrechtlichen Einwirkungen bestimmen zugleich deren Schranken.

a) Dies ergibt sich für Zuständigkeitsveränderungen durch Kompetenzverluste unmittelbar aus der einschlägigen Übertragungsermächtigung (siehe Art. 23 Abs. 1 S. 2, 3 i.V.m. Art. 79 Abs. 3 GG).

b) Im übrigen basieren die Einwirkungen des Gemeinschaftsrechts auf dessen Anwendungsvorrang. Dieser besteht kraft verfassungsrechtlicher Ermächtigung und reicht daher maximal so weit wie diese selbst.

c) Der danach zu beachtende Rubikon des Art. 79 Abs. 3 GG ist insbesondere überschritten, sofern der Union bzw. ihren Gemeinschaften in ihrer durch den Europäischen Unionsvertrag konstituierten Gestalt eine Kompetenz-Kompetenz verliehen wird. Im Hinblick auf den bundesstaatlichen Gewährleistungsgehalt des Art. 79 Abs. 3 GG unzulässig ist der Verlust substantieller Verwaltungszuständigkeiten der Länder.

II. Systematik des Verwaltungsvollzugs des Gemeinschaftsrechts

1. Die Systematik des Verwaltungsvollzugs des Gemeinschaftsrechts wird geprägt durch die den Gemeinschaften zugewiesenen Ermächtigungen.

2. Verwaltungszuständigkeiten zum Vollzug des Gemeinschaftsrechts durch eigene Stellen (gemeinschaftseigener/direkter Vollzug) stehen den Gemeinschaften nach Maßgabe des Grundsatzes der begrenzten Ermächtigung nur zu, soweit dies vertraglich vorgesehen ist. Verwaltungszuständigkeiten der Gemeinschaft können nicht allgemein aus Rechtsetzungszuständigkeiten abgeleitet werden, weil es in aller Regel an den eng auszulegenden Voraussetzungen für die Anerkennung einer impliziten Ermächtigung fehlt.

   Der gemeinschaftseigene Vollzug von Gemeinschaftsrecht stellt dementsprechend eine begrenzte Ausnahme dar.

3. Regelmäßig wird das Gemeinschaftsrecht durch nationale Stellen vollzogen (mitgliedstaatlicher Vollzug). Zu unterscheiden ist der mittelbare mitgliedstaatliche Vollzug, in dem nationale Vorschriften ausgeführt werden, die Gemeinschaftsrecht umsetzen, konkretisieren oder ergänzen, sowie der unmittelbare mitgliedstaatliche Vollzug, in dem unmittelbar wirkende Gemeinschaftsrechtsnormen ohne Dazwischentreten einer nationalen Bestimmung vollzogen werden. Beim Vollzug des Gemeinschaftsrechts üben die Mitgliedstaaten nationale öffentliche Gewalt aus.

III. Grundgesetzliche Verwaltungskompetenzverteilung beim mitgliedstaatlichen Gemeinschaftsrechtsvollzug

1. Die grundsätzliche Autonomie der Mitgliedstaaten, die Verwaltungszuständigkeiten hinsichtlich des mitgliedstaatlichen Vollzugs zu regeln, wird beschränkt durch das Effizienzgebot und das Diskriminierungsverbot.

   a) Das Effizienzgebot verpflichtet die Mitgliedstaaten, die Vollzugskompetenzen in einer Weise zu regeln, die einen ordnungsgemäßen Verwaltungsvollzug sicherstellt. In keinem Fall dürfen Tragweite und Wirksamkeit des Gemeinschaftsrechts durch die Verteilung der nationalen Vollzugskompetenzen beeinträchtigt werden.

      Diesen Anforderungen werden alle grundgesetzlich vorgesehenen Formen des Verwaltungsvollzugs einschließlich des Ländervollzugs gem. Art. 30 GG gerecht. Das zur Verfügung stehende gemeinschaftsrechtliche und verfassungsrechtliche Instrumentarium stellt unabhängig von der Eröffnung von Ingerenzrechten nach Art. 84f. GG den ordnungsgemäßen Vollzug des Gemeinschaftsrechts sicher.

   b) Das Diskriminierungsverbot untersagt es den Mitgliedstaaten, die Vollzugskompetenzen für den Gemeinschaftsrechtsvollzug weniger leistungsfähig zu verteilen als im Hinblick auf rein nationale Sachverhalte. Diesen Anforderungen genügt das Grundgesetz bereits im Hinblick auf das Fehlen einer allgemeinen kompetentiellen Sonderregelung hinsichtlich des Gemeinschaftsrechtsvollzugs.

   c) Effizienzgebot und Diskriminierungsverbot vermögen demzufolge bei der Auslegung der Zuständigkeitsvorschriften Kompetenzverschiebungen gegenüber der allgemeinen grundgesetzlichen Zuständigkeitsordnung nicht zu rechtfertigen.

2. In Ermangelung einer allgemeinen Bundes- oder Landeszuständigkeit zum Verwaltungsvollzug des Gemeinschaftsrechts wird dieses gem. Art. 30 GG von den Ländern vollzogen, sofern das Grundgesetz keine andere Regelung trifft oder zuläßt. Abweichende Regelungen enthalten insbesondere die Art. 83ff. GG, die teils direkte, teils analoge Anwendung finden.

   a) Durch Bundesbehörden wird das Gemeinschaftsrecht vollzogen, sofern das Grundgesetz dies abweichend von der Regelzuständigkeit der Länder gem. Art. 83ff., 30 GG vorsieht. Als einzig ausdrücklich gemeinschaftsrechtsbezogene Verwaltungszuständigkeit begründet Art. 108 Abs. 1 S. 1 GG eine Bundeskompetenz für die Verwaltung der Abgaben der Europäischen Gemeinschaft.

Soweit das Grundgesetz sonstige Bundesverwaltungszuständigkeiten sachgebietsbezogen begründet, erfassen jene in unmittelbarer Anwendung auch den Vollzug in jenem Bereich ergehender Gemeinschaftsrechtsnormen. Eine Erweiterung der Bundeszuständigkeiten ist über Art. 87 Abs. 3 GG möglich, der auch im Bereich des Gemeinschaftsrechtsvollzugs unmittelbar anwendbar ist.

Außerhalb der Bundeszuständigkeiten sind die Länder zum Verwaltungsvollzug des Gemeinschaftsrechts zuständig.

b) Im mittelbaren mitgliedstaatlichen Vollzug finden die allgemeinen Regelungen der Art. 83ff., 30 GG unmittelbar Anwendung. Bundesgesetze, die Gemeinschaftsrecht umsetzen, ergänzen oder konkretisieren, vollziehen die Länder grundsätzlich gem. Art. 83f. GG als eigene Angelegenheit, ausnahmsweise gem. Art. 85 GG im Auftrage des Bundes. Wird das Gemeinschaftsrecht durch Landesrecht umgesetzt, sind die Länder gem. Art. 30 GG zum Vollzug zuständig. Ob Bund oder Länder für den Erlaß der zu vollziehenden Umsetzungsnorm zuständig sind, richtet sich nach Art. 70ff. GG.

c) Hinsichtlich des unmittelbaren mitgliedstaatlichen Vollzugs finden außerhalb bestehender Bundeszuständigkeiten die Art. 83ff. GG analog Anwendung, hilfsweise greift Art. 30 GG ein. Bei der analogen Anwendung der Art. 83ff. GG steht Gemeinschaftsrecht nicht stets Bundesrecht gleich. Die Eröffnung der in den Art. 83ff. GG vorgesehenen Rechtsfolgen ist vielmehr nur gerechtfertigt, wenn die zu vollziehende unmittelbar wirkende Gemeinschaftsrechtsbestimmung bei einer innerstaatlichen Regelung vom Bund hätte erlassen werden können. Insoweit reicht es im Bereich der konkurrierenden Gesetzgebungsbefugnisse aus, daß bei bestehendem Kompetenztitel die Voraussetzungen nach Art. 72 Abs. 2 GG erfüllt sind; ein Gebrauchmachen von der Kompetenz ist nicht erforderlich.

d) Sofern eine Richtlinienumsetzung durch Verwaltungsvorschriften ausnahmsweise gemeinschaftsrechtlich und verfassungsrechtlich zulässig ist, richtet sich die Kompetenz gem. Art. 83ff. GG analog, hilfsweise Art. 30 GG. Die Zuständigkeiten entsprechend Art. 84 Abs. 2, 85 Abs. 2 S. 1 GG zum Erlaß allgemeiner Verwaltungsvorschriften bestehen nur, wenn der Bund innerstaatlich zu einer gesetzlichen Regelung kompetent ist.

Literaturverzeichnis

Akmann, Torsten: Die Zusammenarbeit in den Bereichen Justiz und Inneres als „3. Säule" des Maastrichter Unionsvertrages, in: JA 1994, S. 49 - 55

Alternativkommentar: Kommentar zum Grundgesetz für die Bundesrepublik Deutschland, 2. Auflage, Neuwied 1989 (zit. Bearbeiter, in: AK-GG)

Ameln, Ralf von: Auswirkungen des Europäischen Binnenmarktes auf Kommunalpolitik und Kommunalrecht der EG-Mitgliedstaaten – Am Beispiel der Bundesrepublik Deutschland, in: DVBl. 1992, S. 477 - 484

Anschütz, Gerhard: Deutsches Staatsrecht, in: Encyklopädie der Rechtswissenschaft in systematischer Bearbeitung, hrsg. v. Josef Kohler, Band 2, Leipzig/Berlin 1904, S. 449 - 635

Arndt, Hans-Wolfgang: Europarecht, 2. Auflage, Heidelberg 1995 (zit. Arndt, EuropaR)

Badura, Peter: Die „Kunst der föderalen Form" – Der Bundesstaat in Europa und die europäische Föderation, in: Badura, Peter/Scholz, Rupert (Hrsg.), Wege und Verfahren des Verfassungslebens. Festschrift für Peter Lerche zum 65. Geburtstag, München 1993, S. 369 - 384 (zit. Badura, FS Lerche)

— Die Organisations- und Personalhoheit des Mitgliedstaates in der Europäischen Union, in: Due, Ole/Lutter, Marcus/Schwarze, Jürgen (Hrsg.), Festschrift für Ulrich Everling, Band I, Baden-Baden 1995, S. 33 - 47 (zit. Badura, FS Everling I)

— Staatsrecht. Systematische Erläuterung des Grundgesetzes für die Bundesrepublik Deutschland, 1. Auflage, München 1986, 2. Auflage, München 1996 (zit. Badura, StaatsR; soweit nicht anders vermerkt, wird die 2. Auflage zitiert)

— Thesen zur Verfassungsreform in Deutschland, in: Bender, Bernd/Breuer, Rüdiger/Ossenbühl, Fritz/Sendler, Horst (Hrsg.), Rechtsstaat zwischen Sozialgestaltung und Rechtsschutz. Festschrift für Konrad Redeker zum 70. Geburtstag, München 1993, S. 111 - 130 (zit. Badura, FS Redeker)

Baetge, Dietmar: Grundzüge des Vertrags von Maastricht, in: BayVBl. 1992, S. 711 - 717

Bandell, Dieter: Die Aufsicht der Europäischen Gemeinschaften über die Mitgliedstaaten, verglichen mit der Bundesaufsicht und unter Berücksichtigung der internationalen Kontrolle, Diss. iur., Köln 1965 (zit. Bandell, Aufsicht der EG)

Barnstedt, Elke Luise: Die Durchführung der Gemeinsamen Marktorganisationen in der Bundesrepublik Deutschland. Eine exemplarische Darstellung des Zusammenwirkens von nationalem und gemeinschaftlichem Recht (Europarecht – Völkerrecht Band 23), München 1988 (zit. Barnstedt, Durchführung der Gemeinsamen Marktorganisationen)

— Die Praxis der Ausführung des Gemeinschaftsrechtes in der Bundesrepublik Deutschland. Dargestellt an Beispielen aus der Durchführung der Marktorganisationen, in: Heckmann, Dirk / Meßerschmidt, Klaus (Hrsg.), Gegenwartsfragen des Öffentlichen Rechts. Bundesstaatliche Ordnung und europäische Integration – Objektives Recht und subjektive Rechte – Information als Staatsfunktion. 28. Tagung der wissenschaftlichen Mitarbeiter der Fachrichtung „Öffentliches Recht" vom 15. - 18. März 1988 in Trier (Schriften zum Öffentlichen Recht Band 552), Berlin 1988, S. 83 - 110 (zit. Barnstedt, in: Heckmann / Meßerschmidt, Gegenwartsfragen des Öff. Rechts)

Bauer, Hartmut: Die Bundestreue. Zugleich ein Beitrag zur Dogmatik des Bundesstaatsrechts und zur Rechtsverhältnislehre (Jus publicum Band 3), Tübingen 1992 (zit. Bauer, Bundestreue)

Baumhof, Christopher: Die deutschen Bundesländer im europäischen Einigungsprozeß unter besonderer Berücksichtigung der Mitwirkung der Länder an EWG-Vorhaben (Rechtswissenschaftliche Forschung und Entwicklung Band 297), München 1991 (zit. Baumhof, Bundesländer im europ. Einigungsprozeß)

Bayer, Hermann-Wilfried: Die Bundestreue (Tübinger rechtswissenschaftliche Abhandlungen Band 4), Tübingen 1961 (zit. Bayer, Bundestreue)

Becker, Bernd: Zur föderalen Konstruktion des Vollzugs (Verwaltung) in der Bundesrepublik Deutschland, in den Vereinigten Staaten von Amerika und in der Europäischen Gemeinschaft. Vergleichende Skizze, in: JöR n.F. 39 (1990), S. 67 - 103

Benda, Ernst / *Maihofer,* Werner / *Vogel,* Hans-Jochen (Hrsg.): Handbuch des Verfassungsrechts der Bundesrepublik Deutschland, 2. Auflage, Berlin / New York 1994 (zit. Bearbeiter, in: Benda / Maihofer / Vogel, HdbVerfR)

Benz, Arthur: Perspektiven des Föderalismus in Deutschland, in: DÖV 1991, S. 586 - 598

Bethge, Herbert: Deutsche Bundesstaatlichkeit und Europäische Union. Bemerkungen über die Entscheidung des Bundesverfassungsgerichts zur EG-Fernsehrichtlinie, in: Wendt, Rudolf / Höfling, Wolfram / Karpen, Ulrich / Oldiges, Martin (Hrsg.), Staat – Wirtschaft – Steuern. Festschrift für Karl Heinrich Friauf zum 65. Geburtstag, Heidelberg 1996, S. 55 - 74 (zit. Bethge, FS Friauf)

Beutler, Bengt / *Bieber,* Roland / *Pipkorn,* Jörn / *Streil,* Jochen: Die Europäische Union. Rechtsordnung und Politik, 4. Auflage, Baden-Baden 1993 (zit. Bearbeiter, in: BBPS, EU)

Beyer, Thomas C. W.: Die Ermächtigung der Europäischen Union und ihrer Gemeinschaften, in: Der Staat 35 (1996), S. 189 - 220

Beyerlin, Ulrich: Umsetzung von EG-Richtlinien durch Verwaltungsvorschriften, in: EuR 1987, S. 126 - 148

Bieber, Roland: Die Verwaltungsorganisation der Europäischen Gemeinschaft, in: Schweitzer, Michael (Hrsg.), Europäisches Verwaltungsrecht, Wien 1991, S. 85 - 114 (zit. Bieber, in: Schweitzer, Europ. VerwR)

Birke, Hans Eberhard: Die deutschen Bundesländer in den Europäischen Gemeinschaften (Schriften zum Öffentlichen Recht Band 228), Berlin 1973 (zit. Birke, Bundesländer in den EG)

Blair, Philip: Die Gestaltung der kommunalen Selbstverwaltung in den europäischen Staaten, in: DÖV 1988, S. 1002 - 1011

Blanke, Edzard: Die Bundesländer zwischen Eigenstaatlichkeit und EG-Integration (Schriften zum Öffentlichen Recht Band 352), Berlin 1989 (zit. E. Blanke, Bundesländer)

Blanke, Hermann-Josef: Die Bundesländer im Spannungsverhältnis zwischen Eigenstaatlichkeit und Europäischer Integration. Beteiligungsformen bei der Entstehung und Durchführung des Gemeinschaftsrechts, in: Heckmann, Dirk/Meßerschmidt, Klaus (Hrsg.), Gegenwartsfragen des Öffentlichen Rechts. Bundesstaatliche Ordnung und europäische Integration – Objektives Recht und subjektive Rechte – Information als Staatsfunktion. 28. Tagung der wissenschaftlichen Mitarbeiter der Fachrichtung „Öffentliches Recht" vom 15. - 18. März 1988 in Trier (Schriften zum Öffentlichen Recht Band 552), Berlin 1988, S. 53 - 81 (zit. H.-J. Blanke, in: Heckmann/Meßerschmidt, Gegenwartsfragen des Öff. Rechts)

— Föderalismus und Integrationsgewalt. Die Bundesrepublik Deutschland, Spanien, Italien und Belgien als dezentralisierte Staaten in der EG (Schriften zum Europäischen Recht Band 7), Berlin 1991 (zit. H.-J. Blanke, Föderalismus und Integrationsgewalt)

— Föderative Staatsstrukturen und Europäisches Gemeinschaftsrecht – Subnationale Beteiligungsformen bei der Ausarbeitung und Durchführung des Gemeinschaftsrechts, in: Siedentopf, Heinrich (Hrsg.), Europäische Integration und nationalstaatliche Verwaltung. Deutsche Vereinigung und institutionelle Weiterentwicklung der Europäischen Gemeinschaft, Stuttgart 1991, S. 65 - 84 (zit. H.-J. Blanke, in: Siedentopf, Europäische Integration)

— Die kommunale Selbstverwaltung im Zuge fortschreitender Integration – Aspekte nationaler und supranationaler Verfassungsentwicklung –, in: DVBl. 1993, S. 819 - 831

— Normativität und Justitiabilität des gemeinschaftsrechtlichen Subsidiaritätsprinzips, in: ZG 1995, S. 193 - 223

— Das Subsidiaritätsprinzip als Schranke des Gemeinschaftsrechts, in: ZG 1991, S. 133 - 158

— Der Unionsvertrag von Maastricht – Ein Schritt auf dem Weg zu einem europäischen Bundesstaat, in: DÖV 1993, S. 412 - 423

Bleckmann, Albert: Chancen und Gefahren der europäischen Integration, in: JZ 1990, S. 301 - 306

— Europarecht. Das Recht der Europäischen Gemeinschaft, 5. Auflage, Köln/Berlin/Bonn/München 1990 (zit. Bleckmann, EuropaR)

— Methoden der Bildung europäischen Verwaltungsrechts, in: DÖV 1993, S. 837 - 846

— Mitwirkung der Länder der Bundesrepublik Deutschland in den Europäischen Gemeinschaften, in: RIW/AWD 1978, S. 144 - 147

— Politische Aspekte der europäischen Integration unter dem Vorzeichen des Binnenmarktes 1992, in: ZRP 1990, S. 265 - 268

— Die Rechtsquellen des Europäischen Gemeinschaftsrechts, in: NVwZ 1993, S. 824 - 828

— Der Vertrag über die Europäische Union – Eine Einführung –, in: DVBl. 1992, S. 335 - 343

— Die Wahrung der „nationalen Identität" im Unions-Vertrag, in: JZ 1997, S. 265 - 269

Bleckmann, Albert/*Pieper,* Stefan Ulrich: Maastricht, die grundgesetzliche Ordnung und die „Superrevisionsinstanz". Die Maastricht-Entscheidung des Bundesverfassungsgerichts, in: RIW 1993, S. 969 - 977

Blümel, Willi: Verwaltungszuständigkeit, in: Isensee/Kirchhof, HdbStR IV, § 101

Blumenwitz, Dieter: Europäische Gemeinschaft und Rechte der Länder, in: Bieber, Roland/Nickel, Dietmar (Hrsg.), Das Europa der zweiten Generation. Gedächtnisschrift für Christoph Sasse, Band I, Baden-Baden 1981, S. 215 - 227 (zit. Blumenwitz, GS Sasse I)

— Das Subsidiaritätsprinzip und die Stellung der Länder und Regionen in der Europäischen Union, in: Randelzhofer, Albrecht/Scholz, Rupert/Wilke, Dieter (Hrsg.), Gedächtnisschrift für Eberhard Grabitz, München 1995, S. 1 - 15 (zit. Blumenwitz, GS Grabitz)

Böhm, Johann: Die Europäische Union – Gefahr oder Chance für den Föderalismus in Deutschland?, in: BayVBl. 1993, S. 545 - 551

Böhm, Monika: Voraussetzungen einer Staatshaftung bei Verstößen gegen primäres Gemeinschaftsrecht, in: JZ 1997, S. 53 - 60

Bogdandy, Armin von/*Nettesheim,* Martin: Die Europäische Union: Ein einheitlicher Verband mit eigener Rechtsordnung, in: EuR 1996, S. 3 - 26

— Die Verschmelzung der Europäischen Gemeinschaften in der Europäischen Union, in: NJW 1995, S. 2324 - 2328

Bohr, Kurt/*Albert,* Helmut: Die Europäische Union – das Ende der eigenständigen Kulturpolitik der deutschen Bundesländer?, in: ZRP 1993, S. 61 - 66

Bonner Kommentar: Kommentar zum Bonner Grundgesetz, Hamburg, Loseblatt, Stand: März 1997 (zit. Bearbeiter, in: BK, GG)

Borchmann, Michael: Bundesstaat und europäische Integration. Die Mitwirkung der Bundesländer an Entscheidungsprozessen der EG, in: AöR 112 (1987), S. 586 - 622

— Die deutschen Bundesländer und Europa, in: VR 1989, S. 124 - 125

— Doppelter Föderalismus in Europa. Die Forderungen der deutschen Länder zur Politischen Union, in: EA 1991, S. 340 - 348

— Die Europäischen Gemeinschaften im Brennpunkt politischer Aktivitäten der Bundesländer, in: DÖV 1988, S. 623 - 633

— Die Länder im bundesstaatlichen System der Bundesrepublik, in: VR 1990, S. 261 - 264

— Der Vertragsentwurf zur Gründung der Europäischen Union und die deutschen Bundesländer, in: VR 1986, S. 254 - 258

Borries, Reimer von: Das Subsidiaritätsprinzip im Recht der Europäischen Union. Deutscher Landesbericht für den XVI. FIDE-Kongreß 1994 in Rom, in: EuR 1994, S. 263 - 300

— Verwaltungskompetenzen der Europäischen Gemeinschaft, in: Due, Ole/Lutter, Marcus, Schwarze, Jürgen (Hrsg.), Festschrift für Ulrich Everling, Band I, Baden-Baden 1995, S. 127 - 147 (zit. v. Borries, FS Everling I)

Brechmann, Winfried: Die richtlinienkonforme Auslegung. Zugleich ein Beitrag zur Dogmatik der EG-Richtlinie, München 1994 (zit. Brechmann, Richtlinienkonforme Auslegung)

Brenner, Michael: Der Gestaltungsauftrag der Verwaltung in der Europäischen Union (Jus publicum Band 14), Tübingen 1996 (zit. Brenner, Gestaltungsauftrag)

— Der unitarische Bundesstaat in der Europäischen Union – Zum Ausgleich unitarischer und föderativer Strukturen in der Bundesrepublik Deutschland vor dem Hintergrund eines vereinten Europa –, in: DÖV 1992, S. 903 - 911

Breuer, Rüdiger: Die Sackgasse des neuen Europaartikels (Art. 23 GG), in: NVwZ 1994, S. 417 - 429

Brinker, Ingo: Vorläufiger Rechtsschutz in nationalen Gerichtsverfahren und Europarecht, in: NJW 1996, S. 2851 - 2852

Brünneck, Alexander von: Die öffentliche Meinung in der EG als Verfassungsproblem, in: EuR 1989, S. 249 - 261

Bünten, Wilfried: Staatsgewalt und Gemeinschaftshoheit bei der innerstaatlichen Durchführung des Rechts der Europäischen Gemeinschaften durch die Mitgliedstaaten (Schriften zum Öffentlichen Recht Band 317), Berlin 1977 (zit. Bünten, Staatsgewalt und Gemeinschaftshoheit)

Bullinger, Martin: Ungeschriebene Kompetenzen im Bundesstaat, in: AöR 96 (1971), S. 237 - 285

Burghardt, Günter/*Tebbe,* Gerd: Die Gemeinsame Außen- und Sicherheitspolitik der Europäischen Union – Rechtliche Struktur und politischer Prozeß, in: EuR 1995, S. 1 - 20

Buschhaus, Gabriele: Das „Francovich-Urteil" des EuGH – gemeinschaftsrechtlich begründete Haftungsansprüche der EG-Bürger gegenüber den Mitgliedstaaten bei Nichtumsetzung einer Richtlinie, in: JA 1992, S. 142 - 150

Callies, Christian: Das gemeinschaftsrechtliche Subsidiaritätsprinzip (Art. 3b EGV) als „Grundsatz der größtmöglichen Berücksichtigung der Regionen", in: AöR 121 (1996), S. 509 - 543

— Subsidiaritäts- und Solidaritätsprinzip in der Europäischen Union – Vorgaben für die Anwendung von Art. 3b EGV am Beispiel der gemeinschaftlichen Wettbewerbs- und Umweltpolitik (Schriften des Europa-Instituts der Universität des Saarlandes – Rechtswissenschaft Band 10), Baden-Baden 1996 (zit. Callies, Subsidiaritätsprinzip)

Carl, Dieter: Europäische Integration und bundesstaatlicher Finanzausgleich, in: NVwZ 1994, S. 947 - 952

— Finanzierungskompetenz und Finanzierungsverantwortung des Bundes auf dem Gebiet der sektoralen Wirtschaftsförderung, in: DÖV 1986, S. 581 - 590

— Die Gemeinschaft und die deutsche Einigung, in: EuZW 1990, S. 561 - 564

Cassese, Sabino: Der Einfluß des gemeinschaftsrechtlichen Verwaltungsrechts auf die nationalen Verwaltungsrechtssysteme, in: Der Staat 33 (1994), S. 25 - 38

Classen, Claus Dieter: Europäische Integration und demokratische Legitimation, in: AöR 119 (1994), S. 238 - 260

— Die Europäisierung der Verwaltungsgerichtsbarkeit. Eine vergleichende Untersuchung zum deutschen, französischen und europäischen Verwaltungsprozeßrecht (Jus publicum Band 13), Tübingen 1996 (zit. Classen, Europäisierung der Verwaltungsgerichtsbarkeit)

— Maastricht und die Verfassung: kritische Bemerkungen zum neuen „Europa-Artikel“ 23 GG, in: ZRP 1993, S. 57 - 61

Conrad, Friedrich Wilhelm: Formen der Vollziehung des Europäischen Staatengemeinschaftsrechts durch die Bundesrepublik Deutschland und Formen der Gemeinschaftsaufsicht, Diss. iur., Bonn 1968 (zit. Conrad, Formen der Vollziehung)

Constantinesco, Léontin-Jean: Anmerkung zu Conseil d'Etat vom 1. März 1968 (Semoules), in: EuR 1968, S. 318 - 330

— Das Recht der Europäischen Gemeinschaften. Band I: Das institutionelle Recht, Baden-Baden 1977 (zit. Constantinesco, Recht der EG)

Cornils, Matthias: Der gemeinschaftsrechtliche Staatshaftungsanspruch. Rechtsnatur und Legitimität eines richterrechtlichen Haftungsinstituts, Baden-Baden 1995 (zit. Cornils, Staatshaftungsanspruch)

Cremer, Hans-Joachim: Das Demokratieprinzip auf nationaler und europäischer Ebene im Lichte des Maastricht-Urteils des Bundesverfassungsgerichts, in: EuR 1995, S. 21 - 45

Curtin, Deirdre: The Constitutional Structure of the European Union: A Europe of Bits and Pieces, in: CMLRev 30 (1993), S. 17 - 69

Dästner, Christian: Zur Aufgabenverteilung zwischen Bundesrat, Landesregierungen und Landesparlamenten in Angelegenheiten der Europäischen Union, in: NWVBl. 1994, S. 1 - 9

Dahm, Georg/*Delbrück,* Jost/*Wolfrum,* Rüdiger: Völkerrecht, 2. Auflage, Band I/1: Die Grundlagen. Völkerrechtssubjekte, Berlin/New York 1989 (zit. Dahm/Delbrück/Wolfrum, VölkerR I/1)

Danwitz, Thomas von: Die gemeinschaftsrechtliche Staatshaftung der Mitgliedstaaten – Entwicklung, Stand und Perspektiven der Europäischen Haftung aus Richterhand –, in: DVBl. 1997, S. 1 - 10

— Normkonkretisierende Verwaltungsvorschriften und Gemeinschaftsrecht, in: VerwArch. 84 (1993), S. 73 - 96

— Verwaltungsrechtliches System und europäische Integration (Jus publicum Band 17), Tübingen 1996 (zit. v. Danwitz, Verwaltungsrechtliches System)

— Zur Entwicklung der gemeinschaftsrechtlichen Staatshaftung, in: JZ 1994, S. 335 - 342

Dauses, Manfred A. (Hrsg.): Handbuch des EG-Wirtschaftsrechts, München, Loseblatt, Stand: Juli 1995 (zit. Bearbeiter, in: Dauses, EG-WirtschaftsR)

Degenhart, Christoph: Staatsrecht I. Staatszielbestimmungen, Staatsorgane, Staatsfunktionen, 12. Auflage, Heidelberg 1996 (zit. Degenhart, StaatsR I)

Di Fabio, Udo: Die „Dritte Säule" der Union – Rechtsgrundlagen und Perspektiven der europäischen Polizei- und Justizzusammenarbeit –, in: DÖV 1997, S. 89 - 101

— Der neue Art. 23 des Grundgesetzes. Positivierung vollzogenen Verfassungswandels oder Verfassungsneuschöpfung?, in: Der Staat 32 (1993), S. 191 - 217

— Parlament und Parlamentsrecht. Aufgaben, Organisation und Konflikte parlamentarischer Arbeit, in: Der Staat 29 (1990), S. 599 - 618

— Richtlinienkonformität als ranghöchstes Auslegungsprinzip? Überlegungen zum Einfluß des indirekten Gemeinschaftsrechts auf die nationale Rechtsordnung, in: NJW 1990, S. 947 - 954

Dietlein, Max: Zur Problematik der Föderativstruktur eines geeinten Deutschlands in der Europäischen Gemeinschaft, in: NWVBl. 1990, S. 253 - 259

Doehring, Karl: Die nationale „Identität" der Mitgliedstaaten der Europäischen Union, in: Due, Ole/Lutter, Marcus/Schwarze, Jürgen (Hrsg.), Festschrift für Ulrich Everling, Band I, Baden-Baden 1995, S. 263 - 271 (zit. Doehring, FS Everling I)

— Staat und Verfassung in einem zusammenwachsenden Europa, in: ZRP 1993, S. 98 - 103

Doemming, Klaus-Berto/*Füßlein,* Rudolf Werner/*Matz,* Werner: Entstehungsgeschichte der Artikel des Grundgesetzes, Jahrbuch des öffentlichen Rechts der Gegenwart, Neue Folge Band 1, Tübingen 1951 (zit. Doemming/Füßlein/Matz, JöR n.F. 1 [1951])

Dörr, Dieter: Die Europäischen Gemeinschaften und die deutschen Bundesländer, in: NWVBl. 1988, S. 289 - 294

Dörr, Oliver: Noch einmal: Die Europäische Union und die Europäischen Gemeinschaften, in: NJW 1995, S. 3162 - 3165

— Zur Rechtsnatur der Europäischen Union, in: EuR 1995, S. 334 - 348

Dorn, Dietrich-W.: Artikel 235 EWG-Vertrag – Prinzipien der Auslegung. Die Generalermächtigung zur Rechtsetzung im Verfassungsystem der Gemeinschaften, Kehl/Straßburg/Arlington 1986 (zit. Dorn, Art. 235 EWGV)

Due, Ole: Der Grundsatz der Gemeinschaftstreue in der Europäischen Gemeinschaft in der neueren Rechtsprechung des Gerichtshofs, in: Zentrum für Europäisches Wirtschaftsrecht (Hrsg.), Vorträge und Berichte Nr. 9, 1992

Ehlermann, Claus-Dieter: Die Errichtung des Europäischen Fonds für währungspolitische Zusammenarbeit, in: EuR 1973, S. 193 - 208

— Mitgliedschaft in der Europäischen Gemeinschaft. Rechtsprobleme der Erweiterung, der Mitgliedschaft und der Verkleinerung, in: EuR 1984, S. 113 - 125

Ehlers, Dirk: Die Einwirkungen des Rechts der Europäischen Gemeinschaften auf das Verwaltungsrecht, in: Erichsen, Hans-Uwe (Hrsg.), Allgemeines Verwaltungsrecht, 10. Auflage, Berlin/New York 1995, § 3 (S. 68 - 99)

— Die Einwirkungen des Rechts der Europäischen Gemeinschaften auf das Verwaltungsrecht, in: DVBl. 1991, S. 605 - 613

— Die Weiterentwicklung des Staatshaftungsrechts durch das europäische Gemeinschaftsrecht. Das Brasserie du pêcheur-Urteil des EuGH und seine Folgen, in: JZ 1996, S. 776 - 783

Eiselstein, Claus: Europäische Verfassunggebung. Einige grundsätzliche Überlegungen im Vorfeld der Regierungskonferenz, in: ZRP 1991, S. 18 - 24

— Verlust der Bundesstaatlichkeit? Kompetenzverluste der Länder im kulturellen Sektor vor dem Hintergrund von Art. 79 Abs. 3 GG, in: NVwZ 1989, S. 323 - 330

Elze, Hans: Lücken im Gesetz, Berlin 1916

Emmert, Frank: Europarecht, München 1996 (zit. Emmert, EuropaR)

Enders, Christoph: Offene Staatlichkeit unter Souveränitätsvorbehalt – oder: Vom Kampf der Rechtsordnungen nach Maastricht, in: Grawert, Rolf/Schlink, Bernhard/Wahl, Rainer/Wieland, Joachim, Offene Staatlichkeit. Festschrift für Ernst-Wolfgang Böckenförde zum 65. Geburtstag, Berlin 1995, S. 29 - 49 (zit. Enders, FS Böckenförde)

Engel, Christoph: Die Einwirkungen des europäischen Gemeinschaftsrechts auf das deutsche Verwaltungsrecht, in: Die Verwaltung 25 (1992), S. 437 - 476

Epiney, Astrid: Gemeinschaftsrecht und Föderalismus: „Landes-Blindheit“ und Pflicht zur Berücksichtigung innerstaatlicher Verfassungsstrukturen, in: EuR 1994, S. 301 - 324

Epping, Volker: Grundstrukturen der Europäischen Union, in: Jura 1995, S. 449 - 456

Erbguth, Wilfried: Erosion der Ländereigenstaatlichkeit – Art. 30 GG und unitarische Entwicklungen national- wie gemeinschaftsrechtlichen Ursprungs, in: Ipsen, Jörn/Rengeling, Hans-Werner/Mössner, Jörg Manfred/Weber, Albrecht (Hrsg.), Verfassungsrecht im Wandel. Wiedervereinigung Deutschlands. Deutschland in der Europäischen Union. Verfassungsstaat und Föderalismus. Zum 180jährigen

Bestehen der Carl Heymanns Verlag KG, Köln/Berlin/Bonn/München 1995, S. 549 - 570 (zit. Erbguth, FS Heymanns)

Erichsen, Hans-Uwe: Bundesverfassungsgericht und Gemeinschaftsgewalt, in: VerwArch. 66 (1975), S. 177 - 187

— Kommunalrecht des Landes Nordrhein-Westfalen, 2. Auflage, Siegburg 1997 (zit. Erichsen, KommunalR NW)

— Die Rücknahme rechtswidriger begünstigender Verwaltungsakte, in: ders. (Hrsg.), Allgemeines Verwaltungsrecht, 10. Auflage, Berlin/New York 1995, § 17 (S. 301 - 316) (zit. Erichsen, in: ders., Allg. VerwR)

— Zum Verhältnis von EWG-Recht und nationalem öffentlichen Recht der Bundesrepublik Deutschland, in: VerwArch. 64 (1973), S. 101 - 108

Erichsen, Hans-Uwe/*Buchwald,* Andrea: Die Aufhebung von gemeinschaftsrechtserheblichen Einzelfallentscheidungen durch Organe der EG und deutsche Behörden, in: Jura 1995, S. 84 - 89

Eschen, Friedrich Frhr. Waitz von: Grundgesetz und internationale Zusammenarbeit. Zu verfassungsrechtlichen Fragen der Anwendung fremden Rechts im Geltungsbereich des Grundgesetzes, in: BayVBl. 1991, S. 321 - 328

Everling, Ulrich: Auf dem Wege zu einem europäischen Verwaltungsrecht, in: NVwZ 1987, S. 1 - 10

— Brauchen wir Solange III? – Zu den Forderungen nach Revision der Rechtsprechung des Bundesverfassungsgerichts –, in: EuR 1990, S. 196 - 227

— Elemente eines europäischen Verwaltungsrechts, in: DVBl. 1983, S. 649 - 658

— Die Erstreckung des Europäischen Gemeinschaftsrechts auf das Gebiet der ehemaligen DDR, in: Zentrum für Europäisches Wirtschaftsrecht (Hrsg.), Vorträge und Berichte Nr. 5, 1991

— Das Maastricht-Urteil des Bundesverfassungsgerichts und seine Bedeutung für die Entwicklung der Europäischen Union, in: Integration 1994, S. 165 - 175

— Die Mitgliedstaaten der Europäischen Gemeinschaft vor ihrem Gerichtshof, in: EuR 1983, S. 101 - 127.

— Reflections on the Structure of the European Union, in: CMLRev 29 (1992), S. 1053 - 1077

— Überlegungen zur Struktur der Europäischen Union und zum neuen Europa-Artikel des Grundgesetzes, in: DVBl. 1993, S. 936 - 947

— Der Weg nach Deutschland ist langwierig, in: FAZ vom 15.3.1990, S. 13 - 14

— Zum Vorrang des EG-Rechts vor nationalem Recht, in: DVBl. 1985, S. 1201 - 1206

— Zur direkten innerstaatlichen Wirkung der EG-Richtlinien: Ein Beispiel richterlicher Rechtsfortbildung auf Basis gemeinsamer Rechtsgrundsätze, in: Börner, Bodo/Jahrreiß, Hermann/Stern, Klaus (Hrsg.), Einigkeit und Recht und Freiheit. Festschrift für Karl Carstens zum 70. Geburtstag am 14. Dezember 1984, Band I, Köln/Berlin/Bonn/München 1984, S. 95 - 114 (zit. Everling, FS Carstens I)

— Zur föderalen Struktur der Europäischen Gemeinschaft, in: Hailbronner, Kay/Ress, Georg/Stein, Torsten (Hrsg.), Staat und Völkerrechtsordnung. Festschrift für Karl Doehring (Beiträge zum ausländischen öffentlichen Recht und Völkerrecht Band 98), Berlin/Heidelberg/New York/London/Paris/Tokyo/Hong Kong 1989, S. 179 - 198 (zit. Everling, FS Doehring)

Faber, Angela: Kommunale Selbstverwaltung und europäische Integration. Tagungsbericht, in: EuR 1990, S. 404 - 417

— Die Zukunft kommunaler Selbstverwaltung und der Gedanke der Subsidiarität in den Europäischen Gemeinschaften, in: DVBl. 1991, S. 1126 - 1135

Fastenrath, Ulrich: Kompetenzverteilung im Bereich der auswärtigen Gewalt (Münchener Universitätsschriften Band 66), München 1986 (zit. Fastenrath, Kompetenzverteilung)

Fechtner, Detlef: Die Länderbüros in Brüssel, in: VR 1992, S. 157 - 159

Fischer, Hans Georg: Der Ausschuß der Regionen nach dem neuen EG-Vertrag, in: NWVBl. 1994, S. 161 - 164

— Europarecht in der öffentlichen Verwaltung. Eine Einführung in das Europäische Gemeinschaftsrecht für Angehörige der öffentlichen Verwaltung, München 1994 (zit. H. G. Fischer, EuropaR)

— Staatshaftung nach Gemeinschaftsrecht, in: EuZW 1992, S. 41 - 44

— Zur unmittelbaren Anwendung von EG-Richtlinien in der öffentlichen Verwaltung, in: NVwZ 1992, S. 635 - 638

— Die Zusammenarbeit in den Bereichen Justiz und Inneres – die „3. Säule" des Vertrages über die Europäische Union, in: EuZW 1994, S. 747 - 750

Fischer, Wolfgang: Die Europäische Union im Grundgesetz: der neue Artikel 23, in: ZParl 1993, S. 32 - 49

Forsthoff, Ernst: Lehrbuch des Verwaltungsrechts. Band I: Allgemeiner Teil, 10. Auflage, München 1973 (zit. Forsthoff, Allg. VerwR)

Friauf, Karl Heinrich: Die Bindung deutscher Verfassungsorgane an das Grundgesetz bei Mitwirkung an europäischen Organakten, in: Friauf, Karl Heinrich/Scholz, Rupert, Europarecht und Grundgesetz. Betrachtungen zu materiell- und formalrechtlichen Problemen bei Schaffung und Umsetzung sekundären Gemeinschaftsrechts (Schriften zum Europäischen Recht Band 1), Berlin 1990, S. 11 - 52 (zit. Friauf, in: ders./Scholz, EuropaR und GG)

— Probleme der Durchführung europäischer Gemeinschaftsplanungen in der Bundesrepublik Deutschland, in: Kaiser, Joseph H. (Hrsg.), Planung IV. Planung International, Baden-Baden 1970, S. 41 - 74 (zit. Friauf, in: Kaiser, Planung IV)

Fromme, Jochen-Konrad: Die kommunale Selbstverwaltung bei der Ergänzung des Grundgesetzes, in: ZRP 1992, S. 431 - 433

Fromont, Michel: Europa und nationales Verfassungsrecht nach dem Maastricht-Urteil – Kritische Bemerkungen, in: JZ 1995, S. 800 - 803

Frowein, Jochen Abr.: Das Maastricht-Urteil und die Grenzen der Verfassungsgerichtsbarkeit, in: ZaöRV 54 (1994), S. 1 - 16

— Rechtliche Probleme der Einigung Deutschlands, in: EA 1990, S. 233 - 238

— Die Verfassungslage Deutschlands im Rahmen des Völkerrechts, in: VVDStRL 49 (1990), S. 7 - 38

Führich, Ernst: Gemeinschaftsrechtliche Staatshaftung wegen verspäteter Umsetzung der EG-Pauschalreise-Richtlinie, in: EuZW 1993, S. 725 - 729

Funke, Lothar: Die Finanzverantwortung des Bundes für kostenwirksame Maßnahmen der Europäischen Gemeinschaften auf dem Gebiet der Agrarstrukturpolitik, in: ZfZ 1976, S. 336 - 342

Fuß, Ernst-Werner: Rechtsschutz gegen deutsche Hoheitsakte zur Ausführung des Europäischen Gemeinschaftsrechts, in: NJW 1966, S. 1782 - 1787

Gassner, Ulrich M.: Rechtsgrundlagen und Verfahrensgrundsätze des Europäischen Verwaltungsverfahrensrechts, in: DVBl. 1995, S. 16 - 24

Geiger, Jutta: Die Entwicklung eines europäischen Staatshaftungsrechts – Das Francovich-Urteil des EuGH und seine Folgen, in: Danwitz, Thomas von/Heintzen, Markus/Jestaedt, Matthias/Korioth, Stefan/Reinhardt, Michael (Hrsg.), Auf dem Wege zu einer Europäischen Staatlichkeit, Stuttgart/München/Hannover/Berlin/Weimar 1993, S. 109 - 130 (zit. J. Geiger, in: v. Danwitz, Europ. Staatlichkeit); unter demselben Titel auch in: DVBl. 1993, S. 465 - 474

Geiger, Rudolf: EG-Vertrag, Kommentar zu dem Vertrag zur Gründung der Europäischen Gemeinschaft, 2. Auflage, München 1995 (zit. Geiger, EGV)

Gericke, Hans-Peter: Allgemeine Rechtsetzungsbefugnisse nach Artikel 235 EWG-Vertrag, Hamburg 1970 (zit. Gericke, Rechtsetzungsbefugnisse)

Gern, Alfons: Rechtsschutz der Kommunen in der Europäischen Union, in: NVwZ 1996, S. 532 - 534

Giegerich, Thomas: Europa 1992: Die europäische Dimension der deutschen Wiedervereinigung – Rechtliche Bewältigung der Integration der ehemaligen DDR in die EG, in: JuS 1991, S. 996 - 1002

— The European Dimension of German Reunification: East Germany's Integration into the European Communities, in: ZaöRV 51 (1991), S. 384 - 450

Glaesner, Hans-Joachim: Les problèmes de droit communautaire soulevés par l'unification allemande, in: RevMC 1990, S. 647 - 654

Götz, Volkmar: Europäische Gesetzgebung durch Richtlinien – Zusammenwirken von Gemeinschaft und Staat, in: NJW 1992, S. 1849 - 1856

— Das Maastricht-Urteil des Bundesverfassungsgerichts, in: JZ 1993, S. 1081 - 1086

— Probleme des Verwaltungsrechtes auf dem Gebiet des gemeinsamen Agrarmarktes, in: EuR 1986, S. 29 - 51

Goppel, Thomas: Die Bedeutung des Subsidiaritätsprinzips. Der Beitrag Bayerns zur Konkretisierung des Subsidiaritätsprinzips in der EG, in: EuZW 1993, S. 367 - 370

Gornig, Gilbert/*Trüe,* Christiane: Die Rechtsprechung des EuGH zum europäischen allgemeinen Verwaltungsrecht, in: JZ 1993, S. 884 - 893

Grabitz, Eberhard: Die deutschen Länder in der EG-Politik: verfassungsrechtliche Grundlagen, in: Hrbek, Rudolf/Thaysen, Uwe (Hrsg.), Die Deutschen Länder und die Europäischen Gemeinschaften, Baden-Baden 1986, S. 169 - 180 (zit. Grabitz, in: Hrbek/Thaysen, Die Deutschen Länder und die EG)

— Die deutschen Länder in der Gemeinschaft. Das Ratifizierungsgesetz zur Einheitlichen Europäischen Akte aus der Sicht des Grundgesetzes, in: EuR 1987, S. 310 - 321

— Europäisches Verwaltungsrecht – Gemeinschaftsrechtliche Grundsätze des Verwaltungsverfahrens, in: NJW 1989, S. 1776 - 1783

— Gemeinschaftsrecht bricht nationales Recht, Hamburg 1966

— Das Gemeinschaftsrecht und die Einheit Deutschlands, in: EWS 1991, S. 89 - 96

— Die Rechtsetzungsbefugnisse von Bund und Ländern bei der Durchführung von Gemeinschaftsrecht, in: AöR 111 (1986), S. 1 - 33

Grabitz, Eberhard/*Bogdandy,* Armin von: Deutsche Einheit und europäische Integration, in: NJW 1990, S. 1073 - 1079

Grabitz, Eberhard/*Hilf,* Meinhard (Hrsg.): Kommentar zur Europäischen Union, Loseblatt, München, Stand: Oktober 1996 (zit. Bearbeiter, in: Grabitz/Hilf, EUV/EGV/EWGV)

Grawert, Rolf: Der Deutschen supranationaler Nationalstaat, in: Grawert, Rolf/Schlink, Bernhard/Wahl, Rainer/Wieland, Joachim (Hrsg.), Offene Staatlichkeit. Festschrift für Ernst-Wolfgang Böckenförde zum 65. Geburtstag, Berlin 1995, S. 125 - 143 (zit. Grawert, FS Böckenförde)

— Gemeinden und Kreise vor den öffentlichen Aufgaben der Gegenwart, in: VVDStRL 36 (1978), S. 277 - 336

— Die Kommunen im Länderfinanzausgleich (Schriften zum Öffentlichen Recht Band 566), Berlin 1989 (zit. Grawert, Kommunen im Länderfinanzausgleich)

— Verwaltungsabkommen zwischen Bund und Ländern in der Bundesrepublik Deutschland (Schriften zum Öffentlichen Recht Band 57), Berlin 1967 (zit. Grawert, Verwaltungsabkommen)

Grawert, Rolf/*Gehlert,* Michael/*Suerbaum,* Joachim: Kostspieliger Denkmalschutz, in: NWVBl. 1991, S. 104 - 107

Gremmer, Bernhard: Die Kompetenzzuweisungen im Bundesstaat und in der EG zu normativen Regelungen für Tabakwirtschaft und Raucher, in: BayVBl. 1993, S. 225 - 231

Grewe, Wilhelm: Die auswärtige Gewalt der Bundesrepublik, in: VVDStRL 12 (1954), S. 129 - 178

Griller, Stefan/*Maislinger,* Franz/*Reindl,* Andreas: Fundamentale Rechtsgrundlagen einer EG-Mitgliedschaft. Verfassungsfragen der Übernahme von EG-Recht in den bisherigen Mitgliedstaaten in vergleichender Sicht (Schriftenreihe Europa des Bundeskanzleramts Band 1), Wien 1991

Groeben, Hans van den/*Thiesing,* Jochen/*Ehlermann,* Claus-Dieter: Kommentar zum EWG-Vertrag, 4. Auflage, Baden-Baden 1991
Band 1: Art. 1 - 84
Band 3: Art. 110 - 188
Band 4: Art. 189 - 248
(zit. Bearbeiter, in: GTE, EWGV)

Groß, Thomas: Die administrative Föderalisierung der EG. Rechtsprobleme des grenzüberschreitenden Prüfungsrechtes der Bankaufsichtsbehörden, in: JZ 1994, S. 596 - 605

— Verfassungsrechtliche Grenzen der europäischen Integration, in: Jura 1991, S. 575 - 580

Groß, Wolfgang: Europa 1992: Einwirkungen des Europäischen Rechtes in den innerstaatlichen Bereich der Bundesrepublik Deutschland, in: JuS 1990, S. 522 - 526

Gulmann, Claus: Some Remarks concerning the Principle of Subsidiarity, in: Hailbronner, Kay (Hrsg.), Europa der Zukunft – Zentrale und dezentrale Lösungsansätze (Schriftenreihe der Europäischen Rechtsakademie Trier Band 6), Köln 1994, S. 45 - 48 (zit. Gulman, in: Hailbronner, Europa der Zukunft)

Gusy, Christoph: Die Verfassungsbeschwerde. Voraussetzungen und Verfahren, Heidelberg 1988 (zit. Gusy, Verfassungsbeschwerde)

Gutknecht, Brigitte: Das Subsidiaritätsprinzip als Grundsatz des Europarechts, in: Hengstschläger, Johannes/Köck, Heribert/Korinek, Karl/Stern, Klaus/Truyol y Serra, Antonio (Hrsg.), Für Staat und Recht. Festschrift für Herbert Schambeck, Berlin 1994, S. 921 - 946 (zit. Gutknecht, FS Schambeck)

Haas, Evelyn: Die Mitwirkung der Länder bei EG-Vorhaben. Neuere Entwicklungen im Gefolge der Luxemburger Akte, in: DÖV 1988, S. 613 - 623

Häberle, Peter: Verfassungsrechtliche Fragen im Prozeß der europäischen Einigung, in: EuGRZ 1992, S. 429 - 437

Häde, Ulrich: Die Finanzverfassung der Europäischen Gemeinschaften – ein Überblick, in: EuZW 1993, S. 401 - 409

— Staatshaftung für legislatives Unterlassen. Zugleich zum Urteil des EuGH vom 19.11.1991 Rs. C-6/90 und C-9/90, in: BayVBl. 1992, S. 449 - 456

Haibach, Georg: Vorläufiger Rechtsschutz im Spannungsfeld von Gemeinschaftsrecht und Grundgesetz, in: DÖV 1996, S. 60 - 70

Hailbronner, Kay: Die deutschen Bundesländer in der EG, in: JZ 1990, S. 149 - 158

— Europa 1992: Das institutionelle System der Europäischen Gemeinschaften, in: JuS 1990, S. 263 - 268, JuS 1990, S. 439 - 446

— Staatshaftung bei säumiger Umsetzung von EG-Richtlinien. Zur Entscheidung des EuGH v. 19.11.1991 – Rs. C 6/90 und C 9/90, in: JZ 1992, S. 284 - 289

— Das Subsidiaritätsprinzip als Rechtsprinzip nach dem Maastrichter Vertrag, in: ders. (Hrsg.), Europa der Zukunft – Zentrale und dezentrale Lösungsansätze

(Schriftenreihe der Europäischen Rechtsakademie Trier Band 6), Köln 1994, S. 49 - 63 (zit. Hailbronner, in: ders., Europa der Zukunft)

— Das vereinte Deutschland in der Europäischen Gemeinschaft, in: DtZ 1991, S. 321 - 329

— Völker- und europarechtliche Fragen der deutschen Wiedervereinigung, in: JZ 1990, S. 449 - 457

Hailbronner, Kay / *Klein,* Eckart / *Magiera,* Siegfried / *Müller-Graff,* Peter-Christian: Handkommentar zum Vertrag über die Europäische Union (EUV / EGV), Köln / Berlin / Bonn / München, Loseblatt, Stand: April 1995 (zit. Bearbeiter, in: Hailbronner / Klein, EUV / EGV)

Haneklaus, Winfried: Zur Frage der funktionsgerechten Regionalisierung in einer föderal verfaßten Europäischen Union, in: DVBl. 1991, S. 295 - 299

Hartley, Trevor C.: The Foundations of European Community Law. An Introduction to the Constitutional and Administrative Law of the European Commmunity, 2. Auflage, Oxford 1988 (zit. Hartley, European Community Law)

Hauschild, Christoph: Die Anwendung von EG-Recht in den Mitgliedstaaten – Ergebnisse einer empirischen Studie, in: Siedentopf, Heinrich (Hrsg.), Europäische Integration und nationalstaatliche Verwaltung. Deutsche Vereinigung und institutionelle Weiterentwicklung der Europäischen Gemeinschaft, Stuttgart 1991, S. 155 - 172 (zit. Hauschild, in: Siedentopf, Europäische Integration)

Heberlein, Horst: Kommunale Europapolitik, in: BayVBl. 1992, S. 417 - 426

— Maastricht – ein Erfolg für die kommunale Selbstverwaltung?, in: DVBl. 1994, S. 1213 - 1222

— Maastricht II – Einstieg in das „Europa der Kommunen"?, in: BayVBl. 1996, S. 1 - 9

— Der Schutz der kommunalen Selbstverwaltung in der europäischen Integration – eine Replik, in: BayVBl. 1993, S. 676 - 680

— Subsidiarität und kommunale Selbstverwaltung, in: NVwZ 1995, S. 1052 - 1056

Heidenhain, Martin: Subsidiaritätsprinzip – Abbau oder Aufbau von Kompetenzen?, in: EuZW 1993, S. 73

Heiermann, Wolfgang: Rückzahlungsverpflichtung bei gemeinschaftsrechtswidrig gewährten Beihilfen. Die Dimension des Problems, in: EWS 1994, S. 145 - 148

Heinegg, Wolff Heintschel von: Die Vereinigung der beiden deutschen Staaten und das Schicksal der von ihnen abgeschlossenen völkerrechtlichen Verträge, in: DDR-Rechtsentwicklungen, Beilage 12 zu RIW 1990, S. 9 - 15

Heintzen, Markus: Hierarchisierungsprozesse innerhalb des Primärrechts der Europäischen Gemeinschaft, in: EuR 1994, S. 35 - 49

— Subsidiaritätsprinzip und Europäische Gemeinschaft, in: JZ 1991, S. 317 - 323

Hellwig, Renate: Die Rolle der Bundesländer in der Europa-Politik. Das Beispiel der Ratifizierung der Einheitlichen Europäischen Akte, in: EA 1987, S. 297 - 302

Henrichs, Helmut: Gemeinschaftsrecht und nationale Verfassungen – Eine Konfliktstudie, in: EuGRZ 1989, S. 237 - 245

— Gemeinschaftsrecht und nationale Verfassungen. Organisations- und verfahrensrechtliche Aspekte einer Konfliktlage, in: EuGRZ 1990, S. 413 - 423

— Der Vertrag über die Europäische Union und seine Auswirkungen auf die Verfassungen der Mitgliedstaaten, in: DÖV 1994, S. 368 - 377

Herdegen, Matthias: Die Belastbarkeit des Verfassungsgefüges auf dem Weg zur Europäischen Union, in: EuGRZ 1992, S. 589 - 595

— Europäisches Gemeinschaftsrecht und die Bindung deutscher Verfassungsorgane an das Grundgesetz, in: EuGRZ 1989, S. 309 - 314

— Europarecht, München 1996 (zit. Herdegen, EuropaR)

Hesse, Konrad: Grundzüge des Verfassungsrechts der Bundesrepublik Deutschland, 20. Auflage, Heidelberg 1995 (zit. Hesse, VerfR)

Hilf, Meinhard: Die abhängige Juristische Person des Europäischen Gemeinschaftsrechts, in: ZaöRV 36 (1976), S. 551 - 585

— Europäische Union: Gefahr oder Chance für den Föderalismus in Deutschland, Österreich und der Schweiz?, in: VVDStRL 53 (1994), S. 7 - 25

— Die Europäische Union und die Eigenstaatlichkeit ihrer Mitgliedstaaten, in: Hommelhoff, Peter/Kirchhof, Paul (Hrsg.), Der Staatenverbund der Europäischen Union. Beiträge und Diskussionen des Symposions am 21./22. Januar 1994 in Heidelberg, Heidelberg 1994, S. 75 - 85 (zit. Hilf, in: Hommelhoff/Kirchhof, Staatenverbund)

— Europäische Union und nationale Identität der Mitgliedstaaten, in: Randelzhofer, Albrecht/Scholz, Rupert/Wilke, Dieter (Hrsg.), Gedächtnisschrift für Eberhard Grabitz, München 1995, S. 157 - 170 (zit. Hilf, GS Grabitz)

— Möglichkeiten und Grenzen des Rückgriffs auf nationale verwaltungsrechtliche Regeln bei der Durchführung von Gemeinschaftsrecht, in: Schwarze, Jürgen (Hrsg.), Europäisches Verwaltungsrecht im Werden, Baden-Baden 1982, S. 67 - 92

— Die Organisationsstruktur der Europäischen Gemeinschaften. Rechtliche Gestaltungsmöglichkeiten und Grenzen (Beiträge zum ausländischen öffentlichen Recht und Völkerrecht Band 79), Berlin/Heidelberg/New York 1982 (zit. Hilf, Organisationsstruktur)

— Solange II: Wie lange noch solange? Der Beschluß des Bundesverfassungsgerichts vom 22. Oktober 1986, in: EuGRZ 1987, S. 1 - 7

Hochbaum, Ingo: Die Liberalisierung des öffentlichen Dienstes im Binnenmarkt. Vergemeinschaftung und staatliches Interesse, in: Der Staat 29 (1990), S. 577 - 598

— Kohäsion und Subsidiarität. Maastricht und die Länderkulturhoheit, in: DÖV 1992, S. 285 - 292

Hölscheidt, Sven/*Baldus,* Christian: EU und EG als terminologisches Problem, in: DVBl. 1996, S. 1409 - 1412

Hölzer, Bernd: Die deutschen Bundesländer im europäischen Integrationsprozeß, in: Staat und Recht 39 (1990), S. 963 - 969

Hövel, Markus van den: Zulässigkeits- und Zulassungsprobleme der Verfassungsbeschwerde gegen Gesetze (Schriften zum Öffentlichen Recht Band 591), Berlin 1990 (zit. v. d. Hövel, Verfassungsbeschwerde)

Hofmann, Hans/*Meyer-Teschendorf,* Klaus G.: Der „Europa-Artikel" 23 GG in der staatlichen Praxis. Bericht über das 9. „Bonner Forum" der Deutschen Gesellschaft für Gesetzgebung (DGG), in: ZG 1997, S. 81 - 86

Hoppe, Werner: Der Einfluß des europäischen Binnenmarktes auf die kommunale Bauleitplanung und das Bauordnungsrecht, in: NVwZ 1990, S. 816 - 820

Hrbek, Rudolf: Doppelte Politikverflechtung: Deutscher Föderalismus und Europäische Integration. Die deutschen Länder im EG-Entscheidungsprozeß, in: Hrbek, Rudolf/Thaysen, Uwe (Hrsg.), Die Deutschen Länder und die Europäischen Gemeinschaften, Baden-Baden 1986, S. 17 - 36 (zit. Hrbek, in: ders./Thaysen, Die Deutschen Länder und die EG)

— Der Ertrag der „Verfassungsdebatte" von Maastricht: Ein Erfolg für den Föderalismus und die deutschen Länder?, in: Baur, Jürgen F./Müller-Graff, Peter-Christian/Zuleeg, Manfred (Hrsg.), Europarecht. Energierecht. Wirtschaftsrecht. Festschrift für Bodo Börner zum 70. Geburtstag, Köln/Berlin/Bonn/München 1992, S. 125 - 149 (zit. Hrbek, FS Börner)

— Der Vertrag von Maastricht und das Demokratie-Defizit der Europäischen Union. Auf dem Weg zu stärkerer demokratischer Legitimation?, in: Randelzhofer, Albrecht/Scholz, Rupert/Wilke, Dieter (Hrsg.), Gedächtnisschrift für Eberhard Grabitz, München 1995, S. 171 - 193 (zit. Hrbek, GS Grabitz)

Huber, Peter M.: Bundesverfassungsgericht und Europäischer Gerichtshof als Hüter der Gemeinschaftsrechtlichen Kompetenzordnung, in: AöR 116 (1991), S. 210 - 251

— Maastricht – ein Staatsstreich? (Jenaer Schriften zum Recht Band 1), Stuttgart/München/Hannover/Berlin/Weimar 1993 (zit. Huber, Maastricht – ein Staatsstreich?)

— Recht der Europäischen Integration, München 1996 (zit. Huber, Europ. Integration)

— Der Staatenverbund der Europäischen Union, in: Ipsen, Jörn/Rengeling, Hans-Werner/Mössner, Jörg Manfred/Weber, Albrecht (Hrsg.), Verfassungsrecht im Wandel. Wiedervereinigung Deutschlands. Deutschland in der Europäischen Union. Verfassungsstaat und Föderalismus. Zum 180jährigen Bestehen der Carl Heymanns Verlag KG, Köln/Berlin/Bonn/München 1995, S. 349 - 371 (zit. Huber, FS Heymanns)

Hummer, Waldemar/*Simma,* Bruno/*Vedder,* Christoph/*Emmert,* Frank: Europarecht in Fällen, Baden-Baden 1991 (zit. Hummer/Simma/Vedder/Emmert, EuropaR)

Huthmacher, Karl Eugen: Der Vorrang des Gemeinschaftsrechts bei indirekten Kollisionen. Eine Studie zum Verhältnis von EG-Recht zu nationalem Vollzugsrecht, dargestellt am Beispiel des Konflikts zwischen materiellem EG-Recht und nationalen Rechtsmittelfristen, Köln/Berlin/Bonn/München 1985 (zit. Huthmacher, Vorrang des Gemeinschaftsrechts)

Immenga, Ulrich: Binnenmarkt durch europäisches Gemeinschaftsrecht, in: JA 1993, S. 257 - 264

Ipsen, Hans Peter: Als Bundesstaat in der Gemeinschaft, in: Caemmerer, Ernst von/Schlochauer, Hans-Jürgen/Steindorff, Ernst (Hrsg.), Probleme des Europäischen Rechts. Festschrift für Walter Hallstein zu seinem 65. Geburtstag, Frankfurt a.M. 1966, S. 248 - 265 (zit. H. P. Ipsen, FS Hallstein)

— Anmerkung zu Conseil d'Etat vom 1. März 1968 (Semoules), in: EuR 1968, S. 330 - 331

— Anmerkung zu Corte Costituzionale Italiana, Urteil vom 14./22.7.1976, Nr. 182, in: EuR 1977, S. 174 - 176

— Die Bundesrepublik Deutschland in den Europäischen Gemeinschaften, in: Isensee/Kirchhof, HdbStR VII, § 181

— Deutsche Verwaltung und europäische Wirtschaftsintegration, in: DÖV 1968, S. 441 - 445

— Europäisches Gemeinschaftsrecht, Tübingen 1972 (zit. H. P. Ipsen, EG-Recht)

— Richtlinien – Ergebnisse, in: Zur Integration Europas. Festschrift für Carl Friedrich Ophüls, Karlsruhe 1965, S. 67 ff. (zit. H. P. Ipsen, FS Ophüls)

— Über Verfassungs-Homogenität in der Europäischen Gemeinschaft, in: Maurer, Hartmut (Hrsg.), Das akzeptierte Grundgesetz. Festschrift für Günter Dürig zum 70. Geburtstag, München 1990, S. 159 - 182 (zit. H. P. Ipsen, FS Dürig)

— Zehn Glossen zum Maastricht-Urteil, in: EuR 1994, S. 1 - 21

Ipsen, Jörn: Staatsrecht I. Staatsorganisationsrecht, 8. Auflage, Neuwied/Kriftel/Berlin 1996 (zit. J. Ipsen, StaatsR I)

Ipsen, Knut: Entwicklung und aktuelle Probleme des Europäischen Gemeinschaftsrechts, in: DGVZ 1991, S. 148 - 154

— Völkerrecht, Ein Studienbuch, 3. Auflage, München 1990 (zit. Bearbeiter, in: K. Ipsen, VölkerR)

Isensee, Josef: Idee und Gestalt des Föderalismus im Grundgesetz, in: Isensee/Kirchof, HdbStR IV, § 98

— Mit blauem Auge davongekommen – das Grundgesetz. Zu Arbeit und Resultaten der Gemeinsamen Verfassungskommission, in: NJW 1993, S. 2583 - 2587

Isensee, Josef/*Kirchhof,* Paul (Hrsg.): Handbuch des Staatsrechts der Bundesrepublik Deutschland, Heidelberg

Band I: Grundlagen von Staat und Verfassung, 1987
Band III: Das Handeln des Staates, 1988
Band IV: Finanzverfassung – Bundesstaatliche Ordnung, 1990
Band VII: Normativität und Schutz der Verfassung – Internationale Beziehungen, 1992
Band VIII: Die Einheit Deutschlands – Entwicklung und Grundlagen –, 1995
(zit. Bearbeiter, in: Isensee/Kirchhof, HdbStR)

Jacqué, Jean-Paul: L'unification de L'Allemagne et la Communauté européenne, in: Revue Générale de Droit International Public 1990, S. 997 - 1018

Janzen, Dietmar: Der neue Artikel 88 Satz 2 des Grundgesetzes. Verfassungsrechtliche Anforderungen an die Übertragung der Währungshoheit auf die Europäische Zentralbank (Schriften zum Europäischen Recht Band 26), Berlin 1996 (zit. Janzen, Art. 88 S. 2 GG)

Jarass, Hans D.: EG-Kompetenzen und das Prinzip der Subsidiarität nach Schaffung der Europäischen Union, in: EuGRZ 1994, S. 209 - 219

— EG-Recht und nationales Recht, in: DVBl. 1995, S. 954 - 962

— Folgen der innerstaatlichen Wirkung von EG-Richtlinien, in: NJW 1991, S. 2665 - 2669

— Grundfragen der innerstaatlichen Bedeutung des EG-Rechts. Die Vorgaben des Rechts der Europäischen Gemeinschaft für die nationale Rechtsanwendung und die nationale Rechtsetzung nach Maastricht (Völkerrecht – Europarecht – Staatsrecht Band 14), Köln/Berlin/Bonn/München 1994 (zit. Jarass, EG-Recht)

— Grundstrukturen der Niederlassungsfreiheit in der Europäischen Gemeinschaft, in: Badura, Peter/Scholz, Rupert (Hrsg.), Wege und Verfahren des Verfassungslebens. Festschrift für Peter Lerche zum 65. Geburtstag, München 1993, S. 443 - 458 (zit. Jarass, FS Lerche)

— Haftung für die Verletzung von EU-Recht durch nationale Organe und Amtsträger, in: NJW 1994, S. 881 - 886

— Die Kompetenzverteilung zwischen der Europäischen Gemeinschaft und den Mitgliedstaaten, in: AöR 121 (1996), S. 173 - 199

— Richtlinienkonforme bzw. EG-rechtskonforme Auslegung nationalen Rechts, in: EuR 1991, S. 211 - 223

— Voraussetzungen der innerstaatlichen Wirkung des EG-Rechts, in: NJW 1990, S. 2420 - 2425

Jarass, Hans D./*Pieroth,* Bodo: Grundgesetz für die Bundesrepublik Deutschland, Kommentar, 3. Auflage 1995 (zit. Bearbeiter, in: Jarass/Pieroth, GG)

Joos, Gerhard/*Scheurle,* Klaus-Dieter: Die bundesstaatliche Ordnung im Integrationsprozeß – unter besonderer Berücksichtigung der EuGH-Rechtsprechung und der Rechtsschutzmöglichkeiten der Länder, in: EuR 1989, S. 226 - 236

Kabel, Rudolf: Die Mitwirkung des Deutschen Bundestages in Angelegenheiten der Europäischen Union. Gedanken zur Umsetzung der Art. 23 und 45 GG in die Geschäftsordnung des deutschen Bundestages, in: Randelzhofer, Albrecht/Scholz, Rupert/Wilke, Dieter (Hrsg.), Gedächtnisschrift für Eberhard Grabitz, München 1995, S. 241 - 270 (zit. Kabel, GS Grabitz)

Kadelbach, Stefan: Der Einfluß des EG-Rechts auf das nationale Allgemeine Verwaltungsrecht, in: Danwitz, Thomas von/Heintzen, Markus/Jestaedt, Matthias/Korioth, Stefan/Reinhardt, Michael (Hrsg.), Auf dem Wege zu einer Europäischen Staatlichkeit, Stuttgart/München/Hannover/Berlin/Weimar 1993, S. 131 - 147 (zit. Kadelbach, in: v. Danwitz, Europ. Staatlichkeit)

Kahl, Bruno: Europäische Union: Bundesstaat – Staatenbund – Staatenverbund? Zum Urteil des BVerfG vom 12. Oktober 1993, in: Der Staat 33 (1994), S. 241 - 258

Kahl, Wolfgang: Europäisches und nationales Verwaltungsorganisationsrecht. Von der Konfrontation zur Kooperation, in: Die Verwaltung 29 (1996), S. 341 - 384

— Hat die EG die Kompetenz zur Regelung des Allgemeinen Verwaltungsrechts?, in: NVwZ 1996, S. 865 - 869

— Möglichkeiten und Grenzen des Subsidiaritätsprinzips nach Art. 3b EG-Vertrag, in: AöR 118 (1993), S. 414 - 446

Kapteyn, Paul Joan George / *VerLoren van Themaat,* Pieter / *Gormley,* Laurence W.: Introduction to the law of the European communities after the coming into force of the Single European Act, 2. Auflage, Deventer 1989 (zit. Kapteyn/VerLoren van Themaat/Gormley, Law of the EC)

Karl, Joachim: Die Schadensersatzpflicht der Mitgliedstaaten bei Verletzungen des Gemeinschaftsrechts. Anmerkungen zum Urteil des Europäischen Gerichtshofs vom 19. November 1991, in: RIW 1992, S. 440 - 448

Kasten, Hans-Hermann: Entwicklung eines Europäischen Allgemeinen Verwaltungsrechts, in: DÖV 1985, S. 570 - 574

Kewenig, Wilhelm A.: Die Europäischen Gemeinschaften und die bundesstaatliche Ordnung der Bundesrepublik Deutschland, in: JZ 1990, S. 458 - 466

Khan, Daniel-Erasmus: Staatshaftung für verpfuschten Urlaub? Erste Anmerkungen zum Fall MP Travel Line, in: NJW 1993, S. 2646 - 2649

Kirchhof, Paul: Der deutsche Staat im Prozeß der europäischen Integration, in: Isensee/Kirchhof, HdbStR VII, § 183

— Deutsches Verfassungsrecht und Europäisches Gemeinschaftsrecht, in: EuR Beiheft 1/1991, S. 11 - 25

— Die Identität der Verfassung in ihren unabänderlichen Inhalten, in: Isensee/Kirchhof, HdbStR I, § 19

— Das Maastricht-Urteil des Bundesverfassungsgerichts, in: Hommelhoff, Peter/Kirchhof, Paul (Hrsg.), Der Staatenverbund der Europäischen Union. Beiträge und Diskussionen des Symposions am 21./22. Januar 1994 in Heidelberg, Heidelberg 1994, S. 11 - 24 (zit. Kirchhof, in: Hommelhoff/Kirchhof, Staatenverbund)

Kirchner, Christian / *Haas,* Joachim: Rechtliche Grenzen für Kompetenzübertragungen auf die Europäische Gemeinschaft, in: JZ 1993, S. 760 - 771

Klein, Eckart: An der Schwelle zur Wiedervereinigung Deutschlands, in: NJW 1990, S. 1065 - 1073

— Der Einfluß des Europäischen Gemeinschaftsrechts auf das Verwaltungsrecht der Mitgliedstaaten, in: Der Staat 33 (1994), S. 39 - 57

— Vereinheitlichung des Verwaltungsrechts im europäischen Integrationsprozeß, in: Starck, Christian (Hrsg.), Rechtsvereinheitlichung durch Gesetze – Bedingungen, Ziele, Methoden – 5. Symposion der Kommission „Funktion des Gesetzes in Geschichte und Gegenwart" am 26. und 27. April 1991, Göttingen 1992, S. 117 - 146 (zit. E. Klein, in: Starck, Rechtsvereinheitlichung)

— Der Verfassungsstaat als Glied einer europäischen Gemeinschaft, in: VVDStRL 50 (1990), S. 56 - 96

Klein, Eckart/*Beckmann,* Martina: Neuere Entwicklungen des Rechts der Europäischen Gemeinschaften, in: DÖV 1990, S. 179 - 189

Klein, Eckart/*Haratsch,* Andreas: Neuere Entwicklungen des Rechts der Europäischen Gemeinschaften, in: DÖV 1993, S. 785 - 798, DÖV 1994, S. 133 - 142

Klein, Hans-Hugo: Die Europäische Union und ihr demokratisches Defizit, in: Goyke, Jürgen/Rauschning, Dietrich/Robra, Rainer/Schreiber, Hans-Ludwig/Wulf, Christian (Hrsg.), Vertrauen in den Rechtsstaat. Beiträge zur deutschen Einheit im Recht. Festschrift für Walter Remmers, Köln/Berlin/Bonn/München 1995, S. 195 - 206 (zit. H. H. Klein, FS Remmers)

— Verwaltungskompetenzen von Bund und Ländern in der Rechtsprechung des Bundesverfassungsgerichts, in: Starck, Christian (Hrsg.), Bundesverfassungsgericht und Grundgesetz. Festgabe aus Anlaß des 25jährigen Bestehens des Bundesverfassungsgerichts, Band II: Verfassungsauslegung, Tübingen 1976, S. 277 - 299 (zit. H. H. Klein, FG BVerfG II)

Klösters, Anton: Kompetenzen der EG-Kommission im innerstaatlichen Vollzug von Gemeinschaftsrecht (Völkerrecht – Europarecht – Staatsrecht Band 8), Köln/Berlin/Bonn/München 1994 (zit. Klösters, EG-Kommission)

Kluth, Winfried: Die demokratische Legitimation der Europäischen Union. Eine Analyse der These vom Demokratiedefizit der Europäischen Union aus gemeineuropäischer Verfassungsperspektive (Schriften zum Europäischen Recht Band 21), Berlin 1995 (zit. Kluth, Demokratische Legitimation)

Knemeyer, Franz-Ludwig: Die Europäische Charta der kommunalen Selbstverwaltung, in: DÖV 1988, S. 997 - 1002

Knopf, Peter: Europarecht und kommunale Selbstverwaltung, in: DVBl. 1980, S. 106 - 110

Köck, Heribert Franz: Der Gesamtakt in der deutschen Integrationslehre. Eine Untersuchung aus dem Grenzbereich von staatlichem Recht und Völkerrecht (Schriften zum Öffentlichen Recht Band 344), Berlin 1978 (zit. Köck, Gesamtakt)

Koenig, Christian: Bedürfen die Bundesländer einer institutionalisierten Hilfestellung beim Verwaltungsvollzug von Europäischem Gemeinschaftsrecht?, in: DVBl. 1997, S. 581 - 588

Koenig, Christian/*Pechstein,* Matthias: Die Europäische Union. Der Vertrag von Maastricht, Tübingen 1995 (zit. König/Pechstein, EU)

König, Doris: Das Problem der Inländerdiskriminierung – Abschied von Reinheitsgebot, Nachtbackverbot und Meisterprüfung?, in: AöR 118 (1993), S. 591 - 616

— Das Urteil des BVerfG zum Vertrag von Maastricht – ein Stolperstein auf dem Wege in die Integration?, in: ZaöRV 54 (1994), S. 17 - 54

Kössinger, Winfried: Die Durchführung des Europäischen Gemeinschaftsrechts im Bundesstaat. Bund/Länder-Verhältnis und Europäisches Gemeinschaftsrecht

(Schriften zum Öffentlichen Recht Band 570), Berlin 1989 (zit. Kössinger, Durchführung des Gemeinschaftsrechts)

Kokott, Juliane: Deutschland im Rahmen der Europäischen Union – Zum Vertrag von Maastricht, in: AöR 119 (1994), S. 207 - 237

— Nationales Subventionsrecht im Schatten der EG – Das Beispiel der Rückforderung von Subventionen –, in: DVBl. 1993, S. 1235 - 1240

Konow, Gerhard: Zum Subsidiaritätsprinzip des Vertrags von Maastricht, in: DÖV 1993, S. 405 - 412

Kopp, Stephan: Staatshaftung wegen Verletzung von Gemeinschaftsrecht, in: DÖV 1994, S. 201 - 206

Kraußer, Hans-Peter: Das Prinzip begrenzter Ermächtigung im Gemeinschaftsrecht als Strukturprinzip des EWG-Vertrages (Schriften zum Europäischen Recht Band 11), Berlin 1991 (zit. Kraußer, Prinzip begrenzter Ermächtigung)

Kreiner, Wilhelm: Europarecht und Selbstverwaltungsrecht der Gemeinden, in: RiA 1989, S. 141 - 147

Krenzler, Horst G./*Schneider,* Hennig C.: Die Gemeinsame Außen- und Sicherheitspolitik der Europäischen Union – Zur Frage der Kohärenz –, in: EuR 1994, S. 144 - 161

Kropholler, Jan: Die Europäischen Gemeinschaften und der Grundrechtsschutz, in: EuR 1969, S. 128 - 146

Kunig, Philip: Mitwirkung der Länder bei der europäischen Integration: Art. 23 des Grundgesetzes im Zwielicht, in: Ipsen, Jörn/Rengeling, Hans-Werner/Mössner, Jörg Manfred/Weber, Albrecht (Hrsg.), Verfassungsrecht im Wandel. Wiedervereinigung Deutschlands. Deutschland in der Europäischen Union. Verfassungsstaat und Föderalismus. Zum 180jährigen Bestehen der Carl Heymanns Verlag KG, Köln/Berlin/Bonn/München 1995, S. 591 - 605 (zit. Kunig, FS Heymanns)

Ladeur, Karl-Heinz: Supra- und transnationale Tendenzen in der Europäisierung des Verwaltungsrechts – eine Skizze, in: EuR 1995, S. 227 - 246

Läufer, Thomas: Die Europäische Gemeinschaft im Wandel. Aufgaben und Ziele vor der dritten Europawahl, in: EA 1988, S. 679 - 686

Lambers, Hans-Jürgen: Subsidiarität in Europa – Allheilmittel oder juristische Leerformel?, in: EuR 1993, S. 229 - 242

Lang, Ruth: Die Mitwirkungsrechte des Bundesrates und des Bundestages in Angelegenheiten der Europäischen Union gemäß Art. 23 Abs. 2 bis 7 GG (Schriften zum Europäischen Recht Band 36), Berlin 1997 (zit. Lang, Mitwirkungsrechte des BR und des BT)

Lange, Knut Werner: Die Gemeinsame Außen- und Sicherheitspolitik der Europäischen Union, in: JZ 1996, S. 442 - 449

Langenfeld, Christine: Zur Direktwirkung von EG-Richtlinien, in: DÖV 1992, S. 955 - 965

Langenfeld, Christine/*Schlemmer-Schulte,* Sabine: Die TA Luft – kein geeignetes Instrument zur Umsetzung von EG-Richtlinien, in: EuZW 1991, S. 622 - 627

Larenz, Karl: Methodenlehre der Rechtswissenschaft, 5. Auflage, Berlin/Heidelberg/New York/Tokyo 1983 (zit. Larenz, Methodenlehre)

Lauwaars, R. H.: Artikel 235 als Grundlage für die flankierenden Politiken im Rahmen der Wirtschafts- und Währungsunion, in: EuR 1976, S. 100 - 129

Lecheler, Helmut: Die Pflege der auswärtigen Beziehungen in der Europäischen Union, in: ArchVR 32 (1994), S. 1 - 23

— Der Rechtscharakter der „Europäischen Union“, in: Ipsen, Jörn/Rengeling, Hans-Werner/Mössner, Jörg Manfred/Weber, Albrecht (Hrsg.), Verfassungsrecht im Wandel. Wiedervereinigung Deutschlands. Deutschland in der Europäischen Union. Verfassungsstaat und Föderalismus. Zum 180jährigen Bestehen der Carl Heymanns Verlag KG, Köln/Berlin/Bonn/München 1995, S. 383 - 393 (zit. Lecheler, FS Heymanns)

— Das Subsidiaritätsprinzip. Strukturprinzip einer Europäischen Union, Berlin 1993 (zit. Lecheler, Subsidiaritätsprinzip)

Leibholz, Gerhard/*Rinck,* Hans-Justus: Grundgesetz für die Bundesrepublik Deutschland. Kommentar an Hand der Rechtsprechung des Bundesverfassungsgerichts, 6. Auflage, Köln, Loseblatt, Stand: Dezember 1996 (zit. Leibholz/Rinck, GG)

Leible, Stefan/*Sosnitza,* Olaf: „MP Travel Line“, EG-Recht und Staatshaftung, in: MDR 1993, S. 1159 - 1165

Lenz, Carl Otto: Vertrag von Maastricht – Ende demokratischer Staatlichkeit?, in: NJW 1993, S. 1962 - 1964

— Der Vertrag von Maastricht nach dem Urteil des Bundesverfassungsgerichts, in: NJW 1993, S. 3038 - 3039

— (Hrsg.): EG-Vertrag. Kommentar zu dem Vertrag zur Gründung der Europäischen Gemeinschaften, Köln/Basel/Wien 1994 (zit. Bearbeiter, in: Lenz, EGV)

Lerche, Peter: Europäische Staatlichkeit und die Identität des Grundgesetzes, in: Bender, Bernd/Breuer, Rüdiger/Ossenbühl, Fritz/Sendler, Horst (Hrsg.), Rechtsstaat zwischen Sozialgestaltung und Rechtsschutz. Festschrift für Konrad Redeker zum 70. Geburtstag, München 1993, S. 131 - 147 (zit. Lerche, FS Redeker)

— „Kompetenz-Kompetenz“ und das Maastricht-Urteil des Bundesverfassungsgerichts, in: Ipsen, Jörn/Rengeling, Hans-Werner/Mössner, Jörg Manfred/Weber, Albrecht (Hrsg.), Verfassungsrecht im Wandel. Wiedervereinigung Deutschlands. Deutschland in der Europäischen Union. Verfassungsstaat und Föderalismus. Zum 180jährigen Bestehen der Carl Heymanns Verlag KG, Köln/Berlin/Bonn/München 1995, S. 409 - 424 (zit. Lerche, FS Heymanns)

— Konsequenzen aus der Entscheidung des Bundesverfassungsgerichts zur EG-Fernsehrichtlinie, in: AfP 1995, S. 632 - 638

— Zur Position der deutschen Länder nach dem neuen Europa-Artikel des Grundgesetzes, in: Hengstschläger, Johannes/Köck, Heribert/Korinek, Karl/Stern, Klaus/Truyol y Serra, Antonio (Hrsg.), Für Staat und Recht. Festschrift für Herbert Schambeck, Berlin 1994, S. 753 - 766 (zit. Lerche, FS Schambeck)

Littwin, Frank: Die innerstaatliche Verteilung der Finanzierungslasten aus der Mitgliedschaft der Bundesrepublik Deutschland in der Europäischen Union, in: DVBl. 1997, S. 151 - 157

Loeser, Roman: Theorie und Praxis der Mischverwaltung (Schriften zum Öffentlichen Recht Band 295), Berlin 1976 (zit. Loeser, Mischverwaltung)

Lorenz, Norbert: Die Übertragung von Hoheitsrechten auf die Europäischen Gemeinschaften (Europäische Hochschulschriften, Reihe II: Rechtswissenschaft, Band 993), Frankfurt a.M./Bern/New York/Paris 1990 (zit. Lorenz, Übertragung von Hoheitsrechten)

MacCormick, Neil: Das Maastricht-Urteil: Souveränität heute, in: JZ 1995, S. 797 - 800

Magiera, Siegfried: Bundesstaat und EG-Finanzordnung. Zur Verteilung der Finanzlast zwischen Bund und Ländern bei der Durchführung von Rechtsvorschriften der Europäischen Gemeinschaften, in: Recht im Dienst des Friedens. Festschrift für Eberhard Menzel zum 65. Geburtstag am 21. Januar 1976, Berlin 1975, S. 621 - 644 (zit. Magiera, FS Menzel)

— Die Grundgesetzänderung von 1992 und die Europäische Union, in: Jura 1994, S. 1 - 11

— Kommunale Selbstverwaltung in der Europäischen Union, in: Grupp, Klaus/Ronellenfitsch, Michael (Hrsg.), Kommunale Selbstverwaltung in Deutschland und Europa. Symposium zum 65. Geburtstag von Univ.-Prof. Dr. Willi Blümel (Schriften zum Öffentlichen Recht Band 683), Berlin 1995, S. 13 - 33 (zit. Magiera, in: Grupp/Ronellenfitsch, Kommunale Selbstverwaltung)

— Verwaltungsorganisation: Finanz- und Fondsverwaltung, in: Schweitzer, Michael (Hrsg.), Europäisches Verwaltungsrecht, Wien 1991, S. 115 - 166 (zit. Magiera, in: Schweitzer, Europ. VerwR)

Magiera, Siegfried/*Merten,* Detlef: Bundesländer und Europäische Gemeinschaft. Vorträge und Diskussionsbeiträge der Verwaltungswissenschaftlichen Arbeitstagung 1987 des Forschungsinstituts für öffentliche Verwaltung bei der Hochschule für Verwaltungswissenschaften Speyer (Schriftenreihe der Hochschule Speyer Band 103), Berlin 1988 (zit. Magiera/Merten, Bundesländer und EG)

Mandelartz, Herbert: Europäische Integration. Gefährdungen und Chancen für die kommunale Selbstverwaltung, in: Grawert, Rolf/Schlink, Bernhard/Wahl, Rainer/Wieland, Joachim (Hrsg.), Offene Staatlichkeit. Festschrift für Ernst-Wolfgang Böckenförde zum 65. Geburtstag, Berlin 1995, S. 163 - 176 (zit. Mandelartz, FS Böckenförde)

Mangoldt, Hermann von/*Klein,* Friedrich: Das Bonner Grundgesetz, Band III, 2. Auflage, Berlin 1974 (zit. v. Mangoldt/Klein, GG)

Martini, Alexander/*Müller,* Wolfgang: Der Schutz der kommunalen Selbstverwaltung in der europäischen Integration durch nationales Verfassungsrecht und gemeinschaftsrechtliche allgemeine Rechtsgrundsätze, in: BayVBl. 1993, S. 161 - 169

Maunz, Theodor/*Dürig,* Günter: Grundgesetz, Kommentar, Loseblatt, Stand: Oktober 1996 (zit. Bearbeiter, in: Maunz/Dürig, GG)

Maunz, Theodor / *Schmidt-Bleibtreu,* Bruno / *Klein,* Franz / *Ulsamer,* Gerhard / *Bethge,* Herbert / *Winter,* Klaus: Bundesverfassungsgerichtsgesetz, Kommentar, Loseblatt, München (zit. Maunz / Schmidt-Bleibtreu / Klein / Ulsamer, BVerfGG)

Maurer, Hartmut: Allgemeines Verwaltungsrecht, 11. Auflage, München 1997 (zit. Maurer, Allg. VerwR)

Meessen, Karl M.: Maastricht nach Karlsruhe, in: NJW 1994, S. 549 - 554

Meier, Gert: Die Europäische Währungsunion als Stabilitätsgemeinschaft und das Grundgesetz, in: NJW 1996, S. 1027 - 1030

— Zur Schadensersatzpflicht der Bundesrepublik Deutschland für Verstöße gegen Gemeinschaftsrecht – ein Leitfaden für die Zivilgerichte, in: NVwZ 1996, S. 660 - 661

Memminger, Gerhard: Bedeutung des Verfassungsrechsstreits zur EG-Rundfunkrichtlinie, in: DÖV 1989, S. 846 - 850

Merten, Detlef: Subsidiarität als Verfassungsprinzip, in: ders. (Hrsg.), Die Subsidiarität Europas (Schriften zum Europäischen Recht Band 16), 2. Auflage, Berlin 1994, S. 77 - 96 (zit. Merten, in: ders., Subsidiarität)

— (Hrsg.): Föderalismus und Europäische Gemeinschaften unter besonderer Berücksichtigung von Umwelt und Gesundheit, Kultur und Bildung (Schriften zum Europäischen Recht Band 2), 2. Auflage, Berlin 1993 (zit. Merten, Föderalismus und EG)

Mögele, Rudolf: Deutsches und europäisches Verwaltungsrecht – wechselseitige Einwirkungen, in: BayVBl. 1993, S. 552 - 559

— Fehlerhafte Ausgaben im Rahmen der Gemeinsamen Agrarpolitik, in: NJW 1987, S. 1118 - 1124

— Neuere Entwicklungen im Recht der Europäischen Gemeinschaften, in: BayVBl. 1993, S. 129 - 140

Möschel, Wernhard: Politische Union für Europa: Wunschtraum oder Alptraum?, in: JZ 1992, S. 877 - 884

— Zum Subsidiaritätsprinzip im Vertrag von Maastricht, in: NJW 1993, S. 3025 - 3028

Mombaur, Peter Michael: Bundeszwang und Bundestreue, Diss. iur., Köln 1964

Mombaur, Peter Michael / *Lennep,* Hans Gerd von: Die deutsche kommunale Selbstverwaltung und das Europarecht, in: DÖV 1988, S. 988 - 997

— Europarecht und deutsche kommunale Selbstverwaltung, in: StuGR 1989, S. 95 - 105

Mosler, Hermann: Kulturabkommen des Bundesstaates. Zur Frage der Beschränkung der Bundesgewalt in auswärtigen Angelegenheiten, in: ZaöRV 16 (1955/56), S. 1 ff.

— Die Übertragung von Hoheitsgewalt, in: Isensee / Kirchhof, HdbStR VII, § 175

Müller-Graff, Peter-Christian: Die Europäische Zusammenarbeit in den Bereichen Justiz und Inneres (JIZ) – Verbindungen und Spannungen zwischen dem dritten

Pfeiler der Europäischen Union und der Europäischen Gemeinschaft – in: Due, Ole/Lutter, Marcus/Schwarze, Jürgen (Hrsg.), Festschrift für Ulrich Everling, Band II, Baden-Baden 1995, S. 925 - 944 (zit. Müller-Graff, FS Everling II)

Münch, Ingo von/*Kunig,* Philip (Hrsg.): Grundgesetz-Kommentar, München
Band 1: Präambel bis Art. 20, 4. Auflage, 1992
Band 2: Art. 21 bis 69, 3. Auflage, 1995
Band 3: Art. 70 bis 146, 3. Auflage, 1996; 2. Auflage, 1983 (soweit nichts anderes vermerkt, wird die aktuellste Auflage zitiert)
(zit. Bearbeiter, in: v. Münch/Kunig, GG)

Murswiek, Dietrich: Maastricht und der pouvoir constituant, in: Der Staat 32 (1993), S. 161 - 190

Mutius, Albert von: Ein Sieg für die gemeindliche Selbstverwaltung?, in: Städte- und Gemeindebund 1989, S. 299 - 305

Neßler, Volker: Europäisches Gemeinschaftsrecht vor deutschen Gerichten, in: DVBl. 1993, S. 1240 - 1246

— Die „neue Ländermitwirkung" nach Maastricht, in: EuR 1994, S. 216 - 229

Nettesheim, Martin: Gemeinschaftsrechtliche Vorgaben für das deutsche Staatshaftungsrecht, in: DÖV 1992, S. 999 - 1005

— Der Grundsatz der einheitlichen Wirksamkeit des Gemeinschaftsrechts, in: Randelzhofer, Albrecht/Scholz, Rupert/Wilke, Dieter (Hrsg.), Gedächtnisschrift für Eberhard Grabitz, München 1995, S. 447 - 468 (zit. Nettesheim, GS Grabitz)

Nicolaysen, Gert: Europarecht I, Baden-Baden 1991 (zit. Nicolaysen, EuropaR I)

— Zur Theorie von den implied powers in den Europäischen Gemeinschaften, in: EuR 1966, S. 129 - 142

Nockelmann, Wolfgang: Das Durchsuchungsrecht der EG-Kommission als Nachprüfungsbefugnis im Sinne der VO Nr. 17/62. Grundlagen und Vollzugsprobleme, Diss. iur., Bochum 1992 (zit. Nockelmann, Durchsuchungsrecht)

Oebbecke, Janbernd: Die europäische Integration und die Organisation der Verwaltung, in: Ipsen, Jörn/Rengeling, Hans-Werner/Mössner, Jörg Manfred/Weber, Albrecht (Hrsg.), Verfassungsrecht im Wandel. Wiedervereinigung Deutschlands. Deutschland in der Europäischen Union. Verfassungsstaat und Föderalismus. Zum 180jährigen Bestehen der Carl Heymanns Verlag KG, Köln/Berlin/Bonn/München 1995, S. 607 - 622 (zit. Oebbecke, FS Heymanns)

Oetting, Ulf: Bundestag und Bundesrat im Willensbildungsprozeß der Europäischen Gemeinschaften. Die Unterrichtung der gesetzgebenden Körperschaften nach Art. 2 des Zustimmungsgesetzes zu den Römischen Verträgen (Schriften zum Öffentlichen Recht Band 210), Berlin 1973 (zit. Oetting, Bundestag und Bundesrat)

Ophüls, Carl Friedrich: Zwischen Völkerrecht und staatlichem Recht. Grundfragen des europäischen Rechts, in: JurJb 4 (1963/64), S. 137 - 162

Oppermann, Thomas: Europarecht. Ein Studienbuch, München 1991 (zit. Oppermann, EuropaR)

— Zur Eigenart der Europäischen Union, in: Hommelhoff, Peter/Kirchhof, Paul (Hrsg.), Der Staatenverbund der Europäischen Union. Beiträge und Diskussionen des Symposions am 21./22. Januar 1994 in Heidelberg, Heidelberg 1994, S. 87 - 98 (zit. Oppermann, in: Hommelhoff/Kirchhof, Staatenverbund)

Oppermann, Thomas/*Classen,* Claus Dieter: Die EG vor der Europäischen Union, in: NJW 1993, S. 5 - 12

Oschatz, Georg-Berndt/*Risse,* Horst: Bundesrat und Europäische Gemeinschaften. Neue Verfahrensregeln der Bundesrats-Geschäftsordnung für EG-Vorlagen, in: DÖV 1989, S. 509 - 519

— Die Bundesregierung an der Kette der Länder? – Zur europapolitischen Mitwirkung des Bundesrates –, in: DÖV 1995, S. 437 - 452

Ossenbühl, Fritz: Der gemeinschaftsrechtliche Staatshaftungsanspruch, in: DVBl. 1992, S. 993 - 998

— Landesbericht Bundesrepublik Deutschland, in: ders. (Hrsg.), Föderalismus und Regionalismus in Europa, Baden-Baden 1989, S. 117 - 165

— Maastricht und das Grundgesetz – eine verfassungsrechtliche Wende?, in: DVBl. 1993, S. 629 - 637

— Staatshaftung zwischen Europarecht und nationalem Recht, in: Due, Ole/Lutter, Marcus/Schwarze, Jürgen (Hrsg.), Festschrift für Ulrich Everling, Band II, Baden-Baden 1995, S. 1031 - 1047 (zit. Ossenbühl, FS Everling II)

— Verwaltungsvorschriften und Grundgesetz, Bad Homburg/Berlin/Zürich 1968 (zit. Ossenbühl, Verwaltungsvorschriften und GG)

Pache, Eckhard: Rechtsfragen der Aufhebung gemeinschaftsrechtswidriger nationaler Beihilfebescheide, in: NVwZ 1994, S. 318 - 326

Pache, Eckhard/*Burmeister,* Frank: Gemeinschaftsrecht im verwaltungsgerichtlichen Normenkontrollverfahren, in: NVwZ 1996, S. 979 - 981

Pagenkopf, Martin: Zum Einfluß des Gemeinschaftsrechts auf nationales Wirtschaftsverwaltungsrecht – Versuch einer praktischen Einführung, in: NVwZ 1993, S. 216 - 225

Papier, Hans-Jürgen: Direkte Wirkung von Richtlinien der EG im Umwelt- und Technikrecht – Verwaltungsverfahrensrechtliche Probleme des nationalen Vollzugs, in: DVBl. 1993, S. 809 - 814

— Die Einwirkungen des europäischen Gemeinschaftsrechts auf das nationale Verwaltungs- und Verfahrensrecht, in: Die Bedeutung der Europäischen Gemeinschaften für das deutsche Recht und die deutsche Gerichtsbarkeit. Seminar zum 75. Geburtstag von Karl August Bettermann (Schriften zum Öffentlichen Recht Band 569), Berlin 1989, S. 51 - 65 (zit. Papier, in: Kloepfer/Merten/Papier/Skouris, Bettermann-Seminar)

Pechstein, Matthias: Keine „Solange III“-Entscheidung: Das Bundesverfassungsgericht und die EG-Fernsehrichtlinie (EuZW 1995, 277 ff.) – Zugleich ein Beitrag zum neuen Art. 23 GG –, in: Jura 1995, S. 581 - 589

— Rechtssubjektivität für die Europäische Union?, in: EuR 1996, S. 137 - 144

Penski, Ulrich: Bestand nationaler Staatlichkeit als Bestandteil der Änderungsgrenzen in Art. 79 III GG. Zugleich eine auf das Thema bezogene Stellungnahme zur Maastricht-Entscheidung des BVerfG, in: ZRP 1994, S. 192 - 196

Pernice, Ingolf: Deutschland in der Europäischen Union, in: Isensee/Kirchhof, HdbStR VIII, § 191

— Europäische Union: Gefahr oder Chance für den Föderalismus in Deutschland, Österreich und der Schweiz?, in: DVBl. 1993, S. 909 - 924

— Europäisches Verwaltungsrecht, in: NVwZ 1989, S. 332 - 335

— Gemeinschaftsverfassung und Grundrechtsschutz – Grundlagen, Bestand und Perspektiven, in: NJW 1990, S. 2409 - 2420

— Maastricht, Staat und Demokratie, in: Die Verwaltung 26 (1993), S. 449 - 488

Petersen, Kay: Die innerstaatliche Finanzverantwortung für kostenverursachende Maßnahmen der EG, in: DVBl. 1975, S. 291 - 295

Pfeil, Martin: Kommunale Selbstverwaltung in Deutschland und Europa. Bericht über ein wissenschaftliches Symposium aus Anlaß des 65. Geburtstages von Universitätsprofessor Dr. Willi Blümel am 6. Januar 1994 in Speyer, in: DVBl. 1994, S. 326 - 330

Philipp, Wolfgang: Ein dreistufiger Bundesstaat? Deutsche Einheit zwischen Europa und den Ländern, in: ZRP 1992, S. 433 - 438

Pieper, Stefan Ulrich: Die Direktwirkung von Richtlinien der Europäischen Gemeinschaft – Zum Stand der Entwicklung –, in: DVBl. 1990, S. 684 - 688

— Mitgliedschaftliche Haftung für die Nichtbeachtung von Gemeinschaftsrecht, in: NJW 1992, S. 2454 - 2459

— Subsidiarität. Ein Beitrag zur Begrenzung der Gemeinschaftskompetenzen (Völkerrecht – Europarecht – Staatsrecht Band 6), Köln/Berlin/Bonn/München 1994 (zit. Pieper, Subsidiarität)

— Subsidiaritätsprinzip – Strukturprinzip der Europäischen Union, in: DVBl. 1993, S. 705 - 712

Pieper, Stefan Ulrich/*Schollmeier,* Andres: Europarecht – Ein Casebook, Köln/Berlin/Bonn/München 1991 (zit. Pieper/Schollmeier, EuropaR)

Pieroth, Bodo/*Schlink,* Bernhard: Grundrechte – Staatsrecht II, 12. Auflage, Heidelberg 1996 (zit. Pieroth/Schlink, StaatsR II)

Pietzcker, Jost: Zur Nichtanwendung europarechtswidriger Gesetze seitens der Verwaltung, in: Due, Ole/Lutter, Marcus/Schwarze, Jürgen (Hrsg.), Festschrift für Ulrich Everling, Band II, Baden-Baden 1995, S. 1095 - 1111 (zit. Pietzcker, FS Everling II)

Pipkorn, Jörn: Das Subsidiaritätsprinzip im Vertrag über die Europäische Union – rechtliche Bedeutung und gerichtliche Überprüfbarkeit, in: EuZW 1992, S. 697 - 700

Priebe, Reinhard: Die Beschlüsse des Rates zur Eingliederung der neuen deutschen Bundesländer in die Europäischen Gemeinschaften, in: EuZW 1991, S. 113 - 115

— Entscheidungsbefugnisse vertragsfremder Einrichtungen im Europäischen Gemeinschaftsrecht, Baden-Baden 1979 (zit. Priebe, Entscheidungsbefugnisse)

Prieß, Hans-Joachim: Die Haftung der EG-Mitgliedstaaten bei Verstößen gegen das Gemeinschaftsrecht, in: NVwZ 1993, S. 118 - 125

Pruns, Herbert: Finanzierungszuständigkeiten des Bundes im Aufgabenbereich des Bundesministers für Ernährung, Landwirtschaft und Forsten (BML). Eine kritische Darstellung, in: DÖV 1976, S. 217 - 227

Quaritsch, Helmut: Das parlamentslose Parlamentsgesetz. Rang und Geltung der Rechtssätze im demokratischen Staat untersucht am hamburgischen Planungsrecht, 2. Auflage, Hamburg 1961 (zit. Quaritsch, Das parlamentslose Parlamentsgesetz)

Rabe, Hans-Jürgen: Europäische Gesetzgebung – das unbekannte Wesen, in: NJW 1993, S. 1 - 5

— Das Verordnungsrecht der Europäischen Wirtschaftsgemeinschaft, Hamburg 1963 (zit. Rabe, Verordnungsrecht)

Randelzhofer, Albrecht: Deutsche Einheit und europäische Integration, in: VVDStRL 49 (1990), S. 101 - 124

— Zum behaupteten Demokratiedefizit der Europäischen Gemeinschaft, in: Hommelhoff, Peter/Kirchhof, Paul (Hrsg.), Der Staatenverbund der Europäischen Union. Beiträge und Diskussionen des Symposions am 21./22. Januar 1994 in Heidelberg, Heidelberg 1994, S. 39 - 55 (zit. Randelzhofer, in: Hommelhoff/Kirchhof, Staatenverbund)

Rauschning, Dietrich: Deutschlands aktuelle Verfassungslage, in: DVBl. 1990, S. 393 - 404

Rauschning, Dietrich/*Hach,* Renate: Geltung des Rechts der Europäischen Gemeinschaften nach der Wiedervereinigung, in: EuZW 1990, S. 344 - 346

Rauser, Karl Th.: Die Übertragung von Hoheitsrechten auf ausländische Staaten. Zugleich ein Beitrag zur Dogmatik des Art. 24 I GG (Münchener Universitätsschriften Band 81), München 1991 (zit. Rauser, Übertragung von Hoheitsrechten)

Reichel, Gerhard Hans: Die auswärtige Gewalt nach dem Grundgesetz für die Bundesrepublik Deutschland vom 23. Mai 1949 (Schriften zum Öffentlichen Recht Band 43), Berlin 1967 (zit. Reichel, Auswärtige Gewalt)

Reischl, Gerhard: Ansätze zur Herausbildung eines europäischen Verwaltungsrechts in der Rechtsprechung des EuGH – Bestandsaufnahme, Einfluß der unterschiedlichen Rechtsvorstellungen –, in: Schwarze, Jürgen (Hrsg.), Europäisches Verwaltungsrecht im Werden, Baden-Baden 1982, S. 97 - 113

Rengeling, Hans-Werner: Deutsches und europäisches Verwaltungsrecht, in: VVDStRL 53 (1994), S. 202 - 239

— Die Entwicklung verwaltungsrechtlicher Grundsätze durch den Gerichtshof der Europäischen Gemeinschaften, in: EuR 1984, S. 331 - 360

— Europäische Normgebung und ihre Umsetzung in nationales Recht, in: DVBl. 1995, S. 945 - 954

— Fragen zum allgemeinen Verwaltungsrecht in der europäischen Gemeinschaft, in: Achterberg, Norbert / Krawietz, Werner / Wyduckel, Dieter (Hrsg.), Recht und Staat im sozialen Wandel. Festschrift für Hans Ulrich Scupin zum 80. Geburtstag, Berlin 1983, S. 475 - 487 (zit. Rengeling, FS Scupin)

— Die Garantie der kommunalen Selbstverwaltung im Zeichen der europäischen Integration, in: DVBl. 1990, S. 893 - 903

— Nationaler Verwaltungsvollzug von Gemeinschaftsrecht: Die Gemeinschaftskompetenzen, in: EuR 1974, S. 216 - 237

— Quellen des Verwaltungsrechts, in: Schweitzer, Michael (Hrsg.), Europäisches Verwaltungsrecht, Wien 1991, S. 29 - 53 (zit. Rengeling, in: Schweitzer, Europ. VerwR)

— Rechtsetzung der Europäischen Gemeinschaft und Kommunen, in: ZG 1994, S. 277 - 296

— Rechtsgrundsätze beim Verwaltungsvollzug des Europäischen Gemeinschaftsrechts (Kölner Schriften zum Europarecht Band 27), Köln / Berlin / Bonn / München 1977 (zit. Rengeling, Rechtsgrundsätze)

— Das vereinte Deutschland in der Europäischen Gemeinschaft: Grundlagen zur Geltung des Gemeinschaftsrechts, in: DVBl. 1990, S. 1307 - 1314

— Verwaltungsverfahrens- und Verwaltungsprozeßrecht im Verhältnis zum Europäischen Gemeinschaftsrecht. Neuere Entwicklungen in der gemeinschaftsrechtlichen Rechtsprechung und Rechtsetzung, in: DÖV 1981, S. 366 - 370

— Das Zusammenwirken von Europäischem Gemeinschaftsrecht und nationalem, insbesondere deutschem Recht, in: DVBl. 1986, S. 306 - 314

Rengeling, Hans-Werner / *Middeke,* Andreas / *Gellermann,* Martin: Rechtsschutz in der Europäischen Union. Durchsetzung des Gemeinschaftsrechts vor europäischen und deutschen Gerichten, München 1994 (zit. Rengeling / Middeke / Gellermann, Rechtsschutz)

Ress, Georg: Die Europäische Union und die neue juristische Qualität der Beziehungen zu den Europäischen Gemeinschaften, in: JuS 1992, S. 985 - 991

— Die Europäischen Gemeinschaften und der deutsche Föderalismus, in: EuGRZ 1986, S. 549 - 558

— Ist die Europäische Union eine juristische Person?, in: EuR Beiheft 2/1995, S. 27 - 40

— Die richtlinienkonforme „Interpretation" innerstaatlichen Rechts, in: DÖV 1994, S. 489 - 496

— Über die Notwendigkeit der parlamentarischen Legitimierung der Rechtsetzung der Europäischen Gemeinschaften. Überlegungen zum europäischen Gemeinschaftsrecht und deutschen Verfassungsrecht, in: Fiedler, Wilfried / Ress, Georg (Hrsg.), Verfassungsrecht und Völkerrecht. Gedächtnisschrift für Wilhelm Karl Geck, Köln / Berlin / Bonn / München 1989, S. 625 - 684 (zit. Ress, GS Geck)

— Verwaltung und Verwaltungsrecht in der Bundesrepublik Deutschland unter dem Einfluß des europäischen Rechts und der europäischen Gerichtsbarkeit, in: Burmeister, Joachim (Hrsg.), Die verfassungsrechtliche Stellung der Verwaltung in Frankreich und in der Bundesrepublik Deutschland, Köln/Berlin/Bonn/München 1991, S. 199 - 228 (zit. Ress, in: Burmeister, Verfassungsrechtliche Stellung der Verwaltung)

Riegel, Reinhard: Gliedstaatkompetenzen im Bundesstaat und Europäisches Gemeinschaftsrecht, in: DVBl. 1979, S. 245 - 251

— Hoheitliche Zuordnung und gerichtliche Überprüfbarkeit des innerstaatlichen Vollzugs von Gemeinschaftsrecht, in: BayVBl. 1978, S. 289 - 295

— Zum Problem der allgemeinen Rechtsgrundsätze und Grundrechte im Gemeinschaftsrecht, in: NJW 1974, S. 1585 - 1590

Robbers, Gerhard: Die Änderungen des Grundgesetzes, in: NJW 1989, S. 1325 - 1332

Röttinger, Moritz: Bedeutung der Rechtsgrundlage einer EG-Richtlinie und Folgen einer Nichtigkeit. Zugleich eine Besprechung von EuGH, EuZW 1992, 676 – Parlament/Rat, in: EuZW 1993, S. 117 - 121

Rohn, Stephan/*Sannwald,* Rüdiger: Die Ergebnisse der Gemeinsamen Verfassungskommission, in: ZRP 1994, S. 65 - 73

Ross, Alf: Lehrbuch des Völkerrechts, Stuttgart/Köln 1951 (zit. Ross, VölkerR)

Rotter, Manfred: Das Subsidiaritätsprinzip und der Ausschuß der Regionen im Unionsvertrag von Maastricht. Die Mißlungene Quadratur des Föderalismus, in: Hengstschläger, Johannes/Köck, Heribert/Korinek, Karl/Stern, Klaus/Truyol y Serra, Antonio (Hrsg.), Für Staat und Recht. Festschrift für Herbert Schambeck, Berlin 1994, S. 981 - 1001 (zit. Rotter, FS Schambeck)

Rudolf, Walter: Das akzeptierte Grundgesetz, Europa und die Länder, in: Maurer, Hartmut (Hrsg.), Das akzeptierte Grundgesetz. Festschrift für Günter Dürig zum 70. Geburtstag, München 1990, S. 145 - 158 (zit. Rudolf, FS Dürig)

— Bundesländer und Europäisches Gemeinschaftsrecht, in: Staatsrecht – Völkerrecht – Europarecht. Festschrift für Hans-Jürgen Schlochauer zum 75. Geburtstag am 28. März 1981, hrsg. v. I. v. Münch, Berlin/New York 1981, S. 117 - 136 (zit. Rudolf, FS Schlochauer)

— Die deutschen Bundesländer und die Europäischen Gemeinschaften nach der Einheitlichen Europäischen Akte, in: Festschrift für Karl Josef Partsch zum 75. Geburtstag. Des Menschen Recht zwischen Freiheit und Verantwortung, hrsg. v. Jürgen Jekewitz, Karl-Heinz Klein etc., Berlin 1989, S. 357 - 375 (zit. Rudolf, FS Partsch)

— Stichwort „Federal States“, in: Encyclopedia of Public International Law, Band 10: States – Responsibility of States – International Law and Municipal Law, Amsterdam/New York/Oxford/Tokyo 1987, S. 165 - 178 (zit. Rudolf, in: EPIL)

Rupp, Hans Heinrich: Maastricht – eine neue Verfassung?, in: ZRP 1993, S. 211 - 213

— Muß das Volk über den Vertrag von Maastricht entscheiden?, in: NJW 1993, S. 38 - 40

— Verfassungsprobleme auf dem Weg zur Europäischen Union, in: ZRP 1990, S. 1 - 4

Ruppert, Andreas: Die Integrationsgewalt. Eine staatstheoretische und verfassungsrechtliche Studie zu Artikel 24 Absatz 1 des Grundgesetzes, Diss. iur., Hamburg 1969 (zit. Ruppert, Integrationsgewalt)

Rybak, Hubertus/*Hofmann,* Hans: Verteilung der Gesetzgebungsrechte zwischen Bund und Ländern nach der Reform des Grundgesetzes, in: NVwZ 1995, S. 230 - 235

Sachs, Michael (Hrsg.): Grundgesetz, Kommentar, München 1996 (zit. Bearbeiter, in: Sachs, GG)

Sacksofsky, Ute: Europarechtliche Antworten auf Defizite bei der Umsetzung von Richtlinien, in: Danwitz, Thomas von/Heintzen, Markus/Jestaedt, Matthias/Korioth, Stefan/Reinhardt, Michael (Hrsg.), Auf dem Wege zu einer Europäischen Staatlichkeit, Stuttgart/München/Hannover/Berlin/Weimar 1993, S. 91 - 107 (zit. Sacksofsky, in: v. Danwitz, Europ. Staatlichkeit)

Sannwald, Rüdiger: Die Reform der Gesetzgebungskompetenzen nach den Beschlüssen der Gemeinsamen Verfassungskommission von Bundestag und Bundesrat, in: DÖV 1994, S. 629 - 637

— Die Reform des Grundgesetzes, in: NJW 1994, S. 3313 - 3320

Sasse, Christoph: Bundesstaatliche Finanzverfassung und Geldleistungsvorschriften der Europäischen Gemeinschaft, in: WiR 1973, S. 308 - 325

Schachtschneider, Albrecht/*Emmerich-Fritsche,* Angelika/*Beyer,* Thomas C. W.: Der Vertrag über die Europäische Union und das Grundgesetz, in: JZ 1993, S. 751 - 760

Schede, Christian: Bundesrat und Europäische Union. Die Beteiligung des Bundesrates nach dem neuen Artikel 23 des Grundgesetzes (Schriften zum Staats- und Völkerrecht Band 56), Frankfurt a.M. 1994 (zit. Schede, BR und EU)

Schenke, Wolf-Rüdiger: Die Subsidiarität der Verfassungsbeschwerde gegen Gesetze, in: NJW 1986, S. 1451 - 1461

Scherer, Joachim: EG und DDR: Auf dem Wege zur Integration, in: DDR-Rechtsentwicklungen, Beilage 6 zu RIW 4/1990, S. 11 - 15

— Das Rechnungsabschlußverfahren – Ein Instrument zur Durchsetzung europäischen Verwaltungsrechts?, in: EuR 1986, S. 52 - 74

Scherzberg, Arno: Die innerstaatlichen Wirkungen von EG-Richtlinien, in: Jura 1993, S. 225 - 232

Scheuing, Dieter H.: Europarechtliche Impulse für innovative Ansätze im deutschen Verwaltungsrecht, in: Hoffmann-Riem, Wolfgang/Schmidt-Aßmann, Eberhard (Hrsg.), Innovation und Flexibilität des Verwaltungshandelns (Schriften zur Reform des Verwaltungsrechts Band 2), Baden-Baden 1994, S. 289 - 354 (zit. Scheuing, in: Hoffmann-Riem/Schmidt-Aßmann, Innovation)

— Rechtsfragen beim Vollzug des Gemeinschaftsrechts im deutschen Recht, in: DÖV 1975, S. 145 - 151

— Rechtsprobleme bei der Durchsetzung des Gemeinschaftsrechts in der Bundesrepublik Deutschland, in: EuR 1985, S. 229 - 272

Scheuner, Ulrich: Pressefreiheit, in: VVDStRL 22 (1965), S. 1 - 100

Schiller, Klaus Volker: Weisung der EG-Kommission: Entgegenstehende Rechtsüberzeugung der nationalen Behörde (Anm. zu VG Frankfurt a.M., Urt. v. 26.5. 1983, RIW 1984, S. 227), in: RIW 1984, S. 549 - 552

— Weisungsrechte der EG nach dem EWG-Vertrag bei nationalem Verwaltungsvollzug von EG-Recht?, in: RIW 1985, S. 36 - 38

Schilling, Theodor: Artikel 24 Absatz 1 des Grundgesetzes, Artikel 177 des EWG-Vertrags und die Einheit der Rechtsordnung, in: Der Staat 29 (1990), S. 161 - 183

— Die deutsche Verfassung und die europäische Einigung, in: AöR 116 (1991), S. 32 - 71

Schimke, Martin: Zur Haftung der Bundesrepublik Deutschland gegenüber Bürgern wegen Nichtumsetzung der EG-Richtlinie über Pauschalreisen, in: EuZW 1993, S. 698 - 704

Schindler, Dietrich: Europäische Union: Gefahr oder Chance für den Föderalismus in Deutschland, Österreich und der Schweiz?, in: VVDStRL 53 (1994), S. 70 - 87

Schink, Alexander: Kommunale Selbstverwaltung und europäische Integration, in: Der Landkreis 1990, S. 550 - 553

Schlemmer-Schulte, Sabine: Gemeinschaftsrechtlicher vorläufiger Rechtsschutz und Vorlagepflicht. Anmerkungen zum verfahrensrechtlichen Teil des Urteils des EuGH vom 21.2.1991 in den verb. Rs C-143/88 und C-92/89, in: EuZW 1991, S. 307 - 310

Schlemmer-Schulte, Sabine / *Ukrow,* Jörg: Haftung des Staates gegenüber dem Marktbürger für gemeinschaftsrechtswidriges Verhalten. Zum Francovich-Urteil des EuGH vom 19.11.1991, verb. Rs. C-6/90 und C-9/90, in: EuR 1992, S. 82 - 95

Schmalenbach, Kirsten: Der neue Europaartikel 23 des Grundgesetzes im Lichte der Arbeit der Gemeinsamen Verfassungskommission. Motive einer Verfassungsänderung (Schriften zum Europäischen Recht Band 29), Berlin 1996 (zit. Schmalenbach, Europaartikel)

Schmehl, Arndt: Die erneuerte Erforderlichkeitsklausel in Art. 72 Abs. 2 GG, in: DÖV 1996, S. 724 - 731

Schmidhuber, Peter M.: Die Europäische Gemeinschaft nach der Ratifikation des Vertrags von Maastricht, in: Randelzhofer, Albrecht / Scholz, Rupert / Wilke, Dieter (Hrsg.), Gedächtnisschrift für Eberhard Grabitz, München 1995, S. 661 - 675 (zit. Schmidhuber, GS Grabitz)

— Das Subsidiaritätsprinzip im Vertrag von Maastricht, in: DVBl. 1993, S. 417 - 422

Schmidhuber, Peter M. / *Hitzler,* Gerhard: Binnenmarkt und Subsidiaritätsprinzip, in: EuZW 1993, S. 8 - 10

— Die Verankerung des Subsidiaritätsprinzips im EWG-Vertrag – ein wichtiger Schritt auf dem Weg zu einer föderalen Verfassung der Europäischen Gemeinschaft, in: NVwZ 1992, S. 720 - 725

Schmidt-Aßmann, Eberhard: Deutsches und Europäisches Verwaltungsrecht – wechselseitige Einwirkungen –, in: DVBl. 1993, S. 924 - 936

— Verwaltungskooperation und Verwaltungskooperationsrecht in der Europäischen Gemeinschaft, in: EuR 1996, S. 270 - 301

— Zur Europäisierung des allgemeinen Verwaltungsrechts, in: Badura, Peter / Scholz, Rupert (Hrsg.), Wege und Verfahren des Verfassungslebens. Festschrift für Peter Lerche zum 65. Geburtstag, München 1993, S. 513 - 527 (zit. Schmidt-Aßmann, FS Lerche)

Schmidt-Bleibtreu, Bruno / *Klein,* Franz: Kommentar zum Grundgesetz, 8. Auflage, Neuwied / Kriftel / Berlin 1995 (zit. Bearbeiter, in: Schmidt-Bleibtreu / Klein, GG)

Schnabel, Achim: Das Subsidiaritätsprinzip im Vertrag über die Europäische Union, in: BayVBl. 1993, S. 393 - 396

Schnapauff, Klaus-Dieter: Einigungsvertrag. Überleitungsgesetzgebung in Vertragsform, in: DVBl. 1990, S. 1249 - 1256

Schneider, Hans-Peter: Die bundesstaatliche Ordnung im vereinigten Deutschland, in: NJW 1991, S. 2448 - 2455

Schoch, Friedrich: Die Europäisierung des Allgemeinen Verwaltungsrechts, in: JZ 1995, S. 109 - 123

— Europäisierung des deutschen Verwaltungsrechts, in: ders. (Hrsg.), Das Verwaltungsrecht als Element der europäischen Integration, Stuttgart / München / Hannover / Berlin / Weimar / Dresden 1994, S. 13 - 46 (zit. Schoch, in: ders., VerwR als Element)

— Die Europäisierung des verwaltungsgerichtlichen vorläufigen Rechtsschutzes, in: DVBl. 1997, S. 289 - 297

— Zur Situation der kommunalen Selbstverwaltung nach der Rastede-Entscheidung des Bundesverfassungsgerichts, in: VerwArch. 81 (1990), S. 18 - 54

Schockweiler, Fernand: Die Haftung der EG-Mitgliedstaaten gegenüber dem einzelnen bei Verletzung des Gemeinschaftsrechts, in: EuR 1993, S. 107 - 133

— Der Schadensersatzanspruch gegenüber dem Staat: Eine vollwertige Alternative zur „horizontalen Wirkung“ von nicht fristgemäß umgesetzten Richtlinien?, in: Due, Ole / Lutter, Marcus / Schwarze, Jürgen (Hrsg.), Festschrift für Ulrich Everling, Band II, Baden-Baden 1995, S. 1315 - 1330 (zit. Schockweiler, FS Everling II)

Scholz, Rupert: Aufgaben und Grenzen einer Reform des Grundgesetzes, in: Badura, Peter / Scholz, Rupert (Hrsg.), Wege und Verfahren des Verfassungslebens. Festschrift für Peter Lerche zum 65. Geburtstag, München 1993, S. 65 - 81 (zit. Scholz, FS Lerche)

— Ausschließliche und konkurrierende Gesetzgebungskompetenz von Bund und Ländern in der Rechtsprechung des Bundesverfassungsgerichts, in: Starck, Christian (Hrsg.), Bundesverfassungsgericht und Grundgesetz. Festgabe aus Anlaß des 25jährigen Bestehens des Bundesverfassungsgerichts, Band II: Verfassungsauslegung, Tübingen 1976, S. 252 - 276 (zit. Scholz, FG BVerfG II)

— Europäische Union und deutscher Bundesstaat, in: NVwZ 1993, S. 817 - 824

— Europäische Union und Verfassungsreform, in: NJW 1993, S. 1690 - 1692

— Grundgesetz und europäische Einigung. Zu den reformpolitischen Empfehlungen der Gemeinsamen Verfassungskommission, in: NJW 1992, S. 2593 - 2601

— Das Subsidiaritätsprinzip im europäischen Gemeinschaftsrecht – ein tragfähiger Maßstab zur Kompetenzabgrenzung, in: Hengstschläger, Johannes / Köck, Heribert / Korinek, Karl / Stern, Klaus / Truyol y Serra, Antonio (Hrsg.), Für Staat und Recht. Festschrift für Herbert Schambeck, Berlin 1994, S. 411 - 426 (zit. Scholz, FS Schambeck)

— Wie lange bis „Solange III"?, in: NJW 1990, S. 941 - 946

Schröder, Meinhard: Bundesstaatliche Erosionen im Prozeß der europäischen Integration, in : JöR n. F. 35 (1986), S. 83 - 102

— Das Bundesverfassungsgericht als Hüter des Staates im Prozeß der europäischen Integration – Bemerkungen zum Maastricht-Urteil, in: DVBl. 1994, S. 316 - 325

— Europäisches Verwaltungsrecht, in: Die Verwaltung 23 (1990), S. 247 - 252

Schütz, Hans-Joachim: Bund, Länder und Europäische Gemeinschaften. Kritische Anmerkungen zur Übertragung von Hoheitsrechten der Länder auf zwischenstaatliche Einrichtungen durch den Bund, in: Der Staat 28 (1989), S. 201 - 224

— Verfassungsrechtliche Fragen der Teilhabe der deutschen Bundesländer an Entscheidungen der Europäischen Gemeinschaften, in: BayVBl. 1990, S. 481 - 489, 518 - 524

Schwan, Hartmut Heinrich: Die deutschen Bundesländer im Entscheidungssystem der Europäischen Gemeinschaften. Beschlußfassung und Durchführung (Schriften zum Öffentlichen Recht Band 433), Berlin 1982 (zit. Schwan, Bundesländer)

Schwarze, Jürgen: Europäisches Verwaltungsrecht. Entstehung und Entwicklung im Rahmen der Europäischen Gemeinschaft, 2 Bände, Baden-Baden 1988 (zit. Schwarze, Europ. VerwR)

— Europapolitik unter deutschem Verfassungsrichtervorbehalt. Anmerkungen zum Maastricht-Urteil des BVerfG vom 12. 10. 1993, in: NJ 1994, S. 1 - 5

— Kompetenzverteilung in der europäischen Union und föderales Gleichgewicht – Zugleich zu den Forderungen der deutschen Bundesländer im Hinblick auf die Regierungskonferenz 1996 –, in: DVBl. 1995, S. 1265 - 1269

— Konvergenz im Verwaltungsrecht der EU-Mitgliedstaaten – Zugleich ein Beitrag zu Chancen und Risiken der Kodifikation allgemeiner Grundsätze des indirekten Vollzugs von Gemeinschaftsrecht –, in: DVBl. 1996, S. 881 - 889

— Der Schutz des Gemeinschaftsbürgers durch allgemeine Verwaltungsrechtsgrundsätze im EG-Recht, in: NJW 1986, S. 1067 - 1073

— Das Staatsrecht in Europa, in: JZ 1993, S. 585 - 594

— Tendencies towards a Common Administrative Law in Europe, in: ELRev 1991, S. 3 - 19

— (Hrsg.): Europäisches Verwaltungsrecht im Werden. Referate und Diskussionsberichte der Tagung des Arbeitskreises Europäische Integration e. V. in Hamburg vom 18. bis 20. Juni 1981 (Schriftenreihe des Arbeitskreises Europäische Integration e. V. Band 14), Baden-Baden 1982 (zit. Bearbeiter, in: Schwarze, Europ. VerwR im Werden)

— (Hrsg.): Das Verwaltungsrecht unter europäischem Einfluß. Zur Konvergenz der mitgliedstaatlichen Verwaltungsrechtsordnungen in der Europäischen Union, Baden-Baden 1996 (zit. Bearbeiter, in: Schwarze, VerwaltungsR unter europ. Einfluß)

Schwarze, Jürgen / *Becker,* Ulrich / *Pollak,* Christiana: Die Implementation von Gemeinschaftsrecht. Untersuchungen zur Gesetzgebungs- und Verwaltungspolitik der Europäischen Gemeinschaft und ihrer Mitgliedstaaten, Baden-Baden 1993 (zit. Schwarze / Becker / Pollak, Implementation)

Schweitzer, Michael: Beteiligung der Bundesländer an der europäischen Gesetzgebung, in: BayVBl. 1992, S. 609 - 617

— Europäische Union: Gefahr oder Chance für den Föderalismus in Deutschland, Österreich und der Schweiz?, in: VVDStRL 53 (1994), S. 48 - 69

— Staatsrecht III. Staatsrecht, Völkerrecht, Europarecht, 5. Auflage, Heidelberg 1995 (zit. Schweitzer, StaatsR III)

— Die Verwaltung der Europäischen Gemeinschaften, in: Die Verwaltung 17 (1984), S. 137 - 168

— (Hrsg.): Europäisches Verwaltungsrecht, Wien 1991 (zit. Bearbeiter, in: Schweitzer, Europ. VerwR)

Schweitzer, Michael / *Hummer,* Waldemar: Europarecht. Das Recht der Europäischen Union – Das Recht der Europäischen Gemeinschaften (EGKS, EG, EAG) – mit Schwerpunkt EG, 5. Auflage, Neuwied / Kriftel / Berlin 1996 (zit. Schweitzer / Hummer, EuropaR)

Sedemund, Jochim: Allgemeine Prinzipien des Verwaltungsverfahrensrechts – dargestellt am Beispiel des europäischen Verwaltungsverfahrensrechts in Kartellsachen, in: Schwarze, Jürgen (Hrsg.), Europäisches Verwaltungsrecht im Werden, Baden-Baden 1982, S. 45 - 62

— Deutsche Einheit und EG, in: EuZW 1990, S. 11 - 13

Sedemund, Jochim / *Montag,* Frank: Die Entwicklung des Europäischen Gemeinschaftsrechts, in: NJW 1994, S. 625 - 634

Seele, Günter: Der Kreis aus europäischer Sicht. Die übergemeindliche Kommunalverwaltung im Spiegel der nationalstaatlichen Verwaltungsstrukturen und der europäischen Gemeinschaftspolitik (Kommunalwissenschaftliche Schriften des Deutschen Landkreistages Band 8), Köln 1991

Seidel, Martin: Subventionshoheit und Finanzierungslast in der Europäischen Gemeinschaft, in: Börner, Bodo/Jahrreiß, Hermann/Stern, Klaus (Hrsg.), Einigkeit und Recht und Freiheit. Festschrift für Karl Carstens, Band I, Köln/Berlin/Bonn/München 1984, S. 273 - 287 (zit. Seidel, FS Carstens I)

— Zur Verfassung der Europäischen Gemeinschaft nach Maastricht, in: EuR 1992, S. 125 - 144

Seifert, Karl-Heinz/*Hömig,* Dieter: Grundgesetz für die Bundesrepublik Deutschland, 4. Auflage, Baden-Baden 1991 (zit. Bearbeiter, in: Seifert/Hömig)

Selmer, Peter: Zur bundesstaatlichen Lastenverteilung bei der Anwendung von Geldleistungsvorschriften der Europäischen Gemeinschaft, in: Das Europa der zweiten Generation. Gedächtnisschrift für Christoph Sasse, Band I, Baden-Baden 1981, S. 229 - 245 (zit. Selmer, GS Sasse I)

Siebelt, Johannes: Grundgesetz und Europäische Zentralbank, in: DÖV 1990, S. 362 - 373

Siedentopf, Heinrich: Europäische Gemeinschaft und kommunale Beteiligung, in: DÖV 1988, S. 981 - 988

Siedentopf, Heinrich/*Hauschild,* Christoph: Europäische Integration und die öffentlichen Verwaltungen der Mitgliedstaaten, in: DÖV 1990, S. 445 - 455

Simson, Werner von: Anforderungen an die Rechtmäßigkeit des Verwaltungshandelns der EG-Behörden – Erfahrungen aus Prozessen vor dem EuGH, in: Schwarze, Jürgen (Hrsg.), Europäisches Verwaltungsrecht im Werden, Baden-Baden 1982, S. 23 - 41

Simson, Werner von/*Schwarze,* Jürgen: Europäische Integration und Grundgesetz. Maastricht und die Folgen für das deutsche Verfassungsrecht, Berlin/New York 1992 (zit. v. Simson/Schwarze, Europäische Integration und GG)

Sommermann, Karl-Peter: Europäisches Verwaltungsrecht oder Europäisierung des Verwaltungsrechts? – Inkonsistenzen in der Rechtsprechung des Europäischen Gerichtshofes –, in: DVBl. 1996, S. 889 - 898

— Staatsziel „Europäische Union“ – Zur normativen Reichweite des Art. 23 Abs. 1 S. 1 GG n.F. –, in: DÖV 1994, S. 596 - 604

Spannowsky, Willy: Der Einfluß europäischer Rechtsentwicklungen auf den kommunalen Handlungsrahmen, in: DVBl. 1991, S. 1120 - 1126

Spelten, Jürgen: Gemeinschaftsrecht und Bundesländerkompetenzen im Lichte des Grundgesetzes, Diss. iur., Freiburg i. Br. 1970 (zit. Spelten, Gemeinschaftsrecht und Bundesländerkompetenzen)

Spetzler, Eugen: Die unmittelbare Wirkung von Richtlinien-Bestimmungen als neue Sanktionskategorie nach Art. 189 EWG-Vertrag, in: RIW 1989, S. 362 - 364

Starck, Christian: Die Bundesstaatlichkeit und die Gemeinsame Verfassungskommission, in: Goyke, Jürgen/Rauschning, Dietrich/Robra, Rainer/Schreiber, Hans-Ludwig/Wulf, Christian (Hrsg.), Vertrauen in den Rechtsstaat. Beiträge zur deutschen Einheit im Recht. Festschrift für Walter Remmers, Köln/Berlin/Bonn/München 1995, S. 159 - 172 (zit. Starck, FS Remmers)

— Die deutschen Länder und die auswärtige Gewalt, in: Badura, Peter/Scholz, Rupert (Hrsg.), Wege und Verfahren des Verfassungslebens. Festschrift für Peter Lerche zum 65. Geburtstag, München 1993, S. 561 - 573 (zit. Starck, FS Lerche)

Stauffenberg, Franz Ludwig Graf/*Langenfeld,* Christine: Maastricht – ein Fortschritt für Europa?, in: ZRP 1992, S. 252 - 259

Steger, Christian O.: Die Kommunen in der Europäischen Gemeinschaft, in: Blümel, Willi/Hill, Hermann (Hrsg.), Die Zukunft der kommunalen Selbstverwaltung (Schriftenreihe der Hochschule Speyer 107), Berlin 1991, S. 237ff. (zit. Steger, in: Blümel/Hill, Zukunft der komm. Selbstverwaltung)

Steiling, Ronald: Mangelnde Umsetzung von EG-Richtlinien durch den Erlaß und die Anwendung der TA Luft, in: NVwZ 1992, S. 134 - 137

Stein, Torsten: Europäische Integration und nationale Reservate, in: Merten, Detlef (Hrsg.), Föderalismus und Europäische Gemeinschaften unter besonderer Berücksichtigung von Umwelt und Gesundheit, Kultur und Bildung (Schriften zum Europäischen Recht Band 2), 2. Auflage, Berlin 1993, S. 91 - 107 (zit. Stein, in: Merten, Föderalismus und EG)

— Europäische Union: Gefahr oder Chance für den Föderalismus in Deutschland, Österreich und der Schweiz?, in: VVDStRL 53 (1994), S. 26 - 47

— Subsidiarität als Rechtsprinzip? in: Merten, Detlef (Hrsg.), Die Subsidiarität Europas (Schriften zum Europäischen Recht Band 16), 2. Auflage, Berlin 1994, S. 23 - 40 (zit. Stein, in: Merten, Subsidiarität)

Steinberger, Helmut: Anmerkungen zum Maastricht-Urteil des Bundesverfassungsgerichts, in: Hommelhoff, Peter/Kirchhof, Paul (Hrsg.), Der Staatenverbund der Europäischen Union. Beiträge und Diskussionen des Symposions am 21./22. Januar 1994 in Heidelberg, Heidelberg 1994, S. 25 - 35 (zit. Steinberger, in: Hommelhoff/Kirchhof, Staatenverbund)

— Der Verfassungsstaat als Glied einer europäischen Gemeinschaft, in: VVDStRL 50 (1990), S. 9 - 55

Steindorff, Ernst: Verfassungsänderung durch die EG?, in: AöR 116 (1991), S. 460 - 466

Stern, Klaus: Auswärtige Gewalt und Lindauer Abkommen, in: Ipsen, Jörn/Rengeling, Hans-Werner/Mössner, Jörg Manfred/Weber, Albrecht (Hrsg.), Verfassungsrecht im Wandel. Wiedervereinigung Deutschlands. Deutschland in der Europäischen Union. Verfassungsstaat und Föderalismus. Zum 180jährigen Bestehen der Carl Heymanns Verlag KG, Köln/Berlin/Bonn/München 1995, S. 251 - 270 (zit. Stern, FS Heymanns)

— Europäische Union und kommunale Selbstverwaltung, in: Wendt, Rudolf/Höfling, Wolfram/Karpen, Ulrich/Oldiges, Martin (Hrsg.), Staat – Wirtschaft – Steuern. Festschrift für Karl Heinrich Friauf zum 65. Geburtstag, Heidelberg 1996, S. 75 - 93 (zit. Stern, FS Friauf)

— Das Staatsrecht der Bundesrepublik Deutschland, Band I: Grundbegriffe und Grundlagen des Staatsrechts, Strukturprinzipien der Verfassung, 2. Auflage, München 1984; Band II: Staatsorgane, Staatsfunktionen, Finanz- und Haushaltsverfassung, Notstandsverfassung, München 1980 (zit. Stern, StaatsR I, II)

Stern, Klaus/*Schmidt-Bleibtreu,* Bruno (Hrsg.): Verträge und Rechtsakte zur Deutschen Einheit, Band 2: Einigungsvertrag und Wahlvertrag, 1990

Stewing, Clemens: Subsidiarität und Föderalismus in der Europäischen Union, Köln/Berlin/Bonn/München 1992 (zit. Stewing, Subsidiarität)

— Das Subsidiaritätsprinzip als Kompetenzverteilungsregel im Europäischen Recht, in: DVBl. 1992, S. 1516 - 1518

Stober, Rolf: Kommunalrecht in der Bundesrepublik Deutschland, 2. Auflage, Stuttgart/Berlin/Köln 1992 (zit. Stober, KommunalR)

Stoiber, Edmund: Auswirkungen der Entwicklung Europas zur Rechtsgemeinschaft auf die Länder der BRD, in: EA 1987, S. 543 - 552

Stotz, Rüdiger: Vorrang des Gemeinschaftsrechts. Anmerkungen zum Boisdet-Urteil des Conseil d'Etat, in: EuZW 1991, S. 118 - 119

Streinz, Rudolf: Anmerkungen zu dem EuGH-Urteil in der Rechtssache Brasserie du Pêcheur und Factortame, in: EuZW 1996, S. 201 - 204

— Die Auswirkungen des Europäischen Gemeinschaftsrechts auf die Kompetenzen der deutschen Bundesländer, in: Heckmann, Dirk/Meßerschmidt, Klaus (Hrsg.), Gegenwartsfragen des Öffentlichen Rechts. Bundesstaatliche Ordnung und europäische Integration – Objektives Recht und subjektive Rechte – Information als Staatsfunktion. 28. Tagung der wissenschaftlichen Mitarbeiter der Fachrichtung „Öffentliches Recht" vom 15. - 18. März 1988 in Trier (Schriften zum Öffentlichen Recht Band 552), Berlin 1988, S. 15 - 51 (zit. Streinz, in: Heckmann/Meßerschmidt, Gegenwartsfragen des Öff. Rechts)

— Bundesverfassungsrechtlicher Grundrechtsschutz und Europäisches Gemeinschaftsrecht. Die Überprüfung grundrechtsbeschränkender deutscher Begründungs- und Vollzugsakte von Europäischem Gemeinschaftsrecht durch das Bundesverfassungsgericht (Studien und Materialien zur Verfassungsgerichtsbarkeit Band 41), Baden-Baden 1989 (zit. Streinz, Grundrechtsschutz und EG-Recht)

— Der „effet utile" in der Rechtsprechung des Gerichtshofs der Europäischen Gemeinschaften, in: Due, Ole/Lutter, Marcus/Schwarze, Jürgen (Hrsg.), Festschrift für Ulrich Everling, Band II, Baden-Baden 1995, S. 1491 - 1510 (zit. Streinz, FS Everling II)

— Der Einfluß des Europäischen Verwaltungsrechts auf das Verwaltungsrecht der Mitgliedstaaten – Dargestellt am Beispiel der Bundesrepublik Deutschland, in: Schweitzer, Michael (Hrsg.), Europäisches Verwaltungsrecht, Wien 1991, S. 241 - 292 (zit. Streinz, in: Schweitzer, Europ. VerwR)

— Die Europäische Union nach dem Vertrag von Maastricht, in: ZfRV 1995, S. 1 - 13

— Europäisches Lebensmittelrecht. Die Europäisierung der nationalen Rechtsordnungen, in: ZfRV 1994, S. 59 - 71

— Europarecht, 3. Auflage, Heidelberg 1996 (zit. Streinz, EuropaR)

— Das Maastricht-Urteil des Bundesverfassungsgerichts. Anmerkungen zu BVerfG, EuZW 1993, 667, in: EuZW 1994, S. 329 - 333

— Staatshaftung für Verletzungen primären Gemeinschaftsrechts durch die Bundesrepublik Deutschland. Zum Vorlagebeschluß des BGH, EuZW 1993, 226, in: EuZW 1993, S. 599 - 605

— Vertrauensschutz und Gemeinschaftsinteresse beim Vollzug von europäischem Gemeinschaftsrecht durch deutsche Behörden. Ein Beitrag zu den Problemen der Verzahnung von Gemeinschaftsrecht und nationalem Recht, in: Die Verwaltung 23 (1990), S. 153 - 182

— Der Vollzug des Europäischen Gemeinschaftsrechts durch deutsche Staatsorgane, in: Isensee/Kirchhof, HdbStR VII, § 182

Strohmeier, Rudolf W.: Die Auswirkungen des Maastrichter Vertrages auf die Regionen, in: BayVBl. 1993, S. 417 - 423

— Möglichkeiten der Einflußnahme auf den Entscheidungsprozeß der Europäischen Gemeinschaften durch die Deutschen Bundesländer nach Einrichtung von Länderbüros in Brüssel, in: DÖV 1988, S. 633 - 637

Suski, Birgit: Das Europäische Parlament. Volksvertretung ohne Volk und Macht? (Tübinger Schriften zum internationalen und europäischen Recht Band 38), Berlin 1996 (zit. Suski, Europäisches Parlament)

Teske, Horst: Die Sanktion von Vertragsverstößen im Gemeinschaftsrecht, in: EuR 1992, S. 265 - 286

Tetzel, Claus: Anwendbares Verwaltungsverfahrensrecht beim Vollzug von europäischem Gemeinschaftsrecht, in: RIW 1982, S. 336 - 338

Timmermanns, C. W. A.: German Reunification and Community Law, in: CMLRev 27 (1990), S. 437 - 449

Tomuschat, Christian: A United Germany within the European Community, in: CMLRev 27 (1990), S. 415 - 436

— Aller guten Dinge sind III? Zur Diskussion um die Solange-Rechtsprechung des BVerfG, in: EuR 1990, S. 340 - 361

— Die Europäische Union unter der Aufsicht des Bundesverfassungsgerichts, in: EuGRZ 1993, S. 489 - 496

— Das Francovich-Urteil des EuGH – Ein Lehrstück zum Europarecht, in: Due, Ole/Lutter, Marcus/Schwarze, Jürgen (Hrsg.), Festschrift für Ulrich Everling, Band II, Baden-Baden 1995, S. 1585 - 1609 (zit. Tomuschat, FS Everling II)

— Der Verfassungsstaat im Geflecht der internationalen Beziehungen, in: VVDStRL 36 (1978), S. 7 - 63

— Wege zur Deutschen Einheit, in: VVDStRL 49 (1990), S. 70 - 100

Triantafyllou, Dimitris: Haftung der Mitgliedstaaten für Nichtumsetzung von EG-Recht – Zur Europäisierung des Staatshaftungsrechts –, in: DÖV 1992, S. 564 - 571

— Zur „Europäisierung“ des Vertrauensschutzes (insbesondere § 48 VwVfG) – am Beispiel der Rückforderung staatlicher Beihilfen, in: NVwZ 1992, S. 436 - 442

— Zur Europäisierung des vorläufigen Rechtsschutzes, NVwZ 1992, S. 129 - 134

Trüe, Christiane: Auswirkungen der Bundesstaatlichkeit Deutschlands auf die Umsetzung von EG-Richtlinien und ihren Vollzug, in: EuR 1996, S. 179 - 198

Uhlenküken, Heinz-Ludger: Die gemeindliche Selbstverwaltung im europäischen Gemeinschaftsrecht nach Maastricht I, in: NWVBl. 1995, S. 421 - 425

Ukrow, Jörg: Umsetzung und Ausführung von Rechtsakten der Europäischen Gemeinschaften durch die Länder nach Art. 10 Abs. 3 des Einigungsvertrages, in: Siedentopf, Heinrich (Hrsg.), Europäische Integration und nationalstaatliche Verwaltung. Deutsche Vereinigung und institutionelle Weiterentwicklung der Europäischen Gemeinschaft, Stuttgart 1991, S. 231 - 250 (zit. Ukrow, in: Siedentopf, Europäische Integration)

Ule, Carl Hermann/*Laubinger,* Hans-Werner: Verwaltungsverfahrensrecht, 4. Auflage, Köln/Berlin/Bonn/München 1995 (zit. Ule/Laubinger, VwVfR)

Unruh, Georg-Christoph von: Regionalismus in Europa – Realität und Probleme, in: BayVBl. 1993, S. 10 - 14

Vedder, Christoph: Die Anordnung der sofortigen Vollziehung eines Verwaltungsaktes als Folge des Gemeinschaftsrechts, in: EWS 1991, S. 10 - 17

— Die TA Luft vor dem EuGH. Richtliniendurchführung durch normkonkretisierende Verwaltungsvorschriften?, in: EWS 1991, S. 293 - 299

— (Teil-)Kodifikation des Verwaltungsverfahrensrechts der EG?, in: EuR Beiheft 1/1995, S. 75 - 98

Veelken, Winfried: Die Bedeutung des EG-Rechts für die nationale Rechtsanwendung, in: JuS 1993, S. 265 - 272

Verdross, Alfred von: Völkerrecht, Berlin 1937

Verdross, Alfred/*Simma,* Bruno: Universelles Völkerrecht. Theorie und Praxis, 3. Auflage, Berlin 1984 (zit. Verdross/Simma, VölkerR)

Vitzthum, Wolfgang Graf: Der Föderalismus in der europäischen und internationalen Einbindung der Staaten, in: AöR 115 (1990), S. 281 - 304

Vogel, Bernhard/*Oettinger* Günther H.: Föderalismus in der Bewährung. Die deutschen Länder vor der Herausforderung fortschreitender EG-Integration, Köln 1992 (zit. Vogel/Oettinger, Föderalismus)

Vogel, Klaus: „Selbständige Bundesaufsicht“ nach dem Grundgesetz, besonders bei der Anwendung europäischen Rechts, in: Burmeister, Joachim (Hrsg.), Verfassungsstaatlichkeit. Festschrift für Klaus Stern zum 65. Geburtstag, München 1997, S. 821 - 829 (zit. Vogel, FS Stern)

— Die Verfassungsentscheidung des Grundgesetzes für eine internationale Zusammenarbeit, Tübingen 1964 (zit. Vogel, Internationale Zusammenarbeit)

Vorwerk, Wolfgang: Die Ausführung von Gemeinschaftsakten durch Bund und Länder unter besonderer Berücksichtigung von Art. 57 EWGV, Diss. iur., Würzburg 1977 (zit. Vorwerk, Ausführung von Gemeinschaftsakten)

Voss, Reimer: Nationale Vorschriften zur Durchführung des EWG-Rechts im Bereich des Zoll- und Agrarverwaltungsrechts, in: RIW 1979, S. 657 - 665

Waechter, Kay: Kommunalrecht, Köln/Berlin/Bonn/München 1993 (zit. Waechter, KommunalR)

Wallerath, Maximilian: Europäischer Binnenmarkt und kommunale Selbstverwaltung, in: DVP 1989, S. 251 - 256

Weber, Albrecht: Anfechtbarkeit und Aufhebbarkeit gemeinschaftsrechtswidriger nationaler Verwaltungsakte, in: BayVBl. 1984, S. 321 - 327

— Die Bedeutung der Regionen für die Verfassungsstruktur der Europäischen Union, in: Ipsen, Jörn/Rengeling, Hans-Werner/Mössner, Jörg Manfred/Weber, Albrecht (Hrsg.), Verfassungsrecht im Wandel. Wiedervereinigung Deutschlands. Deutschland in der Europäischen Union. Verfassungsstaat und Föderalismus. Zum 180jährigen Bestehen der Carl Heymanns Verlag KG, Köln/Berlin/Bonn/München 1995, S. 681 - 693 (zit. A. Weber, FS Heymanns)

— Die Bundesländer und die Reform der Gemeinschaftsverträge. Zur Mitwirkung der gesetzgebenden Körperschaften bei der Änderung und Durchführung der Gemeinschaftsverträge, in: DVBl. 1986, S. 800 - 806

— Die Harmonisierung der europäischen Einwanderungs- und Asylpolitik, in: ZRP 1993, S. 170 - 173

— Rechtsfragen der Durchführung des Gemeinschaftsrechts in der Bundesrepublik (Osnabrücker Rechtswissenschaftliche Abhandlungen Band 12), Köln/Berlin/Bonn/München 1987 (zit. A. Weber, Durchführung des Gemeinschaftsrechts)

— Verwaltungskollisionsrecht der Europäischen Gemeinschaften im Lichte neuerer Rechtsentwicklungen, in: EuR 1986, S. 1 - 28

— Das Verwaltungsverfahren, in: Schweitzer, Michael (Hrsg.), Europäisches Verwaltungsrecht, Wien 1991, S. 55 - 83 (zit. A. Weber, in: Schweitzer, Europ. VerwR)

— Die Wirtschafts- und Währungsunion nach dem Maastricht-Urteil des BVerfG, in: JZ 1994, S. 53 - 60

— Zur künftigen Verfassung der Europäischen Gemeinschaft. Föderalismus und Demokratie als Strukturelemente einer Europäischen Verfassung, in: JZ 1993, S. 325 - 330

Weber, Klaus/*Wuermeling,* Joachim: Länderrechte bei der EG-Vertragsrevision. Beteiligung nach dem Verfahren gemäß Art. 2 EEAG oder gemäß dem Lindauer Abkommen, in: EuZW 1990, S. 341 - 344

Weber, Nikolaus: Die Richtlinie zum EWG-Vertrag, Hamburg 1974 (zit. N. Weber, Richtlinie)

Weikart, Thomas: Die Änderung des Bundesbank-Artikels im Grundgesetz im Hinblick auf den Vertrag von Maastricht. Entstehen und Rechtswirkungen einer reformierten Norm, in: NVwZ 1993, S. 834 - 841

Welck, Georg von: Die Bundesländer und die Einheitliche Europäische Akte (Europarecht – Völkerrecht Band 36), München 1991 (zit. v. Welck, Bundesländer und EEA)

Wilhelm, Paul: Europa im Grundgesetz: Der neue Artikel 23, in: BayVBl. 1992, S. 705 - 710

Winkelmann, Ingo: Die Bundesregierung als Sachwalter von Länderrechten – Zugleich Anmerkung zum EG-Fersehrichtlinien-Urteil des Bundesverfassungsgerichts –, in: DÖV 1996, S. 1 - 11

— Innerstaatliche Kompetenzverteilung bei Vertragsabschlüssen in Angelegenheiten der Europäischen Union. Zur Nichtbeachtlichkeit der Lindauer Absprache im Anwendungsbereich von Art. 23 n.F. GG, in: DVBl. 1993, S. 1128 - 1136

— (Hrsg.): Das Maastricht-Urteil des Bundesverfassungsgerichts vom 12. Oktober 1993. Dokumentation des Verfahrens mit Einführung, Berlin 1994 (zit. Winkelmann, Maastricht-Urteil)

Winkler, Beate: Die Durchsetzung der Pflicht zur Rückforderung einer gemeinschaftswidrigen Beihilfe nach deutschem und europäischem Recht, in: DVBl. 1979, S. 263 - 267

Winter, Gerd: Direktwirkung von EG-Richtlinien, in: DVBl. 1991, S. 657 - 666

— Institutionelle Strukturen der Europäischen Union, in: DÖV 1993, S. 173 - 184

Wittkowski, Ralf: Das Maastricht-Urteil des Bundesverfassungsgerichts vom 12.10.1993 als „Solange III"-Entscheidung?, in: BayVBl. 1994, S. 359 - 363

— Der „MP Travel Line"-Konkurs im Lichte der „Francovich-Rechtsprechung" des EuGH. Zur Frage staatlicher Haftung wegen Nichtumsetzung der EG-Pauschalreise-Richtlinie durch die Bundesrepublik Deutschland, in: NVwZ 1994, S. 326 - 332

Wohlfarth, Ernst/*Everling,* Ulrich/*Glaesner,* Hans-Joachim/*Sprung,* Rudolf: Die Europäische Wirtschaftsgemeinschaft, Kommentar zum Vertrag, Berlin/Frankfurt am Main 1960 (zit. WEGS, EWGV)

Wolf, Joachim: Die Revision des Grundgesetzes durch Maastricht. Ein Anwendungsfall des Art. 146 GG, in: JZ 1993, S. 594 - 601

Wolff, Hans Julius/*Bachof,* Otto: Verwaltungsrecht II (Organisations- und Dienstrecht), 4. Auflage, München 1978 (zit. Wolff/Bachof, VerwR II)

Wuermeling, Joachim: Das Ende der „Länderblindheit": Der Ausschuß der Regionen nach dem neuen EG-Vertrag, in: EuR 1993, S. 196 - 207

Zuleeg, Manfred: Anmerkung zu BVerfG, Urteil vom 22.3.1995, in: JZ 1995, S. 673 - 677

— Demokratie in der Europäischen Gemeinschaft, in: JZ 1993, S. 1069 - 1074

— Deutsches und europäisches Verwaltungsrecht, in: VVDStRL 53 (1994), S. 154 - 201

— Die Kompetenzen der Europäischen Gemeinschaften gegenüber den Mitgliedstaaten, in: JöR n.F. 20 (1971), S. 1 - 64

— Das Recht der Europäischen Gemeinschaften im innerstaatlichen Bereich (Kölner Schriften zum Europarecht Band 9), Köln/Berlin/Bonn/München 1969 (zit. Zuleeg, KSE 9)

— Selbstverwaltung und Europäisches Gemeinschaftsrecht, in: Albert von Mutius (Hrsg.), Selbstverwaltung im Staat der Industriegesellschaft. Festgabe zum 70. Geburtstag von Georg Christoph von Unruh, Heidelberg 1983, S. 91 - 110 (zit. Zuleeg, FG v. Unruh)

Zweigert, Konrad: Grundsatzfragen der europäischen Rechtsangleichung, ihrer Schöpfung und Sicherung, in: Festschrift für Hans Dölle, Band II, Tübingen 1963, S. 401 - 418 (zit. Zweigert, FS Dölle II)

Sachverzeichnis